El libro de estrategias de escritura

El libro de estrategias de escritura

GUÍA COMPLETA PARA FORMAR ESCRITORES HÁBILES

¡Más de **300** estrategias!

JENNIFER SERRAVALLO

HEINEMANN • Portsmouth, NH

Heinemann
361 Hanover Street
Portsmouth, NH 03801–3912
www.heinemann.com

Oficinas y agentes en todo el mundo

La autora y la editorial desean agradecer a quienes generosamente concedieron permiso para reimprimir material prestado:

El Plan de la semana y el Perfil de la clase fueron traducidos de *Complete Comprehension: Fiction. Assessing, Evaluating, and Teaching to Support Students' Comprehension of Chapter Books* por Jennifer Serravallo. Copyright © 2019a por Jennifer Serravallo. Reimpreso bajo permiso de la autora.

El Inventario de interés fue traducido de *The Literacy Teacher's Playbook, Grades 3–6: Four Steps for Turning Assessment Data into Goal-Directed Instruction* por Jennifer Serravallo. Copyright © 2014 por Jennifer Serravallo. Reimpreso bajo permiso de la autora.

Los créditos continúan en la página 419.

Los datos del catálogo de publicaciones están archivados en la Biblioteca del Congreso.
ISBN: 978-0-325-11108-7

Diseño de la cubierta: Suzanne Heiser, Lisa Rawlinson
Diseño del texto: Suzanne Heiser
Desarrollo editorial y traducción: Aparicio Publishing
Producción: Aparicio Publishing
Fabricación: Steve Bernier

Impreso en los Estados Unidos de América en papel sin ácidos

2nd printing VP 2021
February 2021 Printing

Para Lucy y Carl.
Soy escritora y
maestra de escritura
gracias a ustedes.

Contenido

Agradecimientos

Cada vez que le pedí a uno de mis colegas que pusiera en práctica una lección piloto, que hiciera una tabla para complementar la lección o que me diera algún tipo de retroalimentación, recibí la misma entusiasta respuesta: "¡Por supuesto!". Las lecciones de este libro fueron puestas a prueba por primera vez para la edición en inglés (publicada en 2017) por estos atentos y generosos educadores:

John Acampora	Jennifer Frish	Wendy Koler	Lauren Snyder
Jack Awtry	Brooke Geller	Sara Lazration	Lindsay Stewart
Andrea Batchler	Merridy Gnagey	Erica McIntyre	Courtney Tilley
Anna Bennett	Tara Goldsmith	Mindy Otto	Mary Ellen Wallauer
Kathryn Cazes	Barb Golub	Alisa Palazzi	Chelsie Weaver
Jamie DeMinco	Berit Gordon	Samantha Pestridge	Jackie Yehia
Caitlin Dudley	Betsy Hubbard	Robin Sheldon	
Diana Erben	Megan Hughes	Tiana Silvas	
Cassie Foehr	Elizabeth Kimmel	Laurie Smilak	

Gracias a las educadoras hispanohablantes Emily DeLiddo, Clarisa Leal, Lucía Rocha y Mayra B. Torres por la cuidadosa lectura de varias rondas editoriales y su invaluable asesoría a lo largo del proceso.

Mi más sincero agradecimiento al equipo de Aparicio Publishing, especialmente a Patricia Fontanals y Eduardo Aparicio, por su gran esmero en la traducción de este libro del inglés al español.

Gracias a Heinemann Publishing, especialmente a Roderick Spelman, por darle una oportunidad a esta versión en español. Mi más profundo aprecio a quienes trabajaron incansablemente en la edición en español, desde la parte editorial y de producción, hasta la de diseño y mercadotecnia:

Eric Chalek
Suzanne Heiser
Victoria Merecki
Katie Wood Ray
Zoë Ryder White
Brett Whitmarsh

Y a mi familia: Jen, Lola y Vivie, que son mi corazón e inspiración.

Para comenzar

En 2002, conseguí mi segundo trabajo como maestra en una escuela pública de la ciudad de Nueva York. Estaba emocionada de trabajar en esta escuela por muchas razones: había un verdadero compromiso con el desarrollo profesional, un visionario líder escolar y un plan de estudios y un enfoque de enseñanza en los que creía. Otro aspecto que hizo que esta escuela fuera especial era que los educadores estaban comprometidos con un programa de lenguaje dual. La mitad de la escuela ofrecía a los estudiantes la oportunidad de aprender un día en inglés y un día en español, y la otra mitad estaba enfocada en un programa de educación general monolingüe. Como ya casi había olvidado el español, que no practicaba desde la preparatoria, definitivamente fui una maestra monolingüe, pero todas las semanas planeé clases con mis colegas bilingües. Observé cada semana el impresionante trabajo que hacían, a pesar de que encontrar recursos era una lucha constante: desde libros que los niños pudieran leer hasta materiales curriculares que pudieran usar para guiar su enseñanza. Pasaron horas traduciendo y creando, traduciendo y creando.

En las clases, trabajé con estudiantes que en casa hablaban ruso, urdu, español y criollo, pero cuyos padres optaron por una instrucción monolingüe. Hice lo mejor que pude para comunicar a cada estudiante las estrategias y tareas que pedía que hicieran como lectores y escritores, pero tenía que apoyarme en sus compañeros para que me ayudaran a traducir con mayor frecuencia de lo que hubiera sido ideal.

Pasemos rápidamente a 2019, y mi Facebook, Twitter y la bandeja de entrada de mi correo electrónico están llenos de mensajes directos de educadores que están en la misma situación que mis colegas de la PS 165 y yo en 2002: educadores que dedican demasiado tiempo a traducir materiales que solo están disponibles en inglés, pero que son de gran ayuda para sus estudiantes bilingües emergentes, al igual que educadores monolingües que solo hablan inglés y que tratan de enseñar y llegar a los estudiantes cuyo idioma principal no es el inglés; todos pedían una traducción al español de *The Writing Strategies Book*.

Aunque este libro se ha traducido a un chino simplificado y al francés, esas traducciones se realizaron sin intervención alguna de parte mía o de Heinemann. Esta vez, Heinemann contrató a una empresa increíblemente talentosa que hizo la traducción y me pidió que formara parte de un consejo asesor, junto con un grupo de maestros, educadores y consultores bilingües, que han estado usando (y ¡traduciendo!) estas estrategias durante años. Tuvimos conversaciones sobre la elección de palabras ("¿Cómo se traduce *engagement*?") y sobre las idiosincrasias del español frente al inglés ("¡Necesitamos una estrategia para los diptongos y varias otras para los acentos!"). Encontramos la manera de que los nuevos trabajos de los estudiantes fueran escritos en español (no solo una traducción al español de los trabajos ya existentes), e incluimos obras publicadas por diferentes editoriales en español para usarlas como textos mentores. Nuestro objetivo era hacer una traducción auténtica, pero sumando y restando según fuera necesario, para que ni siquiera un hispanohablante supiera que esta es una traducción.

Usted tiene el resultado en sus manos. Espero que este libro le ahorre tiempo al tratar de apoyar a sus estudiantes con una instrucción relevante y específica, ya sea que el español sea su primer o décimo idioma. Espero que este libro sea provechoso sin importar en qué país esté enseñando y sin importar qué método de lectoescritura utilice.

Breve introducción a los principios, la investigación y la teoría, y cómo usar este libro

La idea de un libro de estrategias de escritura no es nueva. Este es posible gracias a los estupendos libros que lo han precedido. Existen libros de estrategias dirigidos a escritores profesionales y estudiantes universitarios, tales como los de Noah Lukeman, Roy Peter Clark y Janet Burroway, entre otros. Existen incontables ejemplos de excelentes compilaciones de estrategias de escritura en libros para maestros de escritura, como los de la *Craft Series*, de Fletcher y Portalupi;

After "The End", de Barry Lane (1993); la serie *Strategic Writing Conferences* de Carl Anderson (2008-2009); los muchos libros de Donald Graves; *Wondrous Words* (1999) y otros títulos de Katie Wood Ray; los libros de Katherine Bomer y de Georgia Heard; *In the Middle* (2014) y otros recursos de Nancie Atwell, la serie de Unidades de estudio de Lucy Calkins y muchos más. Mi intención con este libro es ofrecerle una colección de mis estrategias favoritas —apropiadas para estudiantes de los grados K–8— que abarcan todos los aspectos del proceso de escritura, todos los géneros y todos los modos de escritura. Quiero ofrecerle un poquito de todo. Simplifiqué el lenguaje y los ejemplos, y usé un formato para las estrategias que le permitirá a cualquier maestro atareado hallar la estrategia indicada en el momento preciso. Por supuesto, usted podrá ampliar y modificar el lenguaje para hacer suya cada una de estas estrategias.

Pero, ¡no nos adelantemos! Antes de entrar en materia, me parece importante que dedique un rato a leer esta introducción "Para comenzar", donde obtendrá una perspectiva muy útil del razonamiento en el que se sustentan las ideas de este libro, así como un vistazo general a su organización. Aprenderá sobre las estrategias y todos los aspectos que decidí incluir al elaborarlas: textos mentores, consejos para los estudiantes, ejemplos de enseñanza, sugerencias para el maestro y más. Aprenderá a navegar por las páginas del libro para localizar lo que está buscando de manera rápida y fácil, ya que este no es un tipo de libro para leer de cabo a rabo (a menos que así lo quiera). Obtendrá un curso acelerado sobre importantes términos y conceptos que lo ayudarán a aprovechar este libro al máximo; por ejemplo, ideas sobre la escritura como un proceso y modos y géneros de escritura. Por último, aprenderá a adaptar lo que hay en el libro al tiempo que dedique en su salón de clases a la escritura, sin importar qué forma tome ese tiempo.

◎ Cómo navegar por el libro

Usted tiene en sus manos un libro de más de 400 páginas, pero le aseguro que una vez que entienda cómo está organizado y cómo navegar por ellas, podrá hallar lo que está buscando en cuestión de minutos.

Cuando comencé a trabajar en este libro —que siguió a su "hermano", *El libro de estrategias de lectura* (Serravallo 2019)—, pensé detenidamente en cómo organizar los capítulos. Contemplé la idea de organizar el libro por etapas en el proceso de escritura, convencida de que no solo debemos enseñar a los estudiantes a escribir textos sólidos, sino a saber cómo seguir el proceso para desarrollar las ideas que plasmarán en el papel. Al buscar estrategias de escritura útiles, muchos escritores y maestros de escritura podrán preguntarse en qué parte del desarrollo del escrito se encuentran y quizá quieran buscar ideas que los apoyen durante esa fase. Pero entonces pensé: "¿No hay estrategias que se ajusten a los diversos momentos del proceso?". ¿Acaso un escritor solo piensa en la ortografía al editar su texto? Por supuesto que no. ¿Acaso un escritor solo considera la introducción al escribir su borrador? No, también puede hacerlo al planificar o revisar su escrito. ¿En qué momento el escritor de un cuento añade diálogos? Puede ser en el momento de planificar, pero también durante la fase del borrador o de la revisión. Así pues, deseché la idea de organizar el libro por procesos. (Pero no se preocupe: cada estrategia tiene recomendaciones sobre el proceso en el margen. A partir de la página 11 podrá leer más sobre el proceso).

Después, contemplé la idea de organizar el libro por géneros: las lecciones sobre memorias en un capítulo, las de ficción en otro y las de narración personal en otro. Imaginé un capítulo para los textos de procedimiento y otro para los informes de investigación. Habría una sección de poesía y otra de ensayos. Pero entonces advertí que eso también traería sus propios problemas. A veces la línea es imprecisa: un poema, por ejemplo, puede ser escrito para relatar un cuento o para enseñar un tema. Un texto de no ficción puede tomar la forma de narración (biografía) o de texto expositivo *(Todo sobre las ballenas)*, o ser un híbrido de los dos (relatos históricos). Eso sin mencionar que hay estrategias que yo usaría para diversos géneros: por ejemplo, la idea de un lugar importante podría llevarme a escribir un cuento sobre algo que me ocurrió allí, o a un texto de no ficción con información sobre el lugar, o incluso a un poema inspirado en el ambiente del lugar.

Al final, retomé la idea de organizar el libro por *objetivos*, lo que no es de sorprender. Cualquiera que haya leído algo de lo que he escrito o que haya escuchado una de mis charlas en los últimos cinco años, sabe que suelo mencionar las investigaciones de Hattie (2009) sobre las prácticas efectivas en el salón de clases. Estoy convencida de que si ayudamos a los niños a articular objetivos claros para su trabajo y los apoyamos con estrategias y comentarios para alcanzar esos objetivos, lograremos una gran diferencia en su habilidad para tener éxito. Algunos de los objetivos son términos que quizá conozca de otro modo, como las cualidades de la buena escritura (Anderson 2005; Calkins 1994), técnicas (Fletcher y Portalupi 2007; Ray 1999) o las características de la escritura (Culham 2003, 2005) —tales como organización, elaboración, elección de palabras y normas—. Otros objetivos son más bien hábitos de un escritor, como escribir con interés y generar ideas. Y otros están fuera de esas dos categorías: por ejemplo, componer con imágenes, o colaborar con parejas o clubes de escritura. Los diez objetivos a los que he llegado son los que, según mi experiencia, ofrecen mayor apoyo a los escritores de los grados K–8.

¿Cómo decidir con qué objetivo empezar?

Cada capítulo de este libro se enfoca en uno de los diez objetivos posibles. Las primeras páginas de cada capítulo ofrecen una sinopsis del objetivo y de su importancia, así como una breve sección sobre cómo determinar si ese objetivo se ajusta a determinado estudiante. Hago énfasis en la importancia de tomarse el tiempo necesario para elegir el objetivo que guiará la enseñanza de cada estudiante de su clase. Elegir el objetivo adecuado requiere conocer muy bien a los estudiantes, lo cual se logra no solo mediante evaluaciones, sino hablando con ellos y conociéndolos como personas. Es conveniente pasar tiempo observándolos mientras escriben y reunirse con ellos en conferencias para conocer sus intereses y su propósito al escribir. También conviene hacer otras evaluaciones más formales, como solicitar que escriban algo "a petición" (completar un texto en una sola sesión) y evaluar si estos textos poseen las cualidades que usted espera enseñar. Para obtener más información sobre evaluaciones formativas y las expectativas para los escritores grado por grado, recomiendo los siguientes libros: *Assessing Writers* (Anderson 2005), *Writing Pathways* (Calkins 2014) y mi serie *Literacy Teacher's Playbook* para grados K–2 y 3–6 (Serravallo 2013–2014).

Los diez objetivos para la enseñanza de la escritura están organizados en una especie de jerarquía flexible. No es una jerarquía de lo más importante a lo menos importante, ni de lo más sencillo a lo más sofisticado, sino que se trata de una jerarquía de *acción*. Por ejemplo, si advierto que un niño necesita apoyo en dos áreas —digamos estructura y elaboración—, me inclinaría por comenzar por la primera (estructura) e ir trabajando hacia la segunda (elaboración). Piense en ese ejemplo. ¿Por qué enseñar a un niño a llenar su página con detalles si los detalles carecen de organización y el texto es difícil de seguir? Esta jerarquía está influenciada en gran parte por mis estudios con Carl Anderson y su libro *Assessing Writers* (2005).

El primer objetivo es "Componer con imágenes", cuyo fin es enseñar a los niños a usar dibujos rápidos e ilustraciones para contar cuentos, enseñar o persuadir. La idea detrás de este primer objetivo es que, incluso antes de que puedan escribir convencionalmente con palabras, los niños son capaces de componer "escritos", con lo que *pueden* hacer: dibujando imágenes. A medida que los niños crecen, les será de mucho valor usar imágenes, ya sea para practicar las cualidades de la buena escritura o para planear sus escritos. Por lo tanto, los maestros verán que este es un objetivo útil tanto para escritores jóvenes como para escritores más experimentados que se pueden beneficiar de enfocarse en los dibujos que hacen junto con las palabras que escriben.

A continuación, sigue "Motivar el interés", puesto que a menos que los estudiantes se vean a sí mismos como escritores, tengan la persistencia necesaria

Determinar por dónde empezar:
Jerarquía de posibles objetivos

para sentarse y escribir y sientan el deseo de escribir, será difícil que se enfoquen en las cualidades. Deben practicar para mejorar.

"Generar y reunir ideas" figura entre los primeros objetivos de la lista porque es crucial ayudar a los niños a definir sus propios temas e ideas para sus escritos. La incapacidad de hacerlo también podría ser la raíz de la falta de interés por escribir. Aunque en algunos casos los estudiantes tendrán que escribir a partir de un tema determinado, sostengo que no debe ser siempre así. Este capítulo lo ayudará a formar escritores con un banco ilimitado de ideas para sus escritos.

El siguiente objetivo es "Enfoque/Significado", porque al disponerse a escribir un texto, el escritor debe tener algo que lo ayude a ser cohesivo. Puede ser una idea, puede ser un enunciado de tesis, puede enfocarse en un periodo de tiempo (como es el caso de algunos cuentos). Pero no pueden divagar entre una y otra cosa. Sin un enfoque, es difícil saber qué detalles añadir y qué detalles excluir, así como es difícil tener un propósito o significado que guíe la escritura.

Después sigue "Organización y estructura". Un escrito debe estar organizado para que el lector pueda seguir el cuento, el argumento o las categorías de lo que se está tratando de enseñar. Tener una estructura clara, así como partes consistentes dentro de esa estructura (introducción, desarrollo y final, por ejemplo), ayuda al escritor a saber cómo usar los detalles de forma eficaz.

Los siguientes dos objetivos, "Elaboración" y "Elección de palabras", aparecen paralelamente en la jerarquía. En conjunto, estos dos objetivos ayudarán a los escritores a completar la estructura que han creado. La elaboración consiste en ayudar a los niños a agregar la cantidad adecuada y el tipo adecuado de detalles relacionados con el significado, el género y la estructura de su escrito. La elección de palabras se refiere a que el estudiante debe tomar una cuidadosa decisión sobre las palabras que va a usar. Estos dos objetivos están estrechamente relacionados, pero al trabajar con los estudiantes, quizá le parezca más efectivo trabajarlos de uno en uno.

Los siguientes dos objetivos son sobre normas: uno sobre ortografía y formación de letras y el otro sobre gramática. Estos también ocupan un lugar paralelo en la jerarquía. Aunque los he ubicado casi al final de la lista, no los considero menos importantes, sino que si veo que un estudiante necesita apoyo en otro objetivo, tiendo a darle prioridad a ese. Si a los estudiantes les interesa lo que han escrito y han incluido detalles bien organizados en su texto, tendrán más energía para editar su ortografía, o para revisar la puntuación, o para verificar que haya concordancia entre el sujeto y el verbo.

El objetivo final se enfoca en la colaboración con parejas y clubes de escritura. Este es un objetivo que usted probablemente entretejerá a lo largo del año para cada estudiante, si es que decide crear este tipo de esquema en su salón de clases (¡y espero que sí!). Es posible que haya algunos estudiantes que se beneficien de un enfoque particular y personalizado sobre cómo colaborar dentro de un grupo.

Así como estoy segura de que esta jerarquía encauza en gran parte las decisiones que tomo al trabajar con mis escritores, mentiría si dijera que no hay excepciones. Por ejemplo, quizá el volumen de escritura de un estudiante sea bajo porque carece de ideas. En tal caso, comenzaría con el objetivo de generar ideas. O quizá un estudiante necesite ayuda para estructurar su escrito, pero tiene tan pocos detalles que no hay forma de estructurarlos. En tal caso, lo invitaría a hacer una lluvia de ideas para generar detalles y luego retomaríamos la organización.

Posiblemente le extrañe no ver los términos *voz* y *técnica*. Aunque no aparezcan como títulos de capítulos ni como objetivos, las lecciones de muchos de los capítulos ayudarán a los escritores a crear escritos con voz y técnica. La voz de un escritor se comunica a través de muchos aspectos de la escritura, tales como elegir la sintaxis (que corresponde al objetivo de puntuación y gramática) y elegir el vocabulario (que corresponde al objetivo de elección de palabras). Un escritor toma decisiones sobre la técnica en muchos puntos del proceso y en muchos aspectos del escrito, como los detalles que decide incluir (lo que corresponde al capítulo de elaboración) y cómo hacer que el texto fluya (organización y estructura). De cierto modo, considero que escribir bien es cuestión de voz y técnica, así que verá esos términos en muchos de los capítulos.

¿Cómo busco la estrategia adecuada dentro de un capítulo?
Parte I: Niveles

Dentro de cada capítulo, las estrategias aparecen en orden, desde las que son mejores para los escritores menos experimentados, hasta las que son mejores para los más experimentados. Todas las estrategias tienen un rango recomendado de grados y niveles, aunque el uso de los grados y niveles puede ser engañoso, así que las correlaciones deben verse como una guía flexible. Los grados y niveles junto a cada estrategia representan los grados y niveles a los que yo probablemente enseñaría la estrategia, suponiendo que los estudiantes de ese nivel tengan un desarrollo más o menos típico y acorde con los estándares para su grado. Por supuesto, es muy probable que no haya un solo salón de clases en los Estados Unidos donde todos los estudiantes se ajusten a esos parámetros. Así que mi consejo es que, para los escritores con menos experiencia o para aquellos que estén escribiendo por debajo de los parámetros de su grado, busque estrategias asignadas a grados y niveles inferiores a lo que usted enseña; y si está trabajando con escritores especialmente avanzados, use estrategias asignadas a grados y niveles superiores a lo que usted enseña (por ejemplo, un estudiante más avanzado de lo que se consideraría un estudiante típico de segundo grado podría beneficiarse de una estrategia recomendada para cuarto a octavo grado). De hecho, incluso dentro de un mismo grado y nivel, las habilidades de un niño cambian de septiembre a junio, así que al comienzo del año un maestro de kindergarten podría inclinarse más hacia las estrategias para el nivel "emergente", y hacia el final del año podría usar una mezcla de estrategias apropiadas para los grados K y 1. (Vea la tabla de la página 8.)

¿Cómo busco la estrategia adecuada dentro de un capítulo?
Parte II: Género

Además de los niveles, también he identificado para qué géneros puede ser más apropiada cada estrategia. En algunos casos, verá que la estrategia tiene el rótulo "todos", lo que significa que, con pequeñas adaptaciones en el lenguaje, podrá ajustarla a cualquier tipo de escrito: texto informativo/no ficción, texto de opinión/persuasivo, narración o poesía. Por ejemplo, "Escribe un poema para identificar el enfoque" (página 149) es una estrategia que aparece en las primeras páginas del objetivo sobre Enfoque/Significado. En esta estrategia se pide a los estudiantes que tomen el texto largo que han escrito (informativo, opinión o narración) y traten de condensar su esencia en un poema, para lo cual tendrán que considerar las palabras

Puede hallar correlaciones por grados y niveles para cada estrategia en la tabla al comienzo de cada capítulo.

Estrategias para colaborar con parejas y clubes de escritura

Estrategia		Grados y niveles	Géneros/ Tipos de texto	Procesos
10.1	Escucha los sonidos de las palabras con tu pareja de escritura	K–1	Todos	Editar
10.2	Colaborar en parejas para hacer que el texto sea más claro	K–2	Todos	Revisar, editar
10.3	Cuenta un cuento con dibujos rápidos	K–3	Narración	Ensayar, desarrollar
10.4	Comenta la idea y después escribe	K–8	Todos	Ensayar, generar y reunir, desarrollar, hacer un borrador
10.5	Haz promesas (que puedas cumplir)	K–8	Todos	Todos
10.6	Tu pareja te pregunta (para hacerte pensar)	1–8	Todos	Revisar
10.7	Dime: ¿Tiene sentido?	1–8	Todos	Revisar
10.8	Rincón para parejas de escritura	2–8	Todos	Todos
10.9	Se busca/Se ofrece ayuda	2–8	Todos	Todos
10.10	EPP (Elogiar, Preguntar, Pulir)	2–8	Todos	Desarrollar, hacer un borrador, revisar, editar
10.11	Dime: ¿Encaja con mi intención?	3–8	Todos	Revisar
10.12	Interrumpe a tu pareja de escritura	3–8	Narración	Ensayar, desarrollar
10.13	Busca detalles de ficción con tu pareja de escritura	3–8	Narración	Desarrollar, hacer un borrador, revisar
10.14	Crea un club	4–8	Todos	Todos
10.15	Cuenta un cuento para decidir el punto de vista y la perspectiva	4–8	Narración	Desarrollar, revisar
10.16	Dime: ¿Cómo te afecta?	4–8	Todos	Revisar
10.17	Codifica el texto	4–8	Todos	Revisar
10.18	Respuesta por escrito	4–8	Todos	Desarrollar, hacer un borrador, revisar, editar
10.19	Cambios y opciones	5–8	Todos	Revisar

más importantes y el significado más importante que quieren transmitir. ¡Esto funciona para todos los géneros!

Otras estrategias son realmente exclusivas para el género, tal como la estrategia "¡Oh, no!... ¡Uy!... ¡Uf!" del objetivo de Organización y estructura (página 179), que dirige a los niños a aprender a estructurar una narración con un problema principal que empeora hasta que se resuelve al final. Otro ejemplo específico al género es la lección sobre elaborar un enunciado de tesis que realmente solo es apropiado para textos persuasivos.

Dicho esto, hay numerosos ejemplos que se inclinan entre uno y otro género. Dividir las cosas por género a veces resulta artificial. La ficción nos puede enseñar sobre el mundo y la gente de la vida real; no es algo exclusivo de los textos informativos. La poesía puede ser narrativa (como en *Quiere a ese perro* [Creech 2010]) o enseñarnos un procedimiento (como los libros de Jorge Argueta, *Guacamole. Un poema para cocinar* [2016b] y *Arroz con leche. Un poema para cocinar* [2016a]). La narración, a su vez, puede adquirir la forma de poema (como en *La gallina Cocorina* [Pavón 2011]).

Para saber qué estrategias asignar, será importante identificar el tipo de texto que sus estudiantes elijan, o el tipo que usted está enseñando en clase. En las gráficas de las páginas 9 a 11, ofrezco ejemplos de modos, géneros y definiciones de géneros para ayudarlo a planificar, categorizar y contextualizar las estrategias.

definiciones

ejemplos de géneros

modo

texto informativo/ no ficción

Le enseña al lector datos o hechos generales sobre un tema; el texto se basa principalmente en los conocimientos del autor, pero puede incluir algo de investigación.

Todo sobre un tema

Le enseña al lector información sobre un tema; el texto se basa en investigación por parte del autor.

Informe de investigación

"Cómo hacer algo"

Biografía

Le enseña al lector cómo hacer algo (receta, instrucciones). También se conoce como "narración de procedimiento" y coincide con la narración.

Relata la historia de una persona de importancia histórica. Coincide con la narración.

definiciones

ejemplos de géneros

modo

narración

Narración personal

Historia real de la vida del autor. Cuando se enfoca en el tiempo, también se conoce como "narración de un momento breve".

Ficción realista

Cuento con personajes, trama y/o ambiente inventados.

Memorias

Coincide con un texto informativo porque la historia es real; también podría ser un texto de opinión si el autor está presentando las memorias en forma de ensayo o si está tratando de persuadir al lector sobre una idea de su vida.

Ficción histórica

Cuento inventado con algunos detalles históricos fidedignos.

Editorial

Artículo escrito por el editor de un periódico o en nombre del editor. El autor da su punto de vista o su opinión sobre determinado asunto.

Texto argumentativo

El escritor hace una afirmación y la respalda con información tomada de fuentes fiables. Ofrece evidencia y explica de qué modo la evidencia apoya la afirmación. También suele incluir opiniones contrarias.

Reseña

Forma de evaluación en la que el autor juzga los méritos del sujeto de la reseña basándose en criterios apropiados. Por ejemplo, la reseña de un restaurante podría incluir notas o ideas sobre el ambiente, la comida y el servicio.

texto de opinión/ persuasivo

modo

Ensayo

Exposición del pensamiento del autor, por lo general con una posición, idea o tesis claramente articulada. Podría coincidir con el texto informativo o la narración, dependiendo de la forma que tome el ensayo.

Discurso

Disertación formal escrita para ser presentada oralmente ante una audiencia.

ejemplos de géneros

definiciones

definiciones

ejemplos de géneros

modo

poesía

Verso libre

Poemas escritos sin un esquema de rima o métrica en particular y que no siguen la estructura de otras formas fijas.

Poesía narrativa

Poema o colección de poemas que cuentan una historia. Los autores de la poesía narrativa suelen usar un verso con métrica. A su vez coincide con la narración.

Haiku

Poema corto de tres líneas, originario de Japón, que sigue un patrón corto-largo-corto, por lo común con un giro sorpresivo en la última línea.

Poema de recortes

Poema que usa las palabras de un texto en prosa o de otro tipo de texto, ajustándolas a la forma poética.

¿Cómo busco la estrategia adecuada dentro de un capítulo?
Parte III: Proceso

No existe un único proceso para escribir. Si leemos o escuchamos entrevistas con distintos autores, veremos que cada uno ofrece una respuesta distinta a la pregunta de cómo nacen sus libros. Algunos simplemente escriben un borrador. Otros hacen un borrador y lo revisan varias veces. Otros más hacen un plan minucioso antes de iniciar el borrador. Algunos dan largas caminatas y practican en su mente lo que escribirán y, cuando están listos, se sientan a plasmar sus ideas en el papel. Los escritores también usan diversos términos al hablar del mismo proceso: por ejemplo, *actividades previas a la escritura, ensayar* y *desarrollar una idea* pueden ser sinónimos. Sea como sea, creo que es difícil encontrar un escritor que no siga un proceso, tal como lo plantea Donald Murray: "Pensar en la escritura de un texto como un proceso es aceptar la idea de que los escritores hacen algo más que registrar sucesos o datos. Piensan frente a la página, descubren qué quieren decir y tantean con las palabras al ir escribiendo. El resultado final casi nunca es lo que planearon. Esto significa que la escritura es algo que debe enseñarse, no simplemente asignarse" (1985, 4, del libro en inglés).

Conviene enseñar a los escritores en desarrollo *un* proceso, sabiendo que con el tiempo adaptarán lo que se les ha enseñado y desarrollarán un proceso personal y adecuado para ellos.

A muchos niños de los grados K–2 se les enseña a seguir un proceso en el que comienzan por generar un tema y luego se les pide que hablen y/o hagan dibujos rápidos para desarrollar aún más su idea. Después de eso, escriben un borrador, que al principio consiste principalmente en dibujos o bosquejos a los que más adelante se les suman palabras. A menudo harán varios ejemplos del tipo de escrito que quieren hacer antes de regresar y elegir uno o dos para revisar y editar (Calkins 1994). El diagrama de abajo es un ejemplo visual del proceso. He notado que la fuerza y persistencia de los niños a esta edad es mayor durante las fases en las que se dedican a hacer nuevos escritos, ya sea planificando lo que van a escribir o escribiendo el borrador.

En los primeros grados de la enseñanza primaria, la mayoría de los maestros ayuda a los niños a preparar carpetas de escritura y les ofrecen varias opciones de papel para apoyar su trabajo durante la hora de escritura. Los estudiantes elegirán de manera independiente páginas sueltas o libritos con hojas previamente engrapadas. (En la sección sobre centros de escritura, páginas 23 a 25, podrá leer más sobre la elección del tipo de papel).

Proceso que muchos estudiantes de K–2 siguen al elaborar sus escritos.

El papel para niños de kindergarten o para los que comienzan el primer grado ofrece un recuadro grande para dibujar y ponerle rótulos al dibujo.

Este tipo de papel para escribir le permite al estudiante hacer un bosquejo en el recuadro de arriba y luego escribir en los renglones de abajo. Los maestros pueden ofrecer distintas opciones, ya sea recuadros más grandes o pequeños, más o menos renglones, hojas sueltas o libritos con hojas previamente engrapadas.

Todas las opciones de papel para escribir que aparecen aquí se pueden descargar de http://hein.pub/EstrategiasEscritura.

1.
2.
3.

El papel para escribir textos de procedimiento o para planificar una narración en secuencia podría incluir pasos numerados.

El papel para escribir textos informativos tiene diversos diseños de tal modo que el escritor pueda elegir cómo presentar la información.

El papel para escribir poesía puede tener renglones cortos para guiar al escritor en el corte de los renglones.

Además de la carpeta de escritura, algunos maestros de los grados K–2 animan a los niños a tener una pequeña y sencilla libreta —hecha con una pila pequeña de papeles engrapados o una libreta tamaño bolsillo comprada en una tienda— para anotar posibles ideas y temas de escritura.

Esta carpeta de escritura de un estudiante de primer grado muestra en un lado el trabajo en curso y, en el otro lado, los trabajos terminados por ahora. De manera independiente, el estudiante busca más papel cuando está listo para iniciar un nuevo escrito y reúne en la carpeta los trabajos para ser revisados y editados más adelante. El mapa en forma de corazón (Heard 2016) que sobresale de la carpeta recuerda al estudiante los posibles temas de escritura.

A partir del tercer grado, los maestros suelen elegir cuadernos de escritura más formales. En estos cuadernos, los estudiantes anotan sus ideas en desarrollo, posibles temas de escritura e ideas tentativas para un borrador. Muchos escritores usan sus cuadernos para hacer listas de temas posibles, para reunir fragmentos que piensan usar más adelante y para experimentar con aspectos de sus escritos, tales como probar diferentes esquemas para organizar su escrito, ensayar distintas posibilidades para la introducción o crear redes de palabras para desarrollar sus personajes (Fletcher 2003). Antes del tercer grado (e incluso en el mismo tercer grado), los niños no suelen tener el desarrollo necesario para tantear ideas en un cuaderno, lo que retarda la etapa del proceso de escritura en el que comienzan a escribir su borrador. Estos escritores más jóvenes suelen beneficiarse del apoyo que ofrece escribir directamente a lo largo de varias páginas de un librito, y podrían tener dificultad para trasladar secciones de texto de un cuaderno al borrador cuando llegue el momento.

Por lo tanto, para los grados 3 en adelante, el proceso será ligeramente diferente que el de los primeros grados de la enseñanza primaria, algo parecido a lo que se muestra en el diagrama de la página 15.

En su cuaderno de escritura, un niño de cuarto grado reúne ideas, planes y pruebas antes del borrador. En la carpeta, guarda borradores en curso.

Tenga en cuenta que los estudiantes no se regirán exactamente por el proceso que usted les presente; lo importante es que sigan algún tipo de proceso que les permita obtener, explorar y desarrollar sus ideas. Murray lo dice sabiamente: "El proceso no es lineal, sino recursivo. El escritor sigue el proceso una o varias veces, haciendo énfasis en diferentes etapas durante cada pasaje. No hay un solo proceso, sino muchos" (traducción libre del libro en inglés de Murray 1985, 4).

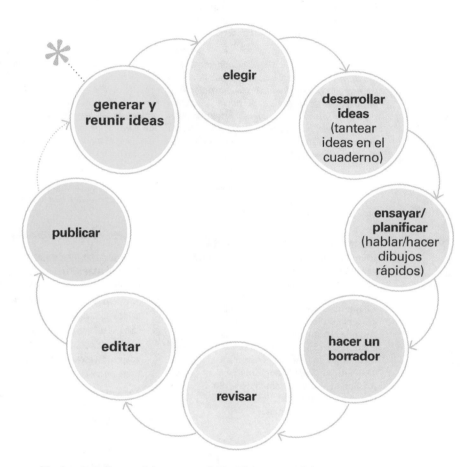

Muchos estudiantes del tercer grado en adelante seguirán un proceso similar a este.

6.33 ¿Cómo habla t...

¿Para quién es?

NIVELES
4–8

Estrategia Piensa en tus personajes como si fueran reales. Piensa en los detalles de cómo hablan (voz, cadencia, jerga, dialecto, acento). Planifica o revisa estos detalles en los diálogos para hacer que tu personaje sea único.

Ejemplo de enseñanza *Cada uno de tus personajes debe tener una voz distintiva, tan clara y única que el lector sea capaz de decir quién está hablando en cada momento, sin necesidad de leer los incisos del narrador. Puedes pensar en diferentes características que puede tener la voz de tu personaje. Una es la cadencia. Piensa en si el personaje suele decir frases cortas o largas y repetitivas. Otra característica es la jerga. Piensa en las expresiones que tu personaje podría usar, o palabras y frases que use a menudo en situaciones comunes. También puedes enfocarte en el dialecto o acento de tu personaje e incluir algunas palabras deletreadas fonéticamente para reflejar su forma de hablar.*

Sugerencia para el maestro Tenga en cuenta que esta estrategia podría dividirse en varias lecciones diferentes: una sobre la cadencia, otra sobre la jerga, otra sobre el acento, etc.

Usar un mentor Un buen ejemplo es *Don F... segundo* (Aliaga 2016). Don Facundo Iracundo ... cada vez que habla lo hace con un tono gruñón ... de la historia podemos deducir que no se trata ... dice: "—¡Qué poca vergüenza! —gritaba, con su ... a llamar a la policía! ¡Y a los agentes de seguridad ... grosero con los demás, y el tono con que el autor escribe los diálogos cuando Don Facundo habla es coherente a lo largo de la historia: "—¡Ladrón! ¡Suelte ahora mismo a mi Goliat! —le gritó, amenazándolo con el paraguas—. ¡Malhechor! ¡Secuestrador de animales indefensos!".

Consejos
- Piensa en cómo habla el personaje.
- Vuelve a leer el diálogo ...

¡Me quito el sombrero!
(lectura recomendada):
Breathing In, Breathing Out: Keeping a Writer's Notebook (Fletcher 1996)

248

...CRITURA

En el **margen** de cada página encontrará rótulos que indican para quién es más adecuada la estrategia. He incluido un rango típico de grados y niveles en los que probablemente enseñaría cada estrategia, aunque los niveles de desarrollo de escritura de los estudiantes seguramente variarán en cada grado y nivel, y por lo tanto, esta debe ser una guía flexible. También he incluido pasos recomendados del proceso de escritura y posibles géneros. Para obtener más información sobre cómo elegir la estrategia para cada estudiante, vea las páginas 18 a 20.

Estrategia Lee otras nar... del cual estás escribiendo. A... personajes en el texto. Al escr... misma forma de hablar y el mismo tipo de vocabulario para que tus personajes sean auténticos.

Usar un mentor Asegúrese de elegir un texto mentor que tenga diálogos que muestren claramente el p... histórico en que está escrita la narración. Un buen ejemplo es la adaptación de (Cervantes Saavedra 2015...

"Nunca fuera caballero, de d...
su aldea vino." (14)

"Agradezco al cielo esta oca...

"¡Dichosa eres, Dulcinea, pu...
que ha defendido con valor...

"¿Dónde estás, señora mía, ...
desleal." (21)

La sección titulada **Usar un mentor** ofrece recomendaciones de textos, citas, autores, otros maestros e, incluso, amigos que pueden servir de ejemplo para los estudiantes sobre la técnica de escritura en acción. No dude en usar los que yo sugiero o elija algunos de sus mentores favoritos. Para obtener más información sobre mentores, vea la sección que comienza en la página 28.

El escritor que estudia estos fragmentos verá que el lenguaje pertenece a otra época. El protagonista usa un vocabulario formal y anticuado. La sintaxis nos muestra el periodo histórico en que se sitúa la novela, ...

Cada lección está acompañada de **elementos visuales.** Dependiendo de la lección, a veces incluyo un cartel didáctico y otras veces una tarjeta de objetivo personalizada para entregarla al estudiante. En otros casos, ofrezco un ejemplo del trabajo de un estudiante o incluso fotografías de estudiantes mientras practican la estrategia. Maestros de todo el país abrieron generosamente su salón de clases para poner a prueba las lecciones piloto y enviar ejemplos de su trabajo. En las páginas 25 a 28, podrá encontrar más información sobre las tablas y herramientas.

> Una mañana en México un señora Rosa despertó para hacer una taza de café pero no tiene leche. Cuando su esposo Juan despierto Rosa le preguntó si podía comprar leche en el mercado. Su esposo dijo si pero no fuiste al mercado para comprar leche. Solo estuvo acostado todo el día en lugar de ir al mercado y trabajar en el campo. Pero más vale tarde que nunca, pensó Rosa.
>
> La próxima día Rosa vi que no hay leche y decidida que ella va ir al mercado pero su esposo tiene que alimentar a los caballos. Otra vez Juan dijo que si pero aun no lo hizo. Luego el próxima día cuando Rosa fue alimentar a los caballos vi que los caballos comió todo el heno porque Juan no los alimento. Rosa fue enojada con Juan porque el no hizo nada por dos días. Entonces, Rosa le dijo a Juan:
> —No dejes para mañana lo que puedas hacer hoy.

¿Para quién es?

NIVELES
4–8

GÉNEROS / TIPOS DE TEXTO
narración de no ficción, ficción histórica

PROCESOS
desarrollar, revisar

En casi todas las páginas de este libro encontrará una o más lecturas recomendadas bajo el encabezado **¡Me quito el sombrero!** Allí hago referencia a los textos en los que me basé para las ideas de las estrategias o los autores que me sirvieron de inspiración.

¡Me quito el sombrero!
(lectura recomendada):
Finding the Heart of Nonfiction: Teaching 7 Essential Craft Tools with Mentor Texts
(Heard 2013)

Elaboración

249

◎ Enseñar los objetivos de escritura a lo largo del tiempo

Una vez que haya establecido el objetivo de escritura del estudiante —a partir de varios textos que ha escrito o a partir de un ejemplo de escritura más formal creado "a petición" a partir de un tema determinado—, usted deberá considerar cómo apoyar el objetivo del estudiante a lo largo del tiempo. En las siguientes secciones, explico las estrategias, la retroalimentación y las pautas con más detalle para ayudarlo a visualizar cómo se lleva a cabo la instrucción de la estrategia en el salón de clases.

Acerca de las estrategias

Podemos pensar en los objetivos como el *qué* y en las estrategias como el *cómo*. Cada estrategia descompone el trabajo de la destreza o la técnica de escritura en una serie de pasos prácticos. Las estrategias ayudan a tomar algo que los escritores competentes hacen de modo natural, automático y sin esfuerzo consciente, y lo vuelven visible, claro y viable para el escritor en formación. Decidir enseñar estrategias significa que estamos deliberadamente enseñando al *escritor*, no solo mejorando el *escrito*. No arreglamos un escrito en particular, sino más bien empoderamos al estudiante con el conocimiento necesario para trabajar por sí mismo en su texto y en futuros escritos (Calkins 1994; Graves 1983). La enseñanza de estrategias de escritura ha demostrado ser una de las prácticas de instrucción más efectivas en la enseñanza de la escritura y en las clases de refuerzo de escritura (Graham *et al.* 2012; Duke 2014).

Una estrategia es una especie de andamio temporal que le permite al estudiante practicar una destreza. Por lo general, el *"cómo hacer algo"* se le ofrece durante una lección, que luego practicará junto al maestro. Una vez que aprenda una estrategia, el niño debe entender que necesita seguir practicándola de modo independiente. Por lo tanto, es importante enseñar una estrategia de forma suficientemente clara para que sea portátil y suficientemente general para que sea transferible; el estudiante debe poder llevarla consigo y usarla no solo hoy, sino mañana en uno y otro escrito. Después de usarla varias veces, confiamos en que los pasos de la estrategia se vuelvan tan automáticos que el estudiante ya no necesite aplicarla de manera consciente. En otras palabras, la estrategia se vuelve subyacente y la destreza permanente.

A cualquier escritor se le pueden ocurrir cientos de estrategias para cualquier destreza, hábito, comportamiento o técnica de escritura. En este libro incluyo más de trescientas de mis estrategias favoritas, pero una vez que usted se familiarice con el lenguaje y las frases, no dudo de que ideará sus propias estrategias.

A medida que los estudiantes trabajan en un objetivo durante cierto periodo de tiempo, sin duda usted les ofrecerá varias estrategias para practicar. Dicho de otro modo, ninguna estrategia por sí sola será suficiente para lograr el objetivo. Fijar un objetivo significa tener una variedad de estrategias para usar y aplicar en diferentes circunstancias.

Por ejemplo, piense en un niño que necesita apoyo en la elaboración. (Por cierto, casi todos lo necesitan). El estudiante tiene buenas ideas y escribe con organización, pero su escrito es tan corto y pobre que el lector siente que dejó de lado mucha información importante. Probablemente usted trabajará con ese estudiante y le indicará cómo agregar detalles al escrito en el que está trabajando e, incluso, al siguiente texto en el que vaya a trabajar, que podría ser de un género distinto. Considere el ejemplo de la tabla en la siguiente página que muestra la trayectoria de un estudiante para desarrollar un repertorio de estrategias en el objetivo de elaboración durante el transcurso de seis semanas.

Como ve, la experiencia de un estudiante en torno a un objetivo puede incluir varias estrategias e incluso varios géneros. Aunque no siempre será el caso, es posible que un estudiante que necesita apoyo para elaborar un texto narrativo también necesite ese mismo objetivo para un texto informativo. Cuando se le enseña a un estudiante a trabajar en un objetivo, el maestro o la maestra deberá realizar una evaluación continua para determinar en qué momento el estudiante es capaz de practicar de forma independiente la estrategia previamente presentada y puede asumir una nueva.

Dar consejos y guiar a los escritores

Dentro de cada lección, los estudiantes se beneficiarán no solo de una demostración o ejemplo de la estrategia, sino también de su retroalimentación, consejos y apoyo mientras practican la estrategia para que luego puedan practicarla por su cuenta. Según las investigaciones de Hattie (2009), la retroalimentación relacionada

Semana 1	Trabajó en un texto de narración de ficción. Aprendió y practicó las estrategias 6.33 ("¿Cómo habla tu personaje?") y 6.14 ("Muéstralo, no lo digas: las emociones").
Semana 2	Trabajó en un texto de narración de ficción. Aprendió y practicó estrategias para desarrollar los detalles del ambiente, estrategia 6.26 ("Explora opciones para el ambiente") y estrategia 6.13 ("Muéstralo, no lo digas: usa los sentidos para describir escenas").
Semana 3	Trabajó en un texto de narración de ficción. Primera conferencia de la semana para revisar la estrategia sobre detalles del ambiente. Más adelante en la semana, aprendió y practicó una estrategia para desarrollar los rasgos de personalidad del personaje, estrategia 6.20 ("Describe cómo se ve tu personaje").
Semana 4	Terminó y revisó la narración de ficción, usando todas las estrategias con el apoyo de la maestra. Comenzó a trabajar en un ensayo informativo. Aprendió y practicó la estrategia sobre cómo agregar datos, estrategia 6.23.
Semana 5	Continuó con el ensayo informativo. Aprendió y practicó la estrategia para respaldar los datos con información adicional, estrategia 6.22.
Semana 6	Continuó con el ensayo informativo. Trabajó en el uso de narración/anécdotas como parte de la técnica de elaboración, estrategia 6.41.

con un objetivo tiene el potencial de generar un excelente crecimiento para el estudiante. Así pues, no es suficiente con indicarle al estudiante qué hacer o cómo hacerlo. Debemos apoyarlo mientras practica, haciéndole saber de qué modo sus aproximaciones se acercan a las expectativas y ayudándolo a resolver las dificultades que encuentra mientras practica la estrategia.

Al dar consejos y hacer comentarios al estudiante, me aseguro de no decir más de la cuenta. Existe la tentación de asumir el control y sugerir párrafos o hacer demostraciones largas. Sin embargo, he advertido que cuando pongo al estudiante "al volante" y me limito a decir frases u oraciones cortas, consigo que trabaje más y, consecuentemente, que disfrute más del aprendizaje. A medida que guíe y aconseje a sus escritores haciéndoles comentarios sobre su trabajo, tenga en cuenta el objetivo final de crear escritores independientes que no necesiten que usted esté a su lado para usar las estrategias que les está enseñando.

Además de ser breves, los consejos están claramente relacionados con la estrategia. Quiero asegurarme de dar apoyo a la estrategia que acabo de enseñar. Así que, cuando un estudiante está practicando una estrategia para generar ideas en su cuaderno, no voy a comenzar a guiarlo para que deletree una palabra complicada. Además de hacer que el lenguaje corresponda con la estrategia, también tengo cuidado de no sumergirme en el contenido específico del texto que está escribiendo el niño. Aunque es tentador hacerlo, lo único que logro con eso es arreglar el escrito específico en el que está trabajando el niño, y quizá él no hará la conexión de que puede seguir ese mismo proceso al trabajar en otros escritos. Por ejemplo, absténgase de decir algo así: "Me parece bien que escribas sobre tu perro. Piensa en algún recuerdo que quieras compartir, por ejemplo, el día en que llegó a tu casa o algo que pasó mientras lo sacabas a pasear". En cambio, diga algo así: "Ahora que ya tienes un tema, piensa en recuerdos específicos que se relacionen con ese tema". Ambos ejemplos dan consejos para la estrategia de generar ideas basándose en puntos importantes, pero el segundo ejemplo está expresado de tal manera que el niño pueda captarlo y aplicarlo al próximo tema, y al siguiente, y al de después.

◎ Preparar el salón de clases para fomentar la independencia

Los niños necesitarán mucho tiempo para practicar el proceso de escritura y escribir. Necesitarán apoyo de su parte en la forma de enseñanza para toda la clase, lecciones en grupos pequeños y conferencias individuales. En los salones de clases donde el volumen, la energía y la productividad son altos y donde los estudiantes trabajan laboriosamente en sus escritos, los maestros tendrán la libertad de reunirse con los estudiantes según sus objetivos de escritura. Pero esto no ocurre de manera fortuita: el maestro o la maestra debe planificar cuidadosamente el ambiente de escritura, establecer expectativas claras de lo que va a pasar durante la hora de escritura y poner recursos y materiales a disposición de los estudiantes para que puedan resolver sus dificultades de manera independiente. Cuando no se les enseña a los niños a ser autónomos, tienden a lograr menos volumen de escritura y suelen esperar en fila frente al escritorio de la maestra en busca de aprobación, corrección o solución de una dificultad.

La retroalimentación que ofrezco a los estudiantes toma ciertas formas predecibles:

- **elogiar:** mencionar algo que el estudiante hace bien (por ejemplo: "¡Miraste el muro de palabras para saber cómo se escribe esa palabra sin tener que deletrearla!").
- **dirigir:** pedir al niño que intente algo (por ejemplo: "Vuelve a leer el final. Asegúrate de dejar pensando al lector").
- **encauzar:** mencionar lo que el niño está haciendo en ese momento y encauzarlo hacia una dirección ligeramente distinta (por ejemplo: "Estás haciendo una lista de datos específicos que conoces. Intenta primero hacer una lista de los nombres de los capítulos que podrías escribir y luego sigue con los datos").
- **preguntar:** (por ejemplo: "¿Podrías escribir una definición para dar más detalles?").
- **presentar comienzos de oración:** ofrecer al niño el lenguaje indicado es especialmente útil al dirigirlo para contar un cuento o para colaborar con una pareja o un club de escritura; el estudiante repetirá el comienzo de oración y luego la completará verbalmente (por ejemplo: "Una vez… Y después… Más tarde…").

Dar visibilidad a los objetivos

Una vez que tenga en mente cuál será el objetivo de su estudiante, le recomiendo tener una conferencia con él o ella para fijar y comentar el objetivo (Serravallo 2019a, 2019b). En dicha conferencia, usted puede poner en la mesa uno de los escritos del estudiante y, mediante una serie de preguntas guiadas, pedirle que reflexione sobre sus fortalezas y los posibles pasos que debe tomar a continuación. Quizá el estudiante necesite ejemplos del trabajo de otros autores con el fin de hacer comparaciones, o incluso una rúbrica o lista de comprobación de las cualidades de la buena escritura en el género del texto en cuestión. O, si quiere trabajar con un niño en un objetivo para motivar la fuerza y persistencia o el volumen de escritura, podría ofrecerle la oportunidad de mirar un inventario de interés (vea la página 62). En definitiva es importante que seleccione con cuidado lo que va a poner frente al estudiante para ayudarlo a ver lo que usted vio. Según las investigaciones, si usted puede hacer que el estudiante articule la estrategia (en lugar de decirle directamente en qué debe trabajar), es más probable que se sienta motivado a trabajar para lograrlo (Pink 2011).

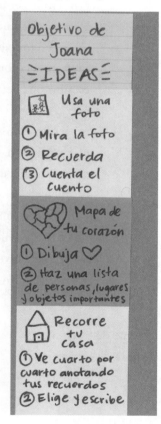

Darles visibilidad a los objetivos y a las estrategias durante la hora de escritura ayudará a los estudiantes a lograr independencia y tener éxito.

Durante la conferencia para fijar el objetivo, puede ofrecer al niño un marca-páginas inaugural o cierto tipo de tarjeta de objetivo para simbolizar el comienzo del nuevo trabajo que el estudiante asumirá. En esta tarjeta se puede articular el objetivo del estudiante (por ejemplo: "Trabajar en agregar más detalles útiles") y también puede escribir las estrategias que usted le ofrezca con el tiempo a medida que lo ayuda con su nuevo objetivo. La nueva estrategia la puede anotar el maestro o el estudiante.

Centros de escritura

Al crear un centro de escritura en su salón de clases, usted ofrecerá a los niños acceso a los materiales que necesitan y les permitirá resolver algunas de sus dificultades de manera independiente. Este centro de escritura no será el lugar donde los niños escriban, sino una especie de librero o repisa para colocar los materiales de escritura que puedan necesitar. Lo que usted incluya dependerá de lo que ha enseñado a los niños a usar y de la edad y el nivel de desarrollo de los escritores. Estas son algunas opciones que podría considerar:

- diversos tipos de papel para escribir (en la página 13 aparecen algunos ejemplos de papel para los grados K–2; para los grados 3–5, podría incluir libretas de papel amarillo para hacer borradores, hojas sueltas de papel para revisar los segundos borradores y papel con bordes decorativos para publicar sus escritos)
- materiales para hacer cubiertas de libros (cartulina, etc.)
- grapadoras
- pegamento en barra o goma para reacomodar un borrador recortado o para pegar recuadros de ilustraciones u otras características a las páginas del borrador
- tiras de revisión (tiras finas de papel con algunos renglones que pueden ser pegadas con cinta adhesiva o pegamento en el margen o en la parte inferior de la página para agregar espacio para escribir)
- diccionarios generales
- diccionarios de sinónimos y antónimos
- tableta o computadora portátil con acceso a recursos en línea y diversos URL de sitios web claramente listados en el marcador del navegador de Internet
- tablas previamente usadas, archivadas en una carpeta de recursos
- libros de consulta para escritores, tales como *Escribir, crear, contar: Las claves para convertirse en escritor* (Instituto Cervantes 2014) y *Trucos para escribir mejor* (Salas 2013)
- resaltadores

Centro de escritura de primer grado

Cajas o canastas con recordatorios de algunas estrategias para que los estudiantes puedan escribir de manera independiente.

Utensilios de escritura al alcance de los niños, tales como bolígrafos verdes y azules para revisión y edición, tijeras para recortar hojas de borradores, y marcadores y crayones para agregar color a los textos publicados.

Grapadoras para que los estudiantes puedan agregar nuevas páginas o tiras de revisión de manera independiente.

Diversos tipos de papel de escritura, tales como hojas sueltas y libritos con hojas previamente engrapadas, algunos con recuadros grandes y pocos renglones y otros con recuadros pequeños para dibujar y más renglones para escribir.

Herramientas de escritura al alcance de los niños, tales como tablas, listas de comprobación u organizadores gráficos presentados previamente.

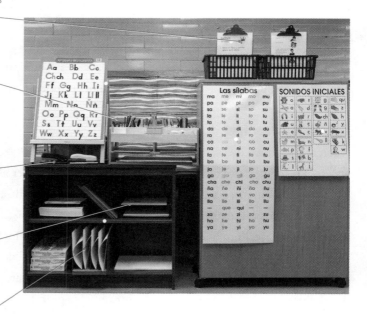

Centro de escritura de cuarto grado

Herramientas de escritura, como versiones de tablas previamente presentadas y recordatorios útiles para apoyar a los estudiantes a solucionar sus dificultades de manera independiente.

Utensilios de escritura, tales como bolígrafos de distintos colores para editar y revisar, así como notas adhesivas para agregar revisiones, para que los estudiantes sigan el proceso de escritura independientemente.

Utensilios al alcance de los niños, tales como marcadores y lápices de colores para decorar y publicar los escritos, así como tijeras y cinta adhesiva para cortar y reconfigurar los borradores.

Textos mentores, materiales de consulta para ayudar con la edición y libros que sirven de inspiración a los escritores.

Distintos tipos de papel para diversas partes del proceso de escritura.

Carpetas para guardar los borradores de los estudiantes, organizadas por mesas.

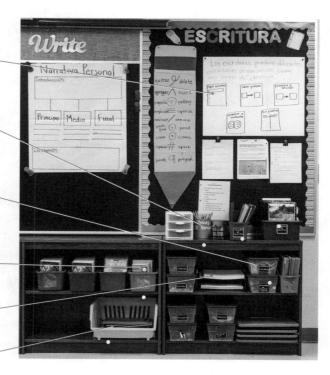

- tijeras

- bolígrafos de distintos colores para revisar o editar

- notas adhesivas

- listas de lugares donde publicar textos o anuncios de propuestas para revistas estudiantiles

- plantillas de páginas acerca del autor

- papel estampado u otro tipo de papel decorativo para las cubiertas

- cinta de embalaje de distintos colores para hacer el lomo de los libros

- rótulos de distintos tamaños para agregar títulos y nombres del autor en las cubiertas

- sujetadores de papel

- libros en blanco

- perforadora de tres agujeros

- listas de comprobación y otros recordatorios de estrategias previamente enseñadas

Tablas y herramientas

Kristi Mraz y Marjorie Martinelli, en su serie de libros *Smarter Charts* (2012, 2014) y en su curso *Digital Campus* (Martinelli y Mraz 2014), ofrecen evidencia convincente de que cuando se complementa cualquier texto escrito o discurso con elementos visuales, el receptor tiende a recordarlo mejor. Si lo piensa, creo que usted estará de acuerdo con esta afirmación. Inspirada por tales autoras, he incorporado elementos visuales en todas las estrategias de este libro: algunos son ejemplos del trabajo de los estudiantes, otros son tablas y otros son herramientas o tarjetas de estrategia para entregar a los estudiantes durante las conferencias. Con esto, tengo dos intenciones. Por una parte, quiero ayudarlo a usted, mi lector o lectora, a hojear el libro rápidamente y acceder a lo que necesita mediante un ejemplo visual preciso que lo ayudará a entender mejor lo que *usted* está aprendiendo con este libro. Mi segunda intención es que estos elementos visuales sirvan como ejemplo —del tipo de escritos que sus estudiantes harán o del tipo de tablas que usted podría colgar en su salón de clases— para que los niños puedan acceder y recordar mejor lo que *ellos* están aprendiendo de *usted*.

Si no tiene mucha experiencia con la creación de tablas, carteles y otros elementos visuales para el salón de clases, le recomiendo consultar el trabajo de Kristi y Marjorie. A manera de adelanto, voy a dedicar unas cuantas líneas a explicar por qué las tablas y herramientas son útiles y a mostrar algunos ejemplos de los tipos de tablas y herramientas que encontrará en este libro.

Dibuja con círculos y palitos

Tablas de ejemplo. Estas tablas incluyen un texto con anotaciones, tales como un fragmento del trabajo de un texto mentor, una página de un texto escrito por un estudiante de su clase o su propio texto de demostración. Los rótulos o anotaciones que usted agregue pueden resaltar el uso de una estrategia. Este tipo de tabla se puede crear con la ayuda de los estudiantes; el maestro puede preparar la tabla con la selección y los estudiantes pueden sugerir anotaciones que el maestro escribe.

Tema de la alfacaja: Ballet

A Arabesca	B Barra Ballet Baryshnikov	C Coreografía	D Développé
E	F French Fondu Primera Posición	G	H
I	J Jeté	K	L
M	N/Ñ	O	P Plié point Pas Pirouette
Q	R Relevé ruso	S Segunda posición	T Tutú
U	V	W	X, Y, Z Zapatilla

Las **herramientas** tienen la intención de ofrecer algo al estudiante que le sirva de apoyo mientras continúa practicando la estrategia. El estudiante puede guardarlas en su carpeta de escritura o en la cubierta de su cuaderno y sacarlas cuando esté practicando la estrategia de manera independiente, con su pareja de escritura o en grupo. Usted puede crear estas herramientas con anticipación o hacerlas con el estudiante durante una conferencia de escritura.

"Llama" a un amigo...

① Pregunta ② Comenta ③ Escribe

Una **tabla de proceso** es una referencia útil de los pasos de la estrategia. Conviene incluir dibujos o íconos junto con las palabras de la estrategia. La mayoría de los maestros elegirán palabras clave de cada paso de la estrategia en lugar de escribir las oraciones completas de la estrategia en la tabla.

Características de una tabla o herramienta útil

Para la creación del libro en inglés, docenas de generosos maestros me enviaron tablas del salón de clases, tomaron fotos de sus estudiantes en acción, pusieron en práctica mis lecciones piloto y crearon material para acompañarlas. Además, se reunieron fuera de las horas escolares para generar ideas y elaborar tablas que luego compartieron conmigo. (Sus nombres aparecen en la página de agradecimientos de este libro). Para la versión en español, hemos traducido y adaptado estas tablas con la finalidad de hacerles llegar el más fiel reflejo posible de las tablas originales. De todo el material que recolecté, estos son los aspectos en común:

- Son muy claros y visualmente sencillos.
- Tienen poco texto, dentro de lo posible.
- Tienen íconos, dibujos o códigos de colores para ayudar a la persona que los usa a captar la información esencial rápidamente.
- Son apropiados para la edad (y el nivel de lectura) del usuario previsto.
- Tienen un título claro para indicar al usuario de qué trata la tabla.

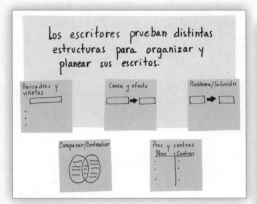

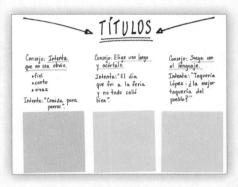

Una **tabla de repertorio** es una colección de estrategias con un encabezado del género o la cualidad de la buena escritura que se estudia ("Escribir un ensayo bien organizado") u otra etapa del proceso de escritura ("Cuando creamos personajes de ficción…"). Estas tablas ayudan al estudiante a recordar las estrategias que ha ido aprendiendo para que se haga responsable de incorporarlas en el momento apropiado. Este tipo de tabla también puede ser útil cuando las paredes del salón de clases se están llenando; las tablas detalladas sobre un solo asunto se pueden retirar para dar paso a una tabla de repertorio sintetizada.

Las **tablas de contenido** ofrecen al estudiante una manera de consultar información que usará en sus propios escritos, tales como bancos de símbolos comúnmente usados en los textos mentores favoritos que quizá quiera incorporar en sus propios escritos, o un organizador gráfico que muestre cómo organizar el género que está estudiando.

Los **cuadernos de demostración** ofrecen un elemento visual de referencia y una demostración rápida o texto de práctica en una página (Roberts y Roberts 2016).

No dude en tomar prestadas las tablas y herramientas que aparecen en este libro o usarlas como inspiración para adaptarlas y hacerlas propias. Por ejemplo, considere agregar ejemplos de los textos escritos por sus propios estudiantes en lugar de los textos que aparecen en los ejemplos. Mencione los textos mentores que su clase conoce bien. Cambie las imágenes visuales para que se ajusten mejor al grado y nivel en que enseña. Cuanto más ajuste las tablas al contexto de su salón de clases y cuanto más participen los estudiantes en su creación, más las usarán. Si necesita más ideas que le sirvan de inspiración para crear sus propias tablas, consulte el libro de Kate y Maggie Roberts, *DIY Literacy* (2016). Según las autoras, ¡ni siquiera se necesita tener buena letra para hacerlas!

Tipos de tablas y herramientas

Dé un vistazo a algunos de los tipos de tablas y herramientas que se incluyen en las más de 300 estrategias de este libro. Aunque hay una variedad de tipos, considere cada una como un simple ejemplo. En una página en la que incluyo una tabla de proceso, usted podría fácilmente enseñar la lección y hacer una tabla de contenido. Los tipos de tablas y herramientas que aparecen en este libro corresponden a seis categorías. En las páginas 26 y 27 podrá ver ejemplos y descripciones de cada una. Estos son los tipos de tablas:

- tablas de ejemplo
- herramientas
- tablas de proceso
- tablas de repertorio
- tablas de contenido
- cuadernos de demostración

Textos mentores

Cuando terminé de escribir mi primer libro y lo pasé a mi editora, ella me preguntó si quería incluir una página de agradecimientos. ¡Por supuesto que sí! Quería agradecer a mucha gente. Pero, a decir verdad, nunca lo había hecho, así que saqué de mi estante una pila de cinco libros de Heinemann para leer la página de agradecimientos. No lo hice para copiar la lista de personas a las que quería agradecer, sino para ver *cómo estaba escrita esa página*. Me fijé en la estructura, la extensión, el tono y el ritmo. Después de leer unos cuantos, identifiqué algunos rasgos clave de una página profesional de agradecimientos para un libro y me puse a trabajar en la mía.

"Escribir bien consiste en aprender a prestar atención al *oficio* de escribir, aprender a realizar el sofisticado trabajo de separar *sobre qué trata* de *cómo está escrito*" (del libro en inglés de Ray 1999, 10). Si esto es algo que los escritores hacemos en el mundo real, ¿no es lógico enseñarlo también a los niños? Cuando enseñamos a los niños a estudiar el trabajo de otros autores ("autores mentores") que se parece en su forma o género a lo que ellos quieren escribir, pueden estudiarlo y leerlo "con ojos de escritor" para aprender las técnicas de elaboración y las estrategias que el escritor empleó para escribirlo. Después, pueden transferir esos hallazgos a su propio escrito. Como Frank Smith escribe: "Los maestros también deben procurar que los niños tengan acceso a materiales de lectura que sean relevantes para el tipo de escritor que ellos quisieran llegar a ser en un momento en particular. Los maestros deben reclutar a los autores que se convertirán en los colaboradores involuntarios de los niños" (del libro en inglés de Smith 1988, 26).

A lo largo de las estrategias de este libro, ofrezco sugerencias sobre diferentes tipos de textos mentores en los que usted podría apoyarse a medida que enseña a sus estudiantes estrategias de escritura relacionadas con sus objetivos. Por ejemplo, existen muchos ejemplos de libros completos dedicados a sugerir textos para niños que corresponden a unas cualidades y técnicas de escritura específicas, tales como *Wondrous Words* (Ray 1999), *The Writing Thief* (Culham 2014), *Mentor Texts and Nonfiction Mentor Texts* (Dorfman y Cappelli 2007, 2009) y muchos otros.

Al planear el uso de textos mentores, considere diferentes métodos de enseñanza para explorarlos con sus estudiantes. Una opción es establecer la estrategia que piensa enseñar, después mostrar el ejemplo del texto mentor y luego hacer una demostración rápida de cómo adapta usted la estrategia y el ejemplo para hacerlos propios. Una segunda opción es usar la indagación como método. Para hacerlo, usted debe mostrar a sus estudiantes uno o varios ejemplos de una técnica de escritura y pedirles que los exploren con una pregunta específica en mente, como, por ejemplo, "¿De qué modo la autora usa las comas? ¿Cuál es el propósito de incluirlas como ella lo hace?" o "Fíjense en el modo en que los autores de estos tres artículos de prensa elaboraron la introducción. Según eso, ¿cuáles serían los elementos de una introducción bien hecha y efectiva?". Entonces, los estudiantes pueden trabajar de forma colaborativa en parejas o grupos, junto a usted o independientemente, para descubrir, notar y mencionar. Mediante este proceso de descubrir y mencionar, los estudiantes suelen desarrollar una comprensión —y posiblemente también una apreciación— más profunda de una técnica de escritura en particular (Ray 1999).

Es muy probable que usted se refiera a estos textos mentores una y otra vez. Puede designarles un lugar especial en el centro de escritura, llevar algunos cuando se reúna con los estudiantes en conferencias y en sesiones de grupos pequeños y colocar algunos en una repisa cerca de su mesa para tenerlos a la mano al hacer sus demostraciones.

◎ De qué modo las estrategias de este libro se pueden ajustar a su salón de clases

En mi labor como maestra, soy entusiasta seguidora de los talleres de lectura y escritura, como los de Nancie Atwell, Donald Graves, Donald Murray y Lucy Calkins, así como del Teachers College Reading and Writing Project. También creo que un taller de escritura es más efectivo dentro de un programa de lectoescritura equilibrado. Yo intentaría incluir el contenido de este libro en todos los componentes —mini-lecciones, escritura compartida, escritura interactiva, etc.—, así como lo usaría para dirigir mi instrucción diferenciada al apoyar a los estudiantes en sus objetivos individuales mediante conferencias y diálogos y enseñanza en grupos pequeños. Si quiere aprender más sobre este enfoque para enseñar escritura, le recomiendo hojear el clásico *The Art of Teaching Writing* (Calkins 1994), echarle un vistazo a *Units of Study for Teaching Writing, Grades 3–5*

(Calkins 2006) o consultar algunos libros sobre las raíces del enfoque de talleres de escritura, como *Writers: Teachers and Children at Work* (Graves 1983), *A Writer Teaches Writing* (Murray 1985) o *In the Middle* (Atwell 2014).

Las siguientes dos secciones le podrán interesar si busca maneras de idear unidades de estudio y manejar la enseñanza diferenciada. Si usa un enfoque diferente al de talleres de escritura, consulte la tabla de la sección "Usar las estrategias junto con diversos esquemas de lectoescritura" (páginas 34 a 36), en la que doy otras sugerencias para usar las estrategias de este libro.

Planear una unidad de estudio

Durante el curso del año escolar, los estudiantes de su clase se beneficiarán de unidades estructuradas en las que usted presente un género, una cualidad de la buena escritura o un hábito de escritura mediante una serie de lecciones organizadas alrededor de objetivos comunes. Cada unidad, por lo común, tendrá una duración de cuatro semanas o de 16 a 22 días de enseñanza, y ayudará a los estudiantes a trabajar en el proceso de escritura una o más veces. Al final de la unidad, los estudiantes podrán celebrar la finalización de por lo menos un escrito que muestre evidencia de lo que han aprendido.

Para diseñar una unidad, es útil seguir una serie de pasos:

- Primero, trate de articular lo que quiere que aprendan los estudiantes. Estos resultados de aprendizaje se pueden expresar como objetivos, preguntas esenciales, comprensión permanente o destrezas (Wiggins y McTighe 2011).

- Segundo, elija uno o más ejemplos de textos mentores que sirvan de modelo para los estudiantes. En la sección anterior encontrará más información sobre textos mentores (páginas 28 y 29).

- Tercero, le aconsejo trabajar en el proceso usando el género que va a enseñar o practicando el comportamiento o las cualidades de la buena escritura que destacará en la unidad. Esto le será de utilidad de las siguientes maneras: (1) usted obtendrá una noción de los retos potenciales para así poder explicar mejor a los niños cómo resolver las dificultades que encuentren, y (2) usted tendrá los textos de demostración a mano.

- Cuarto, diseñe una evaluación previa y posterior, que puede ser tan sencilla como pedir a los estudiantes que escriban sobre un tema determinado en una sola sesión, en el género que van a practicar. Esto lo ayudará a advertir las tendencias de sus estudiantes en las destrezas y su comprensión para así diseñar mejor las lecciones para toda la clase. Además, con esta información, usted podrá identificar las necesidades individuales que debe apoyar durante las conferencias y las sesiones de grupos pequeños.

El siguiente paso será crear un mapa del proceso que usted quiere que sus escritores sigan, así como del ritmo en el que presentará las estrategias para cada nuevo paso del proceso. Si usted es maestra de cuarto grado, su mapa inicial puede lucir más o menos así:

Semana 1	Generar y reunir	Generar y reunir	Generar y reunir	Generar y reunir	Elegir
Semana 2	Desarrollar	Desarrollar	Ensayar y hacer un borrador	Hacer un borrador	Revisar
Semana 3	Revisar	Elegir	Desarrollar	Desarrollar	Ensayar y hacer un borrador
Semana 4	Revisar	Editar	Editar	Publicar	¡Celebrar!

En el ejemplo anterior, me propongo dirigir a los niños a través de una serie de lecciones que los ayudarán a generar y reunir muchas ideas para sus temas. Después, hacia el quinto día, elegirán una idea en la que quieran trabajar. Dedicarán un par de días a tantear las ideas en sus cuadernos y luego otro par de días a hacer el borrador.

Semana 1	Generar y reunir 3.1 Personas importantes	Generar y reunir 3.2 Momentos de sentimientos intensos	Generar y reunir 3.5 Haz un mapa de tu corazón	Generar y reunir 3.10 Reúne recuerdos de tu vida (y escribe después)	Elegir 4.7 Hazte preguntas para enfocarte
Semana 2	Desarrollar 5.8 ¡Oh, no!...¡Uy!... ¡Uf!	Desarrollar 5.29 Haz un guion gráfico con varias escenas	Ensayar y hacer un borrador 6.4 Actúalo... luego escríbelo	Hacer un borrador 6.9 "¿Qué *más* ocurrió?"	Revisar 6.13 Muéstralo, no lo digas: usa los sentidos para describir escenas
Semana 3	Revisar 6.33 ¿Cómo habla tu personaje?	Elegir 4.15 Enfócate en una imagen	Desarrollar 5.35 Cierra el círculo	Desarrollar 5.36 Estructura alterna	Ensayar y hacer un borrador 5.39 Escribe el esqueleto y después rellena los espacios
Semana 4	Revisar 6.43 Miente (para decir la verdad)	Editar 8.26 Recurre al corrector ortográfico	Editar 9.8 ¿De quién o de qué se trata? ¡Oración completa!	Publicar 4.4 Escribe un título	¡Celebrar! (vea el Apéndice)

Perfil de la clase

Nombre		Objetivo y notas
Alex		Interés (fuerza y persistencia)
Erika		Organización
Liliana		Elaboración (desarrollo del capítulo)
Eduardo		Elaboración
Johanna		Organización
Vanessa		Enfoque (significado/idea)
Patricia		Elaboración (desarrollo del capítulo)
Mark		Interés (fuerza y persistencia)
Carolina		Interés (volumen)
Macarena		Elaboración
Inés		Enfoque (significado/idea)
Mateo		Elección de palabras
Elliot		Elaboración
Nick		Elección de palabras
Olga		Elaboración
Rachel		Elaboración
Ingrid		Elaboración
Jazmín		Organización
Isabela		Elección de palabras
Susana		Significado/Enfoque
Silvia		Enfoque
Teo		Enfoque

Una hoja con el perfil de la clase permite al maestro ver patrones para orientar la enseñanza a todo el grupo y en grupos pequeños.

Plan de la semana

	Lunes	Martes	Miércoles	Jueves	Viernes
Mini-lección	montaña de sucesos	introducción	Prolongar contar cuentos	diálogo	descripción del ambiente
Lección de la estrategia (10)	Nick Mateo Isabela	Susana Inés Elliot	Erika Johanna Jazmín	Liliana Patricia	
Lección de la estrategia (10)	Alex Mark	Eduardo Macarena Elliot	Olga Rachel Ingrid		Por decidir
Conferencia (5)	Carolina	Nick	Ingrid	Silvia Vanessa	Teo Por decidir
Conferencia (5)	Isabela			Johanna	Carolina Por decidir
Pareja/Club		Silvia y Teo		Inés y Mateo	Alex y Erika

Un calendario semanal de conferencias y sesiones de grupos pequeños me permite optimizar mi tiempo para diferenciar la enseñanza mientras los estudiantes escriben independientemente.

Enseñaré un par de lecciones de revisión y los alentaré a intentar esa estrategia y otras que conozcan para mejorar su escrito. Algunos niños aún no habrán terminado su borrador, mientras que otros estarán listos para revisarlo. Después, les pediré que elijan una segunda idea para someterla al mismo proceso: desarrollar, ensayar, hacer un borrador, revisar. Así tendrán dos textos en los que podrán practicar las estrategias que aprendieron y dos textos para editar con las sugerencias que ofrezco. En el último día, nos dedicaremos a hacer la cubierta, elegir un título y tal vez hacer un dibujo para ilustrar el escrito. Al día siguiente, celebraremos nuestros esfuerzos.

Una vez que haya planificado la forma de su unidad, usted podrá dar un vistazo a este libro y sus demás recursos de escritura en busca de lecciones que se ajusten a la perfección. Por ejemplo, si quiero enseñar una unidad sobre escribir una narración de ficción, podría seguir el plan que aparece en la parte inferior de la página 31.

Cómo manejar las conferencias y las sesiones de grupos pequeños

Mientras sus estudiantes se dedican a escribir durante la hora de escritura independiente, usted podrá recorrer el salón de clases para trabajar con algunos de ellos en conferencias individuales o bien en grupos pequeños si tienen un objetivo en común y se pueden beneficiar de la misma estrategia. Estas reuniones con individuos y grupos le permitirán diferenciar lo que usted está enseñando, asignar estrategias que correspondan al objetivo de cada estudiante y darles la oportunidad de practicar bajo su guía.

Para tal fin, sería conveniente tener dos cosas a la mano: primero, un calendario para asegurarse de que podrá reunirse con cada uno de los estudiantes por lo menos una o dos veces a la semana, y, segundo, un sistema de registro anecdótico.

Crear un calendario para conferencias y sesiones de grupos pequeños

Mi primer paso al crear un calendario es hacer una lista de la clase que me permita ver el nombre de los estudiantes, sus objetivos y las posibles estrategias que pienso enseñarles. Esto me ayudará a advertir qué estudiantes pueden agruparse y beneficiarse de una estrategia común y quiénes son atípicos (porque están trabajando en un género diferente, tienen un objetivo singular que no se alinea con los objetivos de los otros o están escribiendo a un nivel diferente y necesitan una estrategia más sencilla o más sofisticada). Vea un ejemplo en la parte superior izquierda de la página 32.

Una vez que tengo una noción de qué grupos puedo conformar, pongo los nombres de los estudiantes en mi calendario para el trabajo en grupo (vea un ejemplo en la parte inferior izquierda de la página 32). Reservo unos diez minutos de mi tiempo a cada grupo de tres estudiantes, más o menos. Los demás estudiantes estarán en mi calendario para conferencias. Cada conferencia suele tardar unos cinco minutos. Para obtener más información sobre las reuniones para dialogar con los escritores, consulte el libro *How's It Going?* de Carl Anderson (2000).

A decir verdad, es muy improbable que siga mi calendario al pie de la letra. De hecho, en muchos casos tengo que hacer revisiones a mi plan semanal porque surge algo inesperado. Por ejemplo, advierto que un niño necesita más apoyo para practicar una estrategia, o veo que otro no necesita la estrategia que le había asignado porque al escribir demuestra que puede hacerlo. Las revisiones que hago a mi plan muestran que estoy en sintonía con las necesidades de mi clase. Aunque sé que haré adaptaciones a mi plan, el tener algo escrito con anticipación me ayuda a ser más eficiente durante las horas en que mis estudiantes están escribiendo independientemente. Si un estudiante está ausente, o si una sesión en grupo se alarga más de la cuenta, simplemente anoto los cambios que debo hacer al día siguiente para retomar el curso. Por lo general, reservo un lapso de cinco a diez minutos al día para responder a lo inesperado.

Establecer un sistema de registro anecdótico

A menos que usted tenga memoria fotográfica como Cam Jansen (la perspicaz protagonista de la serie de cuentos de misterio), es prácticamente imposible que recuerde cada detalle y matiz de cada conferencia y sesión de grupos pequeños, y de las estrategias que enseñó y cómo respondieron los estudiantes. Por eso, le recomiendo llevar algún tipo de registro.

La figura de la derecha es un ejemplo del formulario sencillo que solía usar en mi salón de clases. Llevaba una

Nombre: Lina		Objetivo 12/18: Elaboración
	Fortalezas/ Elogios posibles	Lo que enseñé/ Lo que podría enseñar
12/18	• buena estructura P_D_F • intentó usar estrategia de introducción de la semana pasada	• agregar más dibujos, más palabras # se le dificulta agregar palabras darle seguimiento
12/20	• verificación – agregó dibujos	• apoyo para agregar palabras, necesitó menos ayuda
12/22	• más detalles de acción	• diálogos – burbujas de diálogo • hacer que los personajes hablen
12/23	• verificación – agregó diálogo por su cuenta. Estuvo lista para nueva estrategia después del recreo.	

Este ejemplo de formulario me permite llevar un registro del progreso de un estudiante a lo largo de los días a medida que le presento nuevas estrategias y lo apoyo para que continúe practicando las estrategias que le enseñé previamente.

página por cada estudiante que me indicaba su progreso a lo largo de los días. El objetivo del estudiante aparecía en la parte superior de la página. Al ir trabajando con el estudiante, escribía la fecha y anotaba las fortalezas que el estudiante estaba demostrando (en la izquierda) y el apoyo que necesitaba (en la derecha). Lo que terminaba por enseñar ese día lo señalaba con una *E* en un círculo. Al final de la conferencia o de la sesión de grupos pequeños, trazaba una línea horizontal. Durante la siguiente conferencia o sesión de grupos pequeños, podía consultar rápidamente mis anotaciones anteriores y continuar con la estrategia previamente enseñada para ver si el estudiante necesitaba apoyo adicional o si estaba listo para pasar a una nueva estrategia. Usted puede llevar estas anotaciones en cualquier formato que le parezca lógico; si le gustan los formatos digitales puede usar Evernote o GoogleDocs. Si usted es de la vieja escuela, use un archivador, cuaderno o carpeta de dos bolsillos por cada estudiante. Lo más importante es que sea portátil, práctico y eficaz para usted.

Usar las estrategias junto con diversos esquemas de lectoescritura

Ya sea que su escuela use un enfoque diferente al de talleres de escritura, ya sea que usted ya tenga un currículum basado en talleres de escritura o deba seguir otro programa determinado, las estrategias de este libro le serán muy útiles para formar escritores independientes y hábiles. En la tabla que sigue, presento una lista corta de maneras en las que usted podría usar lo que hay en este libro para optimizar su hora de escritura sin importar qué método siga.

Enfoque o programa de escritura	Cómo podría usar este libro
Unidades de estudio para escritura	Las unidades de estudio serán una guía invaluable para la enseñanza de toda su clase, con algunas ideas adicionales para la enseñanza en conferencias y en sesiones de grupos pequeños que se alinean con los objetivos de la unidad. Sin embargo, ningún autor de un currículum conoce a los estudiantes con los que usted trabaja ni lo que sus más recientes evaluaciones muestran sobre el tipo de ayuda y apoyo que necesitan. Este libro puede ayudarlo a planear una enseñanza receptiva y diferenciada basada en los objetivos individuales.
Enfoque de escritura independiente *Daily 5*	Durante estas sesiones altamente independientes en las que los estudiantes están escribiendo para continuar con los textos que iniciaron en otro momento del día o para trabajar en proyectos de su propia elección, las estrategias y los elementos visuales de este libro los ayudarán a practicar y transferir las destrezas que usted ha enseñado previamente.
Programas integrales de escritura, como *Schoolwide, Being a Writer, Empowering Writers* o *Traits Writing*	Con un programa inspirado en los talleres de escritura con un alto nivel de apoyo, el maestro sigue un plan de unidad claro con lecciones y actividades y puede hacer uso de los textos mentores que se ofrecen. Algunos maestros encuentran que apoyar a los estudiantes con estrategias que se descomponen en pasos concretos y claros puede ayudarlos a acceder mejor a los objetivos de las lecciones. Otros maestros podrían apreciar las sugerencias de textos mentores alternos para destacar las técnicas de escritura en las lecciones. En estos programas, muchas de las tareas de escritura ofrecen a los estudiantes opciones limitadas o una sugerencia muy definida sobre el tema para escribir; este libro, en particular el objetivo sobre generar ideas, ayudará a los estudiantes a sacar a flote algunas de las ideas que pueden tener en su interior. La principal manera en la que probablemente yo usaría este libro junto con estos programas sería como una colección máster de estrategias para guiar mi instrucción diferenciada —en grupos pequeños y conferencias— durante la hora de escritura independiente.
Escribir a partir de temas determinados o asignados	Si usted tiende a asignar a sus estudiantes temas determinados de escritura, este libro podría ofrecerle algunas ideas de estrategias para ayudarlo a descomponer la tarea en pasos más concretos y manejables. Por ejemplo, en lugar de pedir a los niños que "elaboren un enunciado de tesis para un ensayo literario", podría buscar en el libro una estrategia que ofrezca consejos sobre *cómo hacerlo* paso por paso. Además, los temas determinados, por lo general, solo indican sobre *qué* comenzar a escribir. En este libro encontrará muchas estrategias que ayudarán a los estudiantes a mejorar la calidad de lo que escriben.

Continúa

Enfoque o programa de escritura	Cómo podría usar este libro
Ejercicios de escritura incluidos en el contexto de programas de lectoescritura basados en textos escolares	Los ejercicios de escritura que aparecen en los programas basados en textos escolares suelen ofrecer a los niños ideas sobre qué escribir, más que cómo escribir. Las estrategias de este libro lo apoyarán en la enseñanza del "cómo". También es posible que los escritos de sus estudiantes basados en el texto escolar sean mayormente borradores, con algo de revisión o edición. Las estrategias de este libro podrían ayudarlo a ampliar los horizontes de sus estudiantes en términos del proceso de escritura, especialmente las estrategias sobre cómo generar sus propios temas de escritura.
Diarios	Si usted ha establecido el hábito de que sus estudiantes escriban en sus diarios cada día, considere echar un vistazo al tipo de texto que están escribiendo y la calidad de lo que escriben para ver si puede ofrecerles estrategias para elevar su nivel. Sin una enseñanza específica, a menudo las entradas de diario de los estudiantes serán similares en estilo, estructura y elaboración desde el principio del año hasta el final. Usando algunas estrategias de este libro, los estudiantes podrían escribir con temas más variados, estructuras alternas, diversos tipos de detalles y normas de ortografía y gramática más intencionales.
Escribir para áreas de contenido o investigación guiada	Cuando se usa la escritura como parte de una tarea de ciencias, estudios sociales o matemáticas, el enfoque suele ser el contenido en sí mismo (la Guerra de Independencia, el ciclo del agua, el teorema de Pitágoras), haciendo que las destrezas y estrategias de escritura pasen a segundo plano. Considere usar las ideas de este libro para equilibrar la enseñanza del contenido con la enseñanza de cómo elaborar un texto bien escrito, de tal modo que se realce la comprensión del contenido.
Sin un enfoque formal de escritura	Es posible que de tanto en tanto usted incluya un ejercicio de escritura, ofrezca a sus estudiantes un organizador gráfico o les dé tiempo para "escribir libremente". Este libro lo ayudará a apoyar a sus escritores mientras diseña un curso de estudio (vea "Planear una unidad de estudio", páginas 30 a 32) o a enseñarles estrategias que puedan incorporar a sus proyectos independientes.

Las estrategias ayudan
a tomar algo que los
escritores competentes
hacen de modo natural,
automático y sin esfuerzo
consciente, y lo vuelven
visible, claro y viable para el
escritor en formación.

—Jennifer Serravallo

Componer con imágenes

◎ ¿Por qué es importante este objetivo?

La enseñanza de la escritura puede comenzar antes de que los estudiantes aprendan a escribir una letra o deletrear una palabra. De hecho, debe ser así, como muchos han argumentado. Al enseñarles a componer con imágenes, los niños sentirán la libertad de crear todo tipo de textos mientras van entendiendo que lo primero es transmitir el significado, mucho antes de estar listos para dedicar energía mental a distinguir los sonidos de las palabras y escribir lo que escuchan (Ray y Glover 2008; Glover 2009; Ray 2010). Algunos llaman *escritura emergente* a esta fase de desarrollo en la cual "los niños comienzan a entender que la escritura es una forma de comunicación y que las marcas que hacen sobre el papel transmiten un mensaje" (Mayer 2007, 35).

Tal vez algunos de ustedes que trabajan con niños muy pequeños se pregunten: "¿Qué sentido tiene componer *solamente* con imágenes en esta etapa? ¿Es eso *escritura*?". La respuesta inmediata es que esto se parece mucho a la hora de escritura de los niveles superiores de primaria en cuanto a la estructura de las lecciones, e incluso en cuanto a las cualidades de la buena escritura y los hábitos de escritura que se pueden enseñar. Por ejemplo, el maestro puede iniciar la hora de escritura con una lección de enfoque para ayudar a los niños a comenzar o a continuar con lo que estaban haciendo el día anterior. A veces, la lección se puede convertir en una mini lección para demostrar una estrategia, como las que se incluyen en este capítulo. En ciertas ocasiones, el maestro puede optar por volver a un libro ilustrado favorito que hayan leído en voz alta para hablar de lo que el ilustrador hizo para contar el cuento o enseñar sobre un tema.

Otras veces, el maestro puede compartir con la clase un trabajo individual y explicar qué estrategia usó ese niño para reflejar sus ideas en el papel, dibujando lo mejor que pudo. Luego, los estudiantes tendrán tiempo para componer nuevos trabajos (narrar un cuento a través de dibujos, enseñar sobre un tema o tratar de convencer al lector) o para retomar un trabajo en proceso y hacer cambios. En resumen, los niños planean su escritura, hacen borradores y revisan sus escritos, aunque casi todo el trabajo se haga a través de imágenes. Los maestros los guiarán a enfocarse en un tema o una idea para sus cuentos, les enseñarán a añadir detalles y ayudarán a que sus dibujos sean "legibles".

Para que los niños logren componer con imágenes, deben aprender a representar lo que ven por medio de marcas gráficas que comuniquen un significado a los lectores (por ejemplo, quiero contar sobre la vez que fui al zoológico con mi mamá, así que mi lector debe ver una imagen de una mamá con su hijo en el zoológico) y deben aprender a hacer dibujos que ellos mismos puedan "leer" para compartir con otros o para revisarlos. Dedicar tiempo a las lecciones básicas de dibujo para estudiantes de los primeros niveles de la enseñanza primaria los hará sentirse más seguros a la hora de componer con imágenes de manera independiente y evitará que se frustren a medida que lo hacen. Por lo tanto, algunas de las lecciones de este capítulo indican cómo guiar a los estudiantes a realizar dibujos figurativos.

Una vez que los estudiantes escriban con fluidez, aún hay buenas razones para apoyar la composición de sus escritos con imágenes. Por ejemplo, en los primeros niveles de la enseñanza primaria, hacer bosquejos o dibujos rápidos es una herramienta para planificar. Si los estudiantes aprenden a transferir sus ideas automáticamente en el papel en forma de imágenes, estarán mejor preparados para referirse a sus dibujos mientras hacen sus borradores, podrán agregar más detalles mientras escriben y tendrán más tiempo para las otras etapas del proceso de escritura.

Las estrategias de este capítulo se pueden implementar con estudiantes desde pre-kindergarten hasta cualquier edad en la que aún compongan con imágenes, por lo general hasta el segundo grado.

◎ ¿Cómo sé si este objetivo es adecuado para mi estudiante?

Este primer objetivo es adecuado para muchos lectores pre-emergentes o emergentes. A los niños que no conocen muchas letras y sonidos, o que apenas empiezan a adquirir y desarrollar esos conocimientos, se les puede guiar para que creen, compongan, relaten sus cuentos en voz alta y enseñen sus ideas mediante bosquejos y dibujos. Más tarde, cuando llegue el momento de usar rótulos y escribir oraciones, entenderán que lo más importante para un escritor es comunicar algo. Puede evaluar el conocimiento de sus estudiantes sobre la correspondencia entre letras y sonidos pidiéndoles que identifiquen los nombres y los sonidos de las letras.

En este libro también se incluyen estrategias para niños que están en diferentes fases —principiante, medio, avanzado— de la etapa emergente, que se pueden simplificar o adaptar para escritores emergentes. Por ejemplo, el capítulo sobre fomentar el interés (Objetivo 2) incluye estrategias para guiar a los estudiantes que necesitan practicar cómo bloquear la distracción para concentrarse en su trabajo. El capítulo sobre enfoque/significado (Objetivo 4) contiene estrategias para ayudar a los estudiantes a conectar todas las páginas con su tema. El capítulo sobre organización y estructura (Objetivo 5) incluye estrategias que enseñan a los estudiantes a organizar un cuento de tres páginas con un principio, medio y final. El capítulo sobre elaboración (Objetivo 6) contiene estrategias que enseñan a los estudiantes qué tipos de detalles deben incluir en sus escritos (por supuesto, en el caso de escritores principiantes, esto significa explicarles que se refiere a *detalles que deben incluir en sus dibujos*). Hay un capítulo entero dedicado a la ortografía (Objetivo 8), que incluye estrategias para principiantes, como usar tablas del alfabeto, que son apropiadas para los niños que ya conocen la mayoría de las letras y sus sonidos. En caso de que usted decida comenzar con el objetivo de este capítulo, le recomiendo que también dé un vistazo a los otros nueve capítulos para encontrar ideas sobre cómo guiar las composiciones de sus estudiantes.

De hecho, confieso que dudé sobre la idea de separar las estrategias de este capítulo de los otros nueve, porque pienso que el proceso y las cualidades de la buena escritura que enseñamos a los estudiantes mayores también se pueden enseñar a los más jóvenes (Ray y Glover 2008). Aun así, me pareció útil mantener juntas todas las estrategias que tengan que ver con la composición por medio de imágenes, con el entendimiento de que los maestros de niños que están aprendiendo a componer con imágenes encontrarán en el libro otras estrategias relevantes, al igual que los maestros de niños que ya dominan la escritura convencional encontrarán estrategias relevantes en este objetivo.

Como mencioné antes, este objetivo también puede ser importante para aquellos estudiantes que ya conocen las letras y sus sonidos y que ya están escribiendo palabras y oraciones, pero sin estabecer una conexión entre las palabras y su significado. Los estudiantes de todos los primeros niveles de la enseñanza primaria se pueden beneficiar de dedicar tiempo a hacer dibujos rápidos de sus ideas antes de describirlas mediante palabras. Antes de lograr fluidez en la escritura, los niños suelen dedicar deliberadamente mucha de su concentración a distinguir los sonidos de las letras y escribir lo que oyen y, por consiguiente, muchas veces olvidan lo que querían decir y terminan con un texto mucho más simple de lo que querían escribir. Algunos estudiantes de kindergarten, primero y hasta segundo grado de primaria, se beneficiarían mucho del proceso de comunicar sus ideas o componer sus cuentos primero por medio de imágenes que transmiten significado, para luego componer con palabras que reflejen ese significado.

Estrategias para componer con imágenes

Estrategia		Grados y niveles	Géneros/ Tipos de texto	Procesos
1.1	Habla (mientras dibujas)	Emergente	Todos	Hacer un borrador
1.2	Señala cada parte del dibujo	Emergente	Todos	Leer lo escrito en voz alta, revisar
1.3	Vuelve a leer tus dibujos como un cuento	Emergente	Narración	Contar cuentos
1.4	Vuelve a leer tus dibujos para enseñar	Emergente	Texto informativo/ no ficción	Leer lo escrito en voz alta
1.5	Agrega detalles para que sea más fácil leer los dibujos	Emergente–K	Todos	Hacer un borrador, revisar, editar
1.6	Usa rótulos en tus dibujos	Emergente–K	Todos	Hacer un borrador
1.7	Vuelve a mirar y pregúntate: "¿Cómo puedo hacerlo más claro?"	Emergente–K	Todos	Revisar, editar
1.8	Haz que tu dibujo refleje la imagen en tu mente	Emergente–1	Todos	Practicar, hacer un borrador, revisar
1.9	De izquierda a derecha	Emergente–2	Narración, texto informativo/ no ficción	Hacer un borrador
1.10	Repasa tu trabajo y haz algo más	Emergente–2	Todos	Hacer un borrador, revisar
1.11	¿Dibujaste personas? ¡Dibuja el lugar!	Emergente–2	Narración	Hacer un borrador, revisar
1.12	Escribir a lo largo de varias páginas	Emergente–2	Narración, texto informativo/ no ficción	Practicar, hacer un borrador, revisar
1.13	Dibujos en serie para mostrar cambios	Emergente–2	Narración, texto informativo/ no ficción y de procedimiento	Hacer un borrador
1.14	Círculos y palitos	Emergente–2	Todos	Practicar, hacer un borrador
1.15	Dibujar con formas y figuras	Emergente–2	Todos	Hacer un borrador
1.16	Toca y luego dibuja	Emergente–2	Todos	Hacer un borrador
1.17	Dibuja (lo mejor que puedas) y ¡avanza!	Emergente–2	Todos	Hacer un borrador
1.18	Imagínalo y ¡hazlo!	Emergente–2	Todos	Practicar, hacer un borrador

1.1 Habla (mientras dibujas)

¿Para quién es?

NIVEL
emergente

GÉNEROS / TIPOS DE TEXTO
todos

PROCESO
hacer un borrador

¡Me quito el sombrero!
(lectura recomendada):
Already Ready: Nurturing Writers in Preschool and Kindergarten (Ray y Glover 2008)

Estrategia Cuando escribas, ¡no tienes que hacerlo en silencio! Puedes comentar en voz alta lo que estás escribiendo (o dibujando). Cada vez que digas una parte nueva en voz alta, debes agregar esa parte nueva a tu dibujo.

Sugerencia para el maestro Permitir a los niños que hablen consigo mismos durante la hora de escritura y lectura los ayuda a motivarse y a ser más productivos. Les será útil escuchar sus propios comentarios mientras piensan en voz alta. Mientras trabaje con los estudiantes, puede aconsejarlos para que agreguen otras ideas, aclaren algunos detalles o expliquen su trabajo.

Sugerencia para el maestro Una vez que capte qué tipo de escritura está haciendo el niño, podrá adaptar sus consejos según sea necesario. Por ejemplo, la pregunta "¿Y qué más pasó?" funciona bien con textos de narración, mientras que la pregunta "¿Qué más sabes sobre eso?" funciona mejor con textos informativos/de no ficción.

Consejos

- ¿Y qué más pasó?
- Ah, espera un momento. ¿Quién es ese personaje?
- ¿Qué va a hacer ahora?
- ¿Qué más sabes sobre eso?
- ¿Qué dice este personaje ahora?
- Me pregunto dónde están ellos.
- Entonces, dijiste que ___. *(Vuelva a relatar el cuento que el niño le contó mientras señala cada parte en el dibujo).*

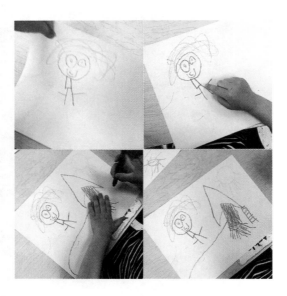

Estrategia Cuando le leas a alguien lo que escribiste, señala cada parte del dibujo. Cada vez que señales una parte con un dedo, cuenta todo lo que puedas sobre esa parte.

Sugerencia para el maestro Esta estrategia ayuda al niño a verbalizar, e incluso a elaborar sobre lo que dibujó, y es apropiada para todos los géneros. Seguramente usted adaptará los consejos según lo que aprecie que cada niño dibujó. Por eso es importante hacerle preguntas al niño sobre lo que escribió o dibujó para determinar de antemano qué está queriendo comunicar con su escritura. ¿Acaso es un cuento? ¿Está tratando de enseñar algo (dando información)? ¿Intenta hacer una lista de cosas? Cuando los niños tratan de dibujar y escribir un cuento, tenga en cuenta que los está guiando a usar el lenguaje de contar cuentos, no solo a hacer listas y usar rótulos mientras señalan partes de sus dibujos (es la diferencia entre un niño que dice: "Zoológico. Mamá. Yo. Donde entramos" y otro niño que dice: "Fui al zoológico con mi mamá. Caminamos bajo una puerta con forma de arco para poder entrar").

Consejos

- ¿Es un cuento? Di qué pasó primero, después y más tarde.
- Veo que tu dibujo trata de enseñarme algo. Dime más sobre eso.
- ¿Qué es eso?
- ¿Qué hay ahí?
- ¿Puedes señalar otra parte y decirme sobre qué escribiste o dibujaste?
- ¡Has incluido mucha información en tu dibujo!

¿Para quién es?

NIVEL
emergente

GÉNEROS / TIPOS DE TEXTO
todos

PROCESOS
leer lo escrito en voz alta, revisar

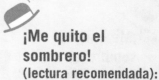

¡Me quito el sombrero!
(lectura recomendada):
Already Ready: Nurturing Writers in Preschool and Kindergarten
(Ray y Glover 2008)

¿Para quién es?

NIVEL
emergente

GÉNERO /
TIPO DE TEXTO
narración

PROCESO
contar cuentos

Mire el video de un estudiante leyendo unos dibujos:

hein.pub/EstrategiasEscritura

¡Me quito el sombrero!
(lectura recomendada):
Already Ready: Nurturing Writers in Preschool and Kindergarten (Ray y Glover 2008)

Estrategia Señala el dibujo o la parte del dibujo que muestre el principio de tu cuento. Cuéntalo como un cuento, expresando en voz alta lo que los personajes hacen y dicen. Toca otra parte o voltea la hoja para indicar lo que sigue. Cuéntalo como un cuento. Voltea la hoja hasta el final. Cuéntalo como un cuento.

Ejemplo de enseñanza *Mientras leo a alguien lo que escribí, necesito pensar en lo que están contando mis dibujos. Cuando escribí mi cuento, incluí personajes (personas o animales) y pensaba en lo que estaba pasando y en lo que hacían y decían los personajes. Al leer lo que escribí, lo leo como un cuento. No digo: "Este soy yo. Esta es la pista de hielo. Estos son mis patines".* (Señale el dibujo que usa para la demostración y limítese a rotular las partes de la imagen). *Ahora, voy a contarlo como un cuento. Escucha: "Un día fui con mi mamá a patinar sobre hielo. Nos pusimos los patines y salimos a la pista de hielo. ¡Estaba resbalosa! 'Llévame de la mano, mamá', le dije. '¡No me dejes caer!'". ¿Notaste la diferencia? Cuando describo lo que hacen y dicen mis personajes, suena como un cuento.*

Sugerencia para el maestro Tal vez desee registrar en sus archivos de clase lo que dicen los niños mientras relatan sus cuentos. Algunos maestros anotan lo que dice el estudiante justo encima de su dibujo o escrito, pero muchos creen que esto tiene un impacto negativo en la voluntad y el sentimiento de confianza del niño para empezar a escribir palabras por su cuenta, aunque ya pueda hacerlo. Cuando un adulto escribe en la hoja del niño, el niño podría pensar que sus intentos de crear algo con significado no tienen sentido sin las palabras escritas del maestro, lo cual puede debilitar sus futuros intentos de escribir con dibujos o palabras (Ray y Glover 2008).

Consejos

- Me contaste lo que hicieron los personajes. ¡Ahora agrega lo que dijeron!
- Cuéntalo como un cuento.
- ¿Qué más pasó en esta parte?
- Señala el dibujo donde empieza el cuento.
- ¿Cómo termina?
- No digas todo con una oración rápida. ¡Cuenta el cuento! ¿Qué hicieron los personajes? ¿Qué dijeron?

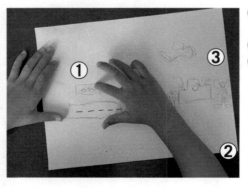

(1) Estamos en (el) carro, con mami y papi y yo, y fuimos adentro del parque.
(2) Vimos muchos cohetes de colores.
(3) Y vimos a monitos y subimos a (la) montaña rusa. Tenía mucho miedo y grité muy duro.

Estrategia Fíjate de nuevo en tu(s) dibujo(s). Señala la parte o el dibujo que enseñe al lector algo importante sobre tu tema. Toca otra parte o voltea la hoja para indicar lo que sigue. Di qué dato nuevo sobre el tema enseña esa parte del dibujo o esa página.

Ejemplo de enseñanza *Si escribí o dibujé algo para enseñarle datos a mi lector, debo asegurarme de que suene como un libro que enseña. Le voy a decir a mi lector los datos sobre los que escribí o dibujé. Te voy a mostrar cómo hacerlo. Primero hice un dibujo de un dinosaurio muy grande, el T. rex. Sé mucho sobre ese tema; por eso añadí tantos detalles a mi dibujo. Voy a tocar una parte del dibujo y explicar qué datos enseña esa parte. "El T. rex tenía mandíbulas enormes y dientes grandes muy afilados". Ahora voy a tocar otra parte del dibujo y decir lo que enseña esa parte. Las patas delanteras del T. rex eran muy cortas. Solo corría con sus patas traseras".*

Sugerencia para el maestro Consulte la Sugerencia para el maestro de la estrategia 1.3 (Ray y Glover 2008), sobre cómo registrar lo que cuentan los niños mientras señalan sus dibujos.

Consejos
- ¿Qué enseña este dibujo?
- Señala una parte de tu dibujo y dime qué puedo aprender.
- ¿Sabes otros datos?
- ¿Qué enseña esta parte del dibujo?
- Trata de sonar como un maestro que enseña algo.
- ¡Tu dibujo enseña muchos datos sobre el tema!

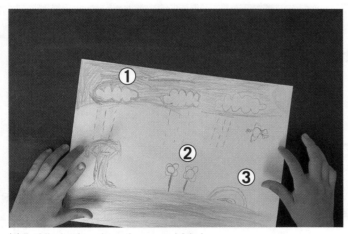

(1) Está lloviendo..., después crece el árbol....
(2) El pasto está creciendo..., está recortado, y están creciendo (las) flores.
(3) Y después sale el sol y... se hace un arcoíris.

¿Para quién es?

NIVEL
emergente

GÉNEROS / TIPOS DE TEXTO
texto informativo/ no ficción

PROCESO
leer lo escrito en voz alta

Mire el video de un estudiante explicando un dato del tema de su dibujo:

hein.pub/EstrategiasEscritura

¡Me quito el sombrero!
(lectura recomendada):
I Am Reading: Nurturing Young Children's Meaning Making and Joyful Engagement with Any Book (Collins y Glover 2015)

1.5 Agrega detalles para que sea más fácil leer los dibujos

¿Para quién es?

NIVELES

emergente–K

GÉNEROS / TIPOS DE TEXTO

todos

PROCESOS

hacer un borrador, revisar, editar

¡Me quito el sombrero!
(lectura recomendada):
Writing for Readers: Teaching Skills and Strategies (Calkins y Louis 2003)

Estrategia Observa bien tu dibujo. ¿Qué otros detalles (partes pequeñas) puedes agregar? Agrégalos.

Sugerencia para el maestro En el objetivo sobre elaboración encontrará diversas estrategias para animar a los estudiantes a agregar todo tipo de detalles (burbujas de diálogo [estrategia 6.3], ambiente [estrategia 6.26], personajes [estrategia 6.40]). Los escritores emergentes que ya estén listos para añadir esos detalles pueden beneficiarse de versiones modificadas de esas mismas estrategias. Con esta estrategia se trata de apoyar la complejidad de los dibujos figurativos de los estudiantes. Por ejemplo, si un niño dibuja un círculo y dos líneas para representar a una persona, ¿podría guiarlo para que agregue ojos o brazos? Si una estudiante representa una casa al dibujarla como una figura rectangular junto a una persona, ¿podría guiarla para que añada un techo o una puerta y se asemeje más a una casa?

Consejos

- ¿Qué es eso? ¿Puedes agregar algo más?
- ¿Qué otros detalles podrías agregar?
- Veo un/a ____ y un/a ____. ¿Qué más tiene un/a ____?
- Agregaste detalles ¡y ahora sí sé lo que dibujaste!
- Veo que agregaste más detalles. ¿Crees que tu dibujo mejoró?

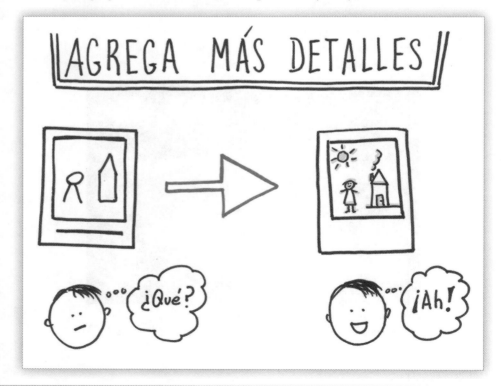

1.6 Usa rótulos en tus dibujos

Estrategia Señala algo en tu dibujo. Di qué es. Dilo otra vez, lentamente. Escribe cada sonido que escuches junto al dibujo en la página.

Sugerencia para el maestro Esta estrategia es adecuada para niños que tienen mucha práctica en crear significados al ilustrar sus cuentos o ideas y en contar un cuento o enseñar algo a partir de sus dibujos. Si presionamos demasiado pronto a los niños para que escriban de manera convencional, es posible que se limiten a anotar las palabras en vez de enfocarse en otras cualidades de la buena escritura, como la estructura y la elaboración. Para determinar si los estudiantes están listos para esta estrategia, tal vez quiera evaluar su noción de la correspondencia entre letras y sonidos. Una vez establecido esto, en el Objetivo 8 sobre ortografía encontrará otras estrategias para guiar a los estudiantes a identificar los sonidos de las letras y a escribirlas en la hoja de papel.

Consejos
- ¿Qué sonidos escuchas?
- Di la palabra lentamente.
- ¿Qué letra va con ese sonido?
- Escribe esa letra y vuelve a decir la palabra.

SOL

ÁRBOL

COLUMPIO

YO

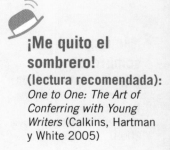

¿Para quién es?

NIVELES

emergente–K

GÉNEROS / TIPOS DE TEXTO

todos

PROCESOS

revisar, editar

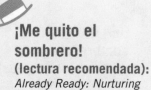

**¡Me quito el sombrero!
(lectura recomendada):**
Already Ready: Nurturing Writers in Preschool and Kindergarten (Ray y Glover 2008)

Estrategia Fíjate en tu dibujo (o escrito). Pregúntate: "¿Qué parece que dibujé aquí? ¿Cómo lo puedo hacer más claro?". Señala las partes de tu dibujo y di qué dibujaste. Trata de agregar o cambiar algo para que otras personas puedan leerlo.

Sugerencia para el maestro Esta estrategia es útil para estudiantes que ya tienen habilidades motoras finas como para dibujar de manera convencional, pero que a veces vuelven a hacer marcas en la hoja que parecen estar fuera de lugar. Esta estrategia los guía a revisar y editar su trabajo al fijarse una meta clara: que otros puedan leer lo que ellos quieren decir. Volver a mirar su dibujo también puede ayudarlos a agregar más detalles.

Consejos
- Dime qué dibujaste.
- ¿De qué trata cada parte de tu dibujo?
- Miremos esta parte. ¿La puedes hacer más clara?
- Miremos esta parte. ¿Se ve tal y como tú quieres que se vea?
- ¿Crees que otras personas podrán ver lo que tú quieres que vean? ¿Qué crees que deberías cambiar o agregar?

Estrategia Cierra los ojos y trata de visualizar lo que estás escribiendo. Ahora abre los ojos e intenta añadir al papel los detalles que viste en tu mente. Cuando hayas terminado de agregar los detalles, vuelve a cerrar los ojos y pregúntate: "¿Qué más falta?". Cuando abras los ojos de nuevo, añade a tu trabajo lo que creas que falta.

Ejemplo de enseñanza *Estoy tratando de imaginar mi cuento.* (Demuestre que piensa con los ojos cerrados). *Me veo en una playa, con mi papá y mi hermana. Voy a abrir los ojos.* (Haga un dibujo sencillo de olas, arena y tres figuritas de palitos). *Voy a volver a cerrar los ojos para ver qué más veo que no he dibujado en el papel.* (Demuestre que piensa en voz alta con los ojos cerrados). *Era un día caluroso y decidimos sentarnos debajo de la sombrilla. ¡Voy a agregar esos detalles a mi dibujo!* (Abra los ojos y dibuje un sol grande en el cielo y una sombrilla de playa).

Consejos

- Cierra los ojos e imagina lo que quieres escribir.
- ¿Qué ves en tu mente?
- Vamos a mirar tu dibujo. ¿Qué más puedes agregar?
- ¿Qué vas a dibujar?
- ¿Qué más hace falta?

¿Para quién es?

NIVELES
emergente–1

GÉNEROS / TIPOS DE TEXTO
todos

PROCESOS
practicar, hacer un borrador, revisar

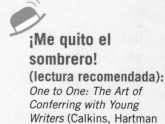

¡Me quito el sombrero!
(lectura recomendada):
One to One: The Art of Conferring with Young Writers (Calkins, Hartman y White 2005)

¿Para quién es?

NIVELES

emergente–2

GÉNEROS / TIPOS DE TEXTO

narración, texto informativo/ no ficción

PROCESO

hacer un borrador

Estrategia Para que tus lectores puedan leer tu escrito, escribe en la misma dirección que ves en los libros. Cuando hagas dibujos en serie de algo que sucedió, dibuja de izquierda a derecha. Cuando escribas a lo largo de varias páginas, comienza en la primera hoja, luego sigue en la otra y después en la otra.

Ejemplo de enseñanza *Quiero contar la historia de cuando hice un castillo de arena pero una ola lo tumbó. Tengo que pensar en qué sucedió primero: agarré mi cubeta y la usé para construir el castillo. Ahora voy a dibujar eso acá, del lado izquierdo. Luego, ¡vino la ola y lo tumbó! Voy a dibujar eso aquí, a la derecha. Así mi lector sabrá que tiene que empezar de este lado* (señale el lado izquierdo de la hoja) *y seguir leyendo hacia este otro lado* (señale el lado derecho de la hoja).

Sugerencia para el maestro Para evaluar si los niños entienden cómo funcionan los libros, podría llevar a cabo la evaluación sobre conceptos del texto impreso que describe Clay (2000). Aunque se usa mayormente para evaluar los conocimientos y las detrezas del lector emergente, también puede influenciar su enseñanza de la escritura. Esta evaluación analiza si el niño entiende los conceptos de cubierta, contracubierta y portada, dónde debe comenzar a leer, la diferencia entre letra y palabra, y el propósito de la puntuación, entre otros. Reforzar que tanto en la lectura como en la escritura la dirección a seguir es de izquierda a derecha, le permitirá apoyar a los niños mientras practican y adquieren estos conceptos a lo largo del día.

Consejos

- Muéstrame dónde vas a comenzar a escribir.
- Esa es la página del medio; aquí puedes escribir lo que pasa en la mitad de tu cuento. ¿Dónde está la primera página?
- Vamos a comenzar del lado izquierdo. Este es el lado izquierdo.
- Empezaste tu cuento en la primera página. Ahora indícame hacia dónde vas a seguir.
- ¡Muy bien! Escribiste en la misma dirección que ves en los libros. La primera parte del cuento está en la primera página, el medio está en la segunda página y el final está en la última página. De esta forma, será fácil para tus lectores leer tu cuento.

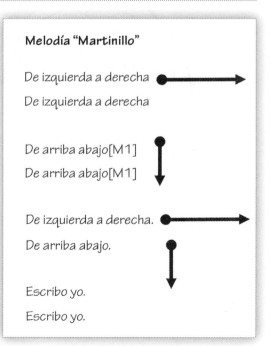

Melodía "Martinillo"

De izquierda a derecha
De izquierda a derecha

De arriba abajo[M1]
De arriba abajo[M1]

De izquierda a derecha.
De arriba abajo.

Escribo yo.
Escribo yo.

¡Me quito el sombrero!
(lectura recomendada):
One to One: The Art of Conferring with Young Writers (Calkins, Hartman y White 2005)

Estrategia Vuelve a leer y repasa tu trabajo más reciente de escritura. Pregúntate: "¿Quiero hacerle algo más? ¿Quiero cambiar algo?".

Ejemplo de enseñanza *Cuando vuelvo a mirar uno de mis trabajos de escritura, ¡tengo muchas opciones! No debo decirme: "Como ya trabajé en esto el otro día, está terminado". Puedo decidir hacer cambios. Algunas formas de cambiar lo que ya escribí es agregar algo en una página, cambiar algo en otra página, mover algo de un lugar a otro, quitar algo o añadir una nueva página.*

Sugerencia para el maestro En el Ejemplo de enseñanza incluyo cinco maneras de revisar que se deberían enseñar a los estudiantes por separado. No aconsejo presentar las cinco a la vez en una misma lección. Si estas maneras de revisar son nuevas para sus estudiantes, conviene enseñarlas por separado, quizá a partir de otras estrategias de este capítulo.

Sugerencia para el maestro Esta lección ayuda a los estudiantes a desarrollar fuerza y persistencia para volver a mirar un trabajo de escritura y repasarlo varias veces en diferentes días. Esta estrategia será un desafío para algunos estudiantes en la etapa emergente del desarrollo de la escritura que aún no escriben palabras que transmiten significado, pues pocas veces vuelven a leer un trabajo de la misma manera que la anterior. Cuando los estudiantes apenas comienzan a escribir palabras y oraciones, suelen usar su propia ortografía inventada y les resulta difícil leer lo que escribieron antes. Por ejemplo, un día pueden decir que su cuento de tres páginas trata sobre una princesa que se fue de su castillo en busca de un caballo. Al día siguiente, ese cuento se convierte en un libro con patrones repetitivos, y otro día diferente pueden decir que trata sobre un bombero, dependiendo de cuán fieles y figurativos sean los dibujos que hicieron. Se beneficiarán más de esta estrategia los estudiantes que recuerden con más claridad su intención inicial, los que muestren interés en regresar a su trabajo y los que puedan volver a leer lo que escribieron según la claridad de sus dibujos y el texto.

Consejos

- Para empezar, vamos a volver a leer. *(Durante esta "lectura", el escritor no solo lee las palabras, sino que también señala las imágenes y explica lo que quiere comunicar).*
- Te diste cuenta de que no terminaste lo que querías escribir. Tiene sentido que quieras añadir algo más.
- ¿Recuerdas lo que escribiste?
- ¿Sobre qué trata esta parte?
- ¡Tú eres el autor de este cuento! Tú decides si quieres agregar o cambiar algo.

¿Para quién es?

NIVELES
emergente–2

GÉNEROS / TIPOS DE TEXTO
todos

PROCESOS
hacer un borrador, revisar

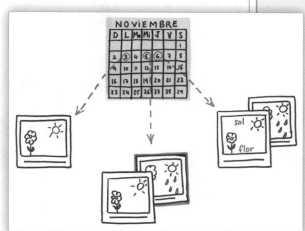

¿Para quién es?

NIVELES
emergente–2

GÉNERO / TIPO DE TEXTO
narración

PROCESOS
hacer un borrador, revisar

Estrategia Cuando dibujes un personaje, ¡no lo dejes flotando en la hoja de papel! Asegúrate de mostrar *quién* es y *dónde* está en tu cuento. Revisa tu trabajo y comprueba si incluiste a todas las personas de tu cuento y el lugar donde están.

Ejemplo de enseñanza (Dibuje mientras piensa en voz alta). *Quiero contar un cuento sobre la vez que fui al río y busqué debajo de las rocas a ver qué había allí. Tengo que incluir a mis personajes en la página. A ver… Esa soy yo* (dibújese) *y esa es mi hermana* (dibújela). *Ahora tengo que asegurarme de que no estemos flotando en la página. Voy a tratar de dibujar detalles sobre el lugar donde estamos. Este es el río* (dibújelo). *Y quiero agregar otros detalles, como las rocas en el río* (dibújelas). *Fue durante el verano, así que voy a añadir un sol para indicar que hacía calor.* (Dibuje esa escena). *Ahora voy a volver a mirar mi dibujo para ver si me faltó alguien o algún detalle del lugar.*

Usar un mentor Comparta con la clase algunos de sus libros ilustrados favoritos para mostrar a los estudiantes cómo los ilustradores representan el ambiente donde transcurren los sucesos del cuento.

Consejos
- ¿Quién o quiénes aparecen en tu cuento?
- Dibuja a esa persona (esas personas).
- Veo que dibujaste a tres personas en tu cuento.
- Empezaste a dibujar el lugar. ¿Qué otros detalles podrías agregar a ese lugar?
- ¿Dónde ocurrió este cuento? ¿Puedes visualizarlo?

¡Me quito el sombrero!
(lectura recomendada):
In Pictures and in Words: Teaching the Qualities of Good Writing Through Illustration Study
(Ray 2010)

Estrategia Cuando escribes un libro, todas las páginas deben tratar sobre el mismo tema. Pero en cada página debe haber algo diferente. Dibuja tu primera página. Pregúntate: "¿Qué va a ser diferente en esta próxima página?". Continúa hasta que termines de escribir todo tu libro.

Sugerencia para el maestro Esta estrategia se puede adaptar a narraciones o textos informativos. Si el estudiante va a hacer una narración, todo su libro debe tratar sobre el mismo tema o asunto (mi paseo a la playa, la vez que encontré un hueso de dinosaurio) y en cada página se debe narrar el suceso siguiente y el siguiente y el siguiente en la historia. Si el estudiante va a escribir un texto informativo, todo el libro debe tratar sobre el mismo tema (dinosaurios, ballet, Los Ángeles) y cada página será diferente, porque en cada una se presenta un dato distinto sobre el tema. Preste atención a los niños que no hayan hecho libritos como estos antes y copien lo mismo en cada página o escriban sobre temas diferentes en cada una.

Consejos

- ¿Qué va a cambiar de esta página a la próxima?
- ¿Qué pasa en esta página? ¿Y qué pasa en esta? ¿Cómo vas a mostrar las diferencias?
- Dijiste que esta página trata sobre ___. Por eso, esta otra página debe tratar sobre algo diferente.
- Me dijiste que quieres que tu lector aprenda sobre ___. Recuérdame sobre qué escribiste en esta página. ¿Y qué escribiste en esta página? ¿Y qué vas a escribir en esta otra página?
- Escribiste tres páginas. Cada una es diferente, pero ¡todas tratan del mismo tema!

NIVELES

emergente–2

GÉNEROS / TIPOS DE TEXTO

narración, texto informativo/ no ficción

PROCESOS

practicar, hacer un borrador, revisar

¿*Para quién es?*

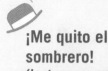

¡Me quito el sombrero!
(lectura recomendada):
Already Ready: Nurturing Writers in Preschool and Kindergarten
(Ray y Glover 2008)

¿Para quién es?

NIVELES
emergente–2

GÉNEROS /
TIPOS DE TEXTO
**narración, texto
informativo/no ficción
y de procedimiento**

PROCESO
hacer un borrador

**¡Me quito el
sombrero!**
(lectura recomendada):
*Nonfiction Craft Lessons:
Teaching Information
Writing K–8* (Portalupi y
Fletcher 2001)

Estrategia Piensa en algo de lo que dibujaste que se mueva o cambie en la vida real. Dibuja cómo es al inicio. Luego haz otro dibujo que muestre cómo cambia. Después dibuja cómo cambia otra vez.

Ejemplo de enseñanza *Voy a mostrarte cómo cambia una planta, de semilla a flor. En cada página dibujaré lo que cambia. En esta página, voy a dibujar una semilla bajo tierra. En la próxima, dibujaré cómo empiezan a brotar raíces de la semilla. Puesto que cambia en la vida real, también haré que cambié en mis dibujos. En esta página, dibujaré la planta que ya salió de la tierra. Y en la cuarta página, dibujaré la flor que brotó de la planta.*

Sugerencia para el maestro Es posible que entregar a los niños un librito de tres o más páginas los ayude a entender la estructura del cuento o el procedimiento, al mismo tiempo que les aclara el concepto de las cosas que cambian con el paso del tiempo al mostrar un solo suceso en cada página. A veces, cuando los niños tienen un librito de varias páginas, escriben sobre temas diferentes en cada una. Esta estrategia les servirá de apoyo y los guiará a mostrar una narración o una acción con una serie de dibujos en una misma página o a lo largo de varias.

Usar un mentor Busque un libro de formato sencillo para demostrar la idea de que algo cambia o se mueve en cada página. Por ejemplo, en *Vamos a hacer tacos*, de Carla Golembe (2002), un niño y su papá hacen tacos en secuencia, agregando un nuevo ingrediente en cada página. En *Milagros de la naturaleza: Había una vez una semilla,* de Judith Anderson (2010), una niña y su abuelo plantan una semilla y observan cómo crece.

Consejos
- ¿Quién es/
  Quiénes son?
- ¿Qué está
  pasando?
- ¿Qué hizo
  el personaje
  después?
- ¿Puedes hacer
  otro dibujo
  para contar la
  siguiente parte?
- ¿Qué hizo más
  tarde?

1.14 Círculos y palitos

Estrategia Imagina lo que estás tratando de dibujar como un simple grupo de palitos (líneas) y círculos u óvalos. Con los ojos cerrados y un dedo en el aire, dibuja círculos y palitos tratando de seguir las formas y figuras que veas en tu mente. Abre los ojos y dibuja los círculos y palitos en tu hoja de papel.

Sugerencia para el maestro Esta estrategia definitivamente necesitará una demostración la primera vez que la presente. Dibuje mientras piensa en voz alta: "¿Qué debo dibujar para la cabeza del conejito, un círculo o un palito? Creo que debo hacer un círculo para esa parte. ¿Y cómo voy a dibujar su pata? A ver… creo que esa parte se parece más a un palito".

Consejos
- Piensa en la imagen que quieres dibujar. Ahora traza tu dibujo imaginario con el dedo.
- ¿Qué otra parte ves? ¿La dibujarás con un círculo o un palito?
- Ahora abre los ojos y haz tu dibujo en la hoja de papel.
- Puedes volver a cerrar los ojos si necesitas recordar lo que quieres dibujar.
- Ya veo lo que dibujaste. Usaste círculos y palitos, ¡y funcionó!

¿Para quién es?

NIVELES
emergente–2

GÉNEROS / TIPOS DE TEXTO
todos

PROCESOS
practicar, hacer un borrador

1.15 Dibuja con formas y figuras

¿Para quién es?

NIVELES
emergente–2

GÉNEROS /
TIPOS DE TEXTO
todos

PROCESO
hacer un borrador

Estrategia Fíjate en una parte del objeto más grande que quieres dibujar. Pregúntate: "¿A qué se parece esa forma/figura?". Después, dibuja esa forma. Luego haz lo mismo con otras partes del objeto hasta que las hayas incluido todas. Ahora observa el dibujo entero y agrega cualquier cosa que creas que haga falta hasta que quedes satisfecho con lo que quieres representar.

Ejemplo de enseñanza *Cuando pienso en algo que quiero dibujar, a veces me preocupa si lo podré hacer. Por eso, he aprendido a hacerlo parte por parte. Así puedo ver las distintas formas y figuras de lo que quiero dibujar. Por ejemplo, si quiero dibujar una persona puedo decir: "¡No sé dibujar eso!", o puedo animarme y decir: "Bueno, una cabeza tiene forma de círculo, así que voy a tratar de dibujarla". Luego, si pienso que el cuello es como un pequeño rectángulo, lo dibujo así. Después añado el cuerpo, que es como otro rectángulo, pero más grande, y así sucesivamente. (Proceda con una demostración frente a los estudiantes de cómo hacer esos dibujos).*

Sugerencia para el maestro Esta lección se puede presentar animando a los niños a fijarse en algo que tengan delante (un objeto, dibujo u otra imagen) o a partir de algo que tengan en la mente ("Cierren los ojos e imaginen…").

Consejos

- ¿Qué forma o figura ves?
- ¿Qué parte vas a dibujar primero?
- Hiciste un círculo para esa parte. Se parece a un/a ____.
- Si no sabes qué forma o figura es, imagínala en tu mente y trázala en el aire con un dedo.

Estrategia Toca lo que quieres dibujar. Mientras lo haces, pregúntate: "¿Qué forma tiene? ¿De qué tamaño es? ¿Cómo se conecta con las otras partes que ya dibujé?". Después de tocar lo que vas a dibujar, toma el lápiz y dibújalo.

Sugerencia para el maestro Esta es mi estrategia favorita para enseñar a los niños a dibujar personas de manera representativa. Los ayuda a pasar de dibujar una persona con brazos que le salen de la cabeza, a hacerlo con los brazos pegados a los hombros. Muchos niños descubren que tienen cuello cuando notan que tienen algo debajo de la cabeza y que sobresale del cuerpo. Además, los niños que dibujan diez o más dedos en cada mano se dan cuenta de que solo tienen cinco dedos en cada mano después de tocárselos, uno a uno. Por otro lado, esta estrategia los ayuda a dibujar con un poco de sentido de proporción (por ejemplo, el cuerpo es más grande que la cabeza).

Sugerencia para el maestro Esta estrategia solo funciona con objetos tridimensionales. Por eso, es importante enseñar a los niños que no deben tocar a otras personas, aunque las conozcan, sin antes pedirles permiso.

Consejos
- Mientras tocas el objeto, ¿qué forma sientes?
- ¿Qué más notas sobre el objeto?
- Ahora trata de dibujar esa forma en tu hoja.
- Veo que dibujaste un/a ____. ¿Se conecta eso con otra cosa?

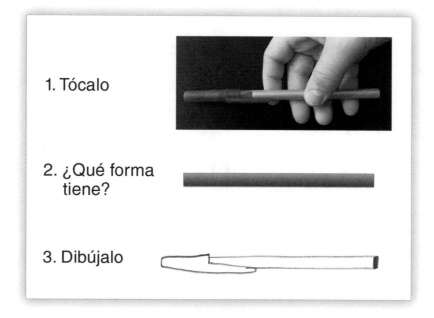

1. Tócalo

2. ¿Qué forma tiene?

3. Dibújalo

¿Para quién es?

NIVELES
emergente–2

GÉNEROS / TIPOS DE TEXTO
todos

PROCESO
hacer un borrador

¿Para quién es?

NIVELES
emergente–2

GÉNEROS / TIPOS DE TEXTO
todos

PROCESO
hacer un borrador

Estrategia Imagina lo que quieres escribir. Luego, dibújalo lo mejor que puedas. Trata de no borrar nada y no te preocupes si no te sale perfecto. Después, agrega detalles o empieza un trabajo nuevo.

Ejemplo de enseñanza *Los escritores necesitan esforzarse para trasladar sus ideas a la hoja de papel y, a veces, eso significa que no todo puede salir perfecto. Cuando dibujes algo, trata de dibujarlo lo mejor posible, para que puedas "leer" el cuento o libro de nuevo a tu pareja de escritura o a mí. Nadie espera que seas un artista profesional.*

Sugerencia para el maestro No quiero comunicar a los niños que está bien ser descuidados con sus trabajos. Sin embargo, esta estrategia es muy atinada para los niños que se preocupan demasiado si no lo hacen todo a la perfección, lo que es imposible, porque ¡solo tienen entre cuatro y seis años de edad! (La mayoría de los adultos tampoco lo haría a la perfección, ¿verdad?). Lo que queremos lograr a este nivel de desarrollo de la escritura son dibujos figurativos, para que tanto el escritor como el lector puedan reconocer la imagen.

Consejos
- Imagínalo. ¿Cómo podrías dibujarlo?
- Ya veo que dibujaste un/a ___ y un/a___. Se nota que es un/a ___.
- Dibujaste un/a ___ y se nota que es un/a___ y no un/a ___.
- Ánimo, puedes hacerlo. Hazlo lo mejor que puedas.

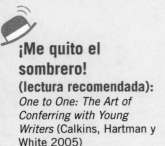

¡Me quito el sombrero!
(lectura recomendada):
One to One: The Art of Conferring with Young Writers (Calkins, Hartman y White 2005)

Imagínalo   ¡No borres nada!   Dibuja.

1.18 Imagínalo y ¡hazlo!

Estrategia Piensa en todos los lugares donde hayas visto cosas escritas, como letreros, señales, cuentos, libros informativos, listas de cosas que hacer o comprar y más. Piensa: "¿Qué tipo de escritura quiero hacer?". Elige varias hojas de papel del centro de escritura y ¡manos a la obra!

Sugerencia para el maestro Brindar acceso a diversos tipos y tamaños de papel para escribir ofrecerá muchas opciones a sus estudiantes. Los rectángulos pequeños se pueden convertir en letreros, el papel a rayas sirve para escribir un cuento, las hojas con recuadros pueden usarse para escribir recetas o instrucciones, varias hojas engrapadas en un librito pueden convertirse en un cuento o un texto informativo sobre un tema. Es buena idea demostrar durante las sesiones de escritura compartida o interactiva cómo utilizar diferentes papeles para escribir según distintos propósitos, géneros, tipos o modos. Tal vez también quiera hacer un tablero de anuncios encima o cerca del centro de escritura del salón para mostrar los diferentes tipos de papel y ejemplos de la vida real de cómo se usan para escribir.

Consejos
- ¿Qué piensas hacer?
- Quizá las opciones de papel te ayuden a decidir o te den una idea.
- A ver, pensemos… ¿qué tipo de papel podrías usar para ese proyecto?
- Parece que ya se te ocurrió un proyecto. ¡Es hora de elegir el papel!
- Usar un librito para escribir un cuento es una buena elección. Puedes escribir el principio en la página 1, desarrollar el medio en la página 2 y escribir el final en la última página.

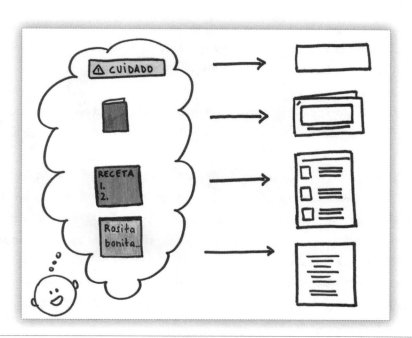

¿Para quién es?

NIVELES
emergente–2

GÉNEROS / TIPOS DE TEXTO
todos

PROCESOS
practicar, hacer un borrador

¡Me quito el sombrero!
(lectura recomendada):
Interactive Writing: How Language & Literacy Come Together, K–2 (McCarrier, Fountas y Pinnell 1999)

Motivar el interés

Fomentar la independencia, aumentar el volumen y desarrollar una identidad como escritor

◎ ¿Por qué es importante este objetivo?

Muchos escritores estarán de acuerdo con que la tarea de escribir a veces se torna difícil y pesada. Como dijo la escritora Dorothy Parker: "Odio escribir, pero me encanta haber escrito". Claro que este no es el caso de todos los escritores, pero como maestros debemos reconocer que la tarea de escribir no agrada instantáneamente a todos los niños. Incluso a los escritores profesionales a veces les cuesta permanecer sentados por largo tiempo para plasmar sus ideas en el papel.

Para ser un escritor diestro, se requiere de gran concentración mental y disciplina. Es necesario sentir pasión y compromiso hacia algún aspecto de la tarea de escribir. Tal vez sea la creatividad y la creación lo que entusiasma al escritor o escritora. Tal vez sea el acto de escribir para saber qué pasará después, de escribir para descubrir y no solo para dejar un registro de lo que pasa. En otros casos, tal vez sea la emoción de que el público lea sus escritos.

Los escritores también deben tener iniciativa propia. Comienzan sus proyectos de escritura sin que se les diga sobre qué escribir o qué género seguir. Tienen formas de generar temas, entienden los motivos por los que escriben y el poder que pueden tener sus palabras (Calkins 1994; C. Anderson 2005).

La pregunta es: ¿Es este un objetivo que se pueda enseñar? ¿Podemos enseñar a los niños a tener más empeño por escribir? ¿Podemos enseñarles a conectarse con lo que escriben y a sentir el placer de escribir en lugar de solo cumplir con lo que el maestro les pide? ¿Podemos apoyar a los niños para que se sientan escritores, para que encuentren su propio estilo y para que la tarea de escribir les produzca satisfacción y alegría? Creo que la respuesta a todas estas preguntas es sí.

◎ ¿Cómo sé si este objetivo es adecuado para mi estudiante?

Mi herramienta favorita para determinar si un estudiante necesita motivación para escribir es el inventario de interés (vea la tabla que aparece en la página 64; consulte también Serravallo 2010, 2013b, 2014, 2015a). Algunos conocen esta herramienta como un modo de entender el comportamiento de los estudiantes durante la lectura dirigida o no dirigida, pero también nos puede revelar mucho al usarla para la escritura. En caso de que no lo conozca, el inventario es una herramienta que sirve para observar a los niños. Durante una sesión de escritura, yo podría observar y registrar el comportamiento de mis estudiantes y sus muestras de interés (en lugar de las habituales sesiones de diálogo o grupos pequeños). Podría observar varios comportamientos, por ejemplo si se levanta para afilar el lápiz o si pide permiso para ir al baño o tomar agua. Podría observar cuánto escribe o por cuánto tiempo lo hace sin perder la concentración. Podría observar cuánto tiempo dedica a planificar lo que escribirá y cuánto tiempo dedica a escribir un borrador. Después, podría analizar toda esta información y buscar patrones en el salón de clases que me ayuden a saber cómo motivar el interés de los estudiantes en la escritura.

El volumen de escritura de los estudiantes nos revela mucho acerca de su grado de interés. Así como analizamos el volumen de lectura de los estudiantes siguiendo su proceso mediante un registro de lectura, podemos analizar el volumen de escritura de los estudiantes observando cuántas líneas o páginas escriben en el tiempo asignado. Si un estudiante escribe poco un solo día, podría significar que estuvo pensando o planificando mucho. Pero si es habitual que escriba poco, podría ser una señal de que no está muy interesado en su escritura o que se distrae con facilidad. Y cuando se trata de ayudar a que nuestros estudiantes sean mejores escritores, el volumen es igual de importante que las demás cualidades de la buena escritura. Como dice Stephen King en su autobiografía *Mientras escribo*: "Si quieres ser escritor, lo primero es hacer dos cosas: leer mucho y escribir mucho. No conozco ninguna manera de saltárselas. No he visto ningún atajo" (2013).

<table>
<thead>
<tr><th>Nombre del maestro: Ms. Álvarez</th><th colspan="5">Fecha: 10/23</th></tr>
</thead>
</table>

Nombre	Hora/Entorno 10 am - 10:10 Silencio	Hora/Entorno 10:10 - 10:20 Silencio	Hora/Entorno 10:20 - 10:30 Anuncios, rindo	Hora/Entorno 10:30 - 10:40 Silencio	Hora/Entorno
Elisa	PREP				
Jair	Plan	✓	P	✓	
Noah	✓	✓		P	
Héctor	✓	✓	CE	✓	
Nadine	✓	P	✓	✓	
Andi	✓	LM	✓	D	
Veda	✓	D	D	D	
Ben	✓		✓	✓	
Tomás	P	P	✓	✓	
Laura	CE	✓	✓	✓	
Natalia	✓	✓	✓	P	
Jacob	✓	✓	✓	D	
Meilani	Plan		✓	✓	
Romina	✓	Plan	✓	✓	
Ricky	✓		✓	✓	

CE: Centro de escritura
PREP: Se prepara, saca punta, ordena papeles
P: Se encuentra con su pareja
✓: Escribe

LM: Levanta mano
D: Distraído/a
Plan: Planifica

Inventario de interés

Entonces, ¿cuál es el volumen que debemos esperar que escriban los estudiantes? Son muchos los factores que influyen, pero a continuación encontrará una idea general del volumen que yo esperaría después de una sesión de escritura, fase por fase. Claramente, es más probable que los estudiantes escriban esta cantidad en un cuaderno o borrador. Durante la revisión y la edición, los estudiantes no suelen escribir nuevas páginas, sino que se dedican a regresar al texto que han escrito para hacerle cambios. Los cálculos se basan en páginas escritas a mano, no en la computadora, y han sido adaptados de *Writing Pathways* (Calkins 2014).

Fase/Grado	Expectativas de volumen
Kindergarten	Comienzo del año: de 1 a 2 páginas que incluyen una imagen con algunos rótulos y/o un breve renglón de texto en unos 20 minutos
Final de kindergarten	Un librito de 3 páginas con un bosquejo y una oración en cada página en unos 25 minutos
Comienzo del primer grado	Un librito de 3 páginas que incluye tres bosquejos y aproximadamente de 1 a 3 renglones de texto en unos 25 minutos
Final del primer grado, comienzo del segundo	Mitad de un librito de 5 páginas que incluye bosquejos y de 2 a 5 renglones de texto en 30 minutos

De mediados a finales del segundo grado	Mitad de un librito de 5 páginas que incluye pequeños bosquejos rápidos y de 5 a 8 renglones de texto en 30 minutos
Tercer grado	De 1 a 1 página y media en 35 minutos
Cuarto grado	De 1 página y media a 2 en 35 minutos
Del quinto al octavo grado	De 2 a 4 páginas de texto en 35 a 40 minutos

Por último, así como les pedimos a los lectores que reflexionen sobre sus experiencias —los buenos y los malos momentos, los libros que les gustaron y los que abandonaron, dónde y cuándo leen y otras cosas por el estilo—, podemos pedir a los escritores que reflexionen sobre sus experiencias al escribir. El formulario de la derecha sugiere algunas preguntas que han sido seleccionadas y traducidas de los siguientes textos: *Micro Lessons in Writing: Big Ideas for Getting Started,* de Jim Vopat (2007a) e *In the Middle: A Lifetime of Learning About Writing, Reading, and Adolescents,* de Nancie Atwell (2014). También puede crear sus propias preguntas.

Nombre _____

¿Cómo te preparas para escribir?
_____

¿Cuáles son los materiales de escritura que más te gustan?
_____

¿Qué hace que dejes la escritura para otro momento?
_____

¿Qué te inspira a escribir?
_____

¿Qué consejo le darías a otro joven escritor?
_____

¿Cómo aprendes tú (u otras personas) a escribir?
_____

¿Cuáles son tus géneros favoritos? ¿Y los que menos te gustan? ¿Por qué?
_____

¿Dónde te gusta escribir? ¿Dónde escribes mejor? ¿Por qué?
_____

¿Cuáles son tus mayores fortalezas como escritor?
_____

¿Qué te gustaría mejorar como escritor?
_____

Traducción de la adaptación de *Micro Lessons in Writing: Big Ideas for Getting Started,* de Jim Vopat e *In the Middle: A Lifetime of Learning About Writing, Reading, and Adolescents,* de Nancie Atwell. El formulario en inglés se puede descargar de http://hein.pub/WSB.

Estrategias para motivar el interés

Estrategia		Grados y niveles	Géneros/ Tipos de texto	Procesos
2.1	Crea el mejor entorno	K–8	Todos	Crear un espacio para la escritura, pepararse para escribir
2.2	¡Imagina que terminaste de escribir!	K–8	Todos	Todos
2.3	Escucha. Elogia	K–8	Todos	Todos
2.4	Usa el salón de clases	K–8	Todos	Todos
2.5	Decide que tu escrito está "listo" (por ahora) y empieza uno nuevo	K–8	Todos	Generar y reunir, revisar, editar
2.6	Los escritores saben resolver sus dificultades	K–8	Todos	Todos
2.7	La pluma es más poderosa que la espada	K–8	Todos	Todos
2.8	El lápiz en la mano/Los dedos en el teclado	K–8	Todos	Todos
2.9	Tu pareja de escritura puede darte un empujoncito	K–8	Todos	Todos
2.10	Silencia la voz que te dice "No sirve"	K–8	Todos	Generar y reunir, hacer un borrador
2.11	Haz un plan para la hora de escritura	1–8	Todos	Desarrollar
2.12	Vuelve a leer lo que escribiste y sigue adelante	1–8	Todos	Todos
2.13	Mantén cerca ciertos objetos	1–8	Todos	Crear un espacio para la escritura, prepararse para escribir
2.14	Ponte retos para escribir más	1–8	Todos	Generar y reunir, desarrollar, hacer un borrador
2.15	Divide tu hora de escritura en partes más cortas	1–8	Todos	Generar y reunir, desarrollar, hacer un borrador
2.16	¿Te bloqueaste? ¡Ponte a leer!	1–8	Todos	Generar y reunir, desarrollar, hacer un borrador
2.17	Imagina a tu audiencia	2–5	Todos	Desarrollar, hacer un borrador, revisar
2.18	Mantén un proyecto paralelo	2–8	Todos	Todos
2.19	Consulta con otro escritor	2–8	Todos	Todos
2.20	Experimenta con el cambio	3–8	Todos	Revisar
2.21	¿Por qué escribes?	3–8	Todos	Todos
2.22	Escribe por partes	3–8	Todos	Todos
2.23	Tu meta: llenar el papel en blanco	3–8	Todos	Todos
2.24	Crea un hábito	3–8	Todos	Todos
2.25	Vive por y para tu proyecto	4–8	Todos	Desarrollar, hacer un borrador, revisar
2.26	Desahógate y luego vuelve a tu proyecto	4–8	Todos	Prepararse para escribir
2.27	Sé realista	4–8	Todos	Todos

¿Podemos apoyar a los niños para que se sientan escritores, para que encuentren su propio estilo y para que la tarea de escribir les produzca satisfacción y alegría? Creo que la respuesta a todas estas preguntas es sí.

—*Jennifer Serravallo*

Estrategia Piensa en los lugares donde has pasado tus mejores momentos como escritor o escritora. Imagina cómo era ese espacio. Toma notas o haz un dibujo rápido para describir las cualidades de ese espacio. Trata de crear un espacio con esas mismas cualidades, ya sea en la escuela o en casa.

Sugerencia para el maestro Como escritora, soy del tipo que no soporta el desorden; hace que mi mente se disperse. Me gustan los espacios agradables a la vista y bien organizados, con todo lo que necesito al alcance de mi mano. Cuando estaba en la universidad, escribía todas las tareas en mi dormitorio, pero tenía amigos que solo podían escribir en la biblioteca. El espacio físico de un escritor afecta directamente su productividad. Esta lección es excelente para los niños que necesitan ayuda para crear un lugar de trabajo en su casa que los estimule a escribir fuera de la escuela. Considere la idea de ser flexible y permitir que los niños se sienten en otros lugares del salón de clases además de su escritorio.

Usar un mentor Hable sobre el entorno en el que escriben algunos autores que sus estudiantes conocen y admiran. Muchos escritores tienen sitios web donde describen o comparten imágenes de su espacio de trabajo.

Consejos

- ¿Cómo crees que debe ser el lugar donde vas a escribir?
- ¿Te gusta el silencio o el ruido de fondo?
- ¿Cómo sería ese espacio donde te gustaría escribir?
- Descríbelo.
- Me estás contando dónde te gustaría escribir. Describe cómo se vería ese espacio.
- ¡Haz un dibujo rápido!

2.2 ¡Imagina que terminaste de escribir!

Estrategia Cuando tu inspiración y energía comiencen a disminuir, ¡vuelve a enfocarte! Imagina cómo se verá tu escrito cuando esté listo y alguien de tu audiencia lo esté leyendo. Visualiza tu escrito final y trabaja para lograr ese resultado.

Usar un mentor A veces, leer un texto similar al que quieren escribir puede ayudar a los estudiantes a "ver" su trabajo final, ya sea un texto del mismo género o que trate un tema similar. Ver un ejemplo de un escrito terminado y publicado los ayudará a inspirarse. Puede ser que el estudiante diga: "Quiero que el mío comience así" o "Puedo usar características parecidas a las de este texto". Lo más probable es que no solo se dejen inspirar por el texto, ¡sino que además descubran sugerencias de revisión útiles! Cuanto más ayude a los estudiantes a elegir sus propios textos mentores, más motivados se sentirán. Imagine a un niño de primer grado diciendo: "¡Voy a hacer burbujas de diálogo como lo hace mi autor favorito, Mo Willems!".

Consejos
- Veamos juntos este libro para ver qué es lo que te inspira.
- ¿Hay algún libro que admires por la forma en que fue escrito? Ve a buscarlo. Úsalo como inspiración.
- ¿Qué es lo que te gusta de este libro?
- Imagina que tu libro se ve como este. Describe lo que estás imaginando.

¿Para quién es?

NIVELES
K–8

GÉNEROS /
TIPOS DE TEXTO
todos

PROCESOS
todos

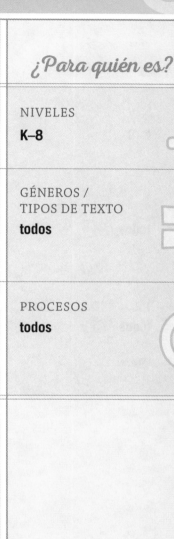

¡Me quito el sombrero!
(lectura recomendada):
A Quick Guide to Reviving Disengaged Writers, 5–8 (Lehman 2011)

Estrategia Lee tu escrito a tu pareja de escritura y pídele que preste atención a las partes que le parezcan más atrayentes. Cuando tu compañero oiga algo que le guste, te interrumpirá y juntos harán una marca en el margen junto a esa parte poderosa.

Ejemplo de enseñanza *Cuando escribimos, a veces escuchamos una vocecita en nuestra mente que nos transmite dudas: "¿Quién va a leer esto?", "¡Aquí no hay nada que valga la pena guardar!". En estos casos, tal vez necesites la ayuda de un amigo, no para que "arregle" lo que creas que está mal, sino para que te anime a seguir adelante.*

Sugerencia para el maestro Contar con una pareja habitual o con un club de escritura como parte de la rutina del salón de clases es un gran apoyo para los niños. ¡La influencia de los compañeros suele ser más poderosa que cualquier otra! En el Objetivo 10 encontrará más sugerencias sobre cómo ayudar a los escritores a trabajar juntos y apoyarse entre sí durante todos los pasos del proceso de escritura.

Consejos

- Lee tu escrito en voz alta a tu pareja de escritura.
- Al escuchar a tu pareja, pon atención para ver qué puedes elogiar de su escrito.
- Dile: ¿Qué es lo que más te gustó?
- Dile: ¿Qué parte de este borrador te parece que es efectiva?
- Dile: ¿Qué partes del escrito tienen más fuerza?

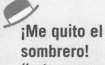

¡Me quito el sombrero!
(lectura recomendada):
A Quick Guide to Reviving Disengaged Writers, 5–8
(Lehman 2011)

2.4 Usa el salón de clases

Estrategia Si estás escribiendo y de pronto te bloqueas, observa las paredes del salón de clases. Busca un cartel o una tabla que te indique algo sobre lo que estás trabajando como escritor. Piensa en qué fase del proceso estás y el trabajo que estás tratando de hacer. Sigue un consejo de uno de los carteles, ¡y ponte a trabajar de nuevo!

Ejemplo de enseñanza *Cuando estás escribiendo, a veces es natural que te distraigas o que tu energía disminuya. Si te pasa esto, lo primero que tienes que hacer es darte cuenta de que no estás concentrado en tu escritura. Después, puedes usar el entorno del salón de clases como ayuda para dejar de divagar o para salir del estado de frustración en el que estás.*

Sugerencia para el maestro Si decide usar esta estrategia significa que en su salón de clases hay carteles o tablas de mucha utilidad. Por lo general, los carteles y las tablas que reflejan la instrucción impartida a sus estudiantes alrededor de ciertos géneros o de las fases del proceso de escritura y que fueron creados por los mismos estudiantes, son los más útiles para apoyar su independencia mientras escriben. (Para obtener más ideas al respecto, vea la serie *Smarter Charts* de Martinelli y Mraz).

Consejos

- ¿Qué hizo que te bloquearas?
- Piensa en qué parte del salón hay algo que te pueda ayudar.
- ¡Te diste cuenta de que estabas distraído! Ese es el primer paso. Ahora, ¿qué vas a hacer?
- ¿En qué fase del proceso estás trabajando? ¿Qué cartel o tabla puede ayudarte?

¿Para quién es?

NIVELES
K–8

GÉNEROS / TIPOS DE TEXTO
todos

PROCESOS
todos

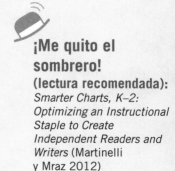

¡Me quito el sombrero!
(lectura recomendada):
Smarter Charts, K–2: Optimizing an Instructional Staple to Create Independent Readers and Writers (Martinelli y Mraz 2012)

¿Para quién es?

NIVELES

K–8

GÉNEROS / TIPOS DE TEXTO

todos

PROCESOS

generar y reunir, revisar, editar

¡Me quito el sombrero!
(lectura recomendada):
One to One: The Art of Conferring with Young Writers (Calkins, Hartman y White 2005)

Estrategia Cuando sientas que tu escrito está listo (terminaste de escribir todo lo que querías, lo revisaste y no hay cambios que debas hacer), voltea la página o busca otra hoja de papel y comienza uno nuevo. Fíjate en los carteles y las tablas del salón para acordarte de cómo empezar.

Sugerencia para el maestro La palabra *listo* en el título de esta estrategia aparece entre comillas, ya que muchos escritores dirán que un texto nunca está listo, pues siempre hay algo que puede cambiarse. Aun así, enseñar a los niños a poner a un lado un escrito y comenzar uno nuevo para mantener su productividad no quiere decir que no vuelvan a trabajar en ese escrito "listo". A medida que enseña a sus estudiantes varios modos de revisar y editar sus borradores, registre las lecciones en forma de carteles o tablas. Esto les servirá a los escritores como lista de comprobación para saber cuándo intentar otras estrategias antes de poner un escrito a un lado y cómo determinar que un escrito está "listo" y empezar otro. Lo más probable es que esta lista evolucione a lo largo del año a medida que los estudiantes aprenden nuevas estrategias de revisión y edición. La lista deberá adaptarse al desarrollo de los estudiantes y reflejar el aprendizaje llevado a cabo en el salón. En otras palabras, ¡no añada nada a los carteles y tablas que los niños no puedan hacer de manera independiente! El ejemplo que aparece en esta página es de un salón de clases de primer grado.

Consejos

- Dime lo que has revisado.
- Volvamos a tu escrito para ver si ya está listo.
- Ahora que terminaste, ¿qué harás?
- ¿En qué parte del salón puedes encontrar ayuda para comenzar a escribir algo nuevo?
- Veo que decidiste que este escrito está listo por ahora y has comenzado a escribir uno nuevo. ¡Eres un escritor organizado!

Los escritores saben resolver sus dificultades

Estrategia Primero, identifica qué dificultad estás teniendo. Luego, piensa si hay un lugar en el salón, un recurso o un amigo que pueda ayudarte a resolver esa dificultad. Intenta una solución. Si no funciona, intenta otra.

Ejemplo de enseñanza *Los escritores saben que tendrán dificultades. ¡Eso es parte del proceso de escribir! A veces, el reto consiste en que no sabemos cómo continuar nuestro escrito. Otras veces, nos damos cuenta de que la manera como organizamos nuestro escrito no funciona y debemos cambiarlo. También podemos bloquearnos y no se nos ocurren nuevas ideas. ¡La parte emocionante de tener dificultades es que podemos resolverlas! Y así, a la vez que escribimos, ¡aprendemos a superar nuestras dificultades! ¡No nos damos por vencidos! No tiramos la toalla.*

Sugerencia para el maestro Esta estrategia, así como la estrategia "Usa el salón de clases", da por sentado que en el salón hay recursos útiles que los niños ya saben usar. Por ejemplo, en un salón de primaria, un muro de palabras puede ayudar a un escritor a saber cómo se escriben las palabras de uso frecuente. Si usted ha presentado textos mentores, póngalos al alcance de los niños para que puedan consultarlos por su cuenta. A veces, la dificultad que un niño tiene para escribir se debe a que hay muchas distracciones en el lugar donde está y la solución es cambiarlo de sitio. Haga una lluvia de ideas con sus estudiantes sobre las dificultades que puedan tener al escribir, y los posibles recursos y soluciones. Esta estrategia también puede ofrecerse como culminación de otras lecciones de este o de otros objetivos.

Consejos

- ¿Qué recursos en el salón pueden ayudarte a resolver tu dificultad?
- ¡Estoy de acuerdo! Esa tabla puede ayudarte.
- Resuelve tu dificultad. ¿Qué puedes intentar?
- Veo que te has bloqueado. Pensemos juntos en posibles soluciones.

¡Mantente enfocado!

¿Qué me está distrayendo?	¿Qué puedo hacer?
¡Hay mucho ruido!	¡Me cambio de sitio!
Me atoré.	Le pido ayuda a un compañero.
No tengo ganas de escribir.	• Me levanto un rato. • Veo mi cuaderno de notas. • Respiro hondo.
No sé cómo se escribe una palabra.	Uso las estrategias y las tablas.
Perdí el hilo de mi cuento.	• Vuelvo a contar desde el principio. • Veo mis dibujos. • Pienso qué sucedió antes.

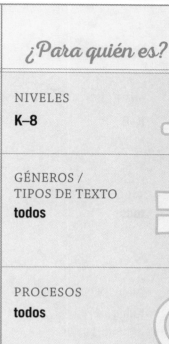

NIVELES

K–8

GÉNEROS / TIPOS DE TEXTO

todos

PROCESOS

todos

¡Me quito el sombrero!
(lectura recomendada):
One to One: The Art of Conferring with Young Writers (Calkins, Hartman y White 2005)

Estrategia Prueba varios tipos de lápices y bolígrafos. Fíjate en cómo se deslizan en la página. Fíjate en cómo se ven las marcas en el papel. Elige el que te ayude a escribir lo mejor posible.

Sugerencia para el maestro Quizá se pregunte por qué dediqué una página entera a una estrategia sobre lápices y bolígrafos. Cuando leí lo que Don Murray escribió sobre lo importantes que son para él sus utensilios de escritura, me vi reflejada como escritora. Nunca comienzo un nuevo proyecto sin antes ir a la papelería para comprar unos cuantos bolígrafos nuevos. Los maestros también sentimos esa misma emoción al comprar nuevos utensilios y materiales para el año escolar que está por comenzar. Entonces, ¿no cree que los estudiantes compartan ese mismo entusiasmo? Piense en el centro de escritura de su salón de clases y los materiales que ofrece. ¿Todos sus estudiantes tienen que usar los mismos marcadores o lápices? ¿Cree que se podrían sentir más motivados si les da la opción de usar bolígrafos de gel o de colores brillantes? Los utensilios son importantes a la hora de comenzar el difícil trabajo de revisión y edición, que de por sí no entusiasma mucho a los estudiantes. Por ejemplo, Lucy Calkins y Pat Bleichman, en su libro *The Craft of Revision* (2003), aconsejan dar a los niños "bolígrafos para revisar" (¡tal vez verdes o morados!) para motivarlos a hacer cambios.

Consejos

- ¿El lápiz/bolígrafo que escogiste te ayuda a escribir?
- ¿Te sientes cómodo escribiendo con ese lápiz/bolígrafo?
- ¿Con qué otra cosa podrías escribir mejor?
- Ve al centro de escritura para ver si hay algún lápiz o bolígrafo con el que podrías trabajar mejor.

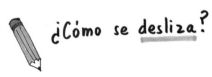
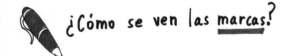
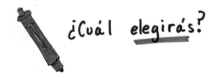

Elige con qué vas a escribir...
¡Y ASÍ LO HARÁS MEJOR!

¿Cómo se desliza?

¿Cómo se ven las marcas?

¿Cuál elegirás?

¡Me quito el sombrero!
(lectura recomendada):
The Essential Don Murray: Lessons from America's Greatest Writing Teacher
(Murray 2009)

Estrategia Toma el lápiz, comienza a escribir y no lo sueltes ni siquiera al hacer una pausa (o coloca los dedos en el teclado, no te muevas y no levantes los dedos del teclado). ¡Haz que tus manos estén siempre listas para seguir escribiendo! Suelta el lápiz (o levanta tus dedos) solo cuando termine la sesión de escritura.

Sugerencia para el maestro Esta estrategia puede parecer extraña, pero lo cierto es que muchos niños sueltan el lápiz cada vez que hacen una pausa, ya sea para pensar qué palabra usar, averiguar cómo se deletrea una palabra o tomarse un descanso. Cada vez que sueltan el lápiz, la acción de volver a agarrarlo y reacomodarse para escribir hace que se demoren más en escribir y que se afecte el volumen de lo que escriben. Es como conducir un auto con un pie en el pedal del freno y presionarlo cada vez que se acelera. Mantener el pie en el acelerador, o el lápiz en la mano, ayuda a estimular el impulso y el volumen.

Consejos

- ¡Sostén el lápiz! ¡No lo sueltes!
- Está bien que hagas una pausa para pensar, pero mantén el lápiz listo para escribir cuando se te ocurra una idea.
- Voy a quedarme por aquí y observar mientras escribes por un rato.
- Puedes hacerlo, ¡no sueltes el lápiz!

Mantras de fuerza y persistencia

¡No te rindas!

¡No sueltes el lápiz!

¡Respira hondo y sigue adelante!

¡Mantén el pie en el acelerador!

¡Imagina la línea de meta!

¿Para quién es?

NIVELES
K–8

GÉNEROS / TIPOS DE TEXTO
todos

PROCESOS
todos

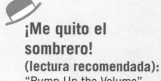

¡Me quito el sombrero!
(lectura recomendada):
"Pump Up the Volume"
(Moore 2013)

2.9 Tu pareja de escritura puede darte un empujoncito

¿Para quién es?

NIVELES
K–8

GÉNEROS /
TIPOS DE TEXTO
todos

PROCESOS
todos

Estrategia Si de vez en cuando sientes que te distraes o te desanimas, puedes pedir a tu pareja de escritura que te dé un empujoncito para recuperar el ritmo. Pídele que si nota que no estás logrando escribir tus ideas, te ayude con un comentario como "¡Sigue adelante!", "¡Ánimo!" o "¡Quiero ver lo que escribas hoy!".

Ejemplo de enseñanza *Durante el tiempo de escritura, quiero que te sientes cerca de tu pareja. Esto no solo los ayudará a estar listos para la hora de colaborar en parejas, sino que les permitirá apoyarse mutuamente. A veces, saber que eres responsable de alguien más además de ti mismo te ayuda a estar concentrado. Si eres el tipo de escritor que se distrae con facilidad, puedes pedirle a tu compañero que esté pendiente de ti. Tu compañero también tendrá que escribir, por supuesto, pero si de pronto nota que llevas un rato sin escribir y te estás quedando dormido, te puede animar para que sigas escribiendo. O, para no interrumpir mucho su propia escritura, puede tomarse un momento de descanso, echar un vistazo para ver cómo te va y darte un empujoncito.*

Consejos

- Dale un empujoncito a tu pareja de escritura.
- ¿Cómo puedes animar a tu pareja de escritura para que siga escribiendo?
- Di esto: "¡Ánimo, ___(*nombre*)! Vuelve a leer lo que escribiste y sigue adelante".
- Di esto: "¡___ (*nombre*), ya casi es la hora de colaborar en parejas! Quiero ver lo que escribas hoy".

¡Las parejas de escritura se apoyan y se animan!

Pueden decir...

* "¡Ánimo! ¡Vuelve a leer lo que escribiste y sigue adelante!"

* "¡Ya casi es la hora de colaborar en parejas! ¡Quiero ver lo que escribas hoy!"

¡Me quito el sombrero!
(lectura recomendada):
"Pump Up the Volume"
(Moore 2013)

Estrategia Sé consciente de la vocecita en tu cabeza que te impide comenzar a escribir (o continuar escribiendo). Sigue escribiendo sin soltar el lápiz o el bolígrafo. Cuando oigas esa voz que te incita a detenerte, silénciala. Vuelve a dirigir tu energía a la página.

Ejemplo de enseñanza (Este ejemplo de enseñanza está dirigido a los estudiantes que llevan un cuaderno de apuntes, pero también puede adaptarla a los que dudan mucho en escribir durante la fase de hacer el borrador). *Tu primera y más importante audiencia eres tú mismo, escribe Ralph Fletcher (1996). Tu cuaderno es un buen lugar para recopilar ideas sin miedo a lo que puedan pensar los demás. Puedes escribir libremente, sabiendo que son solo apuntes que te servirán para escribir algo más completo después. Escribir algo es mejor que no escribir nada. No tienes que usar todo lo que escribas ni convertirlo en un gran texto si no quieres. Escribir te ayuda a pensar, ¡y nunca sabrás lo que puede salir de ti si no lo intentas!*

Usar un mentor Stephen King, en su libro *Mientras escribo*, dice: "Puedes, deberías, y si eres lo suficientemente valiente para empezar, lo harás" (2013).

Consejos

- Tu escritura es un lugar seguro. Tan solo escribe lo que estés pensando.
- Veo que estás pensando. No corrijas, tan solo escribe.
- Inténtalo en la página. Escribe sin dejar que alguna duda te detenga.
- Me sentaré a tu lado mientras lo intentas.
- ¡Vas muy bien! Eso es, escribe las palabras sin preocuparte si son las perfectas.

¿Para quién es?

NIVELES
K–8

GÉNEROS / TIPOS DE TEXTO
todos

PROCESOS
generar y reunir, hacer un borrador

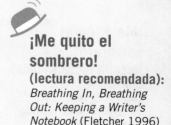

¡Me quito el sombrero!
(lectura recomendada): *Breathing In, Breathing Out: Keeping a Writer's Notebook* (Fletcher 1996)

2.11 Haz un plan para la hora de escritura

¿Para quién es?

NIVELES
1–8

GÉNEROS /
TIPOS DE TEXTO
todos

PROCESO
desarrollar

Estrategia Piensa en el proyecto en el que estás trabajando y en lo que quieres lograr. Coméntalo con tu pareja de escritura o haz una lista rápida al margen de la página para identificar cuáles son tus planes como escritor para hoy. Repasa tus planes a medida que avanzas.

Sugerencia para el maestro Si al estudiante le resulta difícil hacer una lista de maneras para mejorar su escrito, sugiérale que use los carteles o tablas de lecciones anteriores o cualquier otra herramienta que usted les haya dado durante una conferencia individual. A algunos niños les puede ayudar conversar con su pareja de escritura antes de ponerse a escribir para determinar sus expectativas y enfocarse en su trabajo del día. A otros estudiantes les podría ser útil tener una conferencia individual donde el estudiante o la maestra apunte el plan para la hora de escritura.

Consejos
- ¿Qué esperas lograr hoy?
- Haz una lista de tres cosas que quieras hacer con tu escrito en el día de hoy.
- Anota rápidamente tus planes en el margen.
- Comenta tu plan con tu pareja de escritura. Si lo dices en voz alta, ¡es casi una promesa!
- ¡Tu plan hará que te mantengas enfocado!

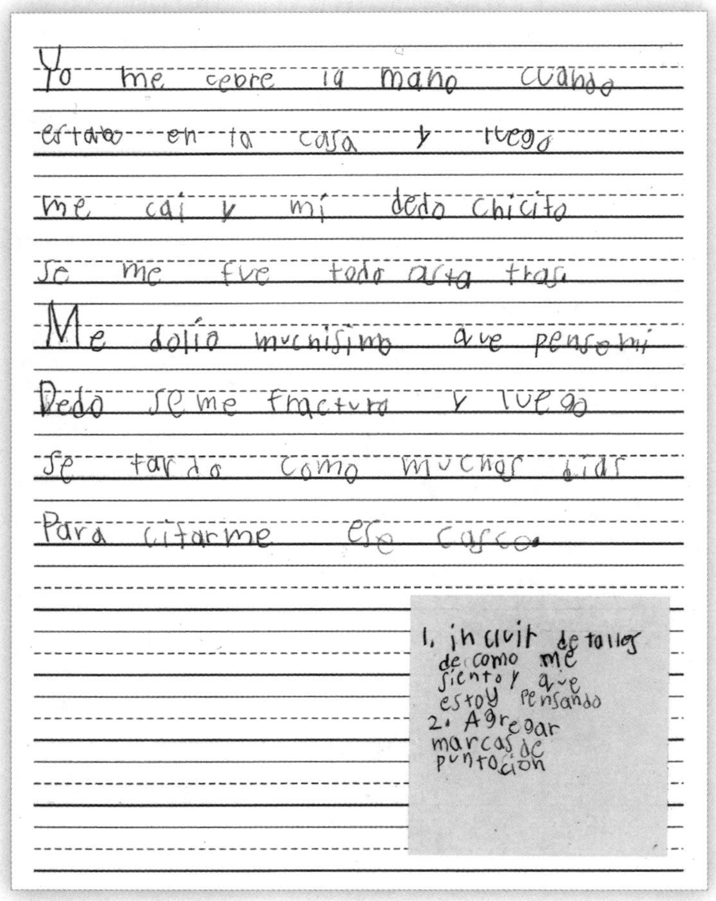

¡Me quito el sombrero!
(lectura recomendada):
One to One: The Art of Conferring with Young Writers (Calkins, Hartman y White 2005)

Estrategia Vuelve a leer lo que has escrito hasta ahora. Después, vuelve a enfocarte en tu escrito. Toma el lápiz y sigue adelante como si nunca hubieras dejado de escribir.

Sugerencia para el maestro Fíjese en los estudiantes que tardan mucho en dedicarse a escribir: afilan el lápiz, van al baño y se pasean por el salón para tirar un papel. Estos son los estudiantes que pueden necesitar ayuda para entrar de nuevo a la "zona de flujo" en que estaban cuando terminó la hora de escritura anterior. ¡Esta estrategia es para ellos! Además de motivarlos a escribir, los ayudará a mejorar la calidad de sus escritos. Al recordar lo que ya escribieron, el escrito resultará más claro y fluido. También es útil practicar esta estrategia junto con cualquier otra estrategia de revisión. Mientras vuelven a leer, los estudiantes no solo retomarán la escritura desde donde la dejaron para añadir algo más, sino que es probable que también encuentren partes que les gustaría cambiar.

Consejos
- Vuelve a leer lo que has escrito.
- Recuerda lo que escribiste la última vez.
- Ahora que volviste a leer lo que escribiste, ¿qué crees que harás primero?
- ¿Recuerdas dónde te quedaste la última vez? Vuelve a leer para recordar.
- ¿Te parece difícil volver a escribir?
- Mientras vuelves a leer, imagina que lo estás escribiendo de nuevo, luego toma el lápiz y continúa.

¿Para quién es?

NIVELES
1–8

GÉNEROS / TIPOS DE TEXTO
todos

PROCESOS
todos

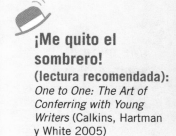

¡Me quito el sombrero!
(lectura recomendada):
One to One: The Art of Conferring with Young Writers (Calkins, Hartman y White 2005)

¿Para quién es?

NIVELES
1–8

**GÉNEROS /
TIPOS DE TEXTO**
todos

PROCESOS
**crear un espacio
para la escritura,
prepararse para
escribir**

**¡Me quito el
sombrero!**
(lectura recomendada):
*Breathing In, Breathing
Out: Keeping a Writer's
Notebook* (Fletcher 1996)

Estrategia Piensa en los objetos que te relajan (para prepararte mentalmente para escribir) y los que te sirven de inspiración (para dar con nuevas ideas). Observa estos objetos para ayudarte a comenzar a escribir.

Sugerencia para el maestro El día en que comencé a escribir este libro, despejé mi escritorio, enmarqué una fotografía reciente de mis hijas, corté hortensias del jardín y reuní una pila de mis libros favoritos sobre la enseñanza de la escritura. Tener a la vista objetos que nos inspiran nos puede ayudar a entrar en la "zona de flujo". Quizá no sea adecuado que los niños lleven todos los días a la escuela objetos que les sirvan de inspiración, pero podría animarlos a crear algo para guardar en su escritorio y sacar mientras escriben. Por ejemplo, puede sugerirles que decoren la cubierta de su cuaderno o carpeta con fotos e imágenes que los inspiren. También podría pedirles que hagan una lista o un dibujo de cómo quieren que se vea el lugar donde escriben en su casa, para motivarlos a escribir más allá de la escuela.

Consejos
- ¿Qué objetos pueden ayudarte a tener nuevas ideas?
- Piensa en los objetos que te tranquilizan.
- ¿Qué objetos podrían ayudarte a comenzar a escribir?
- ¿Qué objetos necesitas tener en el lugar donde escribes?
- Si no puedes tener esos objetos aquí, ¿puedes usar una foto o un dibujo?

2.14 Ponte retos para escribir más

Estrategia Piensa en cuántas líneas sueles escribir durante una sesión de escritura. Ponte una meta para escribir más. Desliza el dedo por el margen de la página y pon un punto para indicar tu "línea de meta". A ver si puedes escribir hasta esa línea, ¡o más abajo! durante tu sesión de escritura de hoy.

Sugerencia para el maestro Ya lo dijo Zinsser en su libro *On Writing Well*: "Aprendemos a escribir escribiendo. Es algo obvio, pero lo que lo hace ser obvio es que es cierto. La única manera de aprender a escribir es forzarse a producir un cierto número de palabras de forma regular" (2001, 49). En la mayoría de los salones de clases, los niños escriben con un lápiz o un bolígrafo en lugar de un procesador de textos con una función de conteo de palabras. Así que creo que fijarse una meta basada en el número de líneas que quieren escribir es una forma visual y cuantitativa de ayudar a los niños a escribir más. La meta de líneas "adecuada" para los niños dependerá de su edad y el papel sobre el que escriben. Si quiere ayudarlos a hacer un estimado realista, reúnalos y pídales que escriban todo lo que puedan durante cinco minutos, sin detenerse. Al terminar, pídales que cuenten las líneas que escribieron. Luego, dígales que multipliquen ese número por 5, 6, 7 u 8, dependiendo de cuánto tiempo estuvieron escribiendo (25 a 40 minutos). Pregúnteles cuántos renglones más podrían escribir y pídales que pongan un punto en el margen que lo indique. Está claro que nadie escribe sin parar durante cuarenta y cinco minutos, pero es una meta que motivará a los niños a escribir más.

Consejos

- Repasa tu meta. Estuviste escribiendo por quince minutos y te faltan quince más. ¿Crees que vas a lograrlo?
- Pusiste el punto aquí. Me pregunto si podríamos ponerlo un poco más abajo.
- ¡Ponte retos! Pon el punto un poco más lejos de donde crees que puedes llegar.
- ¡Lograste tu meta! Ahora ponte otra.

¿Para quién es?

NIVELES
1–8

GÉNEROS / TIPOS DE TEXTO
todos

PROCESOS
generar y reunir, desarrollar, hacer un borrador

¡Me quito el sombrero!
(lectura recomendada):
A Quick Guide to Reviving Disengaged Writers, 5–8
(Lehman 2011)

Divide tu hora de escritura en partes más cortas

¿Para quién es?

NIVELES
1–8

**GÉNEROS/
TIPOS DE TEXTO**
todos

PROCESOS

**generar y reunir,
desarrollar, hacer
un borrador**

**¡Me quito el
sombrero!
(lectura recomendada):**
*A Quick Guide to Reviving
Disengaged Writers, 5–8*
(Lehman 2011)

Estrategia Divide tu hora de escritura en partes más cortas. Ponte una meta (número de líneas o palabras). Pon un cronómetro o mira el reloj. ¡A escribir! Fíjate si has alcanzado tu meta o si necesitas ajustarla para los próximos cinco minutos. Ponte retos para superar tu mejor tiempo cada vez.

Ejemplo de enseñanza *A veces, el proceso de escribir puede parecer largo y tedioso. Si esto te pasa, ponte metas a corto plazo que te faciliten la tarea. Puedes usar un reloj y contar el número de líneas o páginas que deseas escribir antes de tomar un breve descanso.*

Consejos

- ¿Por cuántos minutos quieres escribir antes de tomarte un descanso? ¿Cuántas líneas o páginas crees que puedes escribir durante ese tiempo?
- Probemos cuánto puedes escribir en un minuto.
- Decidamos cuántos descansos quieres tomar en los próximos treinta minutos. ¿Cuántas líneas tratarás de escribir en cada sesión corta?

¡ALTO!

Tómate un descanso! ☺

Nombre:_____

Metas para hoy

1. Completa la tabla
2. Agrega notas adhesivas
3. ¡A escribir!

Líneas/Páginas	Minutos	✓ = Hecho

Estrategia Si te has quedado sin palabras y no puedes seguir escribiendo, es probable que necesites dejar de escribir por un rato y dedicarte a otra cosa. Puedes elegir un texto del mismo género o que trate un tema similar al tuyo. Quizá lo que dice el autor o el modo como lo dice te dé nuevas ideas. Tan pronto te llegue la inspiración, ¡ponte a escribir de nuevo!

Usar un mentor Recomiendo tener una colección de textos mentores en el centro de escritura al que puedan recurrir los estudiantes de forma independiente cuando se les esté dificultando escribir. Por supuesto, los textos mentores más útiles son aquellos que el maestro o la maestra leyó en voz alta y estudió con los estudiantes antes de colocarlos en el centro de escritura.

Consejos

- ¿A qué texto puedes recurrir cuando te bloquees?
- ¿Por qué te has bloqueado?
- ¿No se te ocurre ninguna idea? ¿Qué libros podrían ayudarte?
- ¿Te bloqueaste con la estructura? ¿Qué texto mentor podría ayudarte?
- ¿Qué autor te gustaría leer?
- Ese autor es idóneo para lo que quieres escribir.

¿Para quién es?

NIVELES
1–8

GÉNEROS/ TIPOS DE TEXTO
todos

PROCESOS
generar y reunir, desarrollar, hacer un borrador

¡Me quito el sombrero!
(lectura recomendada):
What You Know by Heart: How to Develop Curriculum for Your Writing Workshop (Ray 2002)

¿BLOQUEO de escritor?

¡Estos textos te pueden servir de inspiración!

Género	Libro	Ejemplos
Ficción realista	"Pan dulce"	En la panadería Herrera. Los panaderos preparan cada pan dulce para que sea especial. A mí me gusta comer mi pan dulce con un vaso de leche fría. Y a ti, ¿cómo te gusta el pan dulce?
No ficción	"¿Qué animales tienen rayas?"	**El tigre tiene rayas.** ¿Qué otros animales tienen rayas similares?
Ficción histórica	"El soñador"	En esas páginas se olvidó de su tartamudez. Se vio fuerte y saludable como su hermano mayor, Rodolfo; alegre como su hermana Laurita; y seguro de sí mismo e inteligente como su tío Orlando, el propietario de mi periódico local. Entre esas páginas incluso se atrevió a imaginarse a sí mismo acompañado de un amigo.
Poesía	"Felipe tiene gripe"	El murciélago Simón le preparó un biberón.

Estrategia Piensa para quién estás escribiendo o quién esperas que lea tu escrito. Haz un bosquejo rápido de esa persona, usa una imagen que represente a tu audiencia o coloca una fotografía en tu escritorio que puedas mirar mientras escribes (¡si eso te sirve de ayuda!). Mientras escribes, haz como si se lo estuvieras contando a esa persona.

Sugerencia para el maestro Si la audiencia del estudiante es más abstracta que una sola persona o un grupo de personas y no puede representarla con una fotografía o un bosquejo, sugiérale que trate de visualizar a su audiencia mientras escribe. A los niños más pequeños les suele gustar la idea de "mirar" a su audiencia mientras están escribiendo.

Consejos
- ¿Quién esperas que lea tu escrito?
- Ten en mente a esa persona mientras escribes.
- Puedes tratar de imaginar que hablas con esa persona. Las palabras que dices en voz alta te pueden servir para tu escrito.
- Ten en cuenta a tu audiencia.
- Cuando escribiste eso, ¡sonó como si estuvieras hablando con esa persona!
- Puedo oír más claramente tu voz de escritor porque estás pensando en tu audiencia mientras escribes.

2.18 Mantén un proyecto paralelo

Estrategia Piensa en los temas que más te interesan y los géneros que más te atraen. Comienza tu propio proyecto sobre ese tema o género, independientemente de lo que la clase esté estudiando en este momento.

Ejemplo de enseñanza *A veces escribimos para cumplir con una tarea y otras veces escribimos porque nos apasiona. Como estudiante, habrá momentos en los que no dependerá de ti sobre qué vas a escribir. Habrá momentos en los que probar algo nuevo será bueno para ti porque te ayudará a descubrir nuevos géneros que no conocías y que tal vez te apasionen. Otras veces, el proyecto en el que está trabajando la clase no te entusiasmará mucho. Este es un buen momento para comenzar un proyecto paralelo, ya que te mantendrá motivado para escribir fuera del salón de clases.*

Sugerencia para el maestro La escritora Jane Yolen dijo una vez: "Nunca siento el bloqueo del escritor porque escribo sobre varias cosas a la vez. Si una no va bien, me dedico a la otra". ¡Alentar a sus estudiantes a tener proyectos paralelos aumentará su productividad!

Usar un mentor Dado que esta sugerencia es para que los estudiantes escriban de manera independiente, sin lecciones formales, les será útil tener acceso a textos mentores que puedan consultar como si fueran sus maestros.

Consejos

- ¿Cuál es el género que más te apasiona?
- ¿Qué tema te interesa mucho?
- Piensa en algo que puedas escribir de forma paralela.
- Hablemos sobre cómo trabajarás en este proyecto fuera de la escuela.

2.19 Consulta con otro escritor

¿Para quién es?

NIVELES
2–8

**GÉNEROS/
TIPOS DE TEXTO**
todos

PROCESOS
todos

¡Me quito el
sombrero!
(lectura recomendada):
A Writer Teaches Writing
(Murray 1985)

Estrategia Si estás escribiendo y te atascas en cualquier fase del proceso de escritura, consulta con otro escritor. Comenta qué crees que podrías escribir, los desafíos que estás teniendo o cómo piensas que podrías escribirlo. Escúchate a ti mismo al hablar. Cuando sientas que hayas dicho en voz alta lo que quieras decir en el papel, continúa escribiendo.

Sugerencia para el maestro Establecer un sistema formal de parejas de escritura o dar a los escritores la flexibilidad de consultar con otro escritor (quizá en una parte específica del salón) puede ser "la salvación" para muchos. ¿Quién no se ha quedado con la mente en blanco y ha tenido que recurrir a "llamar a un amigo" para resolver sus dudas? Esta estrategia es efectiva en cualquier fase del proceso de escritura, desde el momento en que los estudiantes estén intentando decidir qué escribir, hasta cuando necesiten un lector para revisar su técnica o alguien que los ayude con la edición. En el Objetivo 10 encontrará más ideas sobre cómo estructurar la colaboración y el apoyo entre parejas durante la escritura.

Consejos

- ¿Hay alguien en el salón que pueda ayudarte con esto?
- ¿Qué tal si tú y _____ buscan un lugar tranquilo para ver si pueden ayudarse el uno al otro?
- ¿Dijiste algo en voz alta que te ayudó a dar con una posible solución?
- Escúchate a ti mismo mientras comentas tus dificultades.
- Describe por qué te atascaste y qué ayuda podrías necesitar.

2.20 Experimenta con el cambio

Estrategia Identifica una parte de tu borrador que no suene bien. En una tira de papel, escribe esa misma parte de un modo diferente. Luego, en otra tira de papel, escríbela de otra forma completamente nueva. Lee tus experimentos y elige el que se adapte mejor a tu escrito final.

Ejemplo de enseñanza *Tal vez seas el tipo de escritor que cambia una que otra cosa en su borrador. Después de haber descrito el cielo como "azul", decides cambiarlo a "celeste". En vez de escribir, "Mi hermana gritó", decides cambiarlo a "—¡Fuera de aquí! —gritó mi hermana". Puede que este tipo de cambios mejoren tus escritos, pero una parte clave del proceso de revisión es tratar de imaginar y ver tu escrito de una manera completamente nueva. Algo que te puede ayudar es preguntarte: "¿Qué tal si…?", y pensar en la revisión como un momento para experimentar con tu borrador.*

Sugerencia para el maestro Algunos niños se acercarán a usted y le dirán: "Está bien, haré un experimento para cambiarlo. Pero no sé qué tipo de experimento hacer". En este caso, recomiéndeles fijarse en los carteles y las tablas del salón para recordar otras lecciones sobre cómo desarrollar y revisar sus escritos. Vea los Objetivos 4, 5 y 6 para obtener ideas de lecciones que puede enseñar a sus estudiantes sobre diferentes tipos de revisión y sus propósitos.

Consejos

- ¿Con qué parte de tu escrito estás pensando experimentar?
- Inténtalo de otro modo.
- Primero inténtalo en voz alta y luego anótalo rápidamente.
- Analizando tus opciones, ¿cuál de ellas quedaría mejor?
- Cuando mires el borrador, piensa: "¿Qué tal si…?".

¿Para quién es?

NIVELES
3–8

GÉNEROS/ TIPOS DE TEXTO
todos

PROCESO
revisar

¡Me quito el sombrero!
(lectura recomendada):
A Quick Guide to Reviving Disengaged Writers, 5–8 (Lehman 2011)

> El libro El beisbol nos salvó es basado en 1942 durante la Segunda Guerra Mundial. Un niño de origen japonés es tratado muy mal en la escuela. Se tiene que mudar con su familia al campo porque Estados Unidos desconfía de ellos.
>
> Las personas no viven en condiciones buenas mientras están en el campo. Es un llugar muy pequeño. En ese libro, las familias se unen para hacer un equipo de beisbol i hasta las mamás hacen uniformes hechos de los forros de los colchones. Los niños se la pasan bien mejora muchísimo.

> Las personas no viven en condiciones buena mientras estan en el campo. Hace mucho calor durante el dia y frio en la noche. Las tormentas de Arena son muy fuertes. tienen que usar el baño con los demas.

2.21 ¿Por qué escribes?

¿Para quién es?

NIVELES
3–8

GÉNEROS/
TIPOS DE TEXTO
todos

PROCESOS
todos

Estrategia Piensa en lo que estás escribiendo. Piensa por qué lo estás escribiendo. Trata de determinar por qué te interesa lo que escribes y por qué quieres darlo a conocer al mundo.

Ejemplo de enseñanza *Escribir a veces es difícil; ¡requiere de mucha energía! Por eso, es importante que te mantengas enfocado en tus propósitos y pasiones, y que hables de vez en cuando contigo mismo para recordarte por qué estás escribiendo. Si piensas en lo que estás escribiendo y adónde quieres llegar, vas por el buen camino. También es útil imaginar el mensaje que quieres dar y por qué otros deben escucharlo. Pero si tan solo escribes porque tu maestro o maestra te lo asignó, ahí puede estar el problema. Trata de encontrar un propósito para lo que estás escribiendo o comienza otro escrito, pensando en tus intenciones desde un principio.*

Sugerencia para el maestro Esta estrategia es más difícil de aplicar cuando los estudiantes están escribiendo una tarea asignada. En estos casos, considere usar esta estrategia junto con la 4.13, "Su tema, tu idea" (página 152).

Consejos
- Piensa en lo que más te interesa de lo que estás escribiendo.
- ¿Por qué crees que elegiste escribir sobre este tema?
- ¿Por qué te atrae este tema?
- Piensa si quieres continuar con ese escrito.

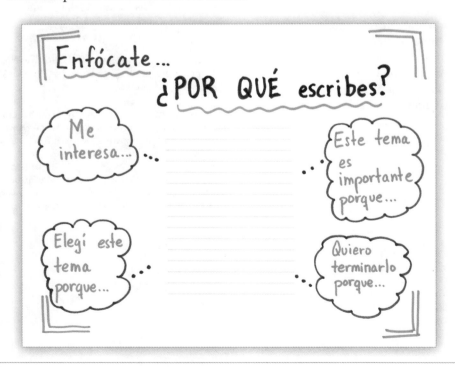

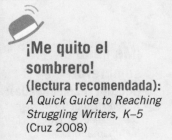

¡Me quito el sombrero!
(lectura recomendada):
A Quick Guide to Reaching Struggling Writers, K–5
(Cruz 2008)

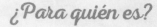

Estrategia En lugar de enfocarte en todo lo que vas a escribir, enfócate en una sola parte. Trata de escribir esa parte. Cuando termines, piensa en cuál es la siguiente parte que quieres escribir y escríbela. Antes de que te des cuenta, ¡lo tendrás todo listo!

Sugerencia para el maestro A muchas personas que conozco la idea de escribir un libro les resulta tan abrumadora que se bloquean sin haber comenzado. Mi consejo es que dejen de pensar en todo el libro y se enfoquen en un capítulo y cómo quieren escribirlo. Una vez que escriban ese capítulo, pueden enfocarse en el siguiente y luego en el siguiente. Si se ponen a pensar en el libro completo, es probable que el peso de la tarea que tienen por delante los aplaste. Al ponerse metas más realistas, ¡terminarán superándose a sí mismos! Aunque sus estudiantes no estén tratando de escribir libros de 200 páginas, es probable que los abrume pensar en un ensayo completo o en un cuento completo de dos páginas. Pensar por partes y abordar una parte a la vez podría impedir que se bloqueen.

Usar un mentor A los niños les podría interesar el proceso de escritura que siguen algunos escritores. Muchos autores comparten su proceso en su sitio web.

Consejos

- ¿Cuál podría ser una parte (tal vez pequeña) de lo que estás tratando de escribir?
- ¿Puedes dividir lo que vas a escribir en partes?
- No tienes que hacerlo todo hoy. Piensa en lo que puedes hacer primero.
- Enfócate solo en esa parte.
- Piensa en lo que harás después.
- Veo que estás enfocándote en algo que puedes hacer hoy, dado el tiempo que tienes.

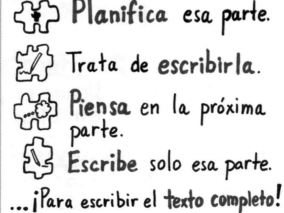

¿Para quién es?

NIVELES
3–8

GÉNEROS/ TIPOS DE TEXTO
todos

PROCESOS
todos

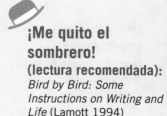

¡Me quito el sombrero!
(lectura recomendada):
Bird by Bird: Some Instructions on Writing and Life (Lamott 1994)

¿Para quién es?

NIVELES
3–8

**GÉNEROS/
TIPOS DE TEXTO**
todos

PROCESOS
todos

**¡Me quito el
sombrero!**
(lectura recomendada):
A Writer Teaches Writing
(Murray 1985)

Estrategia Si sientes que te has bloqueado, trata de despejar tu mente de las destrezas y estrategias que te confunden. Enfócate en una sola cosa: llenar el papel en blanco. Después podrás revisar tu escrito y poner en práctica las destrezas y estrategias que has aprendido.

Ejemplo de enseñanza *Has aprendido muchas estrategias que te pueden ayudar a escribir de manera enfocada, estructurada y detallada. Es posible que en estos momentos tu mente esté tratando de asimilar un montón de reglas de ortografía y la noción de que necesitas usar verbos y sustantivos precisos para que tus escritos tengan más fuerza. Pero todos esos conocimientos pueden ir en tu contra si te bloquean y te impiden escribir. La revisión y la edición pueden hacerse más tarde. Como dijo C. J. Cherryh: "Está bien escribir basura, siempre y cuando la edites brillantemente".*

Consejos
- Trata de escribir algo.
- Hoy no te preocupes tanto por lograr la perfección. Simplemente, escribe.
- Ponte una meta de cuánto quieres escribir hoy. Enfoquémonos en la cantidad ahora, más tarde nos preocuparemos por la calidad.
- ¡Lo estás haciendo! ¡Hacer marcas en la página te ayudará a crear inercia!

2.24 Crea un hábito

Estrategia Crea el hábito de escribir a menudo. Por ejemplo, escribe una cierta cantidad de palabras al día, a una hora y en un lugar determinados. Ponte un reto y registra tu progreso.

Sugerencia para el maestro Esta estrategia ayuda a los estudiantes a imaginarse a sí mismos escribiendo fuera de la hora regular de escritura en el salón de clases. Los estudiantes que escriben a menudo en su proyecto, tanto dentro como fuera de la escuela, lo harán con mayor interés y compromiso.

Usar un mentor

10 pasos para ser mejor escritor

Escribe.

Escribe más.

Escribe aún más.

Escribe aún más que eso.

Escribe cuando no quieras.

Escribe cuando quieras.

Escribe cuando tengas algo que decir.

Escribe cuando no tengas nada que decir.

Escribe todos los días.

Sigue escribiendo.

—Brian Clark

Consejos

- ¿Cuántas líneas o páginas tratarás de escribir al día?
- Hagamos un plan.
- Si tuvieras que establecer una rutina, ¿cómo sería?
- ¿Hay algún lugar donde puedas escribir bien?
- ¿Hay algún momento del día en el que escribes mejor?
- Ponte un reto.

Título del capítulo	Objetivo	10/20	10/23	11/9
Componer con imágenes	20	1	6	6
Motivar el interés	28	18	18	20
Generar y reunir ideas	40	26	27	34
Enfoque/ Significado	35	7	9	10
Organización y estructura	34	18	21	23
Elaboración	40	16	17	29
Elección de palabras	25	10	12	12
Normas	53	9	13	32
Parejas y clubes	25	6	6	8
TOTAL DE ESTRATEGIAS	300	111	129	174

¿Para quién es?

NIVELES
3–8

GÉNEROS/ TIPOS DE TEXTO
todos

PROCESOS
todos

¡Me quito el sombrero!
(lectura recomendada):
The Essential Don Murray: Lessons from America's Greatest Writing Teacher (Murray 2009)

¿Para quién es?

NIVELES
4–8

**GÉNEROS/
TIPOS DE TEXTO**
todos

PROCESOS
**desarrollar, hacer un
borrador, revisar**

¡Me quito el
sombrero!
(lectura recomendada):
*What You Know by Heart:
How to Develop Curriculum
for Your Writing Workshop*
(Ray 2002)

Estrategia Piensa en el tema sobre el que estás escribiendo, no solo mientras escribes, sino cuando no estés en tu escritorio. Trata de establecer conexiones entre el tema sobre el que estás escribiendo y algún aspecto o suceso de tu vida diaria que te pueda dar nuevas ideas o ángulos para tu escrito. Usa todo eso cuando sea el momento de volver a escribir.

Ejemplo de enseñanza *Si sientes un verdadero interés por el tema sobre el que estás escribiendo, nunca lo alejarás de tu mente. Oyes una canción en la radio y de repente te parece que la letra tiene que ver con el tema sobre el que estás escribiendo. Lees un periódico y en la primera página ves algo que también se relaciona con tu proyecto. Tus amigos están hablando sobre un video viral en Internet, ¡y ahí está el tema de nuevo! La razón por la que esto pasa es que el cerebro del escritor está tan absorto en su proyecto que lo relacionará con todo a su alrededor. Para hacer esto, tienes que pensar en tu proyecto aun cuando no estés escribiendo. Así, cuando sea la hora de volver a escribir, lo harás con más energía y nuevas ideas.*

Consejos

- ¿Cómo puedes mantener viva tu idea, aun cuando no estés sentado frente a tu escritorio?
- ¿Sobre qué podrías pensar después de la sesión de escritura?
- ¿Pasó algo ayer que te hizo establecer conexiones con tu proyecto de escritura?

Estrategia Si llega la hora de escribir, pero no te puedes concentrar porque hay algo en tu vida que te inquieta, dedica unos cinco minutos a desahogarte en el papel. Escribe unas cuantas líneas en las que descargues tus frustraciones o molestias. Luego, pasa la página (literal y metafóricamente) y comienza a escribir para tu proyecto.

Sugerencia para el maestro Esta idea me la sugirió un maestro de secundaria durante una mesa redonda del Consejo Nacional de Maestros (NCTE, por sus siglas en inglés), que se celebró en Mineápolis en el año 2015. Este sabio maestro me explicó que a menudo sus estudiantes llegaban al salón de clases molestos por algo desagradable que les acababa de ocurrir en el pasillo, y él, en lugar de pedirles que se pusieran a trabajar de inmediato, les ofrecía la oportunidad de escribir sobre aquello que les molestaba y no los dejaba enfocarse en los proyectos de escritura que tenían por delante.

Consejos

- Adelante, tómate unos minutos para desahogarte escribiendo.
- Ahora que despejaste tu mente, ¿crees que puedes continuar?
- Ya te desahogaste. Ahora debes dedicarte a tu proyecto.
- Si despejas tu mente ahora, puedes enfocarte más tarde.
- Veo que ya te calmaste. Creo que ya puedes unirte a los demás y volver a trabajar en tu proyecto.

¿Para quién es?

NIVELES
4–8

GÉNEROS/ TIPOS DE TEXTO
todos

PROCESO
prepararse para escribir

¡Me quito el sombrero!
(lectura recomendada):
Micro Lessons in Writing: Big Ideas for Getting Started (Vopat 2007a)

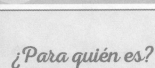

Estrategia Si sientes que te has bloqueado, es posible que estés siendo poco realista con tus expectativas. Piensa: "Hoy voy a escribir lo mejor que pueda y eso es suficiente por ahora". Cuando termines de escribir, puedes volver a tu escrito para ver cómo podrías mejorarlo.

Ejemplo de enseñanza *A veces, los escritores se bloquean porque están tan preocupados por crear algo perfecto o por hacerlo bien desde el primer intento que se paralizan. Si te pones metas realistas, verás que la tarea que te espera te parecerá más fácil. Además, hablar contigo mismo te ayudará a alejar las dudas y aceptar que cualquier cosa que escribas hoy es un avance, y que siempre habrá tiempo de revisarlo y mejorarlo.*

Consejos

- Háblame de lo que esperas lograr hoy como escritor.
- ¿Crees que tus expectativas son realistas?
- ¿Qué expectativa más realista puedes ponerte?
- Pensemos en lo que podrías hacer hoy.
- ¿Crees que hay algo que se interpone en tu camino y no te deja escribir?

Sacar provecho de
esos gustos e intereses
personales es importante
para llegar a ser un
escritor independiente y
disciplinado toda la vida.

—*Jennifer Serravallo*

Generar y reunir ideas

◎ ¿Por qué es importante este objetivo?

Como escribe Roy Peter Clark en su libro *Help! for Writers: 210 Solutions to the Problems Every Writer Faces* (2011), la inercia es un aspecto crucial para llegar a ser un escritor prolífico. Sin escribir no se escribe. Una vez que el escritor empieza a escribir un *poco*, a menudo continúa escribiendo *mucho más*.

Algunos opinan que muchos escritores no tienen siquiera que buscar ideas, ya que las ideas sobre las que van a escribir les vienen casi solas. Como escritores, su estilo de vida los hace intuitivos y perceptivos al mundo que los rodea (Murray 1985). En caso de que sus estudiantes no tengan esa disposición hacia la escritura, muchas de las estrategias de este objetivo los ayudarán a estar atentos a posibles temas e ideas. Con estas estrategias desarrollarán una mayor percepción de su entorno y la habilidad de ser mejores observadores.

Los escritores no solo se basan en vivencias del presente, sino también en la habilidad de recordar su pasado (Murray 1985). Algunas de las ideas de este objetivo tienen que ver con la posibilidad de escribir sobre los recuerdos.

Los escritores se benefician de reunir y anotar ideas que podrían olvidar más tarde, aunque no sepan exactamente cuándo les serán útiles para su trabajo

(Fletcher 2003). Algunas de las estrategias de este objetivo guiarán a los escritores estudiantes de tercer grado y otros grados superiores a llevar cuadernos como un tipo de "baúl" donde guardar ideas, a la vez que anotan allí sus respuestas y reacciones. Al hacer esto, los escritores crean un banco de ideas que siempre está a su alcance, al que pueden acudir una y otra vez.

En algún momento de nuestra vida, sin duda todos recibiremos asignaciones o temas determinados de qué escribir: un reporte para una clase en la secundaria o la universidad, un artículo periodístico, un examen o una evaluación. Sin embargo, muchos escritores logran generar sus propios temas basados en las cosas que les interesan y apasionan. Sacar provecho de esos gustos e intereses personales es importante para llegar a ser un escritor independiente y disciplinado toda la vida.

◎ ¿Cómo sé si este objetivo es adecuado para mi estudiante?

Muchos estudios han comprobado que cuando los estudiantes tienen la oportunidad de elegir sus propios temas, se sienten dueños de lo que escriben y por lo tanto su escritura mejora (Thomas 2016). Sin embargo, para muchos no es fácil pensar en temas y ser selectivos con ellos. Aquellos escritores a quienes se les dificulta empezar a escribir durante el periodo de escritura libre, o los que se quejan de que no se les ocurre nada para escribir, o los que dicen que "no sé sobre qué escribir", son los candidatos ideales para beneficiarse de las estrategias de este objetivo. Si durante una conferencia individual el estudiante espera ansiosamente a que usted le asigne el tema del día, debe "enseñarle a pescar" y ofrecerle una estrategia para generar ideas en vez de entregarle el "pescado fácil" al darle la tarea del día, lo que solo le servirá a corto plazo. Los candidatos ideales para este objetivo son los estudiantes que usted note que, después de la lección en clase sobre cómo reunir ideas, parecen estar estancados o terminan con una lista muy corta de ideas sobre las cuales escribir.

Estrategias para generar y reunir ideas

Estrategia		Grados y niveles	Géneros/ Tipos de texto	Procesos
3.1	Personas importantes	K–8	Todos	Generar y reunir
3.2	Momentos de sentimientos intensos	K–8	Narración personal, memorias, poesía, texto de opinión/ persuasivo	Generar y reunir
3.3	Observa cada detalle	K–8	Todos	Generar y reunir, hacer un borrador
3.4	Estudia una foto y ponte a escribir	K–8	Todos	Generar y reunir, desarrollar, hacer un borrador
3.5	Haz un mapa de tu corazón	K–8	Todos	Generar y reunir
3.6	Vuelve a leer y busca patrones	1–8	Todos	Generar y reunir
3.7	¡Escribe para cambiar el mundo!	1–8	Texto de opinión/persuasivo (cartas, discursos, letreros, etc.)	Generar y reunir
3.8	Camina por tu mundo	1–8	Todos	Generar y reunir
3.9	Haz una entrevista para averiguar sobre un tema	1–8	Texto de opinión/ persuasivo, narración	Desarrollar, hacer un borrador, revisar
3.10	Reúne recuerdos de tu vida (y escribe después)	1–8	Todos	Generar y reunir
3.11	Extrae temas de los textos mentores	2–8	Todos	Generar y reunir
3.12	Las cosas que me hacen feliz	2–8	Todos	Generar y reunir
3.13	Empieza por un personaje	2–8	Ficción (mayormente)	Generar y reunir, desarrollar
3.14	Escucha (¡y escribe!) música	2–8	Poesía (mayormente)	Generar y reunir, hacer un borrador
3.15	Anota hoy, escribe mañana	2–8	Todos	Generar y reunir
3.16	Asígnate una tarea	3–8	Todos	Generar y reunir
3.17	Saca ideas del ambiente	3–8	Todos	Generar y reunir
3.18	Guía al lector por tu casa	3–8	Narración personal, memorias, ficción	Generar y reunir
3.19	Una de tantas veces	3–8	Narración personal, memorias, poesía	Generar y reunir

Estrategia		Grados y niveles	Géneros/ Tipos de texto	Procesos
3.20	Busca ideas ocultas para escribir en otros géneros	3–8	Todos	Generar y reunir
3.21	Busca frases con chispa	3–8	Poesía, narración, ensayo	Generar y reunir, hacer un borrador
3.22	Poemas encontrados	3–8	Poesía, narración, ensayo	Generar y reunir, hacer un borrador
3.23	Una y otra vez	3–8	Poesía (mayormente)	Generar y reunir, hacer un borrador
3.24	Imagina: "¿Qué tal si…?"	3–8	Narración de ficción	Generar y reunir
3.25	Mezcla los elementos de la historia	3–8	Ficción	Generar y reunir
3.26	Mapas de palabras	3–8	Todos	Generar y reunir, desarrollar
3.27	¡Si lo cuelgas en las redes, en tu cuaderno también puedes!	4–8	Todos	Generar y reunir
3.28	Hazte preguntas (y respóndelas)	4–8	Todos	Generar y reunir
3.29	Colecciona "detonantes"	4–8	Todos	Generar y reunir, revisar
3.30	¿Dónde se esconden los temas secundarios?	4–8	Todos	Generar y reunir
3.31	A la deriva con un propósito	4–8	Todos	Generar y reunir
3.32	Conceptos abstractos, ejemplos específicos	4–8	Todos	Generar y reunir, hacer un borrador
3.33	Busca ideas en el periódico	4–8	Narración de ficción	Generar y reunir
3.34	Lee sobre un tema desconocido	4–8	Todos	Generar y reunir
3.35	El ser humano contra la naturaleza	4–8	Narración	Generar y reunir, desarrollar
3.36	Busca personajes e ideas a tu alrededor	4–8	Todos	Generar y reunir
3.37	Momentos decisivos	4–8	Narración	Generar y reunir
3.38	Empieza con algo insólito	4–8	Texto de opinión/persuasivo, memorias	Generar y reunir

3.1 Personas importantes

¿Para quién es?

NIVELES
K–8

GÉNEROS /
TIPOS DE TEXTO
todos

PROCESO
generar y reunir

Estrategia Haz una lista de las personas más importantes de tu vida y anota al lado de cada una los recuerdos que tengas sobre ellas. Luego, elige uno de los recuerdos y cuéntalo con muchos detalles.

Sugerencia para el maestro Cualquier estrategia para generar ideas puede usarse como punto de partida en cualquier género. Como describí antes, esta estrategia prepara a los niños para que escriban narraciones personales o memorias. Sin embargo, si se modifica un poco, el lenguaje puede servir para escribir ficción realista ("Haz una lista de las personas más importantes de tu vida. Elige una y conviértela en un personaje de una historia que podría suceder en la vida real"), o incluso ficción histórica ("Piensa en una persona importante para ti. Imagínate a esa persona en otro tiempo, época o lugar. Considera los desafíos que tendría que enfrentar entonces. Escribe una historia que se desarrolle en esa época"). Esta estrategia es útil para respaldar la escritura en una variedad de géneros. Se puede escribir sobre una persona importante en un ensayo ("Piensa en una persona importante para ti y en una idea que tengas sobre esa persona. Resume y anota las razones por las cuales esa persona es importante"), e incluso en una biografía ("Piensa en una persona importante para ti. Haz una línea cronológica de los sucesos importantes de su vida. Luego escribe sobre cada suceso en una página aparte").

Usar un mentor En *El jardín del abuelo* (Smith 2012), el abuelo crea formas de personas y lugares de su pasado podando los arbustos de su jardín. Cada escultura le trae un recuerdo o un momento especial de su propia vida.

Consejos
- Menciona algunas personas que son importantes en tu vida.
- Haz una lista de recuerdos sobre esas personas.
- ¿Qué recuerdo tienes claro en tu mente? Pasa la página y empieza a escribir sobre eso.

¡Me quito el sombrero!
(lectura recomendada):
Launching the Writing Workshop (Calkins y Martinelli 2006)

Estrategia Elige un sentimiento intenso (preocupación, miedo, vergüenza, alegría, etc.). Ahora, recuerda momentos en los que tuviste ese sentimiento. Intenta usar detalles que muestren el sentimiento de ese momento.

Sugerencia para el maestro En *The Journey Is Everything* (2016), Katherine Bomer comparte una estrategia parecida, donde anima al estudiante a pensar en "puntos intensos" y plasmar sus pensamientos en la página. Para aplicar la idea de Bomer, pida a los estudiantes que comiencen pensando en temas que les provoquen emociones intensas y que luego, sin preocuparse por la ortografía o la gramática, escriban libremente sobre por qué ese tema les hace sentir de esa manera. Esto los ayudará a generar ideas para sus textos persuasivos o de opinión, como ensayos o discursos.

Usar un mentor Lea en voz alta un cuento ilustrado donde un personaje muestre sentimientos intensos, sobre todo emociones cambiantes, para mostrar cómo el autor se inspira en esos sentimientos y los traslada al cuento. Un buen ejemplo es *La visita de Oso,* de Bonny Becker (2011).

Consejos

- Comienza con un sentimiento intenso. Luego haz una lista de momentos en que te sentiste así.
- ¡Eso sí que es un sentimiento intenso! Ahora trata de recordar cuándo lo sentiste.
- Ya veo que tienes varias ideas para cuentos o poemas conectados a ese sentimiento. Ahora piensa en otro sentimiento.
- ¿Qué otros sentimientos intensos pueden darte ideas para escribir sobre ellos?

SENTIMIENTO	IDEA
CONTENTO	Cuando comemos galletas de chispas de chocolate.
PREOCUPADO	Cuando pensé que Sara ya no quería ser mi amiga.
ASUSTADO	Cuando no podía encontrar a mi mamá en la tienda.
TRISTE	Cuando Javi se burló de mis zapatos.
ENOJADO	Cuando se me cayó mi taza y se rompió.

¿Para quién es?

NIVELES
K–8

**GÉNEROS /
TIPOS DE TEXTO**
narración personal, memorias, poesía, texto de opinión/ persuasivo

PROCESO
generar y reunir

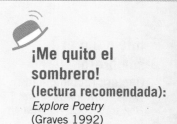

**¡Me quito el sombrero!
(lectura recomendada):**
Explore Poetry
(Graves 1992)

3.3 Observa cada detalle

NIVELES
K–8

GÉNEROS / TIPOS DE TEXTO
todos

PROCESOS
generar y reunir, hacer un borrador

¡Me quito el sombrero!
(lectura recomendada):
What You Know by Heart: How to Develop Curriculum for Your Writing Workshop (Ray 2002)

Estrategia Busca un objeto que tenga importancia para ti. Míralo de cerca, observando todos sus detalles. Describe lo que te indiquen tus sentidos sobre ese objeto. Describe cómo es comparándolo con otras cosas. Describe cómo te hace sentir.

Sugerencia para el maestro Tal vez algunos estudiantes no tengan objetos preferidos en el salón de clases, por lo que antes de aplicar esta estrategia en clase, pídales que traigan objetos de casa. También puede decirles que esta estrategia la usen fuera del salón, buscando ideas en su casa, durante los fines de semana o las vacaciones.

Consejos
- Observa parte por parte.
- Describe cada parte, no digas solo el nombre.
- Demórate en esa parte y busca varias palabras para decir lo que ves.
- Usa otros sentidos. ¿Qué más puedes añadir?
- ¿A qué te recuerda?

3.4 Estudia una foto y ponte a escribir

Estrategia Busca y reúne fotografías tuyas (¡pide permiso y ayuda a tu familia!). Observa una de las fotografías con atención y trata de volver a vivir ese momento mientras recuerdas lo que viste, oíste, tocaste, oliste y sentiste. Escribe sobre ese momento tal y como lo recuerdas, describiendo cada detalle.

Sugerencia para el maestro Esta estrategia se puede presentar como apoyo al estudio de un género específico. Por ejemplo, si un estudiante está haciendo un trabajo sobre ficción histórica o una narración de no ficción, puede pedirle que observe una foto histórica que incluya una o varias personas. Pídale que observe la foto, pensando en quién puede ser la persona retratada, cómo era su vida y cómo sería estar en el lugar donde esa persona fue fotografiada. Luego pídale que escriba una escena sobre esa persona, en primera o tercera persona.

Consejos
- Observa cada detalle de la foto.
- ¿Qué recuerdas de ese momento?
- Cuéntame sobre ese momento para que yo pueda imaginármelo como si estuviera allí.
- ¿Puedes imaginar cómo fue estar allí, en ese momento?
- Yo no estaba allí contigo, así que dime todo lo que recuerdes.

¿Para quién es?

NIVELES
K–8

GÉNEROS /
TIPOS DE TEXTO
todos

PROCESOS
generar y reunir, desarrollar, hacer un borrador

¡Me quito el sombrero!
(lectura recomendada):
A Quick Guide to Reaching Struggling Writers, K–5
(Cruz 2008)

3.5 Haz un mapa de tu corazón

¿Para quién es?

NIVELES
K–8

GÉNEROS /
TIPOS DE TEXTO
todos

PROCESO
generar y reunir

Estrategia Dibuja un corazón grande en una hoja suelta o en tu cuaderno. Dentro del corazón, escribe o haz dibujos de temas que guardes en un lugar especial de tu corazón. Puedes pensar en personas, lugares, cosas y mucho más.

Sugerencia para el maestro Es buena idea equipar a los estudiantes con un banco de ideas que puedan consultar cuando piensen que están perdidos y no saben con qué idea comenzar a escribir. Hacer un mapa del corazón con temas cercanos a sus emociones, o hacer un *collage* de fotos en sus carpetas o cuadernos, les puede ofrecer a sus estudiantes un banco de ideas al que puedan recurrir para inspirarse una y otra vez.

Consejos
* ¿Qué es lo más profundo que llevas en tu corazón? Escribe esa palabra en el centro.
* Pensemos en algunos lugares que son importantes. A medida que se nos ocurran, los anotamos.
* Puedes hacer un dibujo rápido o escribir una palabra para acordarte.
* Ese tema es muy general. Busca temas más específicos dentro de esa misma idea y ponlos en tu lista.

Estrategia Vuelve a leer tus cuadernos, borradores o trabajos publicados. Piensa en los patrones que notas en tu trabajo. Pregúntate si se te ocurren otras ideas para cuentos, poemas o ensayos que sean parecidas a las que sueles elegir para tus escritos.

Usar un mentor Nancie Atwell (2014) menciona la importancia de los "territorios" de los escritores, esos temas a los que regresan una y otra vez. Un solo tema puede brindar muchísimas posibilidades sobre las cuales escribir ya sea en diferentes géneros, ampliando o concretando el tema, o escribiendo desde otro punto de vista o perspectiva. Enfóquese en la obra de uno de los autores favoritos de la clase y hable de cuáles podrían ser los territorios de ese autor. Comente con los estudiantes cómo el autor regresa a los mismos temas, ideas o personajes, pero cada vez de manera diferente. Por ejemplo, Duncan Tonatiuh a menudo escribe sobre la experiencia de los niños latinos, la inmigración y la justicia social. Roald Dahl mezcla un poco de magia en casi todos sus libros. A menudo, Dahl elimina a los padres en la primera página (*James y el melocotón gigante, Charlie y la fábrica de chocolate, Las brujas*) o crea a padres/adultos terribles y malos (*Matilda, Cretinos*), mientras que los niños son buenos y nobles, y con frecuencia triunfan sobre todas las adversidades.

Consejos

- Cuando vuelves a leer tu cuaderno, ¿qué temas parecen repetirse una y otra vez?
- Notaste algunos temas sobre los que sueles escribir. ¿Qué piensas sobre esos temas?
- ¿Se te ocurre otra idea para escribir algo más sobre ese mismo tema?
- ¡Claro que sí! Puedes escribir sobre ese mismo tema, pero en otro género. ¿Qué se te ocurre?

¡Me quito el sombrero!
(lectura recomendada):
A Quick Guide to Reaching Struggling Writers, K–5 (Cruz 2008)

¿Para quién es?

NIVELES

1–8

GÉNEROS / TIPOS DE TEXTO

texto de opinión/ persuasivo (cartas, discursos, letreros, etc.)

PROCESO

generar y reunir

Estrategia Piensa en algo que te gustaría que pasara, o que tú quisieras cambiar. De ahí puedes sacar una idea para un tema. Luego, piensa en quién tiene el poder de lograr ese cambio. Así tendrás a tus lectores en mente desde un principio.

Usar un mentor *Clic, Clac, Muu. Vacas escritoras* (Cronin 2010) ofrece un ejemplo de escritura persuasiva para los escritores principiantes, aunque no trata sobre un cambio que afecta al mundo sino a circunstancias personales. Este divertido cuento trata sobre las vacas de una granja que le escriben una carta al granjero exigiéndole cobijas eléctricas (¡porque por la noche hace mucho frío en el establo!). Como no se las da, ¡hacen huelga y no dan leche hasta que no logran lo que quieren! Este cuento ayudará a los niños entender el poder de las palabras cuando se usan para persuadir a determinada audiencia. El libro *¿Por qué debo ahorrar agua?* de Jen Green (2012) empieza dando ejemplos de cómo todos malgastamos el agua, y explica de manera persuasiva por qué debemos ahorrarla en bien del mundo entero. Si lo desea, también puede buscar ejemplos de discursos persuasivos como discursos de expresidentes, diputados o cartas al periódico que lograron cambios en el mundo.

Consejos

- Menciona algunas cosas que quieres cambiar.
- ¿Qué cosas desearías que fueran diferentes en el mundo?
- Se te ocurrió una buena idea para tu escrito. ¿Quién crees que tiene el poder de realizar esos cambios? Esa es la persona a quien debes dirigir tu escrito.
- Puedes empezar diciendo: "Quisiera que…".
- Puedes empezar con: "Quisiera cambiar…".
- ¿Qué tipo de texto persuasivo vas a escribir? (carta, discurso, letrero, etc.)

¡Me quito el sombrero!

(lectura recomendada): *For a Better World: Reading and Writing for Social Action* (Bomer y Bomer 2001)

3.8 Camina por tu mundo

Estrategia Da un paseo (por tu escuela, tu vecindario, tu casa) con tu cuaderno a mano. Prepárate para observar lo que hay, pero también para imaginar lo que podría ser. Anota todo lo que se te ocurra en tu cuaderno. Luego usa tus observaciones para empezar a escribir.

Sugerencia para el maestro Si va a aplicar esta estrategia como parte de una unidad y en el contexto de un género ya establecido, puede modificar su instrucción para aclarar el significado de "lo que podría ser". Para los textos de ficción, los estudiantes podrían pensar en una historia que podría suceder en ese lugar o podrían observar un suceso y cambiar o añadir datos para que su narración sea más emocionante. Si la clase está trabajando con textos persuasivos, "lo que podría ser" consistiría en escribir sobre un asunto para hacer cambiar de opinión a alguien o convencerlo de algo según lo observado (por ejemplo, ir a la cafetería de la escuela y observar que la calidad del almuerzo no es buena los podría motivar a escribir al director para convencerlo de que deben ofrecer opciones más saludables). Si trabajan con textos informativos, pueden dar un paseo por su comunidad en busca de temas posibles que los inspiren y quieran compartir con otros. Si no tiene un género en mente durante la instrucción, la estrategia se puede dejar abierta y aconsejar al estudiante que anote sus observaciones y luego improvise y genere ideas sobre las cuales escribir.

Consejos

- ¿Qué viste durante tu paseo?
- Mencionaste lo que viste. Ahora, imagínate lo que podría ser.
- Mencionaste lo que viste. ¿Qué te gustaría que fuera diferente?
- De todo lo que viste en tu vecindario, ¿qué es lo que te gustaría cambiar?
- Vuelve a leer tus ideas sobre temas posibles. ¿Cuál te inspira más?

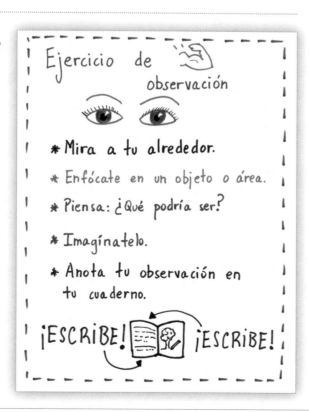

Ejercicio de observación

* Mira a tu alrededor.
* Enfócate en un objeto o área.
* Piensa: ¿Qué podría ser?
* Imagínatelo.
* Anota tu observación en tu cuaderno.

¡ESCRIBE! ¡ESCRIBE!

¿Para quién es?

NIVELES
1–8

GÉNEROS / TIPOS DE TEXTO
todos

PROCESO
generar y reunir ideas

¡Me quito el sombrero!
(lectura recomendada):
A Quick Guide to Teaching Persuasive Writing, K–2
(Taylor 2008)

3.9 Haz una entrevista para averiguar sobre un tema

¿Para quién es?

NIVELES

1–8

GÉNEROS / TIPOS DE TEXTO

texto de opinión/ persuasivo, narración

PROCESOS

desarrollar, hacer un borrador, revisar

Estrategia Averigua si alguna de las personas importantes de tu vida necesita ayuda. Pregúntale qué tipo de ayuda necesita y qué puedes hacer para ayudar. Anota sus respuestas. Vuelve a leer sus respuestas para ver si hay algún tema que sea de tu interés.

Ejemplo de enseñanza [dirigido a la escritura persuasiva; vea la Sugerencia para el maestro sobre modificar para otros géneros] *Estas son algunas preguntas que puedes hacer a tus familiares, vecinos o personas de la escuela:*

- *¿Tienes algún problema con el que te pueda ayudar?*
- *¿Quieres cambiar algo o deseas que una situación sea diferente?*
- *¿Se te ocurre algo en lo que yo pueda ayudarte?*

Sugerencia para el maestro Hay todo tipo de razones para entrevistar a alguien. En términos de estrategias para generar ideas, la que menciono aquí servirá para escribir textos persuasivos (cartas, discursos, editoriales, letreros). También se puede entrevistar a una persona si uno siente curiosidad sobre lo que hace o lo que le sucedió y cree que al aprender más sobre ella, podría originar ideas para una narración propia (por ejemplo, entrevistar a los abuelos sobre su infancia). En la sección sobre la elaboración de un texto (Objetivo 6), se amplía la idea de la entrevista como una vía para incluir más detalles en un texto.

Consejos

- ¿A quién entrevistarías?
- Piensa en preguntas para hacerle a esa persona.
- Es importante que sean preguntas que la persona pueda contestar.
- Mirando las respuestas a tu entrevista, decide qué te interesa más como escritor. ¿Cómo puedes ayudar a esa persona?
- ¿De qué maneras crees que podrías ayudar?

¡Me quito el sombrero!
(lectura recomendada): *A Quick Guide to Teaching Persuasive Writing, K–2* (Taylor 2008)

3.10 Reúne recuerdos de tu vida (y escribe después)

Estrategia Reúne y colecciona objetos y fotos que te ayuden a recordar un momento. Después, vuelve a las imágenes para revivir ese momento. Escribe lo que recuerdas.

Ejemplo de enseñanza *A lo largo de la vida, a menudo los escritores coleccionan momentos a los que luego regresan en busca de ideas para escribir. Una manera de coleccionar y guardar "momentos" es hacer un álbum de pequeños objetos que te recuerden lo que has vivido. Los objetos que elijas para pegar en tu cuaderno o en la cubierta de tu carpeta de escritura pueden ser cosas, como boletos de un concierto o evento deportivo, una nota cariñosa de tu mamá o tu papá en la lonchera, fotos de amigos o recortes de revistas que te recuerden a personas o lugares importantes de tu vida.*

Sugerencia para el maestro En los primeros niveles de la enseñanza primaria, esto se haría en la cubierta de la carpeta de escritura o en una hoja suelta para luego guardarla en la carpeta. A partir del tercer grado, los estudiantes pueden hacer el álbum pegando recuerdos en la cubierta y en varias hojas de sus cuadernos.

Consejos

- ¿Qué recuerdos de los que guardas en casa crees que te darían ideas para escribir?
- ¿Qué cosas puedes coleccionar en tu cuaderno para registrar esos momentos?
- Haz un plan de cosas que vas a coleccionar en las próximas semanas.

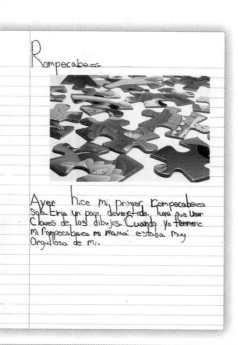

¡Me quito el sombrero!
(lectura recomendada):
Breathing In, Breathing Out: Keeping a Writer's Notebook (Fletcher 1996)

¿Para quién es?

NIVELES
2–8

GÉNEROS / TIPOS DE TEXTO
todos

PROCESO
generar y reunir

¡Me quito el sombrero!
(lectura recomendada):
A Quick Guide to Reaching Struggling Writers, K–5
(Cruz 2008)

Estrategia Vuelve a leer uno de tus textos favoritos. Piensa en las cosas que te conectan a ese texto, ya sea porque has tenido experiencias similares o porque sabes algo sobre el tema. También considera si te sientes desconectado del texto porque tus experiencias han sido muy distintas o porque tus conocimientos son sobre la otra cara del tema que se presenta en el texto. A medida que leas, haz una lista de los temas e ideas que te inspiraron al leer la obra de ese autor.

Ejemplo de enseñanza *Muchos autores confirman que este dicho es cierto: "Un buen escritor primero es un lector". Podemos aprender muchísimo de los libros publicados y de los que tenemos aquí en nuestro salón de clases. A veces hablamos sobre cómo aprender la técnica de escribir, pero ¡también podemos aprender sobre los temas que escriben los autores! Mientras leemos un libro, debemos pensar en cómo podemos conectarnos con el texto (A mí también me gustaría escribir sobre eso. ¡Eso mismo me sucedió a mí! Esto me recuerda una historia que podría escribir que pasó en un lugar parecido a este. En mi familia hay un "personaje" igual que ese, podría escribir historias sobre él/ella. ¡Yo también sé mucho sobre este tema!). Además, hay que considerar por qué nos desconectamos de un texto (Mi experiencia es opuesta. Podría escribir mi versión. No sé nada del tema X del que habla el autor, pero sé un poco del tema XX y ¡puedo escribir sobre eso!). Pensar en eso nos puede ayudar a descubrir temas sobre los que podemos escribir según nuestra experiencia personal.*

Consejos

- ¿Con qué te conectas?
- ¿Sobre qué temas de este texto sabes algo?
- ¿Con qué parte del texto no estás de acuerdo? ¿Qué escribirías para explicar tu opinión?
- Haz una lista de ideas sobre posibles temas sacados de lo que leíste.

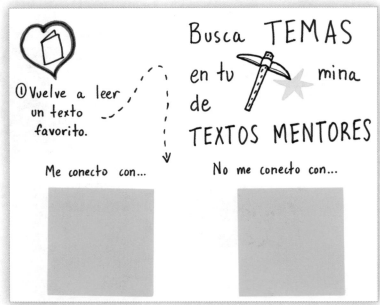

Estrategia Visualiza un objeto importante para ti. Si quieres, haz un dibujo rápido de ese objeto. Usa ese objeto para empezar a escribir. Puedes dar información sobre el objeto (texto informativo), explicar por qué es importante para ti o compartir lo que piensas sobre el objeto (opinión) o escribir un cuento sobre un momento donde figura este objeto (narración).

Usar un mentor *Guillermo Jorge Manuel José* (Fox 1996) es una tierna historia sobre un niño que se hace amigo de varios ancianos en un hogar para personas mayores. Todos dicen que una anciana ha "perdido" la memoria, pero Guillermo halla el modo de que la "recupere". Empieza a coleccionar objetos para que la anciana los mire y los toque. Poco a poco ella va recordando emociones propias causadas por objetos similares y las comparte con Guillermo.

Consejos

- Haz un dibujo rápido del objeto en que estás pensando.
- ¿Cómo quieres escribir sobre ese objeto?
- ¿Qué te hace pensar/sentir/recordar ese objeto?
- Haz una lista de ideas para escribir basadas en ese objeto.
- ¡Qué bien! Se te ocurrieron dos ideas para contar sobre este objeto.

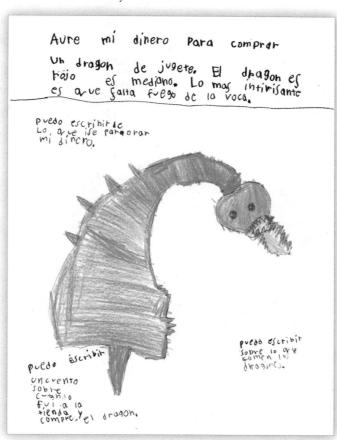

¿Para quién es?

NIVELES

2–8

GÉNEROS / TIPOS DE TEXTO

todos

PROCESO

generar y reunir

¿Para quién es?

NIVELES

2–8

GÉNERO / TIPO DE TEXTO

ficción (mayormente)

PROCESOS

generar y reunir, desarrollar

¡Me quito el sombrero!

(lectura recomendada):
Time for Meaning: Crafting Literate Lives in Middle & High School (Bomer 1995)

Estrategia Crea un personaje. Puedes basarte en una persona conocida, en una combinación de personas conocidas o en alguien que hayas observado. Pregúntate: "¿Qué tipo de problemas y deseos puede tener este personaje?".

Sugerencia para el maestro Podría ofrecerles a sus estudiantes una lista de consejos para ayudarlos a idear un personaje. Por ejemplo:

- ¿Qué quiere el personaje? ¿Qué necesita?
- ¿Qué le gusta? ¿Qué no le gusta?
- ¿Cuáles son sus puntos fuertes? ¿Cuáles son sus puntos débiles?
- ¿Cuál es su aspecto físico?
- ¿Qué otras personas hay en su vida? ¿Qué efecto tienen en él o ella?
- ¿En qué lugares se siente bien? ¿En qué lugares se siente incómodo?

Consejos

- Haz una lista con las características del personaje.
- Puedes obtener ideas de tu imaginación o de personas conocidas que se parecen al personaje.
- Piensa en el personaje y haz una lista de algunos de los problemas que puede tener.
- Eso es un problema/ una necesidad realista, basado en las características que creaste.
- Ya hiciste una lista de ideas sobre tu personaje. Ahora hazte una pregunta más: "*¿Por qué?*".

Estrategia Escucha los sonidos de la vida diaria: máquinas, cosas que se mueven, hojas que caen, el tráfico, etc. Usa esos sonidos para crear el ritmo de tu poema y añade tus propias palabras a cada compás de ese ritmo.

Sugerencia para el maestro Esta estrategia no es la misma que aparece en el Objetivo 6 para enseñar a los niños a incluir detalles mediante onomatopeyas o palabras sonoras. La idea de esta estrategia es que los sonidos ayuden a crear un ritmo, el cual pasará a ser el ritmo interno del poema.

Usar un mentor El poema "Los ratones", de Lope de Vega, tiene un ritmo rápido que indica la necesidad de los ratones de librarse del gato. El poema "Agua, ¿dónde vas?", de Federico García Lorca, tiene un ritmo sereno como el de la naturaleza.

Consejos
- ¿Qué escuchas?
- Sigue el ritmo golpeando con los dedos.
- ¿Cómo escribirías ese sonido?
- Piensa en el ritmo y el patrón de ese sonido.
- Si escribieras un poema con ese ritmo, ¿qué repetirías?
- ¿Qué otros detalles incluirías?

¿Para quién es?

NIVELES
2–8

GÉNERO /
TIPO DE TEXTO

poesía (mayormente)

PROCESOS

**generar y reunir,
hacer un borrador**

¡Me quito el sombrero!
(lectura recomendada):
Explore Poetry (Graves 1992)

3.15 Anota hoy, escribe mañana

¿Para quién es?

NIVELES
2–8

GÉNEROS / TIPOS DE TEXTO
todos

PROCESO
generar y reunir

Estrategia Piensa dónde vas a guardar las ideas a medida que se te ocurran. Lleva contigo lo que necesites para anotar tus ideas. Regresa mañana con algunas ideas que podrías probar durante la sesión de escritura.

Ejemplo de enseñanza *Si a veces te sientas a escribir sin tener la menor idea del tema al que vas a dedicar tu sesión de escritura y eso te frustra y te bloquea, sería buena idea anotar ideas a diario en tu cuaderno. Así siempre tendrás a mano la chispita de alguna idea para cuando tengas tiempo de sentarte a escribir en serio. Muchos autores llevan siempre consigo una libretita donde apuntan palabras claves o frases que les llaman la atención en ese momento. Después, cuando tienen más tiempo para explorar ese tema, tienen un extenso menú del cual elegir.*

Sugerencia para el maestro Esta estrategia, como otras del objetivo, sirve para guiar a los niños a escribir más allá del tiempo que le dedican a la escritura en la escuela. "Vivir como un escritor" significa pensar como escritor y tratar de escribir más tiempo que los cuarenta minutos que le dedicamos a diario en el escritorio.

Usar un mentor Comparta con la clase el libro *¿Qué haces con una idea?* (Yamada 2017) para que les sirva de inspiración y vean que toma tiempo alimentar nuestras ideas con el fin de que crezcan y se conviertan en algo mayor.

Consejos
- Piensa. ¿Dónde puedes reunir ideas para tenerlas a mano cuando las quieras usar mañana?
- ¿Recuerdas alguna idea que se te ocurrió fuera de tu escritorio?
- Haz un plan para que estés preparado cuando eso ocurra.
- Imagínate en el lugar donde se te ocurrió la idea. ¿Cómo se te ocurrió esa idea?
- Trata de no olvidar esa idea. Repítela en tu mente hasta que la puedas anotar.

¡Me quito el sombrero!
(lectura recomendada):
What You Know by Heart: How to Develop Curriculum for Your Writing Workshop (Ray 2002)

Anótalo rápidamente hoy, escríbelo mañana.

1) Lleva un paquetito de notas adhesivas o una libretita contigo ¡SIEMPRE!

2) Reúne ideas durante unos minutos todos los días.

3) Anota todo lo que observes ¡con los cinco sentidos!

3.16 Asígnate una tarea

Estrategia Asígnate una tarea que te sirva para ampliar tu habilidad de observar y pensar. Empieza con un verbo específico (*describe, compara, reacciona*) y luego di con claridad cuál es la tarea. Trata de escribir sin parar entre 5 y 10 minutos, concentrándote totalmente en la tarea.

Sugerencia para el maestro Muchos libros de escritura para adultos o profesionales ofrecen a sus lectores ejercicios de práctica. Con frecuencia sirven de precalentamiento breve antes de escribir, pero a veces esos ejercicios despiertan algo que estaba en la mente del escritor o estimulan un tipo de lenguaje que tal vez nunca habría utilizado. Quizá tenga que dar ejemplos y opciones a sus estudiantes para que, con la práctica, los generen por su cuenta. Algunas ideas para empezar:

- Describe los olores/vistas/sonidos de tu casa/la playa/tu lugar favorito.
- Compara un objeto común con algo abstracto; la persona A con la persona B; dos personas/cosas/lugares específicos que sean similares; dos personas/cosas/ lugares específicos que sean diferentes.
- Reacciona a lo que sientes cuando oyes hablar de una persona/lugar/cosa/o suceso específico.

Usar un mentor

"La inspiración es para los aficionados; el resto nos sentamos y nos ponemos a trabajar". Chuck Close (Fig 2009).

Consejos

- ¿Qué tarea te vas a asignar?
- Trata de escribir sin parar.
- Veo que te enfocaste en la tarea que te asignaste.

Reacciona a lo que sientes cuando escuchas sobre la playa.

Cuando oigo hablar de la playa pienso en que puedes a escuchar las olas que chocan y puedes el tiempo que puedes estar con tu familia, aciendo Castillo de arena, nadando, surf, coriendo y riendo juntos. Los largos viajes a la playa inspiran a otros a reunir ideas para algún tipo de pasatiempo.

Cuando oigo hablar de la playa pienso en Yo Imagino la arena, las conchas marinas, cosas que normalmente tienen las playas. Cuando estas en el agua azul brillante, tus probles problemas y preocupaciones desaparecen. Por el tiempo que pasas con tu familia y amigos en la playa.

¿Para quién es?

NIVELES
3–8

GÉNEROS / TIPOS DE TEXTO
todos

PROCESO
generar y reunir

¡Me quito el sombrero!
(lectura recomendada):
Breathing In, Breathing Out: Keeping a Writer's Notebook (Fletcher 1996)

3.17 Saca ideas del ambiente

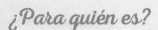

¿Para quién es?

NIVELES
3–8

GÉNEROS / TIPOS DE TEXTO
todos

PROCESO
generar y reunir

Estrategia Siéntate tranquilamente en un lugar (o piensa en un lugar o mira una ilustración o foto de un lugar e imagínate que estás allí). Usando tus cinco sentidos, anota cómo es ese lugar. Piensa en las emociones que te hace sentir y qué cosas son importantes para ti en ese lugar. Cuando sientas que te llega la inspiración, ¡ponte a escribir!

Sugerencia para el maestro Si desea que los estudiantes narren su experiencia sensorial de un lugar, use esta estrategia durante una excursión de la clase o como consejo cuando escriban fuera de la escuela. También podría colocar en el centro de escritura fotos, ilustraciones o reproducciones de pinturas que reflejen ambientes impactantes.

Usar un mentor Muestre a la clase ejemplos de libros donde el ambiente sea una parte tan crucial de la trama que sea casi un personaje. Juntos, conversen sobre cómo esos lugares inspiraron al autor. Por ejemplo, les puede mencionar *Sarah, sencilla y alta* o *Como una alondra* de Patricia MacLachlan (2008, 2012).

Consejos
- ¿A qué lugar piensas ir para observar?
- Observa bien. ¿Qué notas?
- ¿Qué emociones te provoca este lugar?
- Trata de no distraerte. Tienes que estar presente para que puedas observar lo que te rodea.

> ### Saca Ideas del Ambiente
> Ahorita estoy sentando en la silla de nuestro porche mirando afuera atrás de la casa. Me gusta hacer esto porque puedo agarrar aire fresco y es un lugar bueno para pensar. Tenemos un solar grande entonces no hay mucho ruido. Me gusta mucho cuando mi familia come afuera y podemos platicar de muchas cosas. Podemos escuchar los pajaritos cantando y ver los venados camiando atrás del solar.

¡Me quito el sombrero!
(lectura recomendada):
Help! for Writers: 210 Solutions to the Problems Every Writer Faces
(Clark 2011)

Estrategia Elige un lugar de la casa donde creciste. Guía al lector haciendo un lento recorrido por tu casa, describiendo con mucho detalle en tu escrito todo lo que ves y los recuerdos que te trae cada rincón.

Ejemplo de enseñanza *Las ideas para las historias que queremos escribir se esconden en lugares físicos. Todo lo que vemos, olemos y oímos en el ambiente que nos rodea nos ayuda a recordar sucesos importantes que sucedieron una vez o eran comunes en ese lugar. Voy a llevarlos a una visita por mi casa de la infancia. Presten atención a cómo describo el lugar y menciono mis recuerdos de lo que sucedió allí:*

> El cuarto que yo compartía con mi hermana tenía alfombra en el piso. Es posible que hubiera una manchita por alguna parte, restos de proyectos de arte o pintura de uñas derramada. Teníamos un clóset magnífico. Era enorme, con muchos estantes. En la pared de fondo del clóset había una puertecita que llevaba a un ático donde mamá se pasaba la vida poniendo y quitando ratoneras. Mi hermana y yo teníamos dos camas individuales, una enfrente de la otra. Recuerdo que yo le tiraba mi almohada de noche, porque ella me despertaba cuando empezaba a roncar.

Sugerencia para el maestro Esta misma estrategia se puede usar cambiando el ambiente, como el lugar donde les gusta ir de vacaciones, o donde se reúnen con los amigos después de la escuela y la casa de los abuelos, entre otros.

Consejos

- Haz una pausa. ¿Qué ves en ese lugar?
- Imagina las historias que sucederían en ese lugar.
- Haciendo memoria de ese lugar, anota algunas ideas para contarlas después.
- Ahora que tienes algunas ideas sobre ese lugar, continúa en otro rincón de tu casa.
- ¿No es increíble cuántas historias están conectadas a un solo lugar?

> ### Guía al lector por tu casa
> Mi casa ha cambiado mucho, pero no tanto. Yo me duero en mi cama cada noche. Es tan comfortable y suave. Cuando me levanto, me gusta caminar por toda la casa. La cocina es donde aprendí como cocinar y comer comidas deliciosas. Cuándo estás en la cocina puedes ver la sala, el comedor y el grande porche que tenemos afuera! A mi me gusta estar arriba en el segundo pizo, donde tenemos una sala y una televisión grande. Allí miro la tele y juego con mis juegos de video, algunas veces con mi hermana o mis primos. Me gusta sentarme en los sofas reclinables.

¡Me quito el sombrero!: James Howe, comunicación personal

3.19 Una de tantas veces

¿Para quién es?

NIVELES
3–8

GÉNEROS /
TIPOS DE TEXTO
**narración personal,
memorias, poesía**

PROCESO
generar y reunir

Estrategia Piensa en sucesos de tu vida que se repiten una y otra vez. Elige un momento que se te quedó grabado en la mente, ya sea porque pasó algo en particular, porque alguien dijo algo o porque tú sentiste algo especial. Escribe con detalle la historia, parte por parte.

Ejemplo de enseñanza *Todos hemos vivido momentos que se repiten. A veces es por tradición familiar o cultural. Por ejemplo, mi familia siempre celebra las posadas antes de Navidad. Cuando era niña, todos los veranos pasaba dos semanas en casa de mis abuelos. Mi hermana y yo siempre nos peleábamos cuando hacíamos viajes largos en carro. Así que puedo empezar con una lista de esas ocasiones que se repetían y anotarlas en mi cuaderno. Luego puedo enfocarme en una de esas veces que fue especial y recordar por qué lo fue. ¡Esa será la historia que quiero escribir y contar!*

Usar un mentor En el libro de sus memorias infantiles, *Cuadros de familia* (2005), Carmen Lomas Garza narra e ilustra momentos de su vida y tradiciones mexicanas que celebraba una y otra vez con su familia. Esta estrategia anima a los niños a hacer listas primero, para después seleccionar una idea de la lista y escribir sobre ella. *Sam y el dinero de la suerte* (Chinn 2003) es otro texto que puede servirle para ilustrar la segunda parte de la estrategia, la de enfocarse en "una vez, un suceso especial".

Consejos

- Trata de recordar sucesos de tu vida que se han repetido muchas veces.
- Pregúntate: "¿Qué cosas se repiten año tras año?".
- Piensa en tu rutina diaria. ¿Qué haces?
- Enfócate en uno de esos sucesos que se repiten y trata de recordarlo.
- ¿Cuándo fue esa vez especial que más recuerdas? ¿Qué pasó?

Tu vida es importante

Reflexiona sobre sucesos de tu vida y:

1. Piensa en sucesos que se han repetido una y otra vez.

2. Piensa en una vez en especial:
   ¿Qué pasó?
   ¿Quién dijo qué?
   ¿Qué sentiste?

3. Escribe sobre esta ocasión en detalle.

Estrategia Abre tu cuaderno y vuelve a leer los temas sobre los que escribiste antes. Piensa en un nuevo género en el que te gustaría escribir. Imagina un escrito anterior en un nuevo género. Pasa a una hoja en blanco de tu cuaderno y empieza a escribir explorando cómo quedaría tu escrito en el nuevo género.

Sugerencia para el maestro En algunos planes de estudio, una unidad puede enfocarse en escribir ficción, y enseguida, otra unidad se enfocará en un género diferente, como escribir cartas persuasivas. Para algunos estudiantes este cambio puede ser brusco y desconcertante, y podrían sentirse desanimados al empezar a escribir en otro género. Esta estrategia es perfecta para ellos; los hace notar que las ideas que han reunido en sus cuadernos tienen potencial para ser usadas en otros géneros. De esa manera, podrán relacionar la nueva experiencia y género a partir de algo que ya conocen.

Usar un mentor Elija un autor cuya obra incluya una variedad de géneros. Indique a los estudiantes cómo ese autor usa ideas y temas parecidos en varios géneros. Por ejemplo, busque libros infantiles de distintos géneros de algunos de estos autores: Alma Flor Ada, Pat Mora o Lucha Corpi, entre otros.

Consejos

- ¿Qué tipos de ideas y temas estás considerando para tu escrito? Haz una lista.
- Imagínate cómo usarías ese tema en el nuevo género.
- Muy bien, encontraste tres temas nuevos dentro de esa historia.
- Busca algo que escribiste que te guste. ¿Qué otras ideas o temas crees que puedes hallar en ese escrito anterior?

¿Para quién es?

NIVELES
3–8

GÉNEROS / TIPOS DE TEXTO
todos

PROCESO
generar y reunir

¡Me quito el sombrero!
(lectura recomendada):
What You Know by Heart: How to Develop Curriculum for Your Writing Workshop (Ray 2002)

NIVELES
3–8

GÉNEROS /
TIPOS DE TEXTO
**poesía, narración,
ensayo**

PROCESOS
**generar y reunir,
hacer un borrador**

**¡Me quito el
sombrero!**
(lectura recomendada):
Explore Poetry
(Graves 1992)

Estrategia Empieza con una frase impactante (tomada de tu cuaderno, de la obra de otro autor o de un comentario que oíste en algún lugar). Escucha la frase mientras la escribes, y deja que la chispa te inspire para seguir con tu escrito.

Sugerencia para el maestro En la tabla de abajo hallará algunas "chispas" para comenzar a escribir. Anime a los niños a hojear de nuevo sus cuadernos en busca de oraciones o frases de escritos anteriores que los inspiren a escribir en otro género, como poesía, a partir de esa idea.

Usar un mentor Elija un poema sencillo que sirva de inspiración a los niños para escribir sobre otras cosas, o sobre ellos mismos, pero en otros géneros. Por ejemplo, podría presentarles las dos primeras estrofas de "Yo soy un hombre sincero" de José Martí, y luego animarlos a hacer su propia versión reemplazando palabras y el género de su nuevo escrito indicando quiénes, qué, cómo y de dónde son ellos.

Consejos

- Trata de completar la frase inicial. ¿Sobre qué te hace pensar?
- Ahora que escribiste varias frases, fíjate si te indican un tema nuevo sobre el que puedas escribir más.
- ¿Cuál será tu próxima oración?
- Escucha esa primera frase y empieza a escribir sin parar. No juzgues ni edites lo que haces, solo trata de poner todo lo que se te ocurra en este primer borrador.

Busca una frase

¡con chispa!

- Ahora o nunca...
- Soy quien soy, por eso...
- Soplaba furioso el viento...
- Yo soy un hombre (una mujer) sincero/a...
- Érase una vez... pero hoy...
- Hace mucho tiempo...

3.22 Poemas encontrados

Estrategia Busca un objeto que tenga algo impreso (la etiqueta de una bolsa o lata de comida en la cocina, un letrero, un artículo de periódico, algo que llegó por correo). Busca palabras con las que podrías empezar un poema. Trata de reorganizar esas palabras o improvisar otras a partir de las que elijas.

Sugerencia para el maestro Crear un poema a partir de material impreso encontrado puede ser un buen comienzo para algunos estudiantes, porque así no tienen que pensar en palabras que escribir. A veces el poema que crean llega a ser el texto que deciden seguir puliendo y ampliando. Otras veces, un poema encontrado puede ser el trampolín para escribir una narración o incluso un ensayo. Otra versión más sofisticada de esta estrategia es guiar a los estudiantes a identificar y reaccionar a la fuente del material. Por ejemplo, si se trata de un artículo de periódico, el poema puede estar relacionado con el tema o sentimiento de ese artículo.

Consejos

- Empieza por escribir algunas de las palabras que encuentres.
- Haz una pausa y piensa sobre lo que has escrito. ¿Puedes agregar tus propias palabras y opiniones?
- Escucha y siente el ritmo de las palabras. ¿Qué podrías escribir ahora para mantenerlo?
- Pregúntate sobre lo que has escrito, a ver si se te ocurre algo nuevo que añadir.

> Orgánicos les dicen
>
> pero ¿son más seguros?
> ¿más nutritivos?
>
> No está claro, ay qué apuro.
> Consulten la etiqueta. Infórmense.
>
> Que no tenga pesticidas.
> Ni conservantes. Ni aditivos.
> Hay que cuidar el medio ambiente.
>
> Qué dilema en el mercado siempre.
>
> "Orgánico" de alimentos orgánicos: ¿son más seguros?
> ¿Son más nutritivos?
> https://mayocl.in/2YKgsOe

¿*Para quién es?*

NIVELES
3–8

GÉNEROS /
TIPOS DE TEXTO
**poesía, narración,
ensayo**

PROCESOS
**generar y reunir,
hacer un borrador**

¡Me quito el sombrero!
(lectura recomendada):
Explore Poetry
(Graves 1992)

¿Para quién es?

NIVELES
3–8

GÉNERO / TIPO DE TEXTO
poesía (mayormente)

PROCESOS
generar y reunir, hacer un borrador

Estrategia Presta atención a las frases que escuchas o las acciones que repites una y otra vez todos los días. Incluye esas repeticiones diarias en tu escritura. Piensa en el tema de tu poema, luego añade tus propias palabras y detalles entre las líneas que se repiten.

Ejemplo de enseñanza *Cuando pienso en mi rutina diaria y las frases que escucho una y otra vez, me vienen a la mente saludos cordiales como: "¿Cómo estás? Bien, ¿y tú?". Puedo escribir un poema y usar "¿Cómo estás hoy?" como la primera línea de cada estrofa. Luego, en el resto de la estrofa puedo explorar lo que de verdad quisiera contestar, sin ofender a nadie ("¿Cómo estás hoy? / Pues la verdad no muy bien. / Ando apurada y me voy / corriendo que llega el tren"). También, se me ocurren cosas que repito a mis hijas una y otra vez, como "Ay, llegamos tarde, dense prisa". Podría escribir un poema con esa línea repetitiva y otras imágenes de lo que pasaría si no las apurara ("Ay, llegamos tarde, dense prisa / y no pierdan tiempo que las veo / mirándose en el espejo / como pajaritos en la brisa").*

Consejos

- Piensa en tu rutina diaria. ¿Cuáles son las cosas que repites una y otra vez?
- Elige una parte del día, como en la mañana. ¿Hay algo que escuchas o repites varias veces a diario?
- Ahora ya tienes tu línea repetitiva. ¿Sobre qué crees que tratará tu poema?

🎩
¡Me quito el sombrero!
(lectura recomendada):
Explore Poetry
(Graves 1992)

Estrategia Piensa en un hecho real de tu vida. Imagina: "¿Qué tal si…?" y deja que tu imaginación te lleve a una nueva idea para crear un nuevo personaje, trama o tema.

Usar un mentor *El secreto del abuelo* (Cano 2017), ganador del Premio Lazarillo de Creación Literaria 2016, trata sobre María y Miguel, gemelos que disfrutan de los maravillosos cuentos de su abuelo. Cuando le preguntan en qué se inspira para crear sus cuentos, su abuelo les dice que sería capaz de inventar tantas historias como pelos tiene en la cabeza. Intrigados, los niños se empiezan a dar cuenta de que su abuelo inventa cuentos a través de tres objetos o elementos, mezclándolo todo con una gran dosis de imaginación.

Consejos
- Empieza con una historia real. Di algo que sucedió en tu historia.
- Ahora imagina: "¿Qué tal si…?". ¿Qué tal si cambias uno de los personajes?
- Ahora imagina un cambio de problema. ¿Qué nuevo problema puede suceder en esa historia?
- Ahora imagina un cambio de lugar. Si la historia se desarrollara en otro lugar, ¿qué otra cosa podría suceder?
- ¿Qué lección de la vida real tiene ese suceso? Cámbialo e imagina cómo se desarrollaría entonces la historia.

¿Para quién es?

NIVELES
3–8

GÉNERO /
TIPO DE TEXTO
narración de ficción

PROCESO
generar y reunir

¡Me quito el sombrero!
(lectura recomendada):
Help! for Writers: 210 Solutions to the Problems Every Writer Faces (Clark 2011)

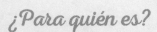

3.25 Mezcla los elementos de la historia

¿Para quién es?

NIVELES

3–8

**GÉNERO /
TIPO DE TEXTO**

ficción

PROCESO

generar y reunir

Estrategia Haz una tabla de tres columnas, una para personajes, otra para lugares/ambientes y otra para temas. Escribe tus ideas en cada columna. Luego toma una idea de cada columna e imagina, "¿Qué tal si…?". Escribe un resumen corto de la idea para tu cuento. ¡Repite los pasos!

Consejos

- ¿Qué ideas se te ocurren para crear nuevos personajes?
- Empieza con personajes realistas de tu edad.
- Regresa a tu cuaderno y busca en tus apuntes algo que hayas escrito sobre otras personas. Tal vez podrían ser buenos personajes.
- ¿Qué otros lugares y ambientes se te ocurren?
- Haz una lista de temas posibles.
- Puedes pensar en temas relacionados con tu vida o temas sobre los que has leído en clase.

Personajes	Lugar/Ambiente	Temas
· anciana	· parque	· adaptación
· niña de 8 años	· hospital	· amistad
· panadero	· restaurante	· diferencias
· mamá de gemelas	· casa	· trabajar en grupo/ unidos
· médico	· playa	· valor

Puedo escribir una historia sobre [personajes] que tiene/n un problema con [tema]. La historia se desarrollaría en [lugar/ambiente]. Cuando...

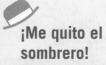

¡Me quito el sombrero!
(lectura recomendada):
Kate Messner, NCTE
Worshop (2015)

3.26 Mapas de palabras

Estrategia Haz un círculo en el medio de una hoja y en el centro escribe una palabra relacionada con tu tema. Traza líneas hacia fuera del círculo. En esas "ramas" puedes escribir otras palabras relacionadas con el tema o detalles que lo apoyan. Mira tu mapa de palabras. ¿Qué te sorprende y qué conexiones haces? Luego, empieza a escribir tu borrador. Incluye algunas de las palabras de tu mapa.

Consejos

- Haz asociaciones libres. Empieza a añadir palabras que estén conectadas.
- Piensa en palabras y frases.
- Trata de no pensarlo demasiado. La idea es ofrecer todas las ideas que se te ocurran.
- Ahora mira todas las palabras y frases de tu mapa.
- ¿Qué te sorprende?
- ¿Qué conexiones puedes hacer?
- ¿Qué piensas ahora sobre tu tema?
- ¿Qué ángulo podrías darle a tu tema?

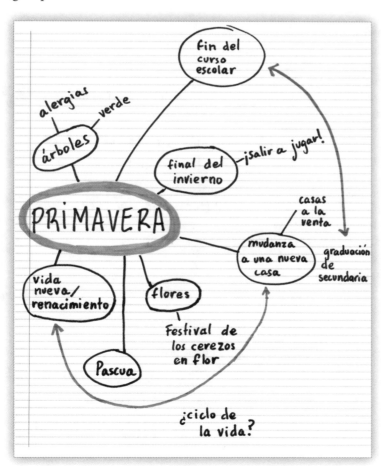

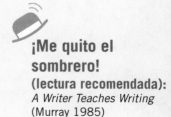

¡Me quito el sombrero!
(lectura recomendada):
A Writer Teaches Writing
(Murray 1985)

¿Para quién es?

NIVELES
4–8

GÉNEROS / TIPOS DE TEXTO
todos

PROCESO
generar y reunir

Estrategia Si durante tu día de pronto notas algo importante que merece ser compartido, ¡apúntalo! Escribe enseguida esa idea donde puedas, y luego, durante la sesión de escritura, sácala a relucir y explórala.

Ejemplo de enseñanza *Piensa en esa chispa que te dice que saques tu teléfono celular y tomes una foto o escribas un mensaje corto para compartirlo en las redes sociales. Probablemente algo en tu interior te dijo: "Esto es importante y vale la pena compartirlo". (Sí, está bien, siempre y cuando no seas de los que comparten ¡hasta lo que come en el desayuno, comida y cena!) También es posible que algo te haga pensar: "Hay una audiencia para mi mensaje y espero recibir una respuesta". En tu día a día puede que conozcas a alguien, o vayas a un lugar nuevo o que sientas algo muy intenso que te haga pensar: "Aquí hay algo. Necesito anotarlo". Hazlo donde sea, en una servilleta, un envoltorio de chicle o tu cuaderno, si lo tienes a la mano en tu mochila. Esas ideas son como "semillitas" que reúnes mientras eres parte del mundo y que más tarde pueden llegar a ser el comienzo de historias, poemas y artículos, entre otras cosas.*

Consejos

- Puedes poner esto en práctica en tu día a día, pero por ahora solo ponlo a prueba rapidito. Piensa en las últimas horas. ¿Qué cosas te sucedieron que valdría la pena compartir?
- ¿Qué suceso crees que otros (audiencia) estarían interesados en conocer?
- ¿Cuál es la idea, la "semilla" que puedes capturar?
- De tan solo las últimas horas, ya tienes tres temas para empezar a escribir. Trata de seguir usando la estrategia el resto del día.

deboponerloenlasredes

¿Qué vale la pena capturar en algunos momentos?

¿Qué vale la pena compartir hoy?

¿Cómo puedes capturar ese momento?
¿Cómo podrías compartirlo con otros?
¿Puedes escribirlo como un cuento?
¿Un poema? ¿Un artículo?

¡Haz la prueba!

Estrategia Si ya tienes el inicio de una idea, y tal vez el tema, pero aún no sabes bien cómo desarrollar tu idea o qué vas a hacer con ella, hazte una entrevista a ti mismo, por escrito. Intenta explorar todos los rincones de tu idea preguntándote por qué es importante, hacia qué otro lugar te puede conducir, qué pasaría si hicieras algo con ella, qué podrías haberte olvidado sobre la idea y muchas otras preguntas.

Sugerencia para el maestro Las preguntas que les sugiera a los estudiantes que quieran poner a prueba esta estrategia pueden cambiar según el género y la audiencia. Por ejemplo, si quieren explorar un tema para un texto informativo, pueden preguntarse: "¿Qué más es importante sobre esto? ¿Qué otros detalles conozco que irían bien con esta idea? ¿De qué otra manera lo puedo explicar?". Si están trabajando en unas memorias, pueden preguntarse: "¿Qué más recuerdo sobre ese momento? ¿Qué significa lo que estoy tratando de decir?".

Consejos

- Vuelve a leer y hazte una pregunta.
- Si te entrevistaras a ti mismo, ¿qué te preguntarías sobre lo que has escrito?
- Exploremos juntos esa idea.
- ¡Esa pregunta fue muy útil! Te dio nuevas ideas para tu tema.

> mi entrevista
> de los huracanes
>
> P ¿Porqué es importante aprender sobre los huracanes?
> R Los huracanes son tormentas tropicales que afectan muchas ciudades. Cuando los meteorólogos anuncian que viene un huracan se asustan. Nos podemos mantener seguros tomando precauciones.
>
> P ¿cuáles son algunas medidas de prevención si viene un huracan?
>
> R Quiero explicar que hay varias cosas que podemos hacer en caso de un huracan. Cada familia debe de tener un plan de emergencia. También es importante comprar suficiente agua y comida. protege las ventanas usando tablas de madera. es importante mantenernos alejados de las puertas y las ventanas durante un huracan.

¿Para quién es?

NIVELES
4–8

GÉNEROS /
TIPOS DE TEXTO
todos

PROCESO
generar y reunir

¡Me quito el sombrero!
(lectura recomendada):
Breathing In, Breathing Out: Keeping a Writer's Notebook (Fletcher 1996)

NIVELES
4–8

GÉNEROS / TIPOS DE TEXTO
todos

PROCESOS
generar y reunir, revisar

Estrategia Mantén siempre atentos los ojos y los oídos para recoger todo tipo de "detonantes" o ideas interesantes que tal vez ahora no sirvan ningún propósito en tus escritos, pero después sí. Reúnelos para que más tarde comiences un escrito, o para agregarlos a algo que estés revisando.

Ejemplo de enseñanza *En su libro* Breathing In, Breathing Out: Keeping a Writer's Notebook *(1996), Ralph Fletcher sugiere estos tipos de "detonantes" para desencadenar ideas:*

- *Curiosidades: de entrevistas de radio, recortes de periódico o algo que tu mamá o papá dijo en el desayuno.*
- *Preguntas: Ve por la vida admirando y cuestionándolo todo. Cuando tengas preguntas, anótalas, sobre todo las que parecen no tener respuesta.*
- *Cosas sueltas: recuerdos, algo cómico que dijo tu hermanito, una descripción del sonido que hacen las cigarras en las noches de agosto. Estas son las cosas que no tienen una "categoría" específica.*
- *Listas: nombres para futuros personajes, lugares que has visitado, títulos posibles.*
- *Frases y comentarios: frases ingeniosas en los textos de otros autores o algo que escuchaste. También pueden ser frases ingeniosas que tú inventes (aunque no sepas cómo aplicarlas a lo que ya escribiste o a lo que vas a escribir).*

Sugerencia para el maestro Cada entrada en la lista de arriba podría ser una lección/estrategia. Si lo desea, puede enseñarlas como lecciones en "cadena" sobre cómo usar un cuaderno.

Consejos

- ¿Se te ocurren algunos detonantes?
- ¿Qué tipo de cosas vas a anotar?
- Al principio te puede ayudar enfocarte en algo en medio de tu rutina. ¿En qué quieres enfocarte?

Estrategia Piensa en un proyecto de escritura anterior que te haya entusiasmado mucho. Haz una lista de las ideas y los temas secundarios que usaste en ese proyecto. Decide cómo podrías reutilizar algunos de esos temas secundarios en nuevos textos por tu cuenta o con tu pareja de escritura.

Ejemplo de enseñanza *Supongamos que escribí una historia sobre el día que fui a ver un partido de fútbol con mi papá. Dentro de esa historia hay varios temas secundarios a los que tal vez pueda regresar: el fútbol, los equipos, los aficionados, pasar tiempo con mi papá, entre otros. Podría explorar uno de esos temas secundarios, o retomar el tema original de mi historia y enfocarlo de otra manera.*

Usar un mentor Si estudiamos la obra de un autor determinado, encontraremos conexiones. En el caso de Patricia Polacco, podemos fijarnos en su obra y decir que escribe ficción realista, y que sus historias surgen de sucesos reales de su infancia. Por ejemplo, la relación con su abuela (a quien llama Babushka) la inspiró a crear personajes infantiles que se relacionan con personas mayores en casi todos sus libros. Cada cuento es diferente, pero los temas son casi iguales. O miremos el caso de Kate Messner, quien tiene libros de no ficción sobre la vida vegetal que existe encima y debajo de la tierra, como *Arriba en el huerto y abajo en la tierra* (Messner 2018) y otro libro sobre el mismo tema sobre la vida encima y debajo de la tierra, pero durante el invierno.

Consejos

- ¿Recuerdas algún proyecto anterior que te dio mucha satisfacción?
- ¿Qué te gustó más de ese proyecto?
- Haz una lista de ideas y temas secundarios que incluiste en ese proyecto.
- Sí, ese era el tema principal del proyecto. ¿De qué más trataba?
- Menciona algunos temas secundarios.

¿Para quién es?

NIVELES
4–8

GÉNEROS /
TIPOS DE TEXTO
todos

PROCESO
generar y reunir

¡Me quito el sombrero!
(lectura recomendada):
A Quick Guide to Reaching Struggling Writers, K–5 (Cruz 2008)

¿Para quién es?

NIVELES
4–8

GÉNEROS / TIPOS DE TEXTO
todos

PROCESO
generar y reunir

¡Me quito el sombrero!
(lectura recomendada):
What You Know by Heart: How to Develop Curriculum for Your Writing Workshop (Ray 2002)

Estrategia Comienza con cualquier idea que te interese. Una vez que empieces a escribir, no levantes el bolígrafo. No te obligues a pensar solo en la idea con la que empezaste a escribir. Al contrario, deja que tu mente divague y vaya a la deriva, tanteando y explorando nuevos rincones y ángulos de esa idea. Vuelve a mirar lo que escribiste y encierra en un círculo o subraya las nuevas ideas para los temas que surgieron durante el proceso de escritura.

Consejos
- Déjate llevar y explora otros asuntos que estén relacionados con esa idea.
- Piensa en lo que te recuerda esto. ¿En qué otra dirección puedes ir?
- Mira lo que ya has escrito. ¿Puedes ver otras ideas escondidas?
- Permítete salir del tema. Reflexiona, cuestiónate y explora ideas a la deriva.

Estrategia Piensa en conceptos abstractos o en temas sociales de importancia mundial. Luego piensa en un ejemplo específico que te permita explorar el asunto principal. Elige un género y escribe un texto para explorarlo.

Consejos

- ¿A qué te recuerda este asunto?
- Cuando piensas en este asunto, ¿qué más se te ocurre?
- Haz una lista de temas relacionados con este asunto.
- ¿Cuál es un ejemplo específico?
- ¿Sabes en qué género quieres escribir sobre esto?

¿Para quién es?

NIVELES
4–8

GÉNEROS /
TIPOS DE TEXTO
todos

PROCESOS
**generar y reunir,
hacer un borrador**

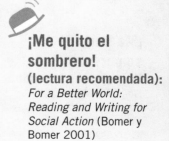

¡Me quito el sombrero!
(lectura recomendada):
For a Better World: Reading and Writing for Social Action (Bomer y Bomer 2001)

¿Para quién es?

NIVELES
4–8

**GÉNERO /
TIPO DE TEXTO**
narración de ficción

PROCESO
generar y reunir

Estrategia Busca semillas de ideas en diferentes secciones del periódico o en un sitio de noticias en Internet. Elige algo que sea real (una mascota perdida, un incendio cercano, una boda) y conviértelo en una posible idea para una narración de ficción. Considera qué detalles verdaderos quieres mantener y qué elementos de la historia (personajes, ambiente, problema) quieres convertir en ficción.

Consejos

- Veamos juntos las noticias del periódico. Mientras echamos un vistazo a esta primera página, anotemos algunas palabras que resaltan como temas posibles.
- ¿Sobre qué leíste? ¿Cómo lo convertirás en una nueva historia?
- No te olvides de mirar las secciones que a veces pasamos por alto, como anuncios de bodas y noticias policiales.
- Es posible que halles muchas ideas en un mismo artículo. Haz una lista de lo que encuentres.

Busca Ideas en el periódico

Noticias del periódico que resaltan como temas
posibles para una nueva historia.

- Un joven se lastima por los fuegos artific-
ales –puedo escribir una historia de la niña
que jugaba con fósforos y una de los partidos con los que jugaba se cayó y activo
el fuego artifical.

- Había un artículo de actividades de verano que
ofrece el Departamento de parques y
Recreasion de Hauston – puedo escribir una
historia de una familia que visita un parque
aquatico.

- Un banco de comida de Hauston ayuda a
menores que no tienen comida –puedo
escribir una historia de unos niños
que no pueden pagar la comida.

Estrategia Busca un libro, una revista o un artículo de periódico sobre un tema del que no sepas casi nada. Lee el material sin prejuicios y con curiosidad, permitiendo que la información que te da el autor te lleve a nuevas ideas para tu propio escrito.

Consejos

- ¿Cuáles son algunos temas que desconoces o de los que no sabes nada, pero que te interesan?
- Mientras lees lo que elegiste, intenta buscar ideas para tu propio escrito.
- Según lo que leíste hasta ahora, ¿qué ideas se te ocurren para tu escrito?
- ¡Mira cuántas ideas se te ocurrieron, y solo del primer capítulo!
- ¿Sabes ya qué tipo de texto vas a escribir?

¿Tema desconocido?

¡EXTRA!

¡Léelo todo aquí!

1. Busca un texto sobre un tema que te interese, pero del que no sabes nada. – LIBRO
   – REVISTA
   – ARTÍCULO

2. Lee sobre el tema con la mente abierta.

3. Deja que esa lectura te inspire a escribir tu texto.

¿Para quién es?

NIVELES
4–8

GÉNERO / TIPO DE TEXTO
narración

PROCESOS
generar y reunir, desarrollar

¡Me quito el sombrero!
(lectura recomendada):
Nonfiction Craft Lessons: Teaching Information Writing K–8 (Portalupi y Fletcher 2001)

Estrategia Piensa en un personaje y en algo de la naturaleza (una tormenta, un animal, una montaña) que pudiera presentarle un obstáculo. Imagina qué cambios experimentaría el personaje al enfrentarse a ese conflicto con la naturaleza.

Sugerencia para el maestro A lo largo de una serie de lecciones, también podría introducir conflictos entre personajes, como en *Romeo y Julieta*, o de un personaje consigo mismo como en *Casi*, de Peter Reynolds (2005). En *Casi*, a Ramón le encantaba dibujar, pero empezó a dudar de su talento artístico porque su hermano se burlaba de sus dibujos. Solo cuando empezó a aceptar que sus dibujos eran interpretaciones, o casi dibujos, se sintió feliz. Muestre ejemplos similares a los estudiantes.

Usar un mentor Tanto *Irene, la valiente*, de William Steig (2018) como *El hacha*, de Gary Paulsen (2011) son buenos ejemplos de textos en los que el conflicto o problema principal es sobre cómo los personajes se enfrentan a la naturaleza. Puede compartir breves pasajes o un resumen de cada libro para que los estudiantes se formen un concepto general de la idea principal. Luego puede regresar a esos libros y platicar con ellos sobre cómo el autor nos cuenta "desde afuera" la historia de la tormenta y las malas condiciones del tiempo en el bosque, y luego nos narra "desde adentro" cómo los personajes lidian con esos desafíos mientras se desarrollan y cambian como personas.

Consejos

- Tienes una idea clara del personaje.
- Ahora piensa en los obstáculos. Haz una lista de algunos.
- ¿Qué tipo de obstáculo enfrentaría ese personaje?
- Piensa en el obstáculo. ¿Qué cambios experimentaría ese personaje al enfrentarse a ese obstáculo?

CONFLICTOS (en nuestros libros favoritos)

Personaje contra sí mismo
- Tengo un monstruo en el bolsillo (Montes)
- Las gallinas no vuelan (León Calixto)
- Esperanza renace (Muñoz Ryan)

Personaje contra otra persona
- Don Facundo Iracundo, el vecino del segundo (Aliaga)
- Me llamo María Isabel (Ada)

Personaje contra la naturaleza
- Cocorí (Gutiérrez)
- El hacha (Paulsen)
- Irene, la valiente (Steig)

Personaje contra la sociedad
- Mi última clase (Valls)
- La tarjeta de Antonio (González)
- Soñadores (Morales)

Estrategia Elige un lugar nuevo para visitarlo. Lleva tu cuaderno listo para anotar todo lo que capten tus ojos y oídos. Observa a una persona y escucha cómo habla y otros detalles de esa persona. Anota todo lo que observas, pero también lo que te imaginas de las personas a tu alrededor.

Sugerencia para el maestro Esta estrategia los llevará fuera del salón de clases, así que funcionaría bien como una lección para toda la clase seguida de una excursión. También se podría usar como sugerencia de escritura independiente para un estudiante, grupo o clase fuera del día escolar.

Consejos

- Cuando estés en el nuevo lugar, fíjate en las personas y piensa si alguien sería un buen personaje.
- En ese lugar, escucha lo que dice la gente y anota partes de conversaciones sueltas que podrías usar al escribir.
- ¿Qué piensas escuchar?
- ¿Qué detalles del lugar crees que querrás capturar para usarlos al escribir?

¿Para quién es?

NIVELES
4–8

GÉNEROS / TIPOS DE TEXTO
todos

PROCESO
generar y reunir

¡Me quito el sombrero!
(lectura recomendada):
Help! for Writers: 210 Solutions to the Problems Every Writer Faces (Clark 2011)

3.37 Momentos decisivos

¿Para quién es?

NIVELES
4–8

**GÉNERO /
TIPO DE TEXTO**
narración

PROCESO
generar y reunir

🎩
**¡Me quito el
sombrero!**
(lectura recomendada):
*Writing a Life: Teaching
Memoir to Sharpen Insight,
Shape Meaning—and
Triumph Over Tests*
(Bomer 2005)

Estrategia Piensa en momentos breves de tu vida que para ti tienen mucha importancia y significado, como una primera o última vez, cuando algo cambió, o cuando superaste algo. Haz una lista, luego elige un momento y trata de escribir la historia.

Sugerencia para el maestro Esta estrategia se puede adaptar para incluir otros géneros más allá de la narración personal o memorias. Los estudiantes podrían cambiar algunos detalles de su experiencia y escribir un texto de ficción. También podrían enunciar una tesis basada en sus momentos importantes y, a partir de sus reflexiones, escribir un ensayo.

Usar un mentor Comparta con los niños el libro *Mis zapatos y yo: Cruzando tres fronteras* (Colato 2019), inspirado en la vida del autor. En este cuento, un niño relata cómo sus zapatos lo ayudan a saltar obstáculos hasta llegar a los Estados Unidos.

Consejos

- ¿Puedes recordar un momento de tu vida cargado de significado?
- Piensa en una primera o última vez.
- ¿Qué momento de emociones intensas recuerdas? Nombra una emoción y genera ideas a partir de allí.
- Empieza a anotar todas tus ideas. Después puedes decidir sobre cuál vas a escribir.
- Reuniste muchas ideas en tu lista. Elige una y empieza a escribir.
- Ahora, empieza a narrar tu historia.

> **Define los momentos!**
> Pequeños momentos importantes
> - La primera vez que hice un projecto
> - La primera vez que fui a la escuela.
> - La primera vez que comí "catfish."
> - La primera vez que tomé el examen STAAR.
> - La primera vez nos movimos en un casa nueva
> - La primera vez hice banyi.
>
> Me recuerdo cuando fuimos a Los Cabos. Allí fue la primera vez que hizo banyi. Antes de que era mi turno, tenía mucho miedo pero estaba muy emocionado. Me subí y empecé a brincar en el brincolin. Todos me estaban mirando. Podía ver las olas del mar porque estabamos en el mar.

Estrategia Empieza una entrada en tu cuaderno con una afirmación rotunda. No temas decir algo que impacte a tu lector. Exprésate y usa palabras y frases enfáticas como *siempre, nadie, todos, nunca* o *con toda seguridad*. Lánzate del trampolín con esa afirmación y empieza a escribir con toda libertad, ¡a ver adónde te lleva el lápiz!

Sugerencia para el maestro Para ayudar a los estudiantes con el concepto de escritura libre, recuérdeles que deben usar palabras y frases que ayuden a iniciar oraciones y mantener conversaciones. Pídales que usen esos inicios de oraciones como puentes entre las ideas que escriban, por ejemplo: "No estoy segura, pero tal vez…" o "Por otro lado…" o "Algunos opinan que… pero yo pienso que…".

Consejos

- Refuerza esa afirmación con palabras como *todos, con toda seguridad, nunca*.
- No importa si no estás convencido del todo sobre lo que vas a decir; por el momento, haz tu afirmación, a ver adónde te lleva.
- Empieza a escribir libremente.
- Escribe "Por otro lado…". Ahora explora adónde te lleva.
- Escribe sin juzgar lo que escribes. Preocúpate solo por mover tu lápiz.

> Todos se divierten en un parque acuático
>
> Familias siempre se divierten en un parque acuático. Siempre hay algo que aser. Puedes deslizarte por una gran tobogán de agua. o puedes relajarte en el rio perezoso. Tambien puedes pasar tiempo de calidad con tu familia. Puedes nadar en una piscina y pasar un buen rato con tu familia. Los comerciales hacen que los parques acuá ticos parezcan siempre muy divertidos. Por otro lado, algunas personas no se sienten así. A veces, un parque acuatico puede llenar su capacidadmáxima de personas y podría llenarse degente. Las líneas de los paseos en agua se hacen más largas. Las piscinas tienen menos espacio parque las personas haden. A veces hay mucha que las sillas no están disponibles. Las personas pueden enojarse mutuamente por llevarse las sillas, a veces porque no tienen espacio para nadar. ¿Te gustaría ir a un parque acuático?

¿Para quién es?

NIVELES
4–8

GÉNEROS /
TIPOS DE TEXTO
texto de opinión/ persuasivo, memorias

PROCESO
generar y reunir

¡Me quito el sombrero!
(lectura recomendada):
The Journey Is Everything: Teaching Essays That Students Want to Write for People Who Want to Read Them (Bomer 2016)

Objetivo 4

Enfoque/Significado

◎ ¿Por qué es importante este objetivo?

Generalmente, los lectores esperan que un texto trate sobre algo y que el autor comunique un punto claro. Por ejemplo, si leemos un artículo de opinión sobre un candidato presidencial, no esperamos que el autor dedique la mitad de su texto a hablar sobre los pingüinos del Ártico. Como se trata de un artículo de opinión, en este caso esperamos que el autor no solo hable sobre los candidatos, sino que además exprese su opinión sobre cuál cree que sería el mejor líder para el país. Cuando leemos las memorias del comediante y humorista Davis Sedaris, esperamos reírnos, pero también esperamos que la historia forme parte de una narrativa más amplia en la que hable de su vida, o que comente sus experiencias para que los lectores lleguen a alguna conclusión o aprendan algo nuevo. Incluso los escritores más jóvenes que comienzan a relatar cuentos con dibujos, pueden aprender a enfocar su trabajo para que sus relatos no se alarguen eternamente. Por ejemplo, podemos enseñarles a identificar la parte más interesante de su relato y contar solo esa parte.

¿En qué momento del proceso de escritura un escritor decide cuál va a ser su enfoque y el punto principal que quiere transmitir? Si le hiciéramos esa pregunta a un grupo de escritores, recibiríamos distintas respuestas. Algunos escritores deciden su enfoque antes de empezar a escribir, pero eso no significa que todo resulte como lo habían planeado. Escribir es un "acto de descubrimiento" en sí mismo y es posible que durante el proceso de escritura surja un enfoque, un ángulo, un significado o una perspectiva nueva (Murray 1985, 18). Algunos escritores leen lo que han escrito para evaluar si realmente dijeron lo que querían decir y revisan sus textos teniendo eso en cuenta. Es importante enseñar a los estudiantes a tener en mente un enfoque cuando empiezan a escribir. Vagar sin rumbo por la página no les ayudará mucho, salvo en ocasiones en las que generen o desarrollen ideas. Sin embargo, los estudiantes deben estar dispuestos a descubrir nuevas posibilidades mientras escriben. Las estrategias de este objetivo ayudarán a los estudiantes a descubrir y planear su enfoque antes, durante y después de hacer un borrador y en todas las fases del proceso de escritura.

Asimismo, las estrategias de este objetivo se pueden usar en combinación con las de otros objetivos. Al fin y al cabo, el significado no solo se comunica mediante un solo enunciado. Un autor mantiene su enfoque y el significado al decidir qué detalles quiere incluir y excluir en el texto. Como dice Ralph Fletcher en su libro *What a Writer Needs* (1993): "Cada parte, cada *palabra* depende de su relación con el todo" (4). Además, el género que elija el escritor y la estructura de ese género también ayudan a apoyar el enfoque y el significado que quiere darle al texto. Como mencioné antes, un artículo de opinión no solo debe enfocarse en un tema determinado, sino que debe incluir la opinión del autor sobre ese tema. Un texto informativo puede enfocarse en un tema general o en un tema secundario más concreto. Los cuentos pueden enfocarse en el tiempo (cuando cuentan solo una escena o un momento breve) o en el significado (cuando se enfocan en un mensaje o un tema).

◎ ¿Cómo sé si este objetivo es adecuado para mi estudiante?

Para determinar si sus estudiantes necesitan apoyo con este objetivo, lea sus textos y hable con ellos sobre lo que escribieron. Pregunte: "¿De qué trata principalmente tu escrito?". Cuando analice las respuestas, tenga en cuenta la edad, el nivel de desarrollo en la escritura y el género que eligieron. Por ejemplo, un estudiante que está escribiendo una narración puede enfocarse en el tiempo (por ejemplo, describir solo el momento en que montó en la montaña rusa en lugar de hablar sobre todo el día que pasó en un parque de diversiones) o en el significado/tema (por ejemplo, no solo hablar sobre la montaña rusa, sino comentar cómo esa experiencia lo ayudó a superar sus miedos). Al planear un texto informativo, el escritor puede elegir entre escribir un texto que diga "todo sobre un tema" (por ejemplo, "Todo sobre los perros"), enfocarse en algo más concreto (por ejemplo, "Los dálmatas") o en algo aún más específico (por ejemplo, "¡Los dálmatas son mascotas increíbles!"). Lo mismo ocurre con los artículos de opinión. Considere si el estudiante se está enfocando en un tema (por ejemplo, la basura), en una opinión (por ejemplo, debemos dejar de tirar tanta basura) o en una idea compleja (por ejemplo, tirar la basura en la calle no solo ensucia la ciudad, sino que tiene un impacto negativo en el medio ambiente). Contemple los detalles que el estudiante decidió incluir y considere si esos detalles apoyan su enfoque o punto principal o si se alejan de ese punto. Las lecciones de este objetivo beneficiarán a los estudiantes que tienen dificultad para determinar su enfoque o para incluir detalles relacionados con su enfoque.

Estrategias para escribir con enfoque y significado

Estrategia		Grados y niveles	Géneros/ Tipos de texto	Procesos
4.1	Haz que tus palabras y tus dibujos coincidan	K–2	Todos	Hacer un borrador, revisar
4.2	Enfócate en el tiempo	Final de K-3	Narración	Generar y reunir, elegir, desarrollar
4.3	Busca el corazón de tu cuento	2–8	Narración	Revisar
4.4	Escribe un título	2–8	Todos	Generar y reunir, elegir, desarrollar
4.5	Escribe sobre una piedra	2–8	Todos	Generar y reunir, revisar
4.6	Enfócate en un momento importante	4–8	Narración personal, memorias	Elegir, revisar
4.7	Hazte preguntas para enfocarte	4–8	Todos	Elegir, desarrollar, revisar
4.8	Encuentra tu pasión para enfocarte	4–8	Texto informativo/no ficción, texto de opinión/persuasivo	Elegir, desarrollar, revisar
4.9	Piensa en tu audiencia y en tu propósito	4–8	Todos	Elegir, desarrollar
4.10	Escribe un poema para identificar el enfoque	4–8	Narración, texto informativo/ no ficción, texto de opinión/ persuasivo	Elegir, revisar
4.11	Corta todo lo que sobre	4–8	Todos	Elegir, revisar
4.12	Subraya la oración clave	4–8	Todos	Revisar
4.13	Su tema, tu idea	4–8	Todos	Elegir, desarrollar, hacer un borrador
4.14	Usa un buscador para encontrar conexiones	4–8	Texto informativo/no ficción, texto de opinión/persuasivo	Generar y reunir, elegir, desarrollar
4.15	Enfócate en una imagen	4–8	Todos	Desarrollar, revisar
4.16	Encuentra un tema en tu colección	4–8	Todos	Desarrollar
4.17	Vende tu idea	4–8	Todos	Desarrollar, revisar
4.18	Prepara un enunciado de tesis	4–8	Texto de opinión/persuasivo	Generar y reunir, desarrollar, elegir
4.19	Pregúntate: "¿Qué puedo aportar?"	4–8	Todos	Desarrollar, revisar
4.20	Escribe "por fuera de la página"	5–8	Todos	Revisar
4.21	Enfócate en un tema social	5–8	Todos	Generar y reunir, desarrollar, ensayar, elegir
4.22	¿Qué problema quieres solucionar?	5–8	Texto de opinión/persuasivo	Revisar
4.23	Define tu enfoque con un borrador experimental	5–8	Todos	Hacer un borrador, revisar
4.24	Deja que los recursos guíen tu enfoque	5–8	Texto informativo/no ficción, texto de opinión/persuasivo	Elegir, desarrollar, revisar
4.25	Usa verbos activos para darle forma a tu enfoque	5–8	Texto informativo/no ficción, texto de opinión/persuasivo	Desarrollar, revisar

4.1 Haz que tus palabras y tus dibujos coincidan

Estrategia Asegúrate de que los dibujos que hiciste coincidan o vayan bien con las palabras que escribiste en cada página. Observa bien todas las partes del dibujo. Lee las palabras. Haz los cambios necesarios para que coincidan.

Ejemplo de enseñanza *Si lees un libro ilustrado, te darás cuenta de que las ilustraciones o las fotografías añaden más información de lo que dicen las palabras. Las imágenes y las palabras coinciden porque ambas muestran el mismo momento en el tiempo (en un cuento) o el mismo tema o tema secundario (en un texto informativo). Veamos juntos algunos libros favoritos de la clase para ver cómo el autor no siempre escribe lo mismo que aparece en la imagen, pero las imágenes y las palabras claramente van juntos.*

Sugerencia para el maestro Puede variar el lenguaje de esta estrategia para los estudiantes de los grados básicos de primaria que utilizan la técnica de hacer un dibujo rápido antes de escribir las palabras en la página. Anímelos a mirar las imágenes o el plan que tengan para asegurarse de que lo que han escrito es lo que habían pensado escribir y encaja con sus dibujos.

Consejos

- Fíjate en todas las partes de tu dibujo.
- Ahora que has mirado bien tu dibujo, vamos a leer las palabras.
- ¿Todas las palabras van bien con el dibujo que hiciste?
- ¿Qué crees que deberías cambiar? ¿Los dibujos o las palabras? ¿O los dos?
- Haz que las palabras y los dibujos coincidan.
- Estoy de acuerdo, los dibujos van bien con las palabras que escribiste.
- Sigue revisando otras páginas por tu cuenta para asegurarte de que los dibujos vayan bien con las palabras.

Estrategia Crea una línea de tiempo para tu cuento. Incluye puntos para indicar sucesos de tu cuento que ocurran en un periodo de tiempo de entre cinco y diez minutos. Revisa tu línea de tiempo y pon una estrella en el punto que te parezca más importante. Empieza tu borrador en el minuto 1 y termina en el 10. Pregúntate: "¿Conté el cuento que quería contar o debo añadir otro punto en la línea de tiempo para contarlo mejor?".

Sugerencia para el maestro Los niños suelen aprender a enfocarse en el tiempo antes que enfocarse en cualquier otra cosa, ya que el tiempo es algo más concreto que el tema o el significado del cuento. Cuando los estudiantes empiecen a enfocarse en periodos de tiempo, no se sorprenda si de pronto escriben cuentos muy cortos. A menudo, deberá combinar la instrucción sobre el *enfoque* con la instrucción sobre la *elaboración* (vea el Objetivo 6 sobre estrategias para apoyar la elaboración).

Usar un mentor Estos son algunos libros ilustrados que podrían ayudar a mostrar a los niños cómo un autor escribe un cuento de varias páginas sin perder el enfoque en un periodo breve de tiempo: *La noche que se cayó la luna*, de Pat Mora (2009); *Silba por Willie*, de Ezra Jack Keats (1964); *La mañana de la despedida*, de Angela Johnson (1996); *Última parada de la calle Market* de Matt de la Peña (2016); y *Alma y cómo obtuvo su nombre*, de Juana Martínez-Neal (2018).

Consejos

- Vamos a trabajar en la línea de tiempo. Cada punto es un suceso.
- Pon una estrella en el punto más importante.
- Si solo te enfocas en ese punto, ¿puedes contar todo lo que quieres contar?
- ¿Te mantienes enfocado en ese periodo de tiempo?
- ¡Tu plan para el cuento se enfoca en un periodo de tiempo y en el significado!

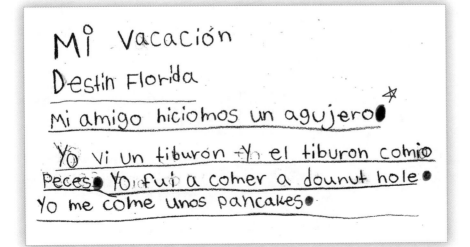

¿Para quién es?

NIVELES
final de K-3

GÉNERO /
TIPO DE TEXTO
narración

PROCESOS
generar y reunir, elegir, desarrollar

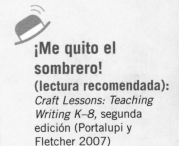

¡Me quito el sombrero!
(lectura recomendada):
Craft Lessons: Teaching Writing K–8, segunda edición (Portalupi y Fletcher 2007)

Estrategia Vuelve a leer tu cuento. Piensa: "¿Cuál es la parte más importante, emocionante o interesante?". Encierra en una caja la parte que mejor muestra qué es lo más importante en tu cuento. Asegúrate de que esa parte sea la más larga.

Sugerencia para el maestro Para los escritores jóvenes, la parte más importante de un cuento suele depender del entusiasmo. Una vez que empiezan a explorar distintos temas en la lectura serán capaces de preguntarse: "¿Cuál es la idea central o el mensaje más importante que quiero transmitir?". El concepto de que el autor escribe con un mensaje en mente es complejo y difícil de asimilar. Para los escritores más experimentados, adapte esta estrategia pidiéndoles que se enfoquen en la idea o el mensaje principal.

Usar un mentor Use un cuento corto o un libro ilustrado como *¡No se permiten perros!* (Manzano 2004). En este libro, la descripción de los miembros de la familia y lo que hacen en cada situación es más importante que el viaje al parque. Por eso, la autora dedica más páginas a describir a cada uno de ellos y lo que hacen, y menos páginas a describir el viaje en sí.

Consejos

- ¿Cuál es la idea central de tu cuento?
- Vuelve a leer tu escrito y piensa en qué parte muestra el mensaje que quieres transmitir.
- Encierra esa parte en una caja.
- Parece que te faltó desarrollar el corazón de tu cuento. ¿Qué otros detalles podrías añadir?

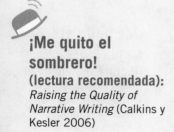

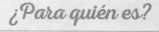

Estrategia Haz una lluvia de ideas sobre posibles títulos para tu escrito. Intenta pensar en varios títulos. Mira tu lista y pregúntate: "¿Cuál de estos títulos refleja mejor lo que quiero decir?".

Sugerencia para el maestro Sugiero usar esta estrategia para ayudar a los estudiantes a elegir un título antes de hacer un borrador. En este caso, es poco probable que el título que elijan antes de escribir sea el mejor una vez que terminen de escribir, pero es un buen ejercicio que les permitirá explorar el enfoque. Para darle un giro a esta estrategia, pida a los niños que hagan una lista de posibles títulos cuando terminen de hacer el borrador. Después, pídales que elijan el mejor título y que con ese título en mente, revisen y enfoquen sus textos.

Sugerencia para el maestro Murray (1985) describe algunas características de un buen título que conviene compartir con los estudiantes para que piensen más allá de los títulos obvios o literales para sus textos. Según Murray, un título debe ser fiel, corto, vivaz, indicativo (ofrecer una opinión o un ángulo sobre el tema) y dinámico (¡hay que pensar bien en los verbos que se usan!). También ofrece consejos útiles sobre la actitud que debemos tener a la hora de escribir el título. Mis consejos preferidos son: elige un título largo e intenta reducirlo a la esencia; elige tu título favorito y cambia solo una palabra; repasa frecuentemente el tema para asegurarte de que el título refleje la intención de tu texto.

Consejos

- Juega con el título. Piensa en un título más amplio y en otro más específico.
- Elimina alguna palabra.
- Intenta cambiar algunas palabras por otras más precisas.
- Ese título es largo. ¿Qué pasaría si lo acortaras?
- Juega con el lenguaje del título.
- Vuelve a mirar los títulos y pregúntate: "¿Cuál refleja mejor lo que quiero decir?".

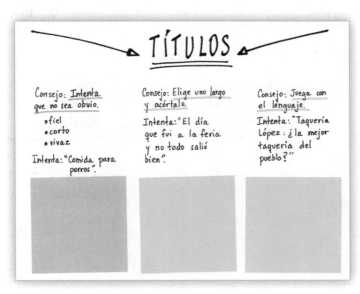

TÍTULOS

Consejo: Intenta que no sea obvio.
* fiel
* corto
* vivaz
Intenta: "Comida para perros".

Consejo: Elige uno largo y acórtalo.
Intenta: "El día que fui a la feria y no todo salió bien".

Consejo: Juega con el lenguaje.
Intenta: "Taquería López: ¿la mejor taquería del pueblo?"

¡Me quito el sombrero!
(lectura recomendada):
A Writer Teaches Writing (Murray 1985); *In the Middle, Third Edition: A Lifetime of Learning About Writing, Reading, and Adolescents* (Atwell 2014)

4.5 Escribe sobre una piedra

¿Para quién es?

NIVELES
2–8

GÉNEROS /
TIPOS DE TEXTO
todos

PROCESOS
generar y reunir,
revisar

Estrategia No escribas sobre una idea o un tema en general, sino sobre una experiencia concreta, una persona, un lugar o un momento específico. Usa la siguiente oración para completar para explorar maneras de enfocarte en una idea concreta: "No escribiré sobre [una montaña], sino sobre [una piedra]".

Ejemplo de enseñanza *No escribas sobre* el invierno, *sino sobre* algo específico *que ocurrió* un día de invierno. *Observa lo que te rodea y descríbelo con detalle para que los lectores sientan que están ahí.*

No escribas sobre el invierno, *sino sobre* algo que le sucedió a alguien durante un día de invierno.

No escribas sobre el invierno, *sino sobre* un animal al que le gusta el invierno. *Intenta ver ese animal de otra manera, como lo haría un poeta, describiéndolo y usando metáforas.*

Usar un mentor Reúna varios libros de distintos géneros que traten sobre el mismo tema, pero planteado de distintas maneras. Por ejemplo, el cuento *Si piensas traer un cocodrilo a la escuela, ¡NO LO HAGAS!* (Parsley 2017), que relata los problemas en que se mete una niña por llevar su cocodrilo a la escuela, se podría comparar con el texto de no ficción *¡ZAS! Un libro sobre caimanes y cocodrilos* (Berger 2003) o con el poema de Marisa Alonso Santamaría "El cocodrilo gigante", sobre un cocodrilo muy bueno que está triste porque todos los animales le tienen miedo por su gran tamaño.

Consejos

- Este es un tema general. ¿Cuál podría ser un tema más específico?
- ¿Qué experiencias concretas recuerdas cuando piensas en ese tema?
- ¿A qué persona o a qué lugar te recuerda?
- Escribe sobre algo que tú mismo podrías experimentar.
- Al enfocarte, ayudas a tus lectores a vivir la experiencia que estás relatando.

¡Me quito el sombrero!
(lectura recomendada):
In the Middle, Third Edition: A Lifetime of Learning About Writing, Reading, and Adolescents (Atwell 2014)

4.6 Enfócate en un momento importante

Estrategia Piensa en un recuerdo y en todos los sucesos que forman parte de ese recuerdo. Pregúntate: "¿Qué es lo más importante o lo más especial que me dejó ese recuerdo?". Identifica la parte del recuerdo que te parece más importante y anota algunas ideas sobre ese momento y por qué fue importante para ti. Después, trata de escribir sobre esa parte específica del momento más amplio, describiéndolo parte por parte.

Ejemplo de enseñanza *Escribir sobre un momento breve a veces te ayuda a transmitir una idea más amplia. Por ejemplo, si yo quisiera escribir sobre las dos semanas que pasé en la casa de mis abuelos en verano cuando tenía ocho años, me podría enfocar en un solo momento breve que muestre el amor que nos teníamos. Eso fue lo más importante para mí y es sobre lo que quiero escribir. En este caso, no escribiría sobre el día que fuimos a montar a caballo, aunque fue algo divertido que hicimos juntos. Seguramente elegiría un momento especial de esas dos semanas, como cuando mi abuela me enseñó a hacer albóndigas por primera vez. Escribiría sobre el cariño con el que mi abuela me enseñó la receta familiar mientras estábamos en la cocina juntas. Creo que ese recuerdo refleja más nuestro amor que el recuerdo del día que fuimos a montar a caballo. Cuando haga el borrador, solo contaré ese momento parte por parte para ayudar a mis lectores a sentir lo que yo viví.*

Sugerencia para el maestro La capacidad de un estudiante para expresar la importancia de un momento breve depende de su madurez y su experiencia como escritor. Si trabaja con niños pequeños, sugiéreles que elijan un momento breve que podrían contar como si fuera un cuento, en lugar de pensar en algo que tenga un significado muy profundo. O simplemente anímelos a enfocarse en un periodo corto de tiempo.

Consejos

- De todos estos momentos, ¿cuál te gustaría destacar?
- Trata de revivir la historia completa en tu mente. Elige una parte más pequeña que te parezca importante.
- Voy a hacer una lista de todos los momentos breves que me acabas de contar. Después, tú eliges uno, ¿de acuerdo?

MÍRALO CON LUPA

¿Para quién es?

NIVELES
4–8

GÉNEROS /
TIPOS DE TEXTO
narración personal, memorias

PROCESOS
elegir, revisar

¡Me quito el sombrero!
(lectura recomendada):
Small Moments: Writing with Focus, Detail, and Dialogue (Calkins, Smith y Rothman 2013)

¿Para quién es?

NIVELES

4–8

GÉNEROS /
TIPOS DE TEXTO

todos

PROCESOS

**elegir, desarrollar,
revisar**

Estrategia Si el tema que elegiste es demasiado amplio, hazte preguntas para que puedas enfocarte más. Pregúntate: "¿Qué estoy intentando decir realmente? ¿Qué me causa curiosidad? ¿Qué quiero saber? ¿Qué opino o pienso sobre mi tema?".

Ejemplo de enseñanza *A veces, cuando escribes, te das cuenta de que estás intentando abarcar demasiado. Por ejemplo, si estás escribiendo un cuento sobre tus vacaciones, tal vez trates de contar todo lo que pasó durante las dos semanas de las vacaciones, cuando podría ser mejor enfocarte en un momento determinado en lugar de contar todos los detalles. Considera también si estás dando demasiada información de contexto y eso te impide seguir con la trama. Si estás escribiendo un texto de no ficción, a lo mejor te das cuenta de que el tema que elegiste es tan amplio que muchos autores podrían escribir un libro entero para cubrir todo ese material. Si te ocurre esto, es una señal de que debes enfocarte más. Hacerte preguntas te ayudará a llegar al corazón de lo que intentas escribir o a pensar en algo concreto sobre el tema que quieres explorar con detalle.*

Usar un mentor Para apoyar esta lección, podría reunir una serie de textos que traten sobre un tema similar con un enfoque distinto, desde el más amplio hasta el más específico. Por ejemplo, puede elegir un libro que se titule *El Ártico*, otro que se titule *Los pingüinos* y otro que se titule *El ciclo de vida del pingüino emperador*. Guíe a los estudiantes a pensar en el tema que eligieron y la parte más específica que quieren desarrollar.

1. Que ay adentro de un volcan?

2. Cual es el proceso para que un volcan erupte?

3. Cual es el pro medio de volcanes que erupten cada año?

1. Como se forma un hurrucan?

2. Porque es que el medio del hurrucan se llama un ojo?

3. Que grande, rapido, y cuanto tiempo dura?

1. Como se forma un tornado?

2. Que radido y Grande es un tornado?

3. Donde es que los tornados se hasen?

Las fuerzas de la Naturaleza

1. Porque Ocuren?

2. Donde Ocuren?

3. Cuales son los Efectos?

4. Que hace la gente despuez?

5. Cuanto tiempo toma para resolver el problema?

6. Como se pueden protejer?

Consejos

- ¿Qué estás intentando contar realmente?
- ¿Qué es lo más importante sobre el tema que elegiste?
- ¿Qué preguntas te podrías hacer para lograr que tu tema sea más específico?
- ¿Qué vas a cambiar/añadir/revisar después de hacerte esa pregunta?

¡Me quito el sombrero!

(lectura recomendada):
Finding the Heart of Nonfiction: Teaching 7 Essential Craft Tools with Mentor Texts (Heard 2013)

Estrategia Piensa en el tema que elegiste. Pregúntate: "¿Con qué aspecto de ese tema me siento más conectado?". Identifica lo que más te apasiona de ese tema, o lo que realmente piensas, sientes y opinas sobre el tema. Escribe solo sobre esa parte.

Ejemplo de enseñanza *Después de nuestra visita a un museo en Manhattan, escribimos sobre el hecho de que no había basura en las aceras y que habían limpiado la nieve. Sin embargo, en el Bronx hay mucha basura y se mezcla con la nieve. ¡Qué asco! Nos preguntamos por qué ocurría esto; entrevistamos a varias personas y reunimos información. Pero ahora debemos dar un paso atrás y preguntarnos por qué nos importa realmente ese tema. ¿Cuál es la parte que más nos afecta? Para mí es la injusticia. Unas partes de la ciudad están mucho mejor cuidadas que otras. Quiero escribir una carta al alcalde para pedirle que mejore los servicios de limpieza en el Bronx. ¿Ves cómo pasé del tema general —la basura en la ciudad— y me enfoqué en una parte —el Bronx—? Incluso elegí a mi audiencia.*

Usar un mentor Considere mostrar un artículo corto y persuasivo de algún bloguero para demostrar cómo se puede inclinar/enfocar/centrar un texto según la pasión del que escribe. Vea, por ejemplo, el artículo de Ángeles Lucas "La batalla contra el abuso de antibióticos en los animales y plantas que comemos" (https://bit.ly/2UPqetJ).

Consejos

- ¿Qué sientes realmente sobre el tema que elegiste?
- ¿Qué aspecto de este tema te hace querer escribir sobre él?
- Comparte tu opinión durante un par de minutos.
- Cuando empezaste, ¿qué opinabas sobre el tema? ¿Qué opinas ahora?
- Identifica la parte más importante de todo lo que escribiste.
- Si te sales del tema sobre el que quieres escribir, ¿cómo puedes volver a enfocarte?

¡Encuentra tu **PASIÓN**!

1. Piensa en un tema.
   → ¿Con qué te sientes más conectado?

2. Identifica tu pasión.
   → ¿Qué piensas, crees u opinas realmente?

3. ¡Escribe solo sobre eso!

¿Para quién es?

NIVELES
4–8

GÉNEROS /
TIPOS DE TEXTO
**texto informativo/
no ficción, texto de
opinión/persuasivo**

PROCESOS
**elegir, desarrollar,
revisar**

¡Me quito el sombrero!
(lectura recomendada):
*The Revision Toolbox:
Teaching Techniques That
Work* (Heard 2002)

4.9 Piensa en tu audiencia y en tu propósito

¿Para quién es?

NIVELES
4–8

GÉNEROS /
TIPOS DE TEXTO
todos

PROCESOS
elegir, desarrollar

Estrategia Piensa en el propósito de lo que vas a escribir. Considera si vas a intentar persuadir, entretener o enseñar algo al lector. Después, piensa específicamente en las personas que quieres que lean lo que vas a escribir y enfoca el tema o el ángulo de tu tema de acuerdo con eso.

Ejemplo de enseñanza *Me imagino que has elegido un tema que es importante para ti, pero también tienes que pensar en tu audiencia. ¿Quién leerá lo que escribas? ¿Por qué le podría interesar ese tema?*

Por ejemplo, si yo quisiera escribir sobre perros para personas que acaban de adoptar uno, escribiría un texto informativo para enseñarle al lector cómo cuidar de su perro y qué debe tener en su casa, y a lo mejor añadiría algunos consejos sobre cómo adiestrarlo. Sin embargo, si yo fuera una niña y quisiera convencer a mis padres de que adoptaran un perro, seguramente escribiría una carta persuasiva. Mi enfoque no serían los perros en general, sino la idea de que soy responsable y estoy lista para encargarme del perro que adoptemos.

Consejos

- ¿Para quién escribes? ¿Qué aspecto podrá interesarles más a esas personas?
- ¿Qué tipo de género encajaría mejor con tu propósito?
- Explica tu propósito para escribir.
- Ahora que sabes para quién y sobre qué tema quieres escribir, piensa en el ángulo que le vas a dar a tu tema.

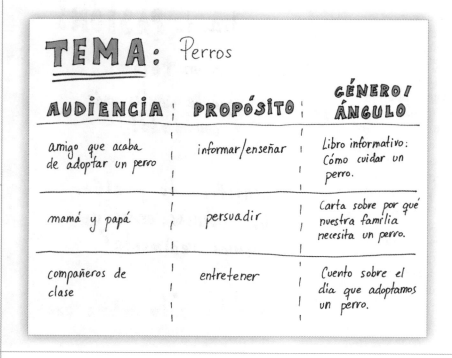

TEMA: Perros

AUDIENCIA	PROPÓSITO	GÉNERO / ÁNGULO
amigo que acaba de adoptar un perro	informar/enseñar	Libro informativo: Cómo cuidar un perro.
mamá y papá	persuadir	Carta sobre por qué nuestra familia necesita un perro.
compañeros de clase	entretener	Cuento sobre el día que adoptamos un perro.

Estrategia Piensa en el tema de tu cuento/texto de no ficción/narración. Considera las imágenes, los sentimientos y el tono que te vienen a la mente al pensar en ese tema. Escribe un poema sobre tu tema. Después, vuelve a leer el poema y pregúntate: "¿Cuál parece ser el corazón de mi tema según lo que elegí para escribir en el poema?".

Sugerencia para el maestro Esta estrategia también ayudará a los estudiantes con la elección de palabras y es parecida a la estrategia 7.21, "Corto → Largo → Corto", en el objetivo sobre elección de palabras.

Consejos

- Vuelve a leer tu escrito. Ahora intenta escribirlo en forma de poema.
- Vamos a leer el poema que escribiste. ¿Qué detalles esenciales incluíste?
- Piensa en qué palabras vas a usar al condensar este borrador de varias páginas en un poema.
- Vuelve a leer tu poema. ¿Cuál crees que es el enfoque de tu escrito?
- Vuelve a leer tu escrito, elimina lo que no necesites y elabora las partes que se relacionan directamente con tu enfoque.

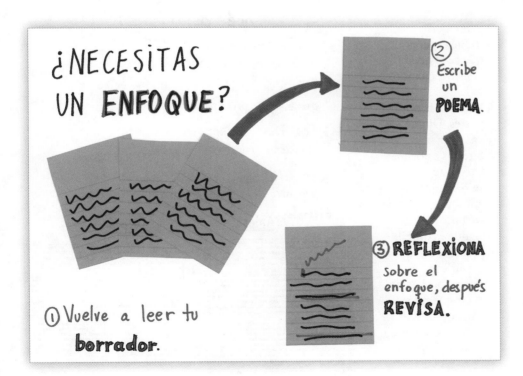

¿Para quién es?

NIVELES
4–8

GÉNEROS /
TIPOS DE TEXTO
narración, texto informativo/no ficción, texto de opinión/persuasivo

PROCESOS
elegir, revisar

¡Me quito el sombrero!
(lectura recomendada):
Explore Poetry (Graves 1992)

¿Para quién es?

NIVELES
4–8

GÉNEROS / TIPOS DE TEXTO
todos

PROCESOS
elegir, revisar

Estrategia Piensa o escribe el propósito principal de tu escrito (puede ser la idea principal, el argumento principal o el tema). Vuelve a leer tu borrador e intenta cortar lo que no se relacione, no contribuya a la elaboración o no ayude con tu propósito.

Usar un mentor ¡Cortar texto en un borrador es una de las tareas más difíciles para cualquier escritor! A veces nos sirve de consuelo pensar que lo que cortamos se podrá usar en otro lugar. También puede ser alentador ver que una vez que cortamos algo que sobraba, nuestro texto se vuelve más claro, más enfocado y con un propósito más definido. Comparta la siguiente cita del ensayista y periodista español Miguel Delibes (si le parece apropiada para la edad de sus estudiantes): "Concisión al escribir... El periodismo ... me enseñó a valorar la humanidad de la noticia. Y como trabajé en una época en la que los periódicos tenían dos hojas, aprendí a economizar las palabras, a decir muchas cosas en poco espacio".

Consejos

- Di cuál es tu enfoque.
- ¿Cuál es la idea/el tema/el argumento principal?
- ¿Qué esperas que se le quede al lector cuando lo lea?
- Vamos a ir por partes. Di qué vas a dejar y qué vas a cortar.
- Creo que eso no se relaciona con tu enfoque. ¿Deberías cortarlo?
- Sé que es difícil, pero deberías cortar eso. Tú misma acabas de decir que no ayuda a tu enfoque.
- Guarda eso y úsalo en otro texto.

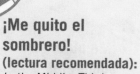

¡Me quito el sombrero!
(lectura recomendada):
In the Middle, Third Edition: A Lifetime of Learning About Writing, Reading, and Adolescents (Atwell 2014)

> ### ¿Qué cortar y qué dejar?
>
> 1. Di cuál es tu enfoque.
> 2. Piensa... ¿cuál es la idea/el tema/el argumento principal?
> 3. Lee todo por partes. Pregúntate: "¿Esto se relaciona con mi enfoque?"
> 4. Es difícil, pero CORTA y guárdalo para usarlo en otro texto.
>
> Ejemplo: **Antes** / **Después**

4.12 Subraya la oración clave

Estrategia Lee lo que escribiste. Subraya la oración que dé más información sobre el tema que elegiste. Si es necesario, cambia cualquier cosa de esa oración para que sea más clara. Vuelve a leer todo el texto teniendo esa oración en mente. Piensa en cómo podrías mejorar otras oraciones para que complementen mejor la que subrayaste. Piensa en qué oraciones cortarías para mantener el enfoque en la parte que subrayaste.

Sugerencia para el maestro En la escritura persuasiva (ensayos, discursos, reseñas), la oración clave suele ser el enunciado de tesis o una afirmación. En la poesía, puede ser una línea que se repite, o la primera o la última línea del poema. En la escritura narrativa, puede ser la reflexión final del narrador o de uno de los personajes principales. En la escritura informativa, suele haber una oración en la introducción o en la conclusión que indica no solo el tema, sino el posible ángulo del autor respecto al tema o la idea principal.

Consejos

- ¿De qué piensas que trata realmente tu escrito?
- Vamos a leer lo que escribiste para buscar la oración que capta mejor ese significado.
- Ahora que tienes el enfoque (con esta oración), vamos a volver a leer todo.
- ¿Qué necesitas cortar/cambiar/añadir para mantener tu enfoque?
- Explica por qué esa oración capta lo que quieres decir.
- Encontraste la oración clave. Eso te ayudará a mantener el enfoque de tu escrito.

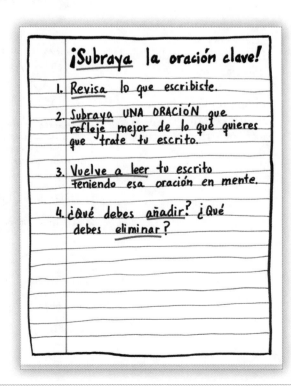

¡Subraya la oración clave!

1. Revisa lo que escribiste.

2. Subraya UNA ORACIÓN que refleje mejor de lo que quieres que trate tu escrito.

3. Vuelve a leer tu escrito teniendo esa oración en mente.

4. ¿Qué debes añadir? ¿Qué debes eliminar?

¿Para quién es?

NIVELES
4–8

GÉNEROS /
TIPOS DE TEXTO
todos

PROCESO
revisar

¡Me quito el sombrero!
(lectura recomendada):
Explore Poetry (Graves 1992)

4.13 Su tema, tu idea

¿Para quién es?

NIVELES
4–8

GÉNEROS /
TIPOS DE TEXTO
todos

PROCESOS
elegir, desarrollar,
hacer un borrador

Estrategia Si tienes una tarea o te asignan un tema específico sobre el cual escribir, piensa en qué giro le vas a dar. Haz una lista de diferentes ángulos o ideas relacionadas con tu tema asignado. Elige una idea y haz un borrador de prueba.

Ejemplo de enseñanza *A un periodista se le suele asignar la noticia que debe cubrir. Por ejemplo, su jefe podría decirle:"Vaya a cubrir el accidente de la Ruta 22". Un buen periodista trata de ir más allá de lo obvio, como el quién, qué, dónde y cuándo del accidente. Aunque todos esos datos son importantes, también es importante buscar la manera de atraer a los lectores y darle un toque personal a la historia. A lo mejor un periodista podría enfocarse en las personas que tuvieron el accidente y en qué provocó el accidente. Otro periodista podría usar el accidente como punto de partida para escribir sobre la importancia de no usar el teléfono celular mientras se maneja, sin limitarse a informar sobre el accidente en sí. Otro periodista se podría centrar en lo que tienen en común todos los accidentes que ocurren en ese tramo de la carretera y las medidas que se han tomado para que la carretera sea más segura. Si tu actual maestro o tu futuro jefe te asigna un tema, ¡trata de darle tu propio giro!*

Consejos

- Haz una lluvia de ideas sobre qué giro podrías darle a ese tema.
- ¿Qué idea se relaciona con eso?
- La manera obvia de contestar sería _____. Intenta no ser tan obvio. ¿Qué otra cosa podrías escribir?
- Se te ocurrió un ángulo muy original para escribir sobre ese tema.

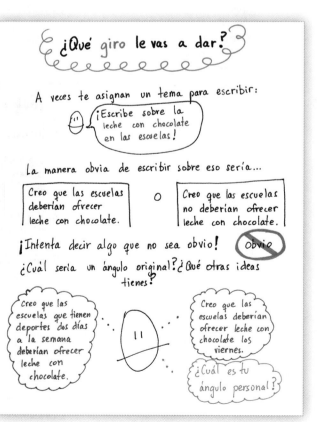

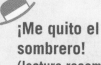

¡Me quito el sombrero!
(lectura recomendada):
Help! For Writers: 210 Solutions to the Problems Every Writer Faces (Clark 2011)

Estrategia Escribe tu tema en un buscador. Explora los distintos ángulos y giros que utilizan los artículos, blogs, anuncios y publicaciones que encuentras para presentar el tema. Después de leerlos, reflexiona y pregúntate: "¿Qué tema secundario/ángulo me interesa más? ¿Qué ángulo quiero explorar en mi propio escrito?".

Ejemplo de enseñanza *Me gustaría escribir sobre las leyes de las armas en los Estados Unidos. Sé que es un tema muy polémico, pero no estoy segura de qué ángulo darle. Escribí "ley sobre armas en los Estados Unidos" en el buscador y salieron muchos temas secundarios y ángulos posibles. Por ejemplo, encontré artículos sobre un grupo de madres que exige que se tomen medidas para regular las armas y prevenir más muertes. También vi algunos artículos más específicos sobre la violencia y los tiroteos masivos en los Estados Unidos. Vi que algunos enlaces comparaban las regulaciones de armas en los Estados Unidos con las de otros países. Y también encontré enlaces a las declaraciones y posiciones de algunos políticos respecto a la posesión de armas. De todos estos ángulos, el que me pareció más interesante fue el de las madres. Yo creía que este era un tema político, pero después de leer las declaraciones del grupo de madres, vi el lado humano detrás del tema de las armas.*

Consejos

- Investiga y lee sobre tu tema.
- Haz una lista de los temas secundarios o ángulos que encontraste relacionados con tu tema.
- ¿Qué te sorprendió?
- ¿Qué te pareció interesante?
- Piensa en el tema sobre el que quieres escribir.
- ¿Encontraste algo sorprendente? ¿Qué te pareció interesante sobre eso?

¿Para quién es?

NIVELES
4–8

GÉNEROS /
TIPOS DE TEXTO
**texto informativo/
no ficción, texto de
opinión/persuasivo**

PROCESOS
**generar y reunir,
elegir, desarrollar**

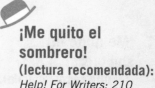

**¡Me quito el sombrero!
(lectura recomendada):**
*Help! For Writers: 210
Solutions to the Problems
Every Writer Faces* (Clark
2011)

4.15 Enfócate en una imagen

¿Para quién es?

NIVELES
4–8

GÉNEROS /
TIPOS DE TEXTO
todos

PROCESOS
desarrollar, revisar

Estrategia Antes o después de hacer tu borrador, haz una pausa y pregúntate: "¿Qué imagen me viene a la mente cuando pienso en este tema? ¿Qué imagen simboliza mejor mi tema?". Esa imagen que se forma en tu mente normalmente es la idea central de tu escrito. Repasa tu borrador y asegúrate de que los detalles que incluyes apoyen esa imagen.

Ejemplo de enseñanza *Acabo de volver a leer el cuento que escribí sobre la noche en que, siendo niña, me metí en la habitación de mi hermana y le corté un mechón de pelo mientras dormía. Del cuento en general y de los detalles que incluí, hay una imagen que se me quedó grabada en la mente: la expresión en la cara de mi hermana al día siguiente cuando se despertó y vio su pelo en el estado que yo se lo había dejado. Tenía una mirada de asombro y tristeza, de dolor y confusión. Voy a volver a leer mi cuento para asegurarme de que usé el tono adecuado, por lo menos en esa parte, para que no quede la impresión de que yo salí triunfante o que fue algo emocionante, sino que fue algo de lo que realmente me arrepentí.*

Consejos

- Vuelve a leer tu escrito y piensa en qué es lo más importante.
- Antes de hacer el borrador, intenta enfocarte en una imagen.
- Cuando piensas en tu tema, ¿qué imagen te viene a la mente?
- Si quieres, dibuja la imagen. A lo mejor te ayuda a enfocarte.
- ¿Qué imagen o imágenes simbolizan mejor tu tema?
- Di: "Veo…"

ENFOCA

1. Haz una pausa. ¿Qué imagen ves? ¿Qué imagen simboliza el tema?

2. Vuelve a leer. Asegúrate de que los detalles encajen con la imagen.

¡Me quito el sombrero!
(lectura recomendada):
A Writer Teaches Writing
(Murray 1985)

Estrategia Antes de hacer un borrador, revisa todo el material que has reunido. Pregúntate: "¿Qué idea aparece una y otra vez en los detalles que he reunido?". Haz un plan que se enfoque en el tema o la idea principal.

Sugerencia para el maestro Esta estrategia solo es posible si el estudiante tiene una colección. Un cuaderno es un lugar perfecto para almacenar ideas, pero también puede ser que el estudiante haya guardado una serie de borradores o escritos terminados de varios meses atrás que pueda volver a consultar.

Sugerencia para el maestro Esta estrategia se recomienda para escritores mayores debido a las exigencias cognitivas del estudiante como *lector*. Cuando sus estudiantes tengan la capacidad de sintetizar e interpretar sus lecturas, estarán listos para realizar esta estrategia. Al ser capaces de identificar la idea principal en el texto de otro escritor, podrán hacer lo mismo con sus propios escritos.

Consejos

- Mira el material que has reunido.
- ¿Qué patrones ves en los detalles?
- ¿Sobre qué quieres que trate tu escrito principalmente?
- ¿Qué tema te ayudaría a enfocar tu cuento?
- ¿Qué idea principal te ayudaría a enfocar tu texto informativo?

¡Me quito el sombrero!
(lectura recomendada):
A Writer Teaches Writing
(Murray 1985)

4.17 Vende tu idea

¿Para quién es?

NIVELES
4–8

GÉNEROS / TIPOS DE TEXTO
todos

PROCESOS
desarrollar, revisar

Estrategia Piensa en el borrador que escribiste o que piensas escribir. Imagina que vas a presentar la idea principal a alguien que podría estar interesado en publicar tu escrito. Piensa en unas cuantas oraciones que podrías usar para convencer a esa persona de que tu texto merece publicarse. Asegúrate de mencionar tu mensaje o pregunta principal, así como la información más importante que te ayude a "vender" tu escrito.

Consejos
- ¿Cuál es la parte esencial de tu idea?
- Intenta "vendérmela".
- Incluiste mucha información importante. Ahora intenta decirlo con tres a cinco oraciones.
- Presenta la idea y omite lo que no "venda".
- ¡Tu discurso refleja claramente tu pasión por esta idea!
- Si piensas que eso es lo esencial, vuelve a mirar tu escrito para ver si lo comunicaste bien.

¿Qué niño no comete un error en algún momento de su vida, del que se arrepiente más tarde? Este cuento de ficción realista trata de un niño que aprende sobre la importancia de la amistad y las segundas oportunidades. El ambiente del pequeño pueblo y los personajes bien definidos ayudarán a los lectores a entender la trama y a conectarse con la idea principal del cuento.

Estrategia Escribe un primer borrador con los argumentos que quieres presentar. Regresa al borrador y subraya las posibles oraciones, puntos principales o ideas que podrías usar para escribir un enunciado de tesis. Vuelve a escribir cada uno de esos puntos o ideas de distintas maneras. Mira tu lista y pregúntate: "De todas estas opciones, ¿cuál es la que refleja lo que realmente quiero decir? ¿Cuál me importa más demostrar?".

Ejemplo de enseñanza *Estoy muy preocupada por los recortes en el presupuesto que está proponiendo el Consejo de Educación en nuestra ciudad. Dicen que van a recortar el número de bibliotecarios a la mitad, y no puedo quedarme de brazos cruzados y dejar que ocurra eso. Así que decidí escribir una carta al Consejo de Educación, pero quiero asegurarme de que sea realmente convincente. Para empezar, escribí una lista de mis ideas principales, y ahora voy a intentar escribir mi argumento principal. Mira cómo hago una lluvia de ideas sobre las distintas posibilidades y pienso en cuál refleja mejor lo que quiero decir.* (Haga una demostración y mencione cinco o más posibilidades distintas, por ejemplo, los bibliotecarios son fundamentales en las escuelas; sin bibliotecarios, las escuelas perderían mucho; los bibliotecarios ayudan a fomentar el amor por la lectura en los niños, etc.).

Consejos

- Subraya las oraciones que se destacan.
- Elige la oración que se destaque más.
- Intenta reescribir esa oración de distintas maneras. ¿De qué otra manera lo podrías decir?
- Usa otras palabras. ¿De qué otras maneras podrías escribir tu enunciado de tesis?
- Repasa tus enunciados de tesis. ¿Cuál refleja mejor lo que quieres decir?
- ¿Cuál te interesa explorar más?
- Veo que elegiste una idea que es importante para ti.

> ¿Qué quieres decir?
>
> **Vuelve a tu borrador y:**
>
> 1. Subraya las posibles oraciones, puntos e ideas principales.
>
> 2. Pregúntate: "¿Podría tratar mi enunciado de tesis sobre esto?"
>
> 3. Vuelve a escribirlas con otras palabras.
>
> 4. Repasa tu lista y decide cuál refleja mejor lo que quieres decir.

¡Me quito el sombrero!
(lectura recomendada):
Breathing Life into Essays
(Calkins y Gillette 2006)

Estrategia Piensa en tu tema y en cómo vas a plantearlo y darle un ángulo o toque personal. Pregúntate: "¿Qué puedo aportar? ¿Qué puedo decir que no se haya dicho antes? ¿Qué ángulo le voy a dar a este tema para que mi escrito sea original y esté bien enfocado?". Escribe una idea inicial para explorar cuál será tu aporte.

Sugerencia para el maestro Es importante enseñar esta estrategia a escritores que trabajen en cualquier género. Por ejemplo, si los estudiantes están escribiendo un texto informativo sobre los tiburones, en lugar de escribir todo sobre los tiburones, puede sugerirles que se enfoquen en detalles y datos específicos. Si están escribiendo un ensayo, el "¿qué puedo aportar?" es esencialmente su enunciado de tesis. Si están escribiendo poesía o una narración, el "¿qué puedo aportar?" puede ser el tema, el mensaje o la lección.

Consejos

- ¿Qué crees que aportas a este tema?
- ¿Qué no se ha dicho antes?
- Pregúntate: "¿Qué puedo aportar?".
- Di: "Mi aporte a este tema es…".
- Piensa en un ángulo o giro diferente.

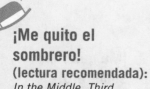

Estrategia Pon tu borrador a un lado. En una hoja de papel aparte, escribe libremente para hacer una lluvia de ideas. Escribe para pensar y descubrir algo nuevo sobre tu tema. Anota los detalles que decidiste incluir, otros detalles que podrían encajar con tu enfoque, el efecto que crees que tu escrito tendrá en los lectores, etc. No reescribas tu borrador. Vuelve a leer tus notas "por fuera de la página" y después repasa tu borrador y haz los cambios que consideres necesarios.

Sugerencia para el maestro Esta estrategia apoya muchos aspectos de las cualidades que debe tener la buena escritura, no solo el enfoque. Se puede modificar la estrategia y pedir a los estudiantes que escriban sobre sus escritos —una especie de metacognición apropiada para los escritores más maduros— que los ayudará a encontrar su enfoque. Otra posibilidad es pedir a los estudiantes que reconsideren distintos aspectos de su escrito (por ejemplo, intentar distintos tipos de introducción o principio), lo cual, en este caso, los ayudaría no solo con su enfoque, sino también con la elaboración y la estructura de sus textos.

Consejos

- Haz una lista.
- Escribe preguntas y respóndelas.
- No vas a reescribir tu texto. Vas a usar esta hoja como si fuera una hoja suelta en la que resuelves un problema de matemáticas.
- Con las notas que tomaste "fuera de la página", ahora tienes muchas opciones para llevar tu escrito en una dirección u otra.
- Pregúntate: "¿Qué hace falta aquí?". Escribe la respuesta en la página.
- Pregúntate: "¿Cuál es realmente el problema?". Intenta escribir la respuesta.

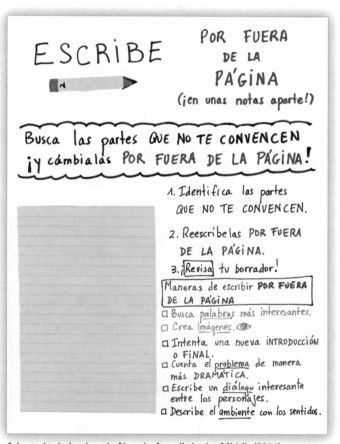

Adaptado de la obra de Nancie Atwell, *In the Middle* (2014)

¿Para quién es?

NIVELES
5–8

GÉNEROS /
TIPOS DE TEXTO
todos

PROCESO
revisar

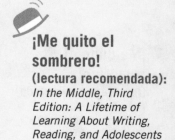

¡Me quito el sombrero!
(lectura recomendada):
In the Middle, Third Edition: A Lifetime of Learning About Writing, Reading, and Adolescents (Atwell 2014)

¿Para quién es?

NIVELES
5–8

**GÉNEROS /
TIPOS DE TEXTO**
todos

PROCESOS
**generar y reunir,
desarrollar, ensayar,
elegir**

Estrategia Piensa en el tema social o asunto de la vida diaria en el que se enfoca tu escrito (por ejemplo, acoso escolar, racismo, pobreza, derechos de los animales). Piensa en qué quieres decir sobre ese tema. Considera los detalles que vas a incluir para que el tema cobre vida.

Sugerencia para el maestro Esta estrategia es similar a "Conceptos abstractos, ejemplos específicos" (estrategia 3.32 del objetivo sobre generar y reunir ideas) y ayuda al estudiante a escribir sobre un tema social. En esta estrategia se hace énfasis en ayudar al escritor a enfocar los detalles de su escrito para que conecten con el asunto o tema que plantee.

Usar un mentor Comparta el impactante cuento corto *Soñadores* de Yuyi Morales (2018) y la entrevista (https://cnn.it/2HEPbiF) en la que la autora cuenta por qué escribió este libro sobre inmigrantes en los Estados Unidos, qué quería comunicar y cuál fue su mayor satisfacción al publicarlo.

Consejos
- ¿En qué tema quieres enfocarte?
- ¿Qué opinas sobre ese asunto?
- Piensa en qué detalles podrías incluir.
- Si es un cuento, piensa en el tema. Escribe tu idea en una oración.
- Si es un texto de no ficción, piensa en la idea principal.
- Si es un texto de opinión, piensa en tu enunciado de tesis o argumento.

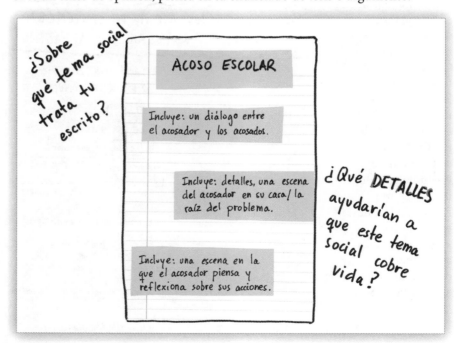

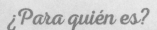

¡Me quito el sombrero!
(lectura recomendada):
*For a Better World:
Reading and Writing for
Social Action* (Bomer
y Bomer 2001)

Estrategia Piensa en el contenido de tu escrito. Pregúntate: "¿Cuál es el problema principal que quiero solucionar con mi escrito?". El enunciado o la pregunta que se te ocurra puede ser tu enfoque. Vuelve a leer lo que escribiste para asegurarte de que los detalles que incluiste presenten el problema y ofrezcan una solución.

Ejemplo de enseñanza *Vamos a escribir entre todos una carta al director sobre la comida que sirven en la escuela. ¿Cuál es el problema principal en el que nos queremos enfocar? Yo creo que la comida que sirven en la escuela sabe mal y es de mala calidad, y creo que los niños deberían tener opciones más nutritivas y sabrosas. Vamos a volver a leer lo que escribimos para asegurarnos de que los detalles que incluimos ofrezcan una solución al problema. Lo primero que mencionamos fue que las hamburguesas están secas y las sirven con pan blanco en vez de pan integral. Esos detalles explican el problema, ya que la palabra "secas" indica que no saben bien, y "pan blanco" indica que son menos nutritivas de lo que podrían ser.* (Continúe leyendo el resto del escrito y anime a los estudiantes a opinar sobre la efectividad de los detalles que incluyeron y a explicar si apoyan el enfoque y cómo lo hacen).

Consejos
- ¿Qué problema quieres solucionar con tu escrito?
- Intenta decir ese problema como un enunciado.
- Vamos a leer la primera parte de tu escrito. ¿Ofreces detalles que ayuden a solucionar el problema?
- ¿Por qué elegiste ese detalle?
- ¿Qué otros detalles podrías incluir para ayudar a solucionar el problema?

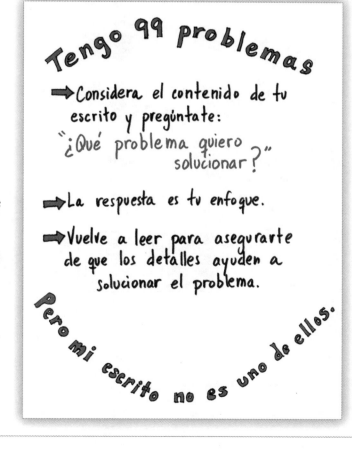

¿Para quién es?

NIVELES
5–8

GÉNEROS /
TIPOS DE TEXTO
**texto de opinión/
persuasivo**

PROCESO
revisar

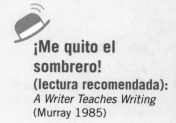

¡Me quito el sombrero!
(lectura recomendada):
A Writer Teaches Writing
(Murray 1985)

4.23 Define tu enfoque con un borrador experimental

NIVELES

5–8

GÉNEROS /
TIPOS DE TEXTO

todos

PROCESOS

**hacer un borrador,
revisar**

Estrategia Comienza con un vistazo o una corazonada sobre el significado que quieres transmitir. Escribe sin parar y sin ponerte a pensar si está bien escrito. Mientras escribes lo que piensas en la hoja de papel, intenta descubrir el significado central mediante tu borrador experimental. Pon ese borrador experimental a un lado, define tu enfoque y escribe un nuevo borrador.

Sugerencia para el maestro Esta estrategia es más apropiada para estudiantes que escriben muy rápido a mano o en el teclado. La idea de escribir todo sin parar, poner el borrador a un lado y empezar de nuevo seguramente solo le llamará la atención a un escritor experimentado al que le guste hacer revisiones.

Consejos
- Intenta pensar mientras escribes.
- Solo escribe, no te detengas a a revisar tu escrito.
- Hazte una pregunta y respóndela.
- Explora una opción.
- Vuelve a mirar tu borrador experimental. ¿Qué se destaca?
- Intenta escribir un nuevo borrador ahora que has definido tu enfoque.

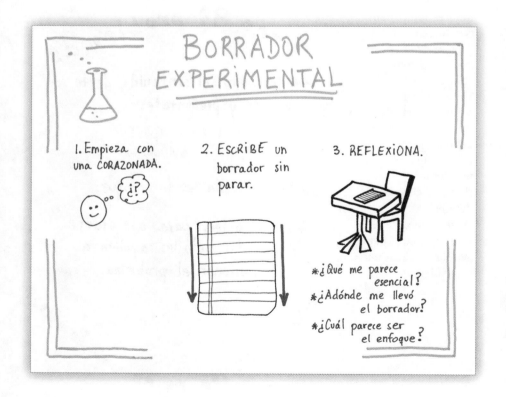

¡Me quito el
sombrero!
(lectura recomendada):
A Writer Teaches Writing
(Murray 1985)

Estrategia Haz una lluvia de ideas sobre qué te gustaría investigar y escribir. Evalúa los recursos disponibles para explorar esas ideas (textos impresos o en línea, expertos a los que puedas entrevistar, etc.). Modifica el alcance o el tema de tu proyecto para que se ajuste a algo que puedas investigar.

Ejemplo de enseñanza *Digamos que te interesa el tema de la ciencia forense. Vas a la biblioteca y solo encuentras un libro sobre ese tema. Buscas en Internet y casi todos los artículos que encuentras son muy difíciles de comprender. En ese momento, podrías decir: "¡Me rindo! ¡Tengo que cambiar de tema!". O podrías decir: "¿Qué otras cosas se relacionan con mi tema o qué giro interesante podría darle al tema de la ciencia forense?". A lo mejor puedes ampliar el alcance de tu investigación y hablar en parte sobre la ciencia forense y en parte sobre otras profesiones relacionadas. O podrías enfocar el tema hacia la prevención del crimen e incluir una parte sobre la función de los detectives y de las leyes para prevenir los crímenes, y otra sección sobre ciencia forense. También podrías leer un libro sobre ciencia forense y ver si hay otros temas relacionados dentro de ese recurso.*

Consejos

- ¿Qué otro tema interesante podrías estudiar que se relacione con lo que quieres investigar?
- ¿Por qué no lees el recurso que encontraste para ver si hay un ángulo del tema que podrías explorar?
- ¿Qué tal si amplías tu tema? ¿Crees que tu idea puede ser parte de una idea más amplia?
- Modifica el alcance del tema sobre el que estás escribiendo.

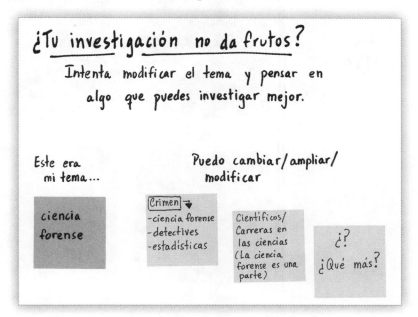

¿Para quién es?

NIVELES
5–8

GÉNEROS /
TIPOS DE TEXTO
**texto informativo/
no ficción, texto de
opinión/persuasivo**

PROCESOS
**elegir, desarrollar,
revisar**

**¡Me quito el
sombrero!**
(lectura recomendada):
*Energize Research
Reading and Writing:
Fresh Strategies to
Spark Interest, Develop
Independence, and
Meet Key Common Core
Standards* (Lehman 2012)

4.25 Usa verbos activos para darle forma a tu enfoque

¿Para quién es?

NIVELES

5–8

GÉNEROS / TIPOS DE TEXTO

texto informativo/ no ficción, texto de opinión/persuasivo

PROCESOS

desarrollar, revisar

¡Me quito el sombrero!
(lectura recomendada):
The Craft of Research
(Booth, Colomb y Williams
2008)

Estrategia Piensa en tu tema. Completa la siguiente oración con un verbo activo: "Quiero aprender sobre cómo…" (contribuye, afecta, desarrolla, etc.). Escribe distintas posibilidades y elige la que más te llame la atención.

Sugerencia para el maestro Tenga en cuenta que esta estrategia puede hacer que el enfoque o el rango del tema del estudiante se vuelva más específico. Como consecuencia, los tipos de recursos y fuentes de información disponibles para realizar la investigación del tema pueden ser más limitados. Use esta estrategia junto con la 4.24 "Deja que los recursos guíen tu enfoque" para que los estudiantes sepan si cuentan con suficientes recursos antes de empezar a explorar un enfoque más específico de su tema.

Consejos

- Intenta usar un verbo activo, como *contribuye,* para escribir una oración completa sobre tu tema.
- Empieza con: "Quiero aprender por qué/cuándo/dónde…".
- ¡Sí, ese verbo funciona! Intenta pensar en dos más y después elige el que te parezca más interesante.
- ¿Qué otro verbo podrías añadir a la oración sobre tu tema?

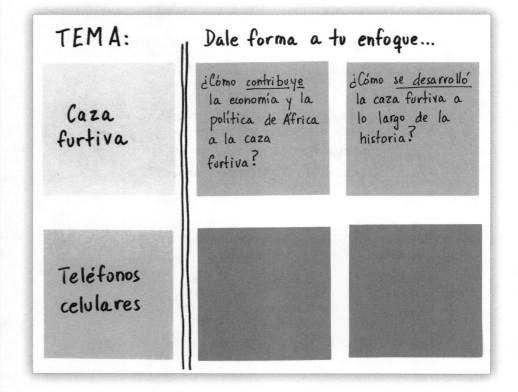

La organización y la estructura de un texto son como los huesos del cuerpo o el armazón de un edificio. Sin huesos, nuestro cuerpo sería gelatinoso. Sin un armazón, el edificio se derrumbaría.

—*Jennifer Serravallo*

Organización y estructura

◎ ¿Por qué es importante este objetivo?

Se puede pensar que la organización y la estructura de un texto son como los huesos del cuerpo o el armazón de un edificio. Sin huesos, nuestro cuerpo sería gelatinoso. Sin un armazón, el edificio se derrumbaría. El escritor puede tener la habilidad de elegir un tema y agregar muchos detalles, pero si no hay una estructura, si el escrito no está bien organizado, el lector se confundirá. Algunas de las lecciones de este capítulo ayudan a los escritores a considerar la estructura general de su texto para asegurar que coincida con el género y el significado.

Otros aspectos de la estructura que deben considerarse son las partes del escrito. Continuando con la analogía del edificio, para que una casa sea resistente, el constructor debe asegurarse de que los cimientos sean sólidos, las paredes queden a plomo y el techo se instale en el ángulo correcto. Al escribir un texto, el escritor debe saber cómo elaborar una introducción o un principio que tenga fuerza, qué extensión darle al desarrollo de su escrito y cómo darle al final un sentido de conclusión o cierre. Si alguna de las partes no es sólida, el significado general puede enturbiarse o el lector puede perder interés en seguir leyendo (en el caso de la introducción) o sentirse insatisfecho al terminar de leer (en el caso del final o la conclusión). Así pues, este objetivo no se limita a planificar el escrito en general, sino que ofrece muchas estrategias para ayudar a los escritores a fortalecer todas las partes de su escrito. Algunas de las estrategias de este capítulo podrían aplicarse tanto a la estructura del texto completo, como a alguna de sus partes (por ejemplo, la estructura alterna, en la que el escritor alterna entre dos temas, ideas o momentos, se puede usar para estructurar todo un texto o solo una parte del escrito).

◎ ¿Cómo sé si este objetivo es adecuado para mi estudiante?

Aunque el desarrollo de los estudiantes como escritores no se dará en etapas fijas, sí es posible tener una noción general de lo que se puede esperar, grado por grado, a medida que los estudiantes aprenden a organizar y estructurar sus textos narrativos, informativos o de opinión. La siguiente progresión se basa mayormente en las ideas de Carl Anderson, tal como fueron publicadas en *Assessing Writers* (2005), y *Writing Pathways: Performance Assessments and Learning Progressions, Grades K–8* por Lucy Calkins (2014). Espero que esto le dé una idea de por dónde puede empezar y cuál podría ser un siguiente paso lógico basándose en la comprensión que demuestren los estudiantes sobre la organización de sus escritos.

Progresión de un texto narrativo

	K	1	2	3	4	5	6	7	8
Secuencial	X	X	X	X	X	X	X	X	X
Principio/introducción		X	X	X	X	X	X	X	X
Final/conclusión		X	X	X	X	X	X	X	X
Estructura de problema-solución del cuento			X	X	X	X	X	X	X
Tensión creciente				X	X	X	X	X	X
El corazón del cuento se desarrolla más					X	X	X	X	X
El autor demuestra habilidad para controlar el tiempo						X	X	X	X

	K	1	2	3	4	5	6	7	8
Podría romper la secuencia con un objetivo específico (escena retrospectiva, etc.)						X	X	X	X
El sentido/significado del cuento controla la organización							X	X	X

Progresión de un texto de opinión

	K	1	2	3	4	5	6	7	8
Enumera al azar una serie de razones o hechos para apoyar su opinión	X	X	X	X	X	X	X	X	X
Principio		X	X	X	X	X	X	X	X
Final/conclusión			X	X	X	X	X	X	X
Hechos o datos organizados en categorías/razones				X	X	X	X	X	X
Comienza a usar palabras de transición				X	X	X			
Las razones son paralelas (de igual importancia o peso) y los detalles/datos se presentan de forma organizada					X	X	X	X	X
Cierto sentido de lógica en la organización (p. ej. lo más importante va primero o la información lleva a una conclusión)					X	X	X	X	X
Palabras sofisticadas de transición que muestran una relación entre la información						X	X	X	X

Progresión de un texto informativo

	K	1	2	3	4	5	6	7	8
Presenta la información en forma de lista	X	X	X	X	X	X	X	X	X
Intenta unir la información relacionada; puede que cierta información esté superpuesta		X	X	X					
Reúne la información similar o relacionada en distintas páginas o en párrafos aparte		X	X	X	X	X	X	X	X
El final/la conclusión se relaciona con el tema		X	X	X	X	X	X	X	X
La introducción se relaciona con el tema			X	X	X	X	X	X	X
Palabras de transición				X	X	X	X	X	X
La introducción y la conclusión ofrecen una perspectiva sobre el tema					X	X	X	X	X
Lógica en la organización (p. ej. la información más convincente se presenta primero para atraer al lector)						X	X	X	X
Temas y temas secundarios (organización por párrafos o subtítulos dentro de las secciones)						X	X	X	X
Cada sección/parte es paralela (de igual peso, importancia)						X	X	X	X

Estrategias para escribir con organización y estructura

	Estrategia	Grados y niveles	Géneros/Tipos de texto	Procesos
5.1	Libros con patrones	Emergente–1	Listas/libros con patrones	Hacer un borrador
5.2	Cuenta, dibuja y escribe	K–2	Narración, texto informativo/no ficción	Ensayar, hacer un borrador
5.3	Añade una página, quita una página	K–2	Narración, texto informativo/no ficción, texto de opinión/persuasivo	Revisar
5.4	Mueve esa página a otro lugar	K–2	Narración, texto informativo/no ficción, texto de opinión/persuasivo	Revisar
5.5	¿Todo sobre un tema o relatar un momento?	K–2	Narración, texto informativo/no ficción	Ensayar
5.6	Textos que enseñan: Cómo hacer algo	K–8	Narración de procedimiento	Desarrollar, hacer un borrador, revisar
5.7	Organiza la secuencia	K–8	Todos	Desarrollar
5.8	¡Oh, no!... ¡Uy!... ¡Uf!	1–3	Narración	Desarrollar
5.9	¡Añade interés a la parte del medio!	1–3	Narración	Revisar
5.10	Pregunta–Respuesta	1–3	Texto informativo/no ficción	Desarrollar, hacer un borrador
5.11	El momento preciso para terminar	1–4	Narración (momento breve)	Hacer un borrador, revisar
5.12	Concluye con las palabras finales del personaje	1–8	Narración	Hacer un borrador, revisar
5.13	Comienza por la tabla de contenido	1–8	Texto informativo/no ficción	Desarrollar
5.14	Partes de un tema: Componentes y características	1–8	Texto informativo/no ficción, texto de opinión/persuasivo	Desarrollar
5.15	Partes de un tema: Tipos	1–8	Texto informativo/no ficción, texto de opinión/persuasivo	Desarrollar
5.16	Transición entre segmentos	1–8	Narración, texto de opinión/persuasivo, texto informativo/no ficción	Revisar
5.17	Corte del renglón	1–8	Poesía	Revisar
5.18	Comienza con un plan en mente	2–8	Todos	Desarrollar
5.19	¡Crea expectativa!	2–8	Narración	Desarrollar, revisar
5.20	Introducción para textos de no ficción	2–8	Texto informativo/no ficción	Desarrollar, revisar

Estrategia		Grados y niveles	Géneros/ Tipos de texto	Procesos
5.21	Dirígete al lector	2–8	Texto informativo/no ficción, texto de opinión/persuasivo	Desarrollar, revisar
5.22	Informa a tu audiencia	2–8	Texto informativo/no ficción	Desarrollar
5.23	Dibuja el formato	2–8	Texto informativo/no ficción	Desarrollar
5.24	Prueba con distintos esquemas	3–8	Texto informativo/no ficción, texto de opinión/persuasivo, narración	Desarrollar, revisar
5.25	Organiza tus páginas y observa la arquitectura	3–8	Todos	Revisar
5.26	Usa las tijeras en tu borrador	3–8	Todos	Revisar
5.27	Prolonga (no resumas) una parte para crear suspenso	3–8	Narración	Hacer un borrador, revisar
5.28	Estructura de repetición/lista	3–8	Todos	Desarrollar, hacer un borrador, revisar
5.29	Haz un guion gráfico con varias escenas	3–8	Narración	Desarrollar
5.30	Estructura problema-solución para textos persuasivos	3–8	Texto de opinión/persuasivo	Desarrollar, hacer un borrador
5.31	Ir rápido (o despacio) a través del tiempo	4–8	Narración	Revisar
5.32	Elige un texto y cambia el género o la estructura	4–8	Todos	Revisar
5.33	Encabezados, subencabezados y sub-subencabezados	4–8	Texto informativo/no ficción	Desarrollar
5.34	Pesa las partes de tu escrito	4–8	Texto informativo/no ficción, poesía, texto de opinión/persuasivo	Revisar
5.35	Cierra el círculo	4–8	Todos	Desarrollar, hacer un borrador, revisar
5.36	Estructura alterna	4–8	Todos	Desarrollar, hacer un borrador, revisar
5.37	Concluye con la idea esencial	4–8	Todos	Hacer un borrador, revisar
5.38	Historias paralelas	4–8	Narración	Desarrollar, hacer un borrador
5.39	Escribe el esqueleto y después rellena los espacios	4–8	Todos	Hacer un borrador
5.40	Comienza con ideas que contrastan	5–8	Narración, texto de opinión/persuasivo, texto informativo/no ficción	Desarrollar, hacer un borrador, revisar

¿Para quién es?

NIVELES

emergente–1

GÉNERO /
TIPO DE TEXTO

**listas/libros
con patrones**

PROCESO

hacer un borrador

Estrategia Si sabes escribir unas cuantas palabras que reconoces a simple vista, puedes formar el comienzo de una oración. Con esa oración puedes hacer un libro que sigue un patrón. Piensa sobre qué va a tratar tu libro. Usa varias de las mismas palabras en cada página, pero cambia por lo menos una. Asegúrate de que tus dibujos vayan con las palabras.

Sugerencia para el maestro Esta estructura de libro ayuda a reforzar las palabras que los estudiantes reconocen a simple vista y apoya a los niños que ya casi están listos para leer libros de los niveles A, B o C. Si usted está enseñando esta estrategia a la clase, puede ofrecer distintas opciones de patrones. Algunos niños pueden cambiar la palabra en el medio (por ejemplo, "La rana es verde./La hoja es verde."). Otros niños pueden cambiar las dos últimas palabras (por ejemplo, "Aquí hay un oso marrón./Aquí hay un pato amarillo."). Y otros podrían intentar un patrón que se extiende a dos páginas (por ejemplo, "Veo un perro. El perro dice guau guau./Veo un pato. El pato dice cuac cuac."). Convendría crear estos patrones durante la escritura interactiva o compartida antes de invitar a los niños a crear sus propios patrones. También es importante que haya presentado palabras de uso frecuente y que los niños puedan verlas en un muro de palabras o una tabla del salón de clases.

Consejos

- ¿Qué palabras quedarán iguales?
- Mira el muro de palabras para ayudarte a escribir esas palabras.
- ¿Cuál es el patrón?
- ¿Qué va a cambiar en la siguiente página?
- Veo que, en tu patrón, las primeras palabras son iguales y la última palabra cambia.
- Solo cambian una o dos palabras en cada página y el resto sigue igual. ¡Ese es un patrón!

Me gusta pintar.

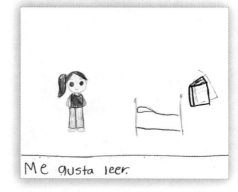

Me gusta leer.

Me gusta jugar.

¡Me quito el sombrero!
(lectura recomendada):
Units of Study in Opinion, Information, and Narrative Writing, Grade 1 (Calkins et al. 2013)

5.2 Cuenta, dibuja y escribe

Estrategia Coloca las páginas de tu libro delante de ti. Cuenta lo que va a pasar en cada página de tu cuento. Después, haz dibujos rápidos para que te ayuden a recordar lo que dijiste en cada página. Entonces, vuelve a la página 1, escribe las palabras de esa página, luego las de la siguiente y así sucesivamente. Usa tus dibujos para recordar lo que querías escribir.

Sugerencia para el maestro Si los niños nunca han escrito cuentos de varias páginas, podrían comenzar con dos páginas (principio, final) y luego aumentar a tres (principio, desarrollo, final) y con el tiempo a cuatro, cinco o más.

Sugerencia para el maestro Enseñar con canciones a los niños de kindergarten es muy eficaz y divertido. Use la melodía de alguna canción o ronda en español conocida para darle a esta estrategia un giro entretenido. Por ejemplo, podría usar la melodía de "Cu cu cantaba la rana" e invitar a los niños a cantar algo así: *Cu cu, te cuento un cuento. Cu cu, yo lo dibujo. Cu cu, y ahora lo escribo.*

Consejos

- Primero, cuenta tu cuento.
- Toca la página mientras cuentas esa parte.
- Contaste todas las partes de tu cuento. Volvamos atrás y comienza a dibujar.
- El dibujo no tiene que ser detallado; solo debe mostrar tu idea. Después podrás trabajar más en la ilustración.
- Ya contaste el cuento. Ya hiciste dibujos rápidos. ¿Qué sigue ahora?
- Veo que estás tocando cada página mientras cuentas tu cuento. ¡Eso te ayudará a recordar el orden!

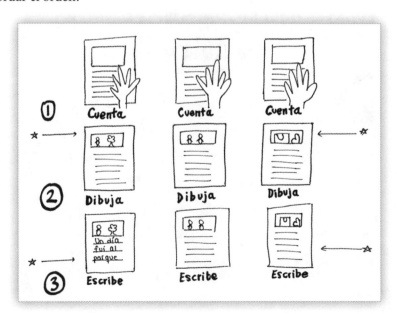

¿Para quién es?

NIVELES
K–2

GÉNEROS / TIPOS DE TEXTO
narración, texto informativo/no ficción

PROCESOS
ensayar, hacer un borrador

¡Me quito el sombrero!:
Alison Porcelli, comunicación personal

¿Para quién es?

NIVELES

K–2

GÉNEROS / TIPOS DE TEXTO

narración, texto informativo/no ficción, texto de opinión/ persuasivo

PROCESO

revisar

Estrategia Vuelve a leer el texto que escribiste. Si hay una parte que no encaja bien, quita esa página (y posiblemente reemplázala por una página en blanco para reescribir esa parte). Si crees que a tu escrito le falta algo, añade una página en blanco y escribe lo que hace falta.

Sugerencia para el maestro Pedir a los escritores principiantes que escriban una sucesión de páginas los ayudará a entender las partes de su escrito. Si están escribiendo un cuento, internalizan el concepto de "principio, desarrollo y final" en tres páginas. En caso de un texto de no ficción, internalizan el concepto de "un tema secundario, otro tema secundario, otro tema secundario" mientras escriben a lo largo de varias páginas. Esta estrategia enseña a los estudiantes a eliminar una parte de su escrito cuando se dan cuenta de que no encaja o a añadir una parte cuando se dan cuenta de que falta algo.

En la siguiente página hay una estrategia ligeramente más compleja (5.4, "Mueve esa página a otro lugar"), en la que el estudiante decide cuándo mover una página a otro lugar durante la fase del borrador.

Consejos

- ¿Hay alguna parte que te parezca confusa? ¿Crees que le falta algo?
- ¿Qué parte de este cuento te parece que no encaja con las demás partes?
- Si quitas esta página, ¿escribirás algo para reemplazarla?
- Estoy de acuerdo: esa página no encaja con el escrito que tienes ahora.
- Estoy de acuerdo: esa parte es confusa.

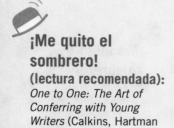

¡Me quito el sombrero!

(lectura recomendada): *One to One: The Art of Conferring with Young Writers* (Calkins, Hartman y White 2005)

Estrategia Vuelve a leer tu escrito. Si hay una parte que parece estar fuera de lugar, arranca la página de tu librito. Vuelve a leer el resto de las páginas, pensando: "¿En qué parte quedaría mejor esta página?". Ponla en el nuevo lugar y lee todo lo que escribiste para asegurarte de que suene bien.

Sugerencia para el maestro No es necesario reordenar las páginas de un texto narrativo si el estudiante planeó su escrito según la secuencia en que ocurrieron los sucesos. Sin embargo, a veces un niño añade en alguna página de su borrador detalles que en realidad ocurrieron anteriormente. Por ejemplo, un niño podría escribir una página en la que busca la correa de su perro, luego una página en la que sale a pasear con su perro, después una página en la que el perro mueve la cola porque está contento de salir y luego una página final en la que regresan a casa. La página en la que el perro está contento de salir debe ir antes que la página en la que salen a pasear.

La decisión de reordenar las partes de un texto informativo puede deberse a que una página encaja mejor con un tema secundario que aparece en otra página. Por ejemplo, si un niño está escribiendo sobre ballenas y tiene una página sobre dónde viven las ballenas, otra página sobre qué comen las ballenas, otra página sobre los peligros que amenazan a las ballenas y luego una página sobre la migración de las ballenas, el niño podría pensar que la parte que habla sobre la migración encaja mejor con los lugares donde viven las ballenas y quizá decida mover esa página más cerca de la primera.

En los textos de opinión, un escritor podría considerar qué argumentos son más convincentes o podría decidir que la conclusión funcionaría mejor como introducción y viceversa.

Consejos

- ¿Te parece confusa alguna parte? ¿Crees que puede estar en el lugar equivocado?
- ¿Qué partes de este cuento parecen fuera de lugar?
- Piensa en qué parte podría quedar mejor esa página.
- Estoy de acuerdo: esa página no encaja bien ahí.
- Ya que has movido esa página, vuelve a leer todo el texto.

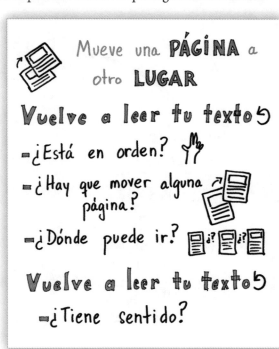

Mueve una **PÁGINA** a otro **LUGAR**

Vuelve a leer tu texto ↻
- ¿Está en orden?
- ¿Hay que mover alguna página?
- ¿Dónde puede ir?

Vuelve a leer tu texto ↻
- ¿Tiene sentido?

¿Para quién es?

NIVELES
K–2

**GÉNEROS /
TIPOS DE TEXTO**
**narración, texto
informativo/no ficción**

PROCESO
ensayar

Estrategia Cuando ya tengas un tema en mente, puedes decidir qué tipo de texto quieres escribir. Una opción es *pensar en un momento determinado* y escribir un cuento que tenga principio, desarrollo y final. Otra opción es pensar en *todo sobre* el tema que elegiste. En ese caso, tu texto será informativo y enseñarás una cosa, luego otra y luego otra sobre el tema que elegiste.

Sugerencia para el maestro Lo más importante que enseña esta estrategia es el conocimiento y la noción del género. Una de las primeras cosas que un escritor necesita considerar es la estructura u organización del texto. Los niños que necesitan apoyo para definir el género de sus escritos probablemente también se beneficiarán de otras lecciones en los objetivos de Elaboración (Objetivo 6) y de Elección de palabras (Objetivo 7) para que los tipos de detalles que incluyan y la voz del texto concuerden con el género.

Consejos
- ¿Cómo quieres presentar el tema de tu escrito?
- ¿Qué tipo de cosas quieres que sepa tu lector?
- Vale, quieres escribir un cuento. Practica cómo sonaría contar el cuento en voz alta.
- Vale, quieres que tu escrito diga *todo sobre* ese tema. Planea qué vas a incluir en cada página.

¡Me quito el sombrero!
(lectura recomendada):
One to One: The Art of Conferring with Young Writers (Calkins, Hartman y White 2005)

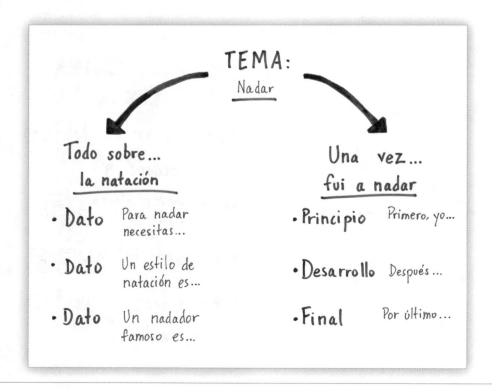

Estrategia Planea cómo organizar tu escrito por partes (por ejemplo, materiales, introducción, pasos, conclusión). Usa una página para cada parte. Para la primera parte, piensa: "¿Qué debo incluir?". Después, piensa: "¿Cómo puedo hacer que mi audiencia esté lista para aprender lo que voy a enseñar?". Para la siguiente parte, piensa: "¿Cuáles son los pasos para enseñar a alguien cómo hacer esto?". Y para la última parte, piensa: "¿Cómo concluiré mi escrito?". Vuelve a leer lo que escribiste para asegurarte de que incluiste toda la información importante.

Usar un mentor Hay muchos libros para niños que indican cómo hacer algo práctico, útil o divertido. La serie de libros de Marta Ribón, *Crea tus juguetes* (2013), *Crea tus propios títeres* (2015) y *Crea tus propios móviles* (2016), no solo ofrece ideas y procedimientos para crear obras únicas y originales, sino que enseña a los niños la importancia de reciclar materiales y cuidar el planeta. Dentro de la misma onda ecológica, *Manualidades con materiales de la naturaleza* (Ronzoni 2011) enseña a los niños a elaborar, paso a paso, juguetes y adornos con materiales de la naturaleza, como troncos, piñas de pino y plumas.

Consejos

- ¿Qué partes tendrá tu libro de "cómo hacer algo"?
- Escribe los pasos ahora. Piensa en qué quieres incluir.
- Repasemos para comprobar que los pasos estén en orden.
- Vuelve a leer lo que tienes. ¿Incluiste todos los datos importantes?
- ¿Crees que enseñaste esto a tu lector de una manera clara?

¿Para quién es?

NIVELES
K–8

GÉNERO / TIPO DE TEXTO
narración de procedimiento

PROCESOS
desarrollar, hacer un borrador, revisar

¡Me quito el sombrero!
(lectura recomendada):
Nonfiction Writing: Procedures and Reports (Calkins y Pessah 2003)

Estrategia Piensa en el tema que elegiste. Si tu escrito sigue una cronología, te será de ayuda hacer primero una lista de los pasos o sucesos en el orden en que vas a describirlos o explicarlos. Cuando ya tengas el orden correcto, puedes empezar a escribir tu borrador.

Sugerencia para el maestro Los escritores más avanzados podrían planear la secuencia en su cuaderno o en un organizador gráfico. Los escritores con menos experiencia pueden usar el papel que usted les ofrezca para realizar este trabajo. Por ejemplo, si usted quiere que los niños sigan la secuencia de *principio, desarrollo y final* para una narración personal, podría ofrecerles tres hojas de papel con un recuadro superior para hacer un dibujo y renglones debajo para escribir sus oraciones. Explíqueles que las hojas de papel no representan un cuento diferente, sino que cada hoja es una parte del mismo cuento o relato. Si quiere ayudar a los estudiantes a planear un texto de procedimiento, podría ofrecerles una hoja de papel con una serie de recuadros pequeños y renglones numerados. Algunos estudiantes quizá quieran planear los sucesos de un cuento de ficción, de una narración personal o incluso de una narración de no ficción (relato histórico, biografía) en una línea de tiempo antes de comenzar a escribir su borrador.

Consejos

- Habla sobre el tema que elegiste. ¿Hay un orden que deberías seguir para contarlo?
- Empecemos por lo que ocurre primero. ¿Qué ocurre después?
- Hay sucesos que están relacionados. ¡Pongámoslos en orden!
- Haz una lista en el orden que quieras seguir en tu borrador.

¡Me quito el sombrero!
(lectura recomendada):
Finding the Heart of Nonfiction: Teaching 7 Essential Craft Tools with Mentor Texts (Heard 2013)

Estrategia Comienza tu cuento con un problema claro. Piensa en cómo se complican las cosas. Piensa en cómo el problema se agrava aún más, haciendo que tus lectores sientan simpatía por tu personaje principal. Piensa en cómo se solucionará el problema.

Sugerencia para el maestro Para los estudiantes de los grados K–2 que preparan su borrador en páginas aparte de un librito, usted puede escribir las palabras *¡Oh, no!, ¡Uy!* y *¡Uf!* en la esquina de las páginas para ayudarlos a que su narración siga la estructura del cuento. (Por supuesto, puede incluir varias páginas de *¡Uy!* o de *¡Oh, no!* durante el desarrollo. Adapte el número de páginas al nivel de experiencia del escritor).

Usar un mentor Chiquipedia (https://bit.ly/2H1q6OG) publica en línea muchos cuentos cortos de ficción que siguen la estructura predecible de problema, problema que empeora y solución. Considere la idea de escribir un cuento corto inspirado en esos cuentos o animar a los niños a contar un cuento entre todos mientras usted lo escribe, para después dividirlo en esas secciones y pegar las secciones del cuento en distintas páginas para formar libritos similares a los que los niños están haciendo.

Consejos

- ¿Qué problema tendrá tu personaje?
- Piensa en cómo podría empeorar el problema.
- Empeoraste el problema. Ahora asegúrate de que eso se relacione con el problema principal.
- ¿Se te ocurre una solución realista?
- ¡Estás creando suspenso! Ese problema se está poniendo peor y peor. ¡Pobre de tu personaje!

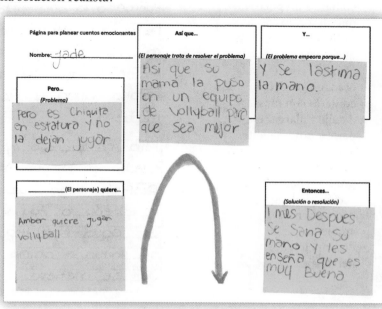

¿Para quién es?

NIVELES
1–3

GÉNERO /
TIPO DE TEXTO
narración

PROCESO
desarrollar

¡Me quito el sombrero!
(lectura recomendada):
El libro de estrategias de lectura: Guía completa para formar lectores hábiles (Serravallo 2019)

¿Para quién es?

NIVELES
1–3

**GÉNERO /
TIPO DE TEXTO**
narración

PROCESO
revisar

Estrategia Una vez que sepas cómo comienza tu cuento, cómo se desarrolla (parte del medio) y cómo termina, regresa al desarrollo. Piensa: "¿Qué otros detalles puedo añadir para alargar esta parte y hacer que haya más suspenso y que mi lector se interese más?". Después, agrega una página adicional o pega una extensión al final de la página y lee lo que has escrito para pensar en qué más puedes añadir.

Usar un mentor Si tiene una biblioteca por niveles en su salón de clases, busque algunos libros del nivel F–H, como *El almuerzo de ranita*, por Dee Lillegard (1994). Estos libros suelen tener un comienzo de una o dos páginas, un desarrollo de varias páginas y un final de dos páginas. Podría sostener el libro por un lado, agarrando las páginas del desarrollo del cuento, (la parte del medio) y decir: "¿Se dan cuenta de que la parte del medio tiene más de una página? Son todas estas páginas juntas. ¡La autora agregó detalles para que el desarrollo de su cuento fuera más largo!".

Consejos
- Muestra la parte del desarrollo de tu cuento.
- ¿Qué más podrías añadir a esa parte?
- ¿Ves alguna parte en la que contaste las cosas muy rápido? Tal vez puedas contarlas un poco más despacio.
- Contaste todo lo que pasó en varios minutos con una sola oración. ¿Podrías contarlo con más detalle y alargar esa parte a dos oraciones?
- Piensa en el tipo de detalles que podrías añadir, como acción, diálogo, pensamientos, ambiente o descripción del personaje.

¡Me quito el sombrero!
(lectura recomendada):
Craft Lessons: Teaching Writing K–8, Second Edition (Portalupi y Fletcher 2007)

5.10 Pregunta–Respuesta

Estrategia Piensa en una lista de preguntas que tu lector podría tener sobre tu tema. Escribe cada pregunta en la parte de arriba de una nueva página (o haz una lista en tu cuaderno). Piensa en cómo podrías contestar la pregunta con una, dos o tres oraciones.

Sugerencia para el maestro Esta estructura se podría usar para escribir un texto completo, con una pregunta al comienzo de cada página a manera de encabezado, lo que hará que el escritor se concentre en el tema específico que aborda esa página. Como alternativa, se podría usar esta estrategia como una parte dentro de un texto informativo más amplio, por ejemplo, al añadir una barra lateral con una sección de preguntas y respuestas.

Usar un mentor En *Mi primer gran libro de los ¿por qué?* (Shields 2013), la autora ofrece un excelente ejemplo de este tipo de estructura. El texto está dividido en temas que responden a un "por qué", por ejemplo: "¿Por qué vuelan los aviones?", "¿Por qué salen plantas de las semillas?", "¿Por qué tengo que comer verduras?".

Consejos
- ¿Qué preguntas tienes?
- Escribe esa pregunta en la parte de arriba de una nueva página. Después, escribe la respuesta debajo.
- ¿Qué pregunta podría hacerse alguien sobre tu tema que tú ya sabes responder?
- Debes saber la respuesta o estar dispuesta a buscarla.
- Veo que tienes varias preguntas. ¡Es hora de comenzar a contestarlas!
- ¿Crees que estas dos preguntas deben ir en páginas aparte o que son muy parecidas y pueden combinarse?

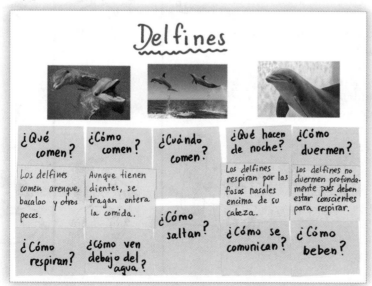

¿Para quién es?

NIVELES

1–3

GÉNERO /
TIPO DE TEXTO

**texto informativo/
no ficción**

PROCESOS

**desarrollar, hacer
un borrador**

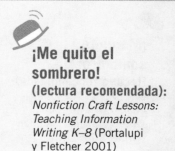

¡Me quito el sombrero!
(lectura recomendada):
*Nonfiction Craft Lessons:
Teaching Information
Writing K–8* (Portalupi
y Fletcher 2001)

¿Para quién es?

NIVELES
1–4

GÉNERO / TIPO DE TEXTO
narración (momento breve)

PROCESOS
hacer un borrador, revisar

Estrategia Piensa en la idea más importante que quieres transmitir en tu cuento o en la cantidad de tiempo que pasa a lo largo del cuento. Piensa en el último suceso que se relacione con esa idea. Escribe un final que hable de ese momento y esté relacionado con la idea más importante de tu cuento.

Ejemplo de enseñanza *Es hora de decidir cómo quiero que termine mi cuento. El final es importante porque es lo último con lo que se queda el lector. Y ese final no puede apartarse del tema. Tengo que pensar en lo que es más importante sobre el cuento que estoy escribiendo. Por ejemplo, si mi cuento trata sobre la primera vez que me subí en una montaña rusa, no voy a terminar mi cuento con el viaje en auto de regreso a casa. ¡No tiene nada que ver! Tengo que terminarlo ahí mismo, en el momento preciso, o en la siguiente vez que me subí en una montaña rusa. Si mi cuento trata sobre cómo mi abuelita prepara el chocolate, al final quiero mostrar cómo saboreo y disfruto esa taza de chocolate caliente que ella preparó con tanto cariño. No voy a terminar el cuento diciendo que me voy a ir a dormir.*

Consejos

- ¿Cuál es la idea más importante que quieres transmitir en tu cuento? ¿Cómo podrías terminar el cuento con esa idea?
- Pensemos en *dónde* y *cuándo* se desarrolla tu cuento. Terminemos el cuento *allá* y en *ese momento.*
- ¡Terminaste tu cuento en el mismo lugar! No hablaste de otra cosa que hiciste más tarde ese día.
- ¿Cómo crees que podrías terminar el cuento?
- Trata de terminarlo en ese momento.

Estrategia Concluye tu cuento con palabras relacionadas con el corazón (la parte más importante) de tu cuento. En lugar de terminar el cuento con un nuevo momento, haz que tus personajes digan algo relacionado con esa parte importante.

Sugerencia para el maestro En este objetivo se ofrecen otras dos estrategias relacionadas con el final de un cuento: 5.11, "El momento preciso para terminar" y 5.37, "Concluye con la idea esencial".

Usar un mentor *Martina, una cucarachita muy linda: Un cuento cubano* (Deedy 2010) concluye con un diálogo entre la cucarachita Martina y el ratón Pérez: "—Lo hiciste a propósito —dijo Martina. Y los dos se rieron asombrados. Al fin habían encontrado a la pareja ideal. —Perdona, mi amor —explicó Pérez un poco avergonzado—. Es que yo también tengo una abuelita cubana" (30).

Consejos
- ¿Quién es el personaje principal de tu cuento?
- Pensemos en lo último que el personaje podría decir.
- Vuelve a decir cuál es el momento principal de tu cuento.
- ¿Qué es lo último que quieres que tu lector escuche de tu personaje?

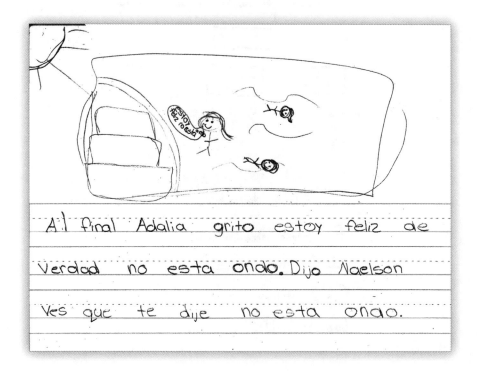

¿Para quién es?

NIVELES
1–8

GÉNERO / TIPO DE TEXTO
narración

PROCESOS
hacer un borrador, revisar

NIVELES

1–8

GÉNERO / TIPO DE TEXTO

texto informativo/ no ficción

PROCESO

desarrollar

Estrategia Piensa en tu tema. Piensa en los capítulos/las partes/las secciones que podrías escribir. Haz una lista. Repasa cada capítulo para asegurarte de tener suficientes hechos o datos para cada parte. Combina los capítulos que son muy cortos y divide los capítulos que son muy amplios.

Sugerencia para el maestro Tal como se explicó antes, probablemente esta estrategia se la enseñaría a niños de grados 1–3. Para los niños de grados superiores de la primaria y los niños de la escuela intermedia, usted puede usar esta misma técnica de dividir un tema en temas secundarios para planear párrafos y ajustar el lenguaje de la estrategia y los consejos según sea necesario.

Consejos

- ¿Qué capítulos podrías escribir?
- Piensa en cómo dividirías este tema. ¿Se puede dividir en partes?
- Haz una lista de las partes.
- Vamos a ver si esta tabla de contenido funcionaría. Di qué hechos o datos piensas escribir en cada capítulo.
- ¡Ah! Si solo tienes un dato, no te da para un capítulo.

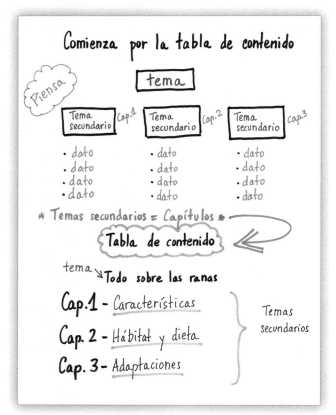

¡Me quito el sombrero!

(lectura recomendada): *Nonfiction Writing: Procedures and Reports* (Calkins y Pessah 2003)

Estrategia Crea una imagen mental de tu tema. Enfócate en las partes y pregúntate: "¿Cuáles son los componentes de mi tema? ¿Cuáles son las características de mi tema?". Nombra los temas secundarios (¡no los hechos o datos!). Haz una lista de estos subtemas.

Ejemplo de enseñanza *Por ejemplo, si quiero escribir sobre mi perro, puedo crear una imagen mental de este. Me enfoco en su cabeza. Un dato podría ser: "Tiene las orejas largas y el pelo suave". Un tema secundario podría ser "orejas". Ya definí un tema secundario, así que ahora puedo agregar muchos datos para ampliarlo: "Las orejas del perro sabueso son largas y caídas. Son tan largas que a veces le llegan hasta el tazón de comida. Pero, además de ser lindas, las orejas del sabueso tienen una función. Este perro tiene muy buen olfato y las orejas le sirven para levantar los olores del suelo y que le lleguen a la nariz". Así que "orejas" es un tema secundario. Otro podría ser el tipo de pelo y otro el tamaño de los sabuesos.*

Consejos

- ¿Cuál es una parte de tu tema que sería interesante para tu lector?
- Ese es un dato. ¿A qué tema secundario podría pertenecer ese dato?
- Es casi como si hicieras una tabla de contenido.
- ¿Podrías escribir una página completa sobre eso? Si no, podría ser un dato y no un tema secundario.
- Piensa en los componentes de tu tema.

DATO:
Los lanzadores lanzan la pelota y los bateadores tratan de golpearla.

Tema: BÉISBOL

TEMA SECUNDARIO:
POSICIONES DE LOS JUGADORES
Los jugadores juegan en distintas posiciones.

¿Para quién es?

NIVELES
1–8

GÉNEROS /
TIPOS DE TEXTO
**texto informativo/
no ficción, texto de
opinión/persuasivo**

PROCESO
desarrollar

¡Me quito el sombrero!
(lectura recomendada):
*Finding the Heart of
Nonfiction: Teaching
7 Essential Craft Tools
with Mentor Texts*
(Heard 2013)

5.15 Partes de un tema: Tipos

¿Para quién es?

NIVELES

1–8

GÉNEROS / TIPOS DE TEXTO

texto informativo/ no ficción, texto de opinión/persuasivo

PROCESO

desarrollar

Estrategia Piensa en tu tema. Divide tu tema en partes más pequeñas pensando en qué tipos puede haber. Haz una lista que te sirva como tabla de contenido.

Ejemplo de enseñanza *Quiero escribir un libro sobre los bailes populares de Latinoamérica. Lo primero que voy a hacer es una tabla de contenido con distintos tipos de bailes conocidos en los países de esa región. ¿Funcionará eso? Vamos a ver. Sé que un tipo de baile popular es la salsa. También conozco el merengue, la cumbia y la bachata. ¡Estupendo! Ya tengo cuatro capítulos. ¿Qué otros bailes puedo agregar? ¡Ya sé! El tango y la raspa. Ahora tengo seis capítulos para mi libro.*

Consejos
- ¿Cuál de los tipos en los que se divide tu tema puede interesarle a tu lector?
- Ese es un dato. Piensa en un tema secundario donde podrías incluir ese dato.
- Es como hacer una tabla de contenido. ¡Cada tipo puede ser un capítulo!
- ¿Podrías escribir toda una página sobre eso? Si no, tal vez sea un dato y no un tema secundario.

Tema:

Deportes

1. fútbol
2. beisbol
3. golf
4. fútbol americano

Tema:

juegos

1. la traes
2. el Avion
3. Marco polo
4. aventar la pelota

Tema:

Libros

1. si llevas un raton al cine
2. Captin Underpants
3. Los tiburones
4. soccer stars

¡Me quito el sombrero!
(lectura recomendada):
"Information Writing: Writing about Topics of Personal Expertise", en *If . . . Then . . . Curriculum: Assessment-Based Instruction, Grade 4, Units of Study in Opinion, Information, and Narrative Writing* (Calkins 2013)

5.16 Transición entre segmentos

Estrategia Separa en cajas las partes de tu borrador (piensa en "principio, desarrollo, final", o "primero, después, por último", o "razón 1, razón 2, razón 3", etc.). Lee el final de uno de tus segmentos y el principio del siguiente. Fíjate en la transición de un segmento al siguiente. Piensa: "¿Usé una palabra o frase de transición que tenga sentido y muestre la relación entre los segmentos?".

Sugerencia para el maestro Esta lección se puede adaptar para niños de primer a octavo grado, siempre y cuando seleccione las palabras de transición apropiadas para el nivel de grado o el nivel de desarrollo de sus escritores. También puede adaptar esta estrategia para diversos tipos de géneros, cambiando, una vez más, las palabras de transición según sea necesario.

Consejos

- ¿Cuál es el principio de ese segmento? ¿Y el final? Encierra esa parte en una caja.
- Subraya la transición, en la que pasas de un segmento al siguiente.
- ¿Cómo se relacionan esos dos segmentos? ¿Usaste una palabra/frase de transición que tenga sentido aquí?

¿Para quién es?

NIVELES

1–8

GÉNEROS /
TIPOS DE TEXTO

narración, texto de opinión/persuasivo, texto informativo/ no ficción

PROCESO

revisar

¿Para quién es?

NIVELES
1–8

GÉNERO /
TIPO DE TEXTO
poesía

PROCESO
revisar

Estrategia Vuelve a leer tu poema. Piensa en cómo podrías dividir los renglones del poema para marcar las pausas. Luego, vuelve a escribir tu poema de otro modo con diferentes cortes de renglón. Lee cada versión y escucha el sonido. Decide qué ritmo se ajusta mejor al significado (o si ninguno se ajusta, ¡inténtalo de otro modo!).

Sugerencia para el maestro Un modo de enseñar cómo separar las palabras en renglones o líneas es tomar un poema y escribir cada palabra en una tarjeta aparte. Usando una cartelera con bolsillos, organice las palabras en renglones de un modo. Haga una lectura a coro para oír el ritmo. Reorganice las palabras con diferentes cortes de renglón. Comente cómo cambia el ritmo del poema.

Usar un mentor Antes de que los estudiantes intenten esta estrategia con sus propios poemas, podría tomar un poema corto y escribirlo en tiras de papel. Corte cada palabra y organícelas en renglones en una cartelera con bolsillos. Para los niños de primer y segundo grado, podría usar una ronda infantil conocida, como "Los pollitos dicen" o "El patio de mi casa". Para los niños de grados superiores, podría usar un poema corto de un autor conocido, como "La plaza tiene una torre" de Antonio Machado (2015a). Trabaje con los niños para acomodar y reacomodar los renglones, considerando cómo cambia el significado, el ritmo y hasta el tono dependiendo del corte del renglón.

Consejos

- Si cortas el renglón aquí, va a sonar así. Si lo cortas aquí, va a sonar así. ¿Cuál te gusta más?
- Inténtalo de otro modo.
- Ya dividiste los renglones. Ahora lee el poema para ver cómo suena.
- Cuando lo leas en voz alta, haz una pausa en cada corte del renglón.
- Ya oíste el ritmo del poema con esos cortes; inténtalo de otro modo.

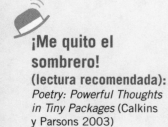

¡Me quito el sombrero!
(lectura recomendada):
Poetry: Powerful Thoughts in Tiny Packages (Calkins y Parsons 2003)

5.18 Comienza con un plan en mente

Estrategia Antes de comenzar a escribir tu borrador, visualiza cómo lo vas a hacer. Crea algún elemento visual rápido, con dibujos o palabras, para representar la estructura general. Mientras escribes, repasa tu plan para ver por dónde vas.

Ejemplo de enseñanza *Cuando un navegante emprende una travesía, no se limita a meter su bote en el agua, izar las velas y esperar a ver qué pasa. Los navegantes tienen un plan de navegación. Al escribir, debemos hacer lo mismo: dibujar una especie de mapa de lo que queremos hacer para no perder el curso mientras viajamos y añadimos muchos detalles y palabras.*

Sugerencia para el maestro Esta estrategia es más útil una vez que los estudiantes hayan aprendido diversas maneras de estructurar sus escritos y conozcan una variedad de organizadores gráficos que los ayuden a organizar o dar forma a la información por medio de una estructura.

Usar un mentor *La princesa que quería escribir,* de Beatriz Berrocal (2012), es un encantador cuento en rima que habla de una princesa que sueña con ser escritora y crea en su mente letras que saltan y se entrelazan formando palabras, cuentos y poemas.

Consejos

- ¿Cuál es el género de lo que estás escribiendo?
- ¿Qué sabes sobre cómo debe organizarse un escrito de ese género?
- Haz un dibujo (u organizador gráfico) para representar lo que vas a hacer.
- Fíjate en algunos organizadores gráficos que tengo aquí. ¿Cuál se ajusta mejor al texto que quieres escribir?
- Dijiste que querías escribir un/una _____. La estructura para ese tipo de género por lo general es ____.

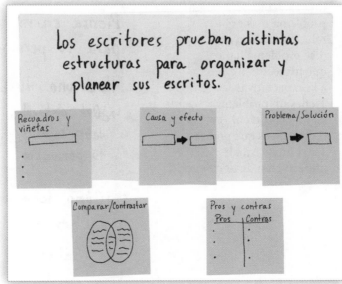

¿Para quién es?

NIVELES
2–8

GÉNEROS /
TIPOS DE TEXTO
todos

PROCESO
desarrollar

¡Me quito el sombrero!
(lectura recomendada):
The Elements of Style, Fourth Edition (Strunk y White 1999)

5.19 ¡Crea expectativa!

¿Para quién es?

NIVELES
2–8

GÉNERO /
TIPO DE TEXTO
narración

PROCESOS
desarrollar, revisar

Estrategia Piensa en un problema o meta de tu personaje principal. Haz una lluvia de ideas de los obstáculos que el personaje tendrá que afrontar para superar el problema. Piensa: "¿Terminaré el cuento con una solución o le daré otro giro al final?".

Ejemplo de enseñanza *Al escribir un cuento, es bueno crear expectativa para que el lector quiera seguir leyendo. Muchas veces, esto se logra asignándole al personaje principal un problema claro o una meta definida. Una vez que determines el problema o la meta, crea la trama alrededor de eso y piensa cómo se desarrollarán los sucesos y qué pasará al final. A veces querrás que el problema se arregle, es decir, darle una solución. Otras veces encontrarás la manera de resolver la tensión sin que todo le salga perfecto al personaje principal. Planear todo esto antes de comenzar a escribir tu cuento te ayuda a saber hacia dónde vas.*

Usar un mentor En la primera página de *Pastel para enemigos* (Munson 2017), el lector lee la primera pista del problema principal del cuento: "Parecía que era el verano perfecto. Pero no lo era". En las siguientes dos páginas nos enteramos de que el personaje principal ha comenzado una lista de enemigos y que el primero de la lista es Joaquín Rojas, el niño que recientemente se había mudado al lado de la casa de su mejor amigo, Esteban.

Consejos

- ¿Qué problema podría tener tu personaje?
- Ese es un problema pequeño; parece más bien un obstáculo. ¿Hay algún problema más grande relacionado con eso?
- ¡Ese problema hará que tus lectores estén a la expectativa!
- Tienes un problema y algunos obstáculos. Ahora, ¿cómo crees que podría ser el final? Añade esas ideas al plan de tu cuento.

¡CREA EXPECTATIVA!

1. Piensa en un problema/meta para tu personaje.

2. Haz una lluvia de ideas.
↳ ¿Qué obstáculos debe superar tu personaje?

3. ¿Cómo terminará?
¿Resolución?
¿Solución?

¡Me quito el sombrero!
(lectura recomendada):
The Plot Thickens: 8 Ways to Bring Fiction to Life (Lukeman 2002)

Estrategia Piensa en la información o las ideas más importantes del texto que vas a escribir. Escribe tres introducciones diferentes en las que des a tu lector información sobre las ideas más importantes de tu escrito (guíate por la imagen de abajo). Piensa en cuál será la más adecuada para presentar tu tema y, a la vez, atraer a tu lector.

Sugerencia para el maestro Para esta estrategia es necesario que usted ya haya enseñado los distintos tipos de introducción o que el escritor tenga suficiente experiencia como para trabajar a partir de un ejemplo. Para los escritores con menos experiencia, podría enseñar cada tipo de introducción de la tabla de abajo en diferentes lecciones antes de pedirles que prueben varias al mismo tiempo.

Consejos

- Prueba con una introducción narrativa. Relata el comienzo como un cuento.
- ¿Qué otra introducción podría tener este texto?
- Vuelve a leer las introducciones que escribiste. ¿Cuál te parece más adecuada?

> ## Elige la INTRODUCCIÓN
>
> **Introducción narrativa:** Comenzar con un cuento corto
>
> Ejemplo: "En el Aeropuerto Internacional Jomo Kenyatta, de Nairobi, el estruendo de los aviones y los camiones de carga es tremendo. Pero Rocco hace su trabajo como si nada".
> Del artículo "Conoce a los perros que protegen a los elefantes". (National Geographic)
>
> **Introducción descriptiva:** Dar detalles de cómo es algo
>
> Ejemplo: "Tiene la piel transparente, el esqueleto blando y su cráneo sin cerrar... es el pez caracol, ¡el pez que vive en lo más profundo del mar!".
> Del artículo ¿Qué pez vive en lo más profundo del mar? (Revista Muy interesante Junior)
>
> **Introducción personalizada:** Hablar directamente al lector
>
> Ejemplo: "¿Te gustaría dar un paseo con nosotros por el bosque? ¿Te animarías?"
> Del artículo "El bosque" (Biblioteca Digital del Ilce)

¿Para quién es?

NIVELES
2–8

GÉNERO / TIPO DE TEXTO
texto informativo/ no ficción

PROCESOS
desarrollar, revisar

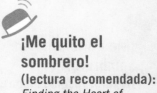

¡Me quito el sombrero!
(lectura recomendada):
Finding the Heart of Nonfiction: Teaching 7 Essential Craft Tools with Mentor Texts
(Heard 2013)

5.21 Dirígete al lector

¿Para quién es?

NIVELES

2–8

GÉNEROS / TIPOS DE TEXTO

texto informativo/ no ficción, texto de opinión/persuasivo

PROCESOS

desarrollar, revisar

Estrategia Piensa en el enfoque de tu escrito. Revisa tu introducción y cambia la narración de tercera persona a segunda persona. Trata de imaginar que estás hablando directamente con el lector usando la voz "tú".

Ejemplo de enseñanza *A veces, los textos de no ficción parecen fríos y distantes. Cuando el escritor se limita a presentar un hecho o dato tras otro, puede hacer que el lector no se conecte con el tema. Una de las cosas que puedes hacer es reconsiderar tu introducción y hablar en segunda persona, en lugar de usar la tercera persona. Es decir, dirigirte al lector con palabras como tú, te y ti. Por ejemplo, fíjate en el comienzo de este texto que escribí sobre los días feriados en Latinoamérica.*

> Hay días feriados que se celebran con canciones, bailes, comida, diversión y desfiles. En Latinoamérica, muchos de los días feriados tienen un significado religioso porque en esa región del mundo hay muchos católicos. En México se celebra *El Día de Muertos* el 2 de noviembre. Las familias se reúnen para adornar las tumbas de sus seres queridos con flores y otros objetos. Creen que es muy importante honrar a los muertos para así tener una mejor vida en este mundo, libre de enfermedades y de mala suerte.

Ahora, si quisiera darle un giro a este texto para hablar directamente al lector, tendría que usar "tú" y tal vez hacerle preguntas para atraer su atención.

> Imagina que estás en México la mañana del 2 de noviembre. ¿Ves los primeros rayos del sol que se cuelan por la ventana? ¡Es hora de levantarte! Muy pronto irás con alguien de tu familia a recoger flores, no para adornar tu casa, sino para honrar a tus seres queridos que han muerto. Este día festivo no tiene que ver con los fantasmas y las brujas de Halloween. Vas a ir al cementerio a adornar las tumbas con flores. Vas a honrar a tus difuntos con la esperanza de que tú y tu familia gocen de salud, buena suerte y abundantes cosechas el año que viene.

Consejos

- Dale un giro a la voz de tu escrito.
- Cámbiala a "tú". Usa la misma información, pero escribe como si le estuvieras hablando a alguien.
- ¡Ahora tienes dos versiones! ¿Cuál de las dos te parece más adecuada para tu tema?
- Habla sobre las diferencias entre las dos introducciones que creaste.

REVISA TU INTRODUCCIÓN

Nueva voz, Nuevo tono

TERCERA PERSONA	SEGUNDA PERSONA
él	tú
ella	tus
ellos	te
eso	ti

¡Me quito el sombrero!

(lectura recomendada):

Finding the Heart of Nonfiction: Teaching 7 Essential Craft Tools with Mentor Texts (Heard 2013)

Estrategia Piensa en lo que quieres decir y a quién se lo quieres decir. Considera las opciones que tienes para distintos tipos de textos informativos (cada uno con su propia estructura). Elige un tipo de texto y una estructura que correspondan a la audiencia a la que piensas dirigirte.

Ejemplo de enseñanza *Al pensar en cómo quieres presentar la información, es importante que consideres el propósito de tu escrito. Tal vez decidas escribir un libro sobre distintos aspectos de un tema, un informe corto, un póster o un artículo de blog. Cada estructura tiene una organización diferente. Dependiendo de la estructura, cambiarán la cantidad de información incluida y el tono que elijas: formal o informal, visual o con mucho texto.*

Usar un mentor "Textos informativos", del portal educativo.net (https://bit.ly/2n7w6NU), ofrece una idea general de las estructuras de distintos tipos de textos de no ficción, como texto informativo, texto instructivo y texto expositivo. También podría compartir con los niños algunos ejemplos de textos sencillos y cortos de no ficción que aparecen en AboutEspañol (https://bit.ly/2AD3R0P).

Consejos

- ¿Cuál es tu tema?
- ¿Quién es tu audiencia?
- Vamos a ver qué tipo de texto informativo podría encajar con tu tema.
- ¿Quién quieres que lea tu escrito? ¿Qué tipo de texto sería más adecuado?
- Estás pensando en escribir un/una ____. ¿Dónde sueles ver ese tipo de texto? ¿Quién lo lee?
- ¡Creo que ____ tiene sentido! Se ajusta a tu tema y a tu audiencia.

PANFLETO
Podría hacer un panfleto sobre cómo elegir platos saludables en restaurantes, para que cada niño lo comparta con su familia.

TEMA
Comidas saludables

LIBRO INFORMATIVO
Podría hacer un libro sobre el efecto que tienen los alimentos en el cuerpo y la salud con estas secciones: azúcar, grasas, alergias a alimentos, verduras.

ARTÍCULO DE BLOG
Esto podría llegar a una audiencia más grande. Podría enlazarlo con el sitio web de la escuela y dirigirlo a los padres.

LETRERO
Podría colgar un letrero en la cafetería de la escuela para que los estudiantes elijan bien a la hora del almuerzo.

¿Para quién es?

NIVELES
2–8

GÉNERO /
TIPO DE TEXTO
**texto informativo/
no ficción**

PROCESO
desarrollar

¡Me quito el sombrero!
(lectura recomendada):
The Writing Thief: Using Mentor Texts to Teach the Craft of Writing (Culham 2014)

5.23 Dibuja el formato

¿Para quién es?

NIVELES
2–8

**GÉNERO /
TIPO DE TEXTO**
**texto informativo/
no ficción**

PROCESO
desarrollar

Estrategia Cuando hayas reunido la información sobre lo que planeas escribir, te será útil visualizar el formato o diseño de la información presentada en tu página. Mira algunos ejemplos para sacar ideas y después dibuja tu formato en una hoja de papel en blanco. Considera cuánto espacio necesitarás para el texto principal y para las características del texto.

Sugerencia para el maestro Después de que los estudiantes consideren distintos formatos para sus textos, es conveniente ofrecer a los niños más jóvenes plantillas pre-hechas en el centro de escritura del tipo de formato que quieran dibujar.

Usar un mentor Reúna una variedad de textos de no ficción, tales como páginas de libros de la biblioteca de su salón de clases o artículos de revistas como *Time for Kids en español* y *Muy Interesante Junior*. Considere la idea de exponer distintos tipos de formatos en el tablero de anuncios de su salón de clases (podría pedir a los estudiantes que hagan los rótulos de cada ejemplo indicando el tipo de formato que usó cada autor).

Consejos

- Observa algunos textos mentores. Piensa por qué cada autor eligió ese formato.
- ¿Qué tipo de formato imaginas para tu página?
- Piensa en la información que quieres compartir. ¿Qué formato sería adecuado?
- Dijiste que tienes texto y un par de ilustraciones para tu escrito. Muestra cómo se vería eso en la página.
- Haz un dibujo rápido del formato.

**¡Me quito el sombrero!
(lectura recomendada):**
*Nonfiction Craft Lessons:
Teaching Information
Writing K–8* (Portalupi
y Fletcher 2001)

Estrategia Basándote en tu tema, crea un esquema de cómo organizarás tu escrito. Después, imagina el texto de otro modo, ya sea organizándolo desde otro ángulo o ampliando o destacando algún tema. Mira tus esquemas y elige el que creas que encaja mejor con lo que quieres escribir.

Sugerencia para el maestro Además de ayudar al escritor a tener una estructura y organización sólidas antes de empezar a escribir, puede usar esta estrategia para trabajar en la revisión. Es decir, una vez que los estudiantes escriban su borrador, anímelos a hacer un esquema de lo que han creado, mirar lo que tienen y considerar cualquier cambio estructural. Siempre les digo a mis estudiantes que es mucho más fácil dedicar tiempo a planificar la estructura antes de escribir que tener que desarmar un borrador y reorganizarlo. Dicho esto, a algunos escritores les gusta hacer un borrador para ver cómo resulta y luego regresar a su escrito para hacer cambios estructurales. Otros escritores hacen un poco de ambas cosas.

Consejos

- Tienes un esquema posible. Intenta con otro.
- Intenta que tu enfoque sea más específico y muestra eso en tu esquema.
- Toma un capítulo e imagínalo como un libro completo. ¿Qué capítulos tendría?
- Haz un nuevo esquema desde un ángulo diferente del tema.
- ¡Ahora tienes tres versiones! ¿Cuál elegirás? ¿Por qué?

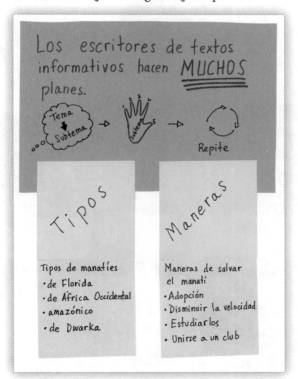

¿Para quién es?

NIVELES
3–8

GÉNEROS /
TIPOS DE TEXTO
**texto informativo/
no ficción, texto de
opinión/persuasivo,
narración**

PROCESOS
desarrollar, revisar

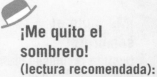

**¡Me quito el
sombrero!**
(lectura recomendada):
"Try This! Outline, Re-
Outline, Re-Outline Again"
(Serravallo 2015)

Organiza tus páginas y observa la arquitectura

¿Para quién es?

NIVELES
3–8

GÉNEROS /
TIPOS DE TEXTO
todos

PROCESO
revisar

Estrategia Toma todas las páginas de tu borrador y ponlas, unas al lado de las otras, en una mesa o en el piso. Míralas en conjunto para apreciar el equilibrio, la estructura, la organización y la arquitectura. Fíjate si algunas partes se ven muy largas, si otras partes se ven muy cortas o si debes cambiar algo en el formato. Haz los cambios que te parezcan necesarios.

Sugerencia para el maestro Puesto que muchos escritores de los grados superiores de primaria y de la escuela intermedia ya escriben sus borradores en la computadora, tendrían que imprimir las páginas para poner en práctica esta estrategia. Es algo que yo tengo que hacer por lo menos dos veces mientras trabajo en un libro: imprimo las 400 páginas, las organizo y leo la versión impresa. Es muy difícil apreciar todo un texto en la pantalla de la computadora.

Consejos

- Mira todas las páginas. ¿Qué notas sobre la organización?
- ¿Algunas partes se ven muy largas?
- ¿Algunas partes se ven muy cortas?
- ¿Crees que algo debe reorganizarse?
- ¿Qué cambiarías ahora que ves todas las páginas juntas?

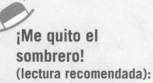

¡Me quito el sombrero!
(lectura recomendada):
One to One: The Art of Conferring with Young Writers (Calkins, Hartman y White 2005)

Estrategia Fíjate en las distintas partes de tu escrito. Traza líneas para separar las partes. Recorta las partes siguiendo las líneas y reacomoda el texto. Piensa en qué lugares podrías agregar una nueva tira de papel o página. Vuelve a leer el texto con la nueva organización. Si es necesario, ¡vuelve a organizarlo!

Sugerencia para el maestro Un programa de procesamiento de texto (como Word) permite cortar y pegar texto, pero, al hacerlo digitalmente, lo que se borra ¡desaparece! Para los estudiantes que escriben en la computadora, aconsejaría imprimir las páginas, recortarlas, reorganizarlas en una mesa, escribir a mano cualquier adición necesaria y luego volver a la computadora para hacer los cambios deseados. ¡A veces no hay nada como hacer las cosas a mano!

Consejos

- Vamos a ver cuáles son las partes de tu escrito.
- Identifica las partes y traza una línea.
- Recorta las partes. ¿Qué nueva organización vas a intentar?
- Ahora que tienes las partes por separado, vuelve a considerar cómo organizarlas.
- Vuelve a leer para ver qué más podrías añadir.

> Un dia en Mexico yo, mi mamá, papá, hermano, y abuela fuimos al mercado. En el mercado comprimos flautas, fruta, y ropa. Al fin fuimos al michoacana y comimos helado. Cuando yo y mi familia terminaron vimos que mi abuela ya no esta en la michoacana.
>
> Yo y mi familia fueron a cada tienda para encontrar ella pero no encontramos! Fuimos a tiendas que ella le gustaba y no encontramos a ella! Caminamos para horas tratando de encontrar a ella! A veces yo pienso que no vamos a encontrar ella.
>
> Decidimos que vamos a la casa para preguntar a mi abuelo si el sabe donde fue mi abuela. Cuando nosotros fue caminando a la casa nunca vas a creer quien fue caminando en frente de nosotros. Mi abuela! Yo estaba muy feliz que encontramos ella!

¿Para quién es?

NIVELES
3–8

GÉNEROS /
TIPOS DE TEXTO
todos

PROCESO
revisar

¡Me quito el sombrero!
(lectura recomendada):
Ortografía escolar de la lengua española (Real Academia Española 2013)

¿Para quién es?

NIVELES
3–8

GÉNERO / TIPO DE TEXTO
narración

PROCESOS
hacer un borrador, revisar

Estrategia Ubica la parte del cuento donde tu personaje soluciona su problema o logra lo que quiere. Encierra en una caja la parte que conduce a ese momento. Trata de prolongar la acción de esa parte dando muchos detalles. Al añadir detalles, ¡retardarás la solución y crearás suspenso!

Sugerencia para el maestro Esta estrategia se complementa muy bien con algunas lecciones del Objetivo 6 de Elaboración, que tratan sobre los tipos de detalles que los niños pueden incluir en sus escritos. En otras palabras, una vez que los niños identifiquen la parte en la que deben "disminuir el ritmo", estructuralmente hablando, se podrán beneficiar de algunas ideas sobre cómo prolongar la acción en esa parte.

Usar un mentor *El conejito Knuffle* (Willems 2007) relata lo que pasa cuando una niña y su papá van a la lavandería y por descuido meten al conejito de peluche de la niña en la lavadora. El autor crea suspenso y expectativa al mostrar cómo la niña, que aún no sabe hablar, trata desesperadamente de advertirle a su papá que su conejito se ha quedado en la lavandería. Finalmente, la mamá de la niña nota la ausencia del conejito y toda la familia sale corriendo a buscarlo.

Consejos
- ¿En qué parte del cuento el personaje consigue lo que quiere?
- ¿En qué parte se resuelve el problema?
- Encierra en una caja la parte anterior a esa. ¿Crees que contaste esa parte muy deprisa o que diste suficientes detalles?
- Veamos si puedes prolongar esa parte. Cuéntala en detalle.

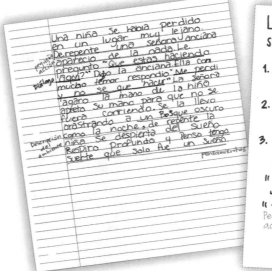

¡Me quito el sombrero!
(lectura recomendada):
One to One: The Art of Conferring with Young Writers (Calkins, Hartman y White 2005)

5.28 Estructura de repetición/lista

Estrategia Piensa en lo que es más importante en tu escrito. Pregúntate: "¿Podría repetir alguna parte o línea para hacer énfasis en la importancia de esa parte?". Considera qué idea nueva podrías añadir en cada repetición. Haz una lista corta o una serie de dibujos rápidos para planear tu borrador.

Sugerencia para el maestro En el objetivo de Elaboración (estrategia 6.24, "Usa un estribillo"), encontrará una técnica de repetición. Esta estrategia pide a los estudiantes que consideren una estructura repetitiva, que es adecuada para algunas memorias, poesías, textos informativos y hasta discursos. Esta estructura es muy efectiva para escribir sobre temas que son difíciles de organizar de otro modo o para escribir sobre una serie de cosas similares. Se puede aplicar a distintos géneros. En un texto informativo, un niño podría hacer una lista de animales de África y, después, escribir el nombre de cada uno en una página y añadir un detalle sobre su aspecto, un detalle sobre lo que come y un detalle sobre cómo cuida a sus crías. En una narración, un niño podría contar una serie de momentos o preguntas repetitivas, como en *La sorpresa de Nandi* (Browne 1996). En poesía, un niño podría elegir una estructura de varias estrofas que tengan un ritmo similar, el mismo número de renglones o un estribillo repetitivo.

Usar un mentor *Si yo fuera un gato* (Sánchez 2016) presenta algunas frases repetitivas que ayudan a la autora a hilar su cuento y al lector a enfocarse en la idea principal del cuento. Por ejemplo: "Si yo fuera un gato, no me gustaría que me llevaras a patinar en el hielo… Si yo fuera un gato, no me gustaría ir a tu playa preferida".

Consejos

- ¿Qué frase o idea quieres repetir? ¿Por qué?
- Si esa es tu idea principal, ¿qué frase o estructura podría repetirse?
- ¿Cada cuánto la vas a repetir?
- ¿Qué información nueva añadirás cada vez que lo repitas?
- Debe haber un equilibrio entre lo que se repite y lo que es nuevo.

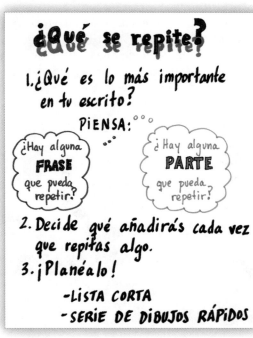

¿Para quién es?

NIVELES
3–8

GÉNEROS / TIPOS DE TEXTO
todos

PROCESOS
desarrollar, hacer un borrador, revisar

¡Me quito el sombrero!
(lectura recomendada):
Wondrous Words: Writers and Writing in the Elementary Classroom (Ray 1999)

¿Para quién es?

NIVELES

3–8

**GÉNERO /
TIPO DE TEXTO**
narración

PROCESO
desarrollar

Estrategia Toma una tira larga de papel (una tira de oraciones funcionaría bien) y divídela en cuadros. Cada vez que aparezca un nuevo ambiente o un nuevo personaje en tu cuento, haz un dibujo en el cuadro que sigue. Usa tus cuadros para contar el cuento y después haz un borrador de cada escena en una hoja de papel aparte.

Sugerencia para el maestro Cuando los estudiantes están escribiendo narraciones con varias escenas, es importante que no se apresuren a contar cada escena haciendo que el cuento parezca un resumen. Si les pide que hagan un guion gráfico y dibujen cada escena en una hoja de papel aparte, podrán ver cada escena como un cuento. Después, recuérdeles cómo pueden prolongar su cuento, parte por parte, o pídales que consideren si deben acelerar el ritmo en alguna escena para mantener la narración en movimiento (en la estrategia 5.31, "Ir rápido (o despacio) a través del tiempo", encontrará más información sobre cómo controlar el tiempo). Pedir a los escritores que hagan un guion gráfico previo a su borrador también ayuda al maestro a dar un vistazo rápido a sus planes antes de que comiencen a escribir. Es más fácil rehacer un dibujo que volver a escribir una página completa.

Usar un mentor Al practicar esta estrategia, es conveniente usar un texto que los estudiantes conozcan para que puedan visualizar la relación entre el guion gráfico y el cuento. Un libro muy apropiado para este fin es *Vamos a cazar un oso* (Rosen 2017), que permite mostrar los distintos escenarios por los que pasan los personajes en su búsqueda del oso.

Consejos
- ¿Es un nuevo ambiente o un nuevo personaje? ¡Entonces eso va en un nuevo cuadro!
- Haz un dibujo rápido que te recuerde sobre qué quieres escribir.
- Ahora que tienes tu guion gráfico, trata de contar el cuento.
- Recuerda contar en detalle lo que pasa en cada cuadro; no resumas una parte interesante en una sola oración.

¡Me quito el sombrero!
(lectura recomendada):
Writing Fiction: Big Dreams, Tall Ambitions
(Calkins y Cruz 2006)

Estrategia Define bien el problema en el que se enfoca tu texto. Descríbelo y da evidencias. Sugiere una solución. Da razones bien sustentadas para convencer a tu lector de que tu solución será eficaz. Escribe una introducción y una conclusión para enmarcar tu texto.

Sugerencia para el maestro Si sus estudiantes no tienen experiencia en escribir introducciones y conclusiones, necesitarán otras estrategias además de esta. Vea estas estrategias enfocadas en la introducción: "¡Crea expectativa!" (5.19) y "Dirígete al lector" (5.21). Consulte estas estrategias enfocadas en la conclusión: "Cierra el círculo" (5.35) y "Concluye con la idea esencial" (5.37).

Consejos

- Primero, define cuál es el problema que quieres comunicar a tu audiencia.
- ¿Por qué es un problema?
- ¿Puedes explicar por qué?
- Ahora que has definido el problema, explica la solución que sugieres y por qué puede ser efectiva.
- ¿Cómo puedes presentar tu tema?
- Concluye tu texto.

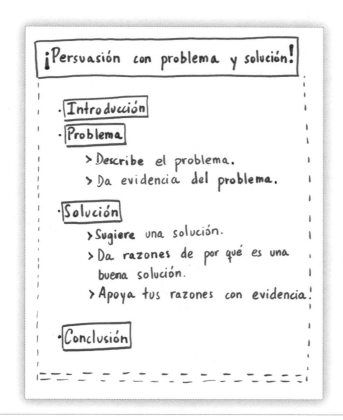

¡Persuasión con problema y solución!

- Introducción
- Problema
  - > Describe el problema.
  - > Da evidencia del problema.
- Solución
  - > Sugiere una solución.
  - > Da razones de por qué es una buena solución.
  - > Apoya tus razones con evidencia.
- Conclusión

¿Para quién es?

NIVELES
3–8

GÉNERO / TIPO DE TEXTO
texto de opinión/ persuasivo

PROCESOS
desarrollar, hacer un borrador

¡Me quito el sombrero!
(lectura recomendada):
Inside Information: Developing Powerful Readers and Writers of Informational Text Through Project-Based Instruction (Duke 2014)

5.31 Ir rápido (o despacio) a través del tiempo

¿Para quién es?

NIVELES
4–8

**GÉNERO /
TIPO DE TEXTO**
narración

PROCESO
revisar

Estrategia Piensa en los momentos de tu cuento que son menos importantes. Encierra esas partes en una caja. Reserva la descripción detallada para las partes que son más importantes para el "corazón" de tu cuento. Resume las partes que quieres mencionar rápidamente.

Sugerencia para el maestro Esta estrategia se podría usar en conjunto con las que enseñan a los niños a prolongar las partes de su cuento (por ejemplo, "Busca el corazón de tu cuento", estrategia 4.3) y las que ayudan a considerar las "partes" generales de su narración (por ejemplo, "Haz un guion gráfico con varias escenas", estrategia 5.29).

Usar un mentor De *Vinieron los parientes* (Rylant 1995): "Se bebieron todos los refrescos y se comieron todas las galletas y viajaron todos esos kilómetros hasta que, finalmente, llegaron a nuestro patio". El corazón de esta narración es la visita de los parientes, así que la parte del viaje se narra en una sola oración. Sin embargo, la autora comunica el tiempo que transcurrió con una lista de detalles descriptivos, como "viajaron todos esos kilómetros".

Consejos

- Busca una parte que quieras acortar.
- Piensa en una parte que tu lector debe conocer, pero que no es parte del núcleo de tu cuento.
- ¿Qué parte crees que debes mencionar rápidamente?
- Trata de decir estas cuatro oraciones en una o dos.
- Estoy de acuerdo con que es importante mencionar esa parte, pero creo que no vale la pena dedicarle mucho espacio.

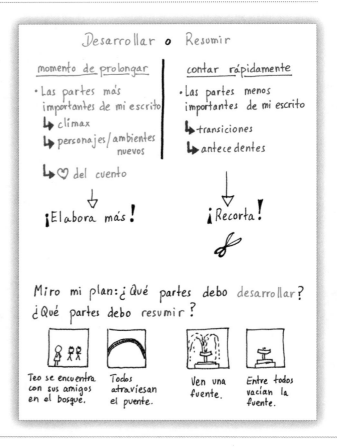

¡Me quito el sombrero!
(lectura recomendada):
Wondrous Words: Writers and Writing in the Elementary Classroom (Ray 1999)

5.32 Elige un texto y cambia el género o la estructura

Estrategia Elige uno de tus escritos que se enfoque en un tema que te apasiona. Vuelve a leerlo. Trata de imaginarlo en otro tipo de género. Escribe un borrador sobre el mismo tema, pero con un nuevo género o estructura.

Ejemplo de enseñanza *Una de las cosas que más me entusiasma de la revisión es tener la oportunidad de volver a imaginar el texto de un modo completamente distinto, quizá cambiando el género o la estructura.*

Nancie Atwell (2014) y otros han dicho que los escritores suelen tener "territorios", es decir, temas a los que regresan una y otra vez. Si estás escribiendo sobre un tema que te interesa mucho, es posible que ese mismo tema sea apropiado para otros géneros.

Por ejemplo, elige una narración personal y trata de imaginarla como un poema. Podrías conservar palabras esenciales que te ayuden a comunicar el mensaje que quieres transmitir. O toma esa misma narración personal y transfórmala en un texto de ficción. Cambia el problema central, inventa un par de personajes nuevos o crea una solución que se parezca a lo que hubieras deseado que pasara en realidad. Hasta puedes usar el mismo cuento para crear un texto informativo que enseñe a tu lector sobre el tema.

Lo más interesante de este ejercicio es que te puedes sorprender al encontrar la "verdad" que surge cuando cambias el género. Cuando el género cambia, también pueden surgir nuevos detalles, descripciones o imágenes, y esos detalles se pueden reincorporar al texto original.

Consejos
- ¿De qué otro modo podrías escribir sobre este tema?
- Escribiste un/una _____. Ahora intentemos un/una____.
- ¿Qué otros géneros podrían funcionar con este tema?
- Vuelve a imaginar este texto en un género diferente o con una estructura diferente.

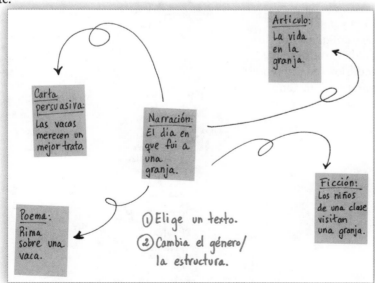

¿**Para quién es?**

NIVELES
4–8

GÉNEROS / TIPOS DE TEXTO
todos

PROCESO
revisar

¡Me quito el sombrero!
(lectura recomendada):
In the Middle, Third Edition: A Lifetime of Learning About Writing, Reading, and Adolescents (Atwell 2014)

¿Para quién es?

NIVELES
4–8

GÉNERO / TIPO DE TEXTO
texto informativo/ no ficción

PROCESO
desarrollar

Estrategia Piensa en tu tema. Usa tu estrategia favorita para dividir ese tema en categorías más grandes (partes, tipos, características, etc.). Enfócate en una de las categorías más pequeñas como si se tratara de un tema nuevo. Divide ese texto en categorías aún más pequeñas (¡no hechos o datos!). Repasa cada categoría para asegurarte de que tienes suficientes datos para cada una.

Sugerencia para el maestro Vea la estrategia 7.16, "Títulos, encabezados y subencabezados ingeniosos" para obtener ideas sobre cómo ayudar a los niños a darle un giro a sus títulos. Esta estrategia en particular busca entender cómo dividir la información en partes y categorías. Algunos niños querrán hacer esto en voz alta, mientras que otros preferirán hacer un esquema de sus ideas.

Usar un mentor La mayoría de los libros de no ficción de Bobbie Kalman tienen una estructura con títulos, encabezados y subencabezados. Por ejemplo, en *¿Qué son los murciélagos?* (Kalman y Levigne 2005, 14), hay una página con un encabezado sobre el vuelo de los murciélagos y subencabezados sobre las alas y la forma de volar.

Consejos

- Ya tienes cinco temas secundarios que forman parte de un tema más grande. Vamos a tomar uno y ver si podemos dividirlo aún más.
- Las partes de tus temas secundarios pueden ser párrafos en la sección sobre ese subtema.
- Ese es un dato. ¿A qué tema secundario pertenece ese dato?
- Vamos a ver si hay algo que se duplique aquí. ¿En realidad estos dos temas secundarios son diferentes? Asegúrate de que tengan hechos o datos diferentes.

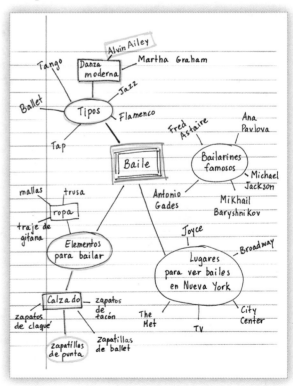

¡Me quito el sombrero!

(lectura recomendada):
Finding the Heart of Nonfiction: Teaching 7 Essential Craft Tools with Mentor Texts (Heard 2013)

Estrategia Toma tu borrador y encierra en cajas o traza líneas horizontales para indicar las partes de todo el texto. Piensa sobre qué trata tu escrito en general (idea principal o argumento). Vuelve a mirar cada parte y pregúntate: "¿Esta parte tiene muy poco texto o tiene demasiado texto?". Decide si vas a cortar o añadir texto según el peso que le des a cada parte de tu escrito.

Sugerencia para el maestro Esta estrategia es similar a la que le pide a un lector que piense en el corazón de su cuento para controlar el tiempo, lo que lo ayuda a considerar en qué partes de una narración debe disminuir o acelerar el ritmo. En cambio, al pensar en el argumento o tesis principal de un texto de opinión, el significado central de un poema o la idea principal de un texto informativo, un escritor puede considerar la cantidad de detalles que debe incluir en cada parte de su escrito y cómo la cantidad de detalles que incluye le dan "peso" a esa parte.

Consejos

- ¿Cuál es la parte más importante de tu escrito? ¿Cuánto espacio le dedicaste?
- ¿Qué parte te parece más importante?
- ¿Qué parte te parece menos importante?
- ¿Hay algunas partes que crees que puedes prolongar o abreviar? ¿Por qué?
- Regresa y recorta algo de esa parte.
- Regresa y da más detalles. Esa es la parte más importante.

¿Para quién es?

NIVELES
4–8

GÉNEROS /
TIPOS DE TEXTO
texto informativo/no ficción, poesía, texto de opinión/persuasivo

PROCESO
revisar

¡Me quito el sombrero!
(lectura recomendada):
What You Know by Heart: How to Develop Curriculum for Your Writing Workshop
(Ray 2002)

Estrategia Vuelve a leer el principio de tu escrito. Identifica algunos de los elementos del cuento: cuál es el ambiente, quiénes son los personajes y qué dicen, qué está pasando. Considera un final que regrese a uno o más de los elementos que describes al principio.

Sugerencia para el maestro Los textos circulares tienen un principio y un final que coinciden de cierta forma, usualmente con un final en el mismo lugar donde se inició. Puede ser un regreso literal o físico a determinado ambiente. Puede ser una serie de palabras o de imágenes que coinciden al principio y al final. O, como en el caso del cuento "Once", de Sandra Cisneros (1996), puede comenzar y terminar con una reflexión y una escena en el medio. Esta misma estructura se puede enseñar con otros géneros. Un texto informativo puede comenzar anunciando el tema y la postura del autor respecto al tema y terminar recordándole al lector cuál es la esencia del texto. Asimismo, los textos de opinión pueden comenzar con una tesis o enfoque del autor sobre un tema y concluir con una repetición de esa tesis.

Usar un mentor

"Recuerdo infantil" (Machado 2015b)

"El viento en la isla" (Neruda 2014)

"Canción de invierno" (Jiménez 1984)

Vinieron los parientes (Rylant 1995)

Consejos

- Menciona algunas cosas que te parecen importantes en tu principio.
- ¿A qué elemento podrías volver al final de tu escrito?
- Al llegar al final de tu escrito, vuelve a leer el principio. Si lo fueras a terminar de un modo similar, ¿cómo sonaría?
- Ahora que has usado una estructura circular, ¿crees que funciona?

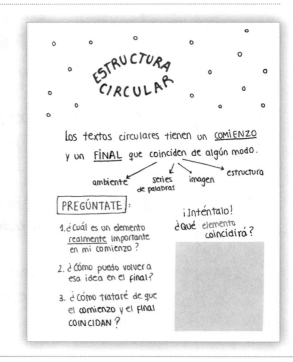

Estrategia Piensa en dos cosas que quieres alternar: dos ambientes, dos ideas, dos ritmos. Escribe una parte, luego la otra. Repite algo de la primera parte y luego repite algo de la segunda parte.

Sugerencia para el maestro Este tipo de estructura alterna se puede usar en muchos géneros. En los textos informativos, se pueden alternar preguntas y respuestas o elementos que se comparan y contrastan. En la narración, se pueden alternar dos ambientes. En poesía, se puede alternar entre dos voces. En todos los géneros, la estructura de la oración puede ser similar en cada parte alterna, por ejemplo, una oración larga seguida de una corta, después otra larga seguida de otra corta. Asimismo, este tipo de estructura se puede usar en todo el texto o en un segmento de un texto, como un párrafo.

Usar un mentor El texto bilingüe *No No Yes Yes/No No Sí Sí*, de Leslie Patricelli (2018), es un cuento ilustrado que enseña a los niños qué hacer y qué no hacer mediante ejemplos alternos, tales como cortarte el pelo con tijeras (¡no!) y cortar el papel con tijeras (¡sí!).

El libro *Querido primo. Una carta a mi primo*, de Duncan Tonatiuh (2017), alterna las cartas que se escriben dos primos en las que describen cómo es su vida en el pueblo y en la ciudad.

Consejos

- ¿Cuáles son las dos cosas que vas a alternar?
- Explica el patrón que tienes pensado.
- En esta página veo que _____, así que si quieres alternar, en esta página podrías _____.
- Veo que estás alternando entre _____ y _____.

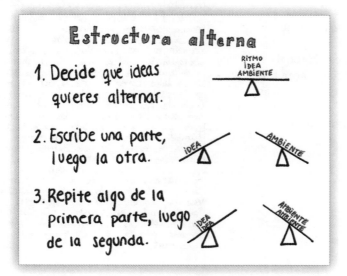

¿Para quién es?

NIVELES
4–8

GÉNEROS / TIPOS DE TEXTO
todos

PROCESOS
desarrollar, hacer un borrador, revisar

¡Me quito el sombrero!
(lectura recomendada):
Wondrous Words: Writers and Writing in the Elementary Classroom (Ray 1999)

¿Para quién es?

NIVELES
4–8

GÉNEROS /
TIPOS DE TEXTO
todos

PROCESOS
**hacer un borrador,
revisar**

Estrategia Vuelve a leer tu escrito. Piensa en la idea esencial que quieres dejar a tus lectores. Escribe unas cuantas oraciones para resumir todo tu escrito y dejar clara la idea esencial.

Usar un mentor En el artículo "Breve biografía de Pablo Neruda" (https://bit.ly/2Vqgja7), el autor concluye dando una idea esencial sobre el aporte literario de este escritor chileno:

> La obra de Neruda, que comprende 45 libros, más diversas recopilaciones y antologías, ha sido traducida a más de 35 idiomas, es conocida en todos los países del mundo, y estudiada en las principales universidades y centros de investigación literaria. Su popularidad y vigencia son permanentes y sus lectores se cuentan por millones a través del mundo.

"Frida Kahlo, una biografía para niños" (https://bit.ly/2ZucxPJ) concluye con unas líneas que resumen la esencia de la vida y el arte de esta artista mexicana:

> Algunas veces su arte ha sido catalogado como surrealista, es decir, que viene de los sueños, pero como ella misma lo afirmó: "Ellos [los críticos de arte] creen que yo soy surrealista, pero no es cierto, no lo soy: Yo nunca he pintado lo que sueño. Yo pinto mi propia realidad".

Consejos

- ¿Cuál es la idea esencial?
- Piensa en todo sobre lo que escribiste. Piensa en qué quieres que tu lector se quede pensando.
- Di en voz alta algunas oraciones que resumen tu idea esencial.
- Me acabas de decir cuál es tu idea esencial. Ahora trata de escribirla en unas pocas oraciones.
- ¿Cómo terminarás tu escrito?

¡Me quito el sombrero!
(lectura recomendada):
The Writing Thief: Using Mentor Texts to Teach the Craft of Writing (Culham 2014)

Los americanos están consumiendo mucha azúcar. El gobierno debería de hacer algo y también deberíamos de comer menos azúcar. El echo que el gobierno quiere poner limites en la azúcar me dice que hay un problema. Las personas se están enfermando y subiendo de peso. Tenemos que comer comida con menos azúcar.

El problema con el consumo de mucha azúcar es que se encuentra en todos lados. Por ejemplo hay mucha azúcar en las comidas como dulces, chocolates, pan dulce, donas, gelatina, churros y galletas. También se encuentran en las bebidas como el café, té, bebidas de energía, soda y bebidas de deporte como el Gatorade. Es casi imposible evitar comidas con azúcar. Estas comidas y bebidas tienen mucha azúcar y no es bueno para tu salud. También afecta el comportamiento y hábitos de dormir por eso debemos comer menos comida con azúcar.

Por estas razones deberíamos de darnos cuenta de lo que comemos. Seguimos comiendo mucha azúcar nos vamos a enfermar. El gobierno debe poner límites en cuánta azúcar le ponen en las comidas y bebidas. Si todos ponemos atención a este problema podemos ser más saludables

¿Para quién es?

NIVELES
4–8

GÉNERO /
TIPO DE TEXTO
narración

PROCESOS
**desarrollar, hacer
un borrador**

Estrategia Piensa en los dos personajes principales de tu cuento. En una línea de tiempo o montaña de sucesos, planea cuál será la experiencia de uno de los personajes. Traza una segunda línea paralela a la primera. Planea qué hará el segundo personaje. Intenta que los sucesos en cada línea de tiempo se conecten o se relacionen. Después, encierra en un círculo los sucesos similares en ambas líneas de tiempo y, al momento de escribir, incorpora lo que hay en un círculo en la misma página o parte de tu borrador.

Sugerencia para el maestro Esta estrategia tiene más sentido para los estudiantes que estén leyendo narraciones con varias tramas y sean capaces de seguir el hilo de dos personajes distintos. Si tiene *El libro de estrategias de lectura: Guía completa para formar lectores hábiles*, dé un vistazo a la estrategia 5.25, "Montaña de doble trama", para obtener ideas sobre cómo enseñar esta estrategia a los lectores (Serravallo 2019).

Usar un mentor *El fútbol me hace feliz* (Boelts 2016) relata la historia de una niña que adora el fútbol, pero que se siente triste porque su tía no puede sacar tiempo libre del trabajo para ir a ver sus partidos. La trama permite hacer líneas de tiempo paralelas para mostrar cómo se conectan los sucesos.

Consejos
- ¿Cuáles son los sucesos principales que vivirá tu personaje?
- Crea la línea de tiempo para tu personaje principal.
- Veo que estás pensando en la línea de tiempo para el segundo personaje y estás intentando que los sucesos se conecten de alguna manera.
- Veo que los sucesos se conectan. ¿Qué viene después?

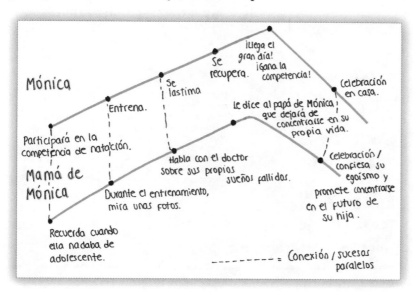

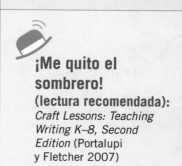

¡Me quito el sombrero!
(lectura recomendada):
Craft Lessons: Teaching Writing K–8, Second Edition (Portalupi y Fletcher 2007)

¿Para quién es?

NIVELES
4–8

**GÉNEROS /
TIPOS DE TEXTO**
todos

PROCESO
hacer un borrador

¡Me quito el sombrero!
(lectura recomendada):
A Writer Teaches Writing
(Murray 1985)

Estrategia Trata de escribir tu borrador rápidamente, anotando las ideas básicas que quieres transmitir. Deja espacios que rellenarás después pulsando la tecla de retorno, saltándote algunas líneas o dejando las iniciales *QP* ("queda pendiente"). Sigue el hilo de tu borrador y no dejes que nada te detenga (como la necesidad de volver atrás para buscar un dato, dar una referencia o buscar un ejemplo en Internet). Una vez que tengas el esqueleto de tu escrito, regresa y rellena los espacios.

Sugerencia para el maestro Cuando comencé a trabajar en este libro, tuve una conversación con una de mis editoras sobre el proceso que estaba siguiendo. Ella me preguntó: "¿Eres un arado o una carretilla?". Los escritores tipo "arado" escriben lentamente, "aran" sus escritos, revisan, vuelven a leer y no siguen hasta que todo esté bien encaminado. Los escritores tipo "carretilla" escriben rápidamente, "vuelcan" sus ideas y dejan pasar por alto cosas que no son perfectas porque saben que las repasarán después. Esta estrategia es más adecuada para los escritores tipo "carretilla". (En caso de que se lo pregunte, yo soy una carretilla y mi editora es un arado. ¡Si hubiera visto el primer borrador de este libro!).

Consejos
• Escribe las ideas básicas.
• En lugar de atascarte ahí, pon *QP* y regresa a esa parte después.
• Trata de seguir el hilo.
• Toma notas para recordar lo que debes repasar después.

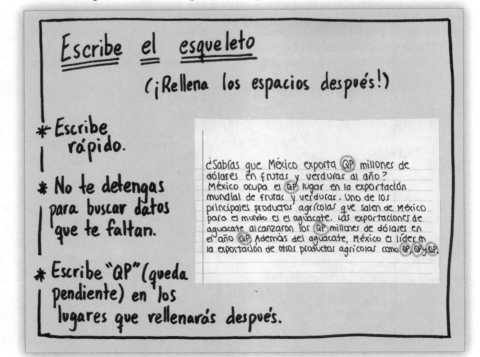

5.40 Comienza con ideas que contrastan

Estrategia Para ayudar a que tu lector vea el enfoque de tu escrito, a veces conviene iniciarlo con ideas que contrastan. Primero, muéstrale al lector cuál no es tu enfoque. Después, condúcelo a ver cuál es tu enfoque.

Ejemplo de enseñanza *Cuando estaba escribiendo uno de mis cuentos —la verdadera historia de cuando le corté el pelo a mi hermana mientras ella dormía—, decidí que no me gustaba el comienzo. Después de pensarlo un poco, me di cuenta de que me había apresurado a contar la anécdota sin más. Así que intenté comenzar mi cuento con una idea que se sentía opuesta. Puesto que estaba contando un cuento sobre una terrible acción, quizá fuera bueno comenzar por describir un ambiente sereno y silencioso: "La luz de la luna se esparcía suavemente por el piso de su habitación. No se oía nada a excepción de la suave brisa que sacudía la cortina. Y entonces entré en la habitación".*

Usar un mentor El título del libro *No abras este libro (¡Mejor léete otro!)* (Lee 2018) es un buen ejemplo de contraste. El autor obviamente quiere que el lector abra y lea su libro, pero, para conseguirlo, le pide que haga justo lo contrario.

Consejos
- ¿Cuál quieres que sea tu enfoque? Piensa en lo opuesto.
- ¿Cómo puedes llevar a tu lector a pensar en una cosa y luego cambiar a otra?
- ¿Cómo podrías mostrar los rasgos de un personaje mediante contrastes?

¿Para quién es?

NIVELES
5–8

GÉNEROS / TIPOS DE TEXTO
narración, texto de opinión/persuasivo, texto informativo/no ficción

PROCESOS
desarrollar, hacer un borrador, revisar

¡Me quito el sombrero! (lectura recomendada): *Writing a Life: Teaching Memoir to Sharpen Insight, Shape Meaning—and Triumph Over Tests* (Bomer 2005)

LOS OPUESTOS SE ATRAEN
1. Considera el enfoque de tu texto. Después, ¡planea lo OPUESTO!
2. Cómo puedes guiar a tu lector a pensar en algo...
   - ambiente
   - introducción
   - rasgos del personaje
3. ...luego, ¡dale la vuelta!
★ CREA UN CONTRASTE ★

Elaboración

◎ ¿Por qué es importante este objetivo?

La elaboración de un texto es la información específica que usa un escritor para
desarrollar su tema. Entre otras cosas, la elaboración incluye detalles, hechos
o datos, anécdotas, diálogos, pensamientos, descripción del ambiente y de los
personajes, estadísticas, razones, información y citas de personas entrevistadas. Al
usar una buena selección de detalles relevantes, el texto cobra vida y el significado
queda claro. Si un escritor no da suficientes detalles para desarrollar el personaje
o el ambiente de la historia, explicar el contenido o dar razones y hechos con el
propósito de persuadir, el texto puede resultar muy simple o confuso para el lector.

Al elegir este objetivo, usted será capaz de ayudar a los escritores a tomar el
armazón del texto que están escribiendo para que lo elaboren más, agregando detalles
que puedan ayudar al lector a visualizar la historia, seguir el argumento o comprender
el tema que el escritor está tratando de enseñar. No obstante, un mayor número de
detalles no significa de forma necesaria que el texto sea mejor. A veces, por escribir
más, tendemos a añadir palabras y elementos innecesarios que no agregan contenido
relevante a nuestros escritos, sino que simplemente los hacen más largos. Con certeza,
este capítulo ayudará a los escritores a agregar más detalles. Pero las estrategias
también mejorarán la calidad de esos detalles al enseñar a los estudiantes a escribir
con más cuidado y precisión. Ofrecer una variedad de estrategias de elaboración los

ayudará a variar el tipo de detalles que usan en sus escritos, para que sus borradores no suenen monótonos. En resumen, no solo debemos decirle al niño: "Agrega más detalles", sino más bien: "Piensa en lo que estás tratando de decir/mostrar/contar. Ahora, ¿qué detalles te ayudarán a hacerlo?" (Murray 1985; Anderson 2005).

◎ ¿Cómo sé si este objetivo es adecuado para mi estudiante?

Algunos buenos candidatos para este objetivo son los estudiantes que incluyen muy pocos detalles o aquellos que necesitan ayuda para variar el tipo de detalles que usan o para pensar con qué propósito van a usarlos.

Es probable que los estudiantes que están comenzando a escribir textos más enfocados y específicos también necesiten ayuda para hacer que sus escritos sean más completos. Por ejemplo, si un estudiante escribió una narración personal sobre sus vacaciones de verano y ahora debe enfocar el texto en la parte de la montaña rusa del parque de diversiones, es posible que necesite ayuda para tomar lo que ocupaba tan solo una oración en el borrador original y agregar más detalles para convertir esa parte en una historia elaborada.

Un primer paso común es ayudar a los estudiantes a desarrollar una *cantidad suficiente* de detalles (Cali 2003). Uno de los mayores retos a la hora de escribir es que muchos estudiantes asumen que sus lectores saben lo mismo que ellos. Por esta razón, no se preocupan por incluir suficiente información para que el lector también pueda visualizar lo que ellos tienen en mente.

Un siguiente paso puede ser ayudar a los estudiantes a variar los *tipos* de detalles que incluyen en sus textos. Por ejemplo, si ve que un estudiante está escribiendo una narración en la que solo habla de las acciones de los personajes, se le podría enseñar cómo agregar diálogos, pensamientos de los personajes y descripciones del ambiente. Si un estudiante está escribiendo un texto informativo e incluye hechos muy generales, se le podría enseñar cómo agregar estadísticas, citas de expertos o resultados de encuestas.

Cuando un estudiante ya se siente cómodo usando varios tipos de detalles, puede ser útil ayudarlo a verificar que los detalles que incluyó en su escrito sean *relevantes* (Cali 2003). Esto significa que además de enseñar a los estudiantes a agregar diálogos a sus narraciones, deberá hacerles estas preguntas: "¿Qué estás tratando de mostrar sobre tu personaje? ¿Qué diálogo te puede ayudar a mostrar eso?". También significa, por ejemplo, ayudar a un estudiante que está escribiendo un ensayo argumentativo a pensar en cuáles podrían ser los contraargumentos e incluir detalles que ayuden a apoyarlos. En este momento, es probable que los objetivos de elaboración y enfoque coincidan, así que usted podrá hacer referencia tanto al Objetivo 4 como a las estrategias de este objetivo para ayudar al niño en la fase de elaborar un texto con propósito.

Estrategias de elaboración

Estrategia	Grados y niveles	Géneros/ Tipos de texto	Procesos
6.1 Los dibujos enseñan, las palabras enseñan	K–2	Texto informativo/no ficción	Hacer un borrador, revisar
6.2 Agrega más detalles a tus dibujos (¡y tal vez a tus palabras!)	K–2	Todos	Hacer un borrador, revisar
6.3 Las burbujas de diálogo hacen hablar a tus personajes	K–2	Narración	Hacer un borrador, revisar
6.4 Actúalo… luego escríbelo	K–3	Narración, texto informativo/ no ficción	Hacer un borrador, revisar
6.5 "Papel para darte un empujoncito"	K–8	Todos	Revisar
6.6 Enseña con esquemas	K–8	Texto informativo/no ficción	Hacer un borrador, revisar
6.7 Contempla el mundo como un poeta (la metáfora y el símil)	K–8	Todos	Desarrollar, hacer un borrador, revisar
6.8 Agrega pestañas o signos de intercalación	K–8	Todos	Revisar
6.9 "¿Qué *más* ocurrió?"	K–8	Narración	Revisar
6.10 Pruébalo	1–8	Texto de opinión/persuasivo, texto informativo/no ficción	Desarrollar, hacer un borrador, revisar
6.11 Toma notas de una ilustración o fotografía	1–8	Todos	Desarrollar
6.12 Explora los sustantivos	1–8	Todos	Revisar
6.13 Muéstralo, no lo digas: usa los sentidos para describir escenas	1–8	Narración	Desarrollar, hacer un borrador, revisar
6.14 Muéstralo, no lo digas: las emociones	1–8	Narración	Revisar
6.15 ¡Deja que tus lectores sepan quién está hablando!	1–8	Narración	Hacer un borrador, revisar
6.16 Lee un texto mentor bajo dos lentes: información y estética	2–8	Todos	Desarrollar, hacer un borrador, revisar
6.17 Investiga por medio de entrevistas	2–8	Texto informativo/no ficción, texto de opinión/persuasivo	Desarrollar, revisar
6.18 Anota la información en un cuaderno de investigación	2–8	Texto informativo/no ficción	Desarrollar
6.19 Lee, haz un bosquejo, extiende	2–8	Texto informativo/no ficción	Desarrollar
6.20 Describe cómo se ve tu personaje	2–8	Narración	Desarrollar, hacer un borrador, revisar
6.21 ¿Cómo son tus personajes por dentro?	2–8	Narración	Hacer un borrador, revisar
6.22 Apoya tus datos	2–8	Texto informativo/no ficción, texto de opinión/persuasivo	Hacer un borrador, revisar
6.23 Pregúntate: "¿Cómo?"	2–8	Texto informativo/no ficción, texto de opinión/persuasivo	Hacer un borrador, revisar

Estrategia		Grados y niveles	Géneros/ Tipos de texto	Procesos
6.24	Usa un estribillo	2–8	Narración, poesía, texto de opinión/persuasivo	Hacer un borrador, revisar
6.25	Explora los verbos	2–8	Todos	Revisar
6.26	Explora opciones para el ambiente	3–8	Narración de ficción	Desarrollar, revisar
6.27	Visualiza a tu personaje	3–8	Narración	Desarrollar, hacer un borrador, revisar
6.28	Di lo que no es (para decir lo que es)	3–8	Todos	Desarrollar, hacer un borrador, revisar
6.29	Sé paciente, ve despacio	3–8	Narración	Hacer un borrador, revisar
6.30	Incluye información marginal	3–8	Todos	Generar y reunir, hacer un borrador
6.31	Usa la empatía para agregar más detalles	3–8	Narración	Desarrollar, hacer un borrador, revisar
6.32	Ponte una máscara y escribe (perspectiva y punto de vista)	4–8	Todos	Desarrollar, hacer un borrador, revisar
6.33	¿Cómo habla tu personaje?	4–8	Narración	Desarrollar, hacer un borrador, revisar
6.34	Adapta la forma de hablar de tus personajes al periodo histórico	4–8	Narración de no ficción, ficción histórica	Desarrollar, revisar
6.35	Usa imágenes literarias para que tus datos cobren vida	4–8	Texto informativo/no ficción, texto de opinión/persuasivo	Desarrollar, revisar
6.36	Capta el sonido (de un texto mentor)	4–8	Todos	Hacer un borrador, desarrollar
6.37	Sé tu crítico más exigente	4–8	Todos	Revisar
6.38	Elige una oración mentora	4–8	Todos	Revisar
6.39	Habla contigo mismo o misma	4–8	Todos	Desarrollar, hacer un borrador, revisar
6.40	Usa gestos para mostrar los rasgos de personalidad del personaje	4–8	Narración	Desarrollar, hacer un borrador, revisar
6.41	Las anécdotas enseñan y dan evidencia	4–8	Texto informativo/no ficción, texto de opinión/persuasivo	Desarrollar, hacer un borrador, revisar
6.42	La regla de tres	4–8	Todos	Desarrollar, hacer un borrador, revisar
6.43	Miente (para decir la verdad)	4–8	Narración personal, memorias	Desarrollar, hacer un borrador, revisar
6.44	Usa simbolismos	5–8	Narración	Hacer un borrador, revisar
6.45	Da pistas sobre el pasado del personaje (escena retrospectiva)	5–8	Narración	Desarrollar, hacer un borrador, revisar

NIVELES

K–2

GÉNERO / TIPO DE TEXTO

texto informativo/ no ficción

PROCESOS

hacer un borrador, revisar

Estrategia Vuelve a leer lo que escribiste. Mira el dibujo. Asegúrate de que el dibujo dé la misma información que las palabras o que agregue otros detalles que concuerden con el tema.

Ejemplo de enseñanza *En los textos de no ficción, a menudo las imágenes nos enseñan tanto como las palabras. A veces, la función de las imágenes es mostrar lo que dicen las palabras. Otras veces, nos dan información adicional, pero siempre tienen relación con el tema del que se está hablando. Estoy mirando la página que escribí sobre las cebras. Escribí: "Las cebras tienen rayas. Las rayas son blancas y negras. Cuando caminan o corren en grupo, es difícil que un león consiga distinguir una porque las ve como una gran mancha blanca y negra. Así se protegen. Es por eso que las cebras tienen rayas". Si miro mi dibujo, veo que dibujé una cebra con rayas. Así que me pregunto: ¿Concuerda el dibujo con las palabras? ¿Debería cambiar algo? En el texto hablé de un león y de cómo las rayas ayudan a las cebras a protegerse cuando están en grupo. Creo que voy a cambiar el dibujo y agregar al menos una cebra más, para que el lector pueda ver lo que quiero decir con que un león se confunde cuando ve varias cebras en grupo. (Continúe la demostración, ofreciendo tal vez otro ejemplo donde el dibujo y las palabras no coinciden en absoluto y donde decide hacer otro dibujo que sí se ajusta a las palabras).*

Consejos

- ¿Tus dibujos coinciden con las palabras?
- ¿Qué enseña tu dibujo? ¿Qué enseñan tus palabras?
- ¿Qué te gustaría cambiar?

LOS DIBUJOS ENSEÑAN LAS PALABRAS ENSEÑAN

Si no sabes nadar, asegúrate de estar con un adulto.

Para nadar tienes que usar traje de baño.

¡Me quito el sombrero!
(lectura recomendada):
One to One: The Art of Conferring with Young Writers (Calkins, Hartman y White 2005)

6.2 Agrega más detalles a tus dibujos (¡y tal vez a tus palabras!)

Estrategia Observa con cuidado tu dibujo. Pregúntate: "¿Qué idea tengo en mente que aún no está en la página?". Agrega más detalles al dibujo. Luego observa tu dibujo e intenta agregar más detalles a tus palabras.

Sugerencia para el maestro Esta estrategia es, en cierto sentido, similar a la estrategia 6.1, "Los dibujos enseñan, las palabras enseñan", pero a la inversa. Puede usarla junto con cualquiera de las estrategias de este objetivo que traten sobre diferentes tipos de detalles en el texto, como los diálogos si están trabajando la narración (vea la estrategia 6.3 "Las burbujas de diálogo hacen hablar a tus personajes"), o la evidencia si están practicando la redacción de textos de opinión (consulte la estrategia 6.10, "Pruébalo").

Consejos

- Di qué ves en tu mente. ¿Qué más podrías agregar a tu dibujo?
- Mira tu dibujo. ¿Qué podrías escribir?
- Toca el dibujo, di qué dibujaste.
- Ahora que hablaste del dibujo, agrega más palabras a tu escrito.

¿Para quién es?

NIVELES
K–2

GÉNEROS / TIPOS DE TEXTO
todos

PROCESOS
hacer un borrador, revisar

¡Me quito el sombrero!
(lectura recomendada):
Craft Lessons: Teaching Writing K–8, segunda edición (Portalupi y Fletcher 2007)

6.3 Las burbujas de diálogo hacen hablar a tus personajes

¿Para quién es?

NIVELES
K–2

GÉNERO /
TIPO DE TEXTO
narración

PROCESOS
**hacer un borrador,
revisar**

Estrategia Mira la escena que dibujaste. Piensa en lo que está pasando. Luego pregúntate: "¿Qué dirían los personajes aquí?". Dibuja burbujas de diálogo y escribe dentro lo que dicen tus personajes.

Sugerencia para el maestro Algunos escritores se limitarán a poner los diálogos dentro de las burbujas de diálogo en el dibujo. A otros les puede sugerir que también incluyan en el texto lo que escribieron en las burbujas de diálogo.

Usar un mentor La serie Elefante y Cerdita del escritor Mo Willems cuenta la historia a través de divertidas ilustraciones y burbujas de diálogo. Los cómics y las novelas gráficas también ofrecen buenos ejemplos de burbujas de diálogo.

Consejos

- ¿Qué está pasando en tu dibujo?
- Piensa en lo que podrían estar diciendo tus personajes.
- ¿Qué escribirías dentro de la burbuja de diálogo?
- Escribe las palabras que diría el personaje.
- ¡Dejar que los lectores sepan lo que dicen tus personajes los ayuda a visualizar la historia!

¡Me quito el sombrero!
(lectura recomendada):
Craft Lessons: Teaching Writing K–8, segunda edición (Portalupi y Fletcher 2007)

6.4 Actúalo... luego escríbelo

Estrategia Piensa en lo que quieres escribir. Actúa la primera parte. Siéntate y escribe lo que acabas de representar, usando todos los detalles que puedas. Actúa la siguiente parte. Escríbela. Cuando termines, puedes volver a representar todo de nuevo, para asegurarte de que no te haya faltado nada por escribir.

Ejemplo de enseñanza *Quiero escribir sobre el día en que un auto me empapó mientras iba de camino a la escuela. Voy a pensar en cómo comienza la historia. ¡Oh, sí! Estoy caminando solo, así que lo voy a representar así* (Haga ver que camina, tal vez mirando a su alrededor; puede agacharse para hacer ver que comprueba que lleva los zapatos atados). *Está bien, ahora voy a sentarme y escribir esta primera parte. "Era un día normal, iba caminando mientras observaba los cambios en las hojas de los árboles. Noté que mi zapato estaba desatado, así que me agaché para atarlo". No dije simplemente: "Iba caminando hacia la escuela", ¿cierto? ¡Actuar la escena me ayudó a escribir más detalles!* (Continúe con la siguiente parte si cree que los estudiantes necesitan un segundo ejemplo).

Sugerencia para el maestro Esta estrategia funciona bien con la narración, pero también puede ser útil para textos informativos. Un niño puede representar lo que hace un elefante, por ejemplo, y luego escribir la información que acaba de representar.

Sugerencia para el maestro Los estudiantes pueden seguir la estrategia de forma independiente o en parejas.

Consejos
- Actúa la primera parte.
- Di exactamente lo que hiciste cuando actuaste.
- Escribe todos los detalles en la página.
- Piensa en lo que hiciste. Ahora mira la página. ¿Olvidaste algo?

¿Para quién es?

NIVELES
K–3

GÉNEROS /
TIPOS DE TEXTO
narración, texto informativo/no ficción

PROCESOS
hacer un borrador, revisar

¡Me quito el sombrero!
(lectura recomendada):
One to One: The Art of Conferring with Young Writers (Calkins, Hartman y White 2005)

¿Para quién es?

NIVELES
K–8

**GÉNEROS /
TIPOS DE TEXTO**
todos

PROCESO
revisar

Estrategia Cuando sientas que parte de tu borrador (o la entrada de tu cuaderno) necesita más trabajo, pero prefieres no hacer cambios directamente en la página, toma una hoja de papel de reciclaje y prueba tus ideas ahí. Luego piensa si quieres hacer los cambios en tu entrada o borrador.

Sugerencia para el maestro En el centro de escritura, puede guardar una pila de papel de reciclaje y llamarlo "papel para darte un empujoncito" o cualquier otro título llamativo que se le ocurra. También puede llevar hojas de papel con usted mientras conversa con los estudiantes, animándolos a que hagan pruebas en un papel aparte si no se atreven a hacer los cambios en su borrador. Aunque esta estrategia puede ayudar a los niños con cualquier objetivo (por ejemplo, podría ayudarlos a organizar su escrito al usar la hoja de papel para reescribir la estructura al crear un nuevo esquema o probar un nuevo enfoque o final), opté por incluirla en este objetivo sobre elaboración porque a menudo los niños quieren añadir nuevos detalles o cambiarlos por otros, pero prefieren no hacerlo directamente en su borrador.

Consejos

- ¿Qué podrías probar en una hoja aparte?
- Está bien si no quieres hacer cambios en tu borrador. Intenta hacerlo en una hoja de papel aparte.
- Es un experimento. Puedes decidir más tarde si te gusta o no lo que has escrito.
- En lugar de hacer los cambios aquí, puedes intentarlo en este papel.

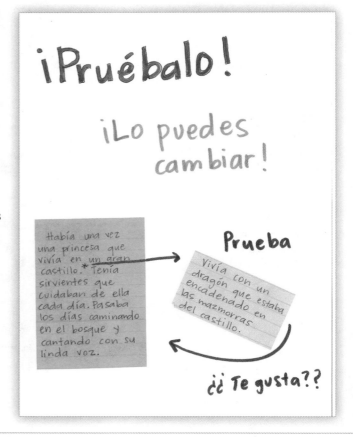

¡Me quito el sombrero!
(lectura recomendada):
Explore Poetry
(Graves 1992)

6.6 Enseña con esquemas

Estrategia Haz un dibujo que muestre lo que quieres enseñar. Piensa: "¿Cuáles son las partes importantes?". Dibuja una línea hacia una de las partes importantes. Escribe palabras (¡o letras!) para ponerle rótulos a cada parte. Haz lo mismo con todas las partes de tu dibujo que creas que son importantes.

Ejemplo de enseñanza *Estoy escribiendo para enseñar a mi audiencia cómo es mi perrita, así que voy a pensar: "¿Cuáles son las partes más importantes?". Ya la dibujé, ahora voy a agregar rótulos para hacer un esquema. Vamos a ver. Es un sabueso, y los sabuesos tienen las orejas muy caídas. Voy a dibujar una línea hacia sus orejas y escribir un rótulo. ¿Qué más? Tiene manchas negras en el lomo, así que voy a dibujar una línea hacia esa parte y escribir "Manchas negras".*

Consejos
- ¿Qué enseña este dibujo?
- ¿Cuál es una parte importante?
- Traza una línea hacia esa parte. Agrégale un rótulo.
- ¿Qué palabra se te ocurre para agregar un rótulo a esta parte?
- ¿Cómo llamarías esta parte?
- ¿Hay otras partes a las que te gustaría poner rótulos?

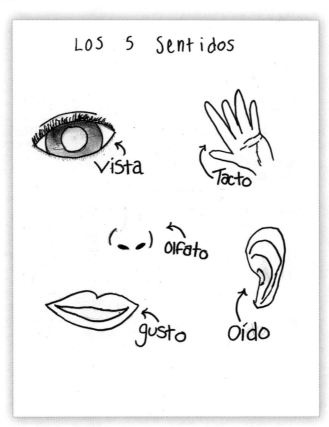

NIVELES
K–8

GÉNERO /
TIPO DE TEXTO
**texto informativo/
no ficción**

PROCESOS
**hacer un borrador,
revisar**

¡Me quito el sombrero!
(lectura recomendada):
*Nonfiction Craft Lessons:
Teaching Information
Writing K–8* (Portalupi y
Fletcher 2001)

¿Para quién es?

NIVELES
K–8

GÉNEROS / TIPOS DE TEXTO
todos

PROCESOS
desarrollar, hacer un borrador, revisar

¡Me quito el sombrero!
(lectura recomendada):
One to One: The Art of Conferring with Young Writers (Calkins, Hartman y White 2005)

Estrategia Piensa en cuáles son las características de lo que quieres comparar. Pregúntate: "¿Hay algo que tenga características similares?". Haz una comparación conectando tu tema con otra cosa que sea similar.

Ejemplo de enseñanza *Mi hija colecciona caracolas de mar, así que hoy he traído algunas para que practiquemos juntos. Con esta caracola, voy a mostrar cómo puedo describir algo más allá de lo que es literalmente y compararla con otra cosa. La voy a mirar y pensar en una característica: su forma. Tiene forma de… ¡tornado! ¡O de cono de helado! Ahora pensaré en la textura. Es tan lisa como el vidrio. Sé que en realidad no es un cono de helado ni tampoco un vidrio, pero se parece: tiene forma de cono y al tocarla se siente como el vidrio.*

Usar un mentor A los más pequeños les puede mostrar el cuento *Carlota no quiere hablar* (2017) de Claudine Bernardes. Es un buen ejemplo, ya que la autora usa muchas metáforas para describir cómo se siente la protagonista. Para los mayores puede usar *Platero y yo* (2014); el autor Juan Ramón Jiménez usa muchas metáforas en sus descripciones a lo largo del libro.

Consejos

- Di qué es y qué ves. Ahora piensa: "*¿Cómo es?*".
- Puedes pensar en cómo es según cómo se ve.
- Puedes pensar en cómo es según lo que hace.
- Di: "El/La ___ es como un/una___".
- ¡Nunca se me habría ocurrido! Estás pensando como un poeta.
- ¡Lo viste de una manera muy original!

> Durante invierno yo oigo, veo, toco, huelo, y pruebo cosas differentes. Veo luces en árboles de navidad como estrellas en el cielo, decoraciones en casas, y regalos bajo de un árbol de navidad. Todas esas vistas son hermosas para mi y quiero ver esas cosas en invierno.
>
> Escucho canciones de navidad como Niño tamborilero y cascabeles. También me gusta oír bandas y instrumentos en desfiles como la música que escuchas en una película. Yo oigo todo muy divertido y energético y quiero oír esos sonidos en invierno.
>
> Yo puede oler mucho durante invierno como galletas frescas en el horno y el ardiente leña en la chimnea. Mi favorito olor es canela. Esos olores son frescos como un día lluvioso.

Estrategia Si quieres agregar más información, pero no tienes suficiente espacio, agrega pestañas o tiras de papel y signos de intercalación para incluir más detalles en tu borrador.

Sugerencia para el maestro Prepare tiras de revisión para el centro de escritura de kindergarten, primer o segundo grado. Las tiras pueden ser de un cuarto de página o media página de papel a rayas, o incluso un pedazo de papel con un cuadro de imagen que los niños pueden pegar con cinta adhesiva encima de su dibujo en el caso de que quieran hacer cambios. Las notas adhesivas son útiles para estudiantes de todas las edades, así que asegúrese de que también estén al alcance de los niños.

Consejos

- ¿Dónde quieres agregar algo? Piensa en cuánto espacio necesitas.
- Agrega una pestaña. ¡Necesitarás más espacio si quieres agregar estas tres oraciones!
- Trata de agregarlo al margen usando signos de intercalación.
- Di en voz alta lo que quieres decir en tu borrador. Ahora muestra dónde quieres hacer el cambio. ¿Cómo lo vas a agregar?

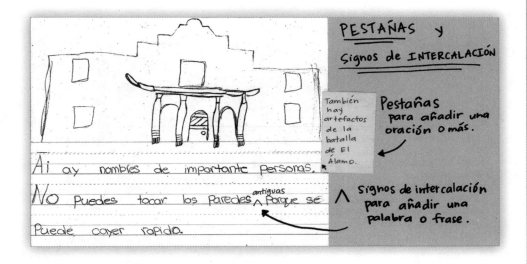

¿Para quién es?

NIVELES
K–8

GÉNEROS / TIPOS DE TEXTO
todos

PROCESO
revisar

¡Me quito el sombrero!
(lectura recomendada):
One to One: The Art of Conferring with Young Writers (Calkins, Hartman y White 2005)

¿Para quién es?

NIVELES
K–8

**GÉNERO /
TIPO DE TEXTO**
narración

PROCESO
revisar

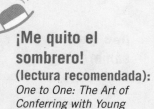

**¡Me quito el
sombrero!**
(lectura recomendada):
*One to One: The Art of
Conferring with Young
Writers* (Calkins, Hartman
y White 2005)

Estrategia Lee una parte de la historia que escribiste. Pregúntate: "¿Qué más ocurrió? ¿Dejé de escribir algo, suponiendo que mi lector lo sabría, pero en realidad no tendría por qué saberlo?". Regresa al texto para agregar detalles al suceso en el orden en el que ocurrieron.

Sugerencia para el maestro Una manera de hacer que esta estrategia se adapte mejor a los estudiantes de kindergarten y primer grado es enseñarles a agregar más detalles a sus dibujos, y luego volver a observar los dibujos con cuidado para recordar todo lo que ocurrió en esa parte de la historia. [Vea la estrategia 6.2 "Agrega más detalles a tus dibujos (¡y tal vez a tus palabras!)"]. Luego, pueden volver a leer el texto que escribieron para comprobar si incluyeron todos los detalles de la historia que mencionaron.

Consejos

- ¿Ocurrió algo más aquí?
- Dijiste que ___ y luego ___. Parece que ocurrió algo más y no lo estás contando al lector.
- Vuelve a leer para comprobar que escribiste todo lo que ocurrió.
- ¡Ah! Pensaste en algo más que agregar para ayudar al lector a seguir la historia.

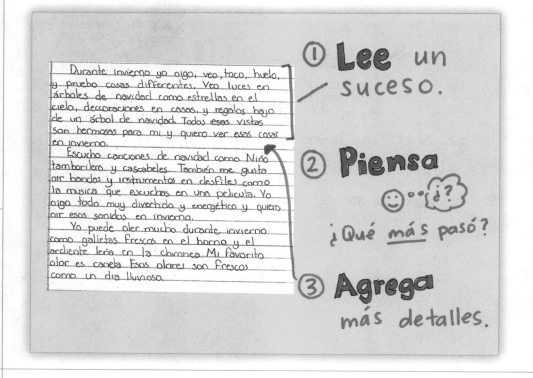

Estrategia Piensa en qué idea, afirmación o tesis quieres explicar. Pregúntate: "¿Por qué razones pienso esto? ¿Qué detalles prueban lo que quiero decir?". Haz una lista de las razones y los hechos que apoyen tus puntos de vista.

Sugerencia para el maestro Dependiendo del tipo de texto de opinión, enseñe a sus estudiantes una manera lógica y fácil de organizar todas las razones y hechos del texto. Estrategias como las 5.18, 5.24 o 5.30 del Objetivo 5, "Organización y estructura", lo ayudarán a trabajar en esta estrategia con sus estudiantes.

Sugerencia para el maestro Esta estrategia ayuda a los niños a elaborar su escrito con razones (mediante categorías para probarlas) y detalles (hechos que amplían las categorías). Los escritores con menos experiencia quizá solo puedan enumerar razones o hechos, pero no ambos. Los escritores con más experiencia deben ser capaces de hacer ambas cosas.

Consejos

- ¿Qué convencerá a tu lector?
- Piensa en un hecho que conozcas que lo pruebe.
- Ahora menciona una lista de razones.
- Ahora que ya tienes las razones, ¿puedes pensar en hechos que apoyen estas razones?

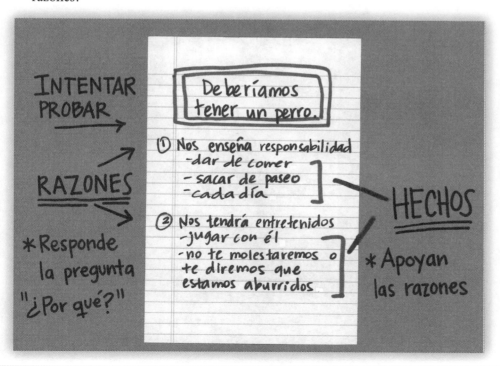

¿Para quién es?

NIVELES
1–8

GÉNEROS /
TIPOS DE TEXTO
texto de opinión/ persuasivo, texto informativo/no ficción

PROCESOS
desarrollar, hacer un borrador, revisar

¡Me quito el sombrero!
(lectura recomendada):
Breathing Life into Essays
(Calkins y Gillette 2006)

6.11 Toma notas de una ilustración o fotografía

Estrategia Mira de cerca una ilustración o fotografía que pueda enseñarte algo sobre el tema del cual estás escribiendo. Toma apuntes rápidos, ya sean palabras sueltas o frases cortas, que capten lo que estás aprendiendo.

Sugerencia para el maestro Esta estrategia es útil para los estudiantes que están investigando y necesitan agregar más hechos e información a su escrito. Será especialmente útil para los estudiantes más jóvenes que todavía no pueden leer o entender los libros y materiales relacionados con su tema. Todos ellos se beneficiarán de aprender diferentes maneras de obtener información de fotografías, ilustraciones o esquemas.

Consejos
- Mira de cerca la foto, parte por parte.
- ¿Qué ves?
- ¿Cuál es un hecho que has aprendido al mirar la fotografía de cerca?
- Anota lo que estás aprendiendo. ¡Puedes usarlo más tarde en tu borrador!

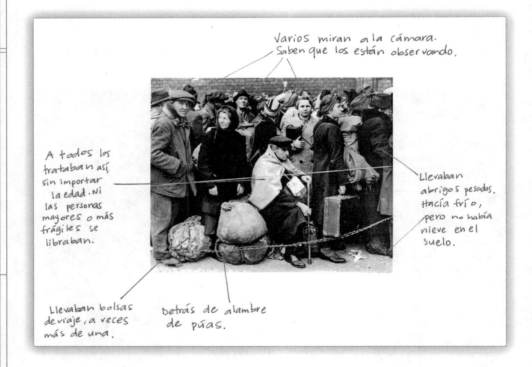

Estrategia Vuelve a tu borrador y busca dónde puedes incluir más descripciones o detalles. Subraya los sustantivos o las frases nominales que parecen resumir en lugar de describir. En una nota adhesiva o en tu cuaderno, trata de convertir esa palabra o frase en una larga oración descriptiva.

Ejemplo de enseñanza *Encontré un lugar en mi borrador donde usé una frase nominal que necesita más descripción: bastantes cosas. ¿Qué significa "bastante"? Escucha cómo suena ahora: Puedes ver bastantes cosas cuando miras al cielo de noche. Ahora, si pienso en todo lo que es posible ver en el cielo de noche y hago una lista con cosas específicas, puedo escribir algo así: "Cuando miras al cielo de noche, puedes ver los cráteres de la luna, estrellas de diferentes tamaños titilando y, si tienes suerte, tal vez hasta puedas ver una estrella fugaz". ¿Qué oración ayudará más al lector a imaginar lo que yo imaginé?*

Usar un mentor "La descripción arranca en la imaginación del escritor, pero debería acabar en la del lector" (King 2013).

Consejos

- Subraya los sustantivos.
- ¿Cuál de estos sustantivos parecen dar un resumen rápido en lugar de describir?
- Elige una palabra y conviértela en una oración descriptiva.
- Al hacer esto, ¡has agregado muchos detalles a tu escrito!

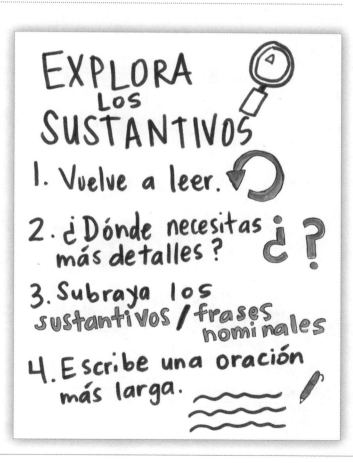

¿Para quién es?

NIVELES
1–8

GÉNEROS /
TIPOS DE TEXTO
todos

PROCESO
revisar

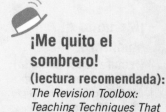

¡Me quito el sombrero!
(lectura recomendada):
The Revision Toolbox: Teaching Techniques That Work (Heard 2002)

6.13 Muéstralo, no lo digas: usa los sentidos para describir escenas

¿Para quién es?

NIVELES
1–8

GÉNERO / TIPO DE TEXTO
narración

PROCESOS
desarrollar, hacer un borrador, revisar

¡Me quito el sombrero!
(lectura recomendada):
Writing a Life: Teaching Memoir to Sharpen Insight, Shape Meaning—and Triumph Over Tests
(Bomer 2005)

Estrategia Imagina dónde se desarrolla la historia que estás escribiendo. Piensa: "¿Qué oigo, veo, huelo, saboreo, siento?". Agrega tantos detalles sensoriales como puedas. Vuelve a leer tu escrito y decide qué partes te gustan y qué partes quieres eliminar.

Ejemplo de enseñanza *Un error que los escritores cometemos a menudo es suponer que el lector sabe lo que estamos pensando. La verdad es que lo que imaginamos es muy claro para nosotros, y una de nuestras tareas como escritores es ayudar al lector a visualizarlo con la misma claridad. Incluir detalles de cómo vivimos la historia a través de los sentidos puede ayudar a los lectores a sentir como si estuvieran dentro de la historia.*

Usar un mentor Hay muchísimos ejemplos de descripciones de escenas. Una de mis favoritas está en el primer capítulo del libro *Platero y yo* (Jiménez 2014). El autor describe la escena de un modo tan detallado que puedo imaginarla perfectamente y hasta sentirla mientras leo. "Tan blando por fuera que se diría todo de algodón" me hace tener ganas de tocarlo. "Viene a mí con un trotecillo alegre que parece que se ríe, en no sé qué cascabeleo ideal" me hace imaginar perfectamente el sonido que hace Platero al trotar. "Le gustan las naranjas, mandarinas, las uvas moscateles, todas en ámbar... con su cristalina gotita de miel…" me hace pensar en el sabor de las frutas y la miel, y hasta puedo sentir su aroma.

Consejos

- Usa los sentidos.
- Para y describe. ¿Qué ves? ¿Qué oyes? ¿Qué sientes?
- Agrega más detalles sobre lo que experimentarías si estuvieras allí.
- *(Sin hablar, motive al niño a agregar más detalles tocándose un ojo, las orejas, la nariz).*
- ¡Agregaste dos detalles sensoriales! ¡Ahora siento que estoy ahí!

Estrategia Busca una palabra en tu borrador que indique una emoción. Pregúntate: "¿Cómo se ve cuando siento esta emoción?". Usa una frase para describir o mostrar la emoción, en lugar de nombrarla directamente para el lector.

Sugerencia para el maestro Esta lección ayuda a los estudiantes a entender cómo usar palabras que indican sentimientos en sus escritos *(triste, molesto, feliz)*. También puede usar las estrategias "Explora los verbos" (6.25) y "Explora los sustantivos" (6.12) para ayudar a los niños a ser más específicos y descriptivos al usar palabras como *fue* o *bueno*.

Usar un mentor Presten atención al personaje Trixie del libro *El conejito Knuffle. Un cuento aleccionador* (Willems 2007). Cuando el personaje se frustra porque su padre no la comprende, el autor no usa la palabra *frustrada*, sino que dice: "Se convirtió en un trapo". Y para mostrar que Trixie comienza a gritar, el autor decide usar palabras inventadas como "¡Agugu yacaya magu!", en lugar de simplemente decir "comenzó a gritar".

Consejos

- Nombra la emoción. Describe cómo es cuando alguien se siente así.
- ¿Puedes encontrar palabras que indiquen emociones en el texto que escribiste?
- Piensa en esta emoción. ¿Cómo se siente?
- Usa más de una palabra para mostrar esa emoción.

TRISTE

← Decir ———————— Mostrar →

Estaba triste.

Tenía una mueca.

Tenía el corazón encogido. Una lágrima cayó por mi mejilla.

FELIZ

Me sentía feliz.

No podía parar de sonreír.

¡Me sentía viva! Mis ojos brillaban y tenía una sonrisa en la cara.

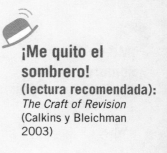

¡Me quito el sombrero!
(lectura recomendada):
The Craft of Revision
(Calkins y Bleichman 2003)

¿Para quién es?

NIVELES
1–8

GÉNERO /
TIPO DE TEXTO
narración

PROCESOS
hacer un borrador, revisar

¡Me quito el sombrero!
(lectura recomendada):
The Elements of Style,
cuarta edición (Strunk
y White 1999)

Estrategia Haz que tus personajes hablen. Cuando escribas el diálogo, asegúrate de que quede claro quién lo dijo (y tal vez también cómo lo dijo y qué estaba haciendo cuando lo dijo). Puedes agregar el inciso del narrador antes del diálogo, en medio o al final. ¡Pero asegúrate de que quede claro quién está hablando!

Sugerencia para el maestro Adapte esta estrategia a la edad y la experiencia de los escritores. Para algunos estudiantes, usar el diálogo directo (—*Baja* —*dijo mi mamá.*) en lugar del estilo indirecto (*Mi mamá me dijo que bajara.*) puede ser un gran reto. A los escritores con más experiencia puede enseñarles no solo a escribir lo que dicen los personajes, sino cómo lo dicen y con qué acciones acompañan sus palabras (—*Baja* —*gritó mi mamá, apoyándose en la barandilla.*). También puede explicar el uso de comillas en inglés, y en algunos libros en español, para indicar el diálogo.

Usar un mentor En el siguiente diálogo del libro *Mango, Abuela y yo* de Meg Medina (2016), la autora sitúa los incisos del narrador en distintos lugares y agrega las acciones de los personajes mientras charlan. Como podemos ver, el verbo "decir" es el más usado (así ocurre en la mayoría de los libros):

> —*Dough* —le digo mostrándole un trocito.
>
> —*Dough*, masa —dice Abuela mientras la amasa.
>
> —Masa —repito.
>
> Ella deja caer una cucharada de carne en la masa y dice «carne».
>
> —Carne —digo—. *Meat.*
>
> —Pasas, *raisins.*
>
> —Aceite, *oil.*

Consejos

- ¿Qué dijo tu personaje? ¿Quién lo dijo?
- Veo un diálogo en esta página. A ver si puedes encontrarlo tú también.
- El diálogo es cuando un personaje habla. ¿Agregaste algún diálogo aquí?
- Escribe quién lo dijo. Agrega "—dijo _____".

Estrategia Lee un texto mentor para obtener información. Vuelve al texto y esta vez enfócate en las imágenes, las palabras interesantes que usa el autor o el lenguaje figurado. Nombra lo que hizo el autor y luego trata de hacer lo mismo en tu propio escrito.

Usar un mentor Georgia Heard cita a William Zinsser al decir que los textos que un escritor (o maestro de escritura) elige necesitan hacer algo más que simplemente dar información (2013). La escritura de un texto mentor ideal debe sentirse viva, tener calidez y humanidad. Compare, por ejemplo, el tono y la técnica de los siguientes textos que tratan de animales.

De *Bocas*:

El vampiro tarda al menos dos horas en elegir una presa y situarse a la distancia adecuada. Luego se aproxima con mucho sigilo y salta suavemente sobre el lomo o una pata de su víctima.

Es capaz de percibir el calor de los vasos sanguíneos bajo la piel de su presa. Así puede morder exactamente donde las heridas sangran más (Gutiérrez 2008).

De *¿Quién ganará? León vs. tigre*:

El tigre trata de morder el cuello del león. No puede. Morder el cuello del león es como morder una bola de pelo gigante. La melena del león le proporciona ventaja al león. La pelea es brutal. Los enormes gatos se muerden y se hieren. Primero, el veloz león se sube sobre el tigre, pero luego el ágil tigre está encima del león. La pelea va y viene. Los dos son excelentes luchadores (Pallotta 2016).

Los dos textos son útiles para enseñar al lector datos sobre los animales y sus formas de cazar. Mientras el primero usa un lenguaje directo y sencillo, el segundo atrae más al lector con un tono que permite imaginar a la perfección lo que está ocurriendo. Además, usa un lenguaje informal, lo que hace que el lector se conecte con el texto ("la pelea va y viene", "Los dos son excelentes luchadores").

¿Qué aprendiste?	¿Qué te ayudará a escribir tu escrito? (imágenes, palabras, lenguaje, arte)...
• tanto el león como el tigre son animales muy feroces	• lenguaje fuerte e informal para poder conectar con el escrito, no solo aprender información ("el veloz león", "el ágil tigre")
• la melena del león lo protege porque es como "una bola de pelo gigante"	• imágenes emocionantes y descriptivas para entender e imaginar el escrito
	• comparaciones con cosas de la vida cotidiana para entender mejor la información ("su cerebro es pequeño como una pelota de tenis")

Consejos

- ¿Qué tipo de vocabulario interesante ha usado el autor?
- ¿Cómo usó los detalles el autor?
- ¿Qué incluyó el autor? ¿Por qué crees que lo hizo?

¿Para quién es?

NIVELES
2–8

GÉNEROS / TIPOS DE TEXTO
todos

PROCESOS
desarrollar, hacer un borrador, revisar

¡Me quito el sombrero!
(lectura recomendada):
Finding the Heart of Nonfiction: Teaching 7 Essential Craft Tools with Mentor Texts (Heard 2013)

¿Para quién es?

NIVELES
2–8

GÉNEROS /
TIPOS DE TEXTO
**texto informativo/
no ficción, texto de
opinión/persuasivo**

PROCESOS
desarrollar, revisar

¡Me quito el
sombrero!
(lectura recomendada):
A Writer Teaches Writing
(Murray 1985)

Estrategia Piensa en las personas que saben sobre el tema del que estás escribiendo. Realiza una entrevista para obtener información de esas personas. Haz preguntas abiertas que permitan al entrevistado hablar sin reservas, de modo que comparta contigo detalles que luego puedas agregar a tu texto.

Ejemplo de enseñanza *A medida que elaboras las preguntas, asegúrate de que ofrezcan al entrevistado la posibilidad de hablar de forma abierta, más allá de responder con un sí o un no, teniendo en cuenta también los conocimientos del entrevistado sobre tu tema. Durante la entrevista, toma notas de sus respuestas, pero también de los gestos, las expresiones y el comportamiento del entrevistado.*

Sugerencia para el maestro Para más información sobre las entrevistas, vea la estrategia 3.9 "Haz una entrevista para averiguar sobre un tema" del objetivo sobre generar y reunir ideas.

Consejos

- Piensa en las personas a las que entrevistarás y qué podrían saber sobre el tema.
- Piensa en lo que podrían decirte. Elabora una pregunta para obtener la información que quieres.
- Vuelve a leer tu pregunta: ¿puede contestarse con un "sí" o "no"?
- Vuelve a escribir la pregunta para que no parezca que estás esperando una respuesta determinada.
- ¡Esta pregunta te ayudará a obtener mucha información! Es muy abierta.

6.18 Anota la información en un cuaderno de investigación

Estrategia Piensa en los temas secundarios de los que quieres reunir información. Escribe cada uno de tus temas secundarios como un encabezado en una página de cuaderno o libreta. A medida que vayas encontrando información sobre el tema, piensa: "¿En qué página debería escribir esta información?" "¿A qué tema secundario pertenece?".

Ejemplo de enseñanza *Acabo de encontrar un dato interesante: Las bailarinas desgastan mucho sus zapatillas. ¡Muchas usan hasta dos o tres pares por semana! Voy a ir a mi cuaderno y voy a pensar a qué tema secundario pertenece esta información. ¿Pertenece a la sección que llamé "Tipos de posiciones de ballet"? No, no tiene nada que ver con las posiciones. ¿Iría en la sección "Bailarinas famosas"? Tampoco. ¿Y en la sección "¿Qué se ponen las bailarinas?"? Hablo sobre las zapatillas en esta sección, así que podría ser interesante agregar este dato sobre cuántos pares de zapatillas usan las bailarinas. Anotaré el dato aquí.*

Consejos

- Escribe un encabezado en la parte superior de cada página de tu cuaderno.
- ¿Cuáles son las categorías de información que estás buscando?
- Encontraste un dato que tiene que ver con tu tema.
- ¿Dónde podrías escribir esta información?
- ¿A qué categoría pertenece esta información?

¿Para quién es?

NIVELES

2–8

GÉNERO / TIPO DE TEXTO

texto informativo/ no ficción

PROCESO

desarrollar

¿Qué llevan las bailarinas?

Las zapatillas tienen la punta dura para que se puedan parar en puntas.

La mayoría usan dos o tres zapatillas de punta cada semana.

Las bailarinas practican muchas horas con zapatillas blandas.

Posiciones de ballet

En la primera posición los tobillos están juntos y los pies girados hacia afuera.

Algunas posiciones de los pies se acompañan con las manos.

Las posiciones tienen nombres en francés y en inglés.

¡Me quito el sombrero! (lectura recomendada): *Crafting Nonfiction, Intermediate* (Hoyt 2012)

¿Para quién es?

NIVELES
2–8

GÉNERO /
TIPO DE TEXTO
**texto informativo/
no ficción**

PROCESO
desarrollar

Estrategia Lee para obtener más información sobre el tema del que vas a escribir. Para y asegúrate de que entiendes lo que lees. Haz un bosquejo o dibujo rápido que muestre la información que has aprendido. Agrega rótulos o pies de foto a tus notas usando tus propias palabras.

Sugerencia para el maestro Un problema común cuando enseñamos a los niños a agregar más información al tema que están investigando es que tienden a copiar la información directamente del libro. ¿Realmente comprenden lo que copian? Quién sabe, pero es probable que no. Al pedirles que transformen las palabras que leen en imágenes con rótulos y pies de foto nos aseguramos de que solo anotan lo que comprenden. Cuando conviertan estas notas en un borrador, su texto realmente sonará como su propia voz. Esta es también una estrategia útil para usar con estudiantes más jóvenes que probablemente pueden escribir notas cortas y dibujar con más fluidez en lugar de escribir con oraciones completas.

Consejos
- ¿Qué información importante aprendiste en esta página?
- Ahora asegúrate de que hayas comprendido la información.
- ¡Parece que realmente comprendes lo que lees! ¿Qué bosquejo harás?
- Haz un dibujo rápido para anotar la información.
- Ahora escribe un rótulo.
- ¿Puedes agregar un pie de foto u oración que explique lo que has dibujado?
- Veo que estás usando tus propias palabras. Eso demuestra que comprendes la información.

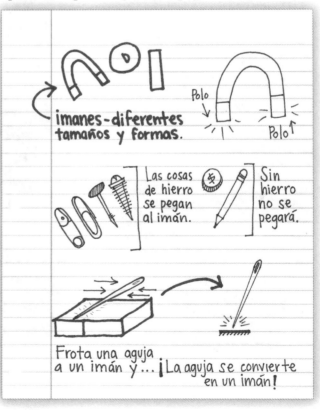

¡Me quito el sombrero!
(lectura recomendada):
*Crafting Nonfiction,
Intermediate* (Hoyt 2012)

Estrategia Visualiza el personaje que estás creando. Descríbelo con detalles que muestren cómo se ve y por qué es diferente de los demás personajes de la historia.

Usar un mentor Un buen ejemplo es *Koko. Una fantasía ecológica* (Ramos 2016). Al inicio del libro, la autora nos ofrece descripciones detalladas que nos permiten imaginar al personaje, así como el lugar donde vive: "Koko tenía los ojos pequeñitos, el pelo negro y revuelto y vestía una enorme camiseta amarilla y botas con cordones rojos. Vivía en el pico de una alta montaña que sobresalía sobre la gran nube de contaminación y hacía siempre lo que le daba la gana".

Consejos
- Describe tu personaje. ¿Qué ves?
- ¿Qué detalles sobre tu personaje crees que debes compartir con el lector?
- ¿Qué hace que tu personaje se destaque?
- Fíjate dónde puedes agregar estos detalles a tu borrador.

¿Para quién es?

NIVELES
2–8

GÉNERO /
TIPO DE TEXTO
narración

PROCESOS
desarrollar, hacer un borrador, revisar

¡Me quito el sombrero!
(lectura recomendada):
The Writing Thief: Using Mentor Texts to Teach the Craft of Writing (Culham 2014)

¿Para quién es?

NIVELES
2–8

GÉNERO /
TIPO DE TEXTO
narración

PROCESOS
**hacer un borrador,
revisar**

Estrategia Piensa en cómo reaccionan los personajes a lo que ocurre en la historia y escribe lo que sienten. Imagina lo que podrían estar pensando en cada momento y escribe sus pensamientos.

Ejemplo de enseñanza *Cuando escribas, trata de decir lo que se puede ver (acciones) y lo que se puede escuchar (diálogos y detalles del ambiente). Asegúrate de escribir también cómo son tus personajes por dentro: lo que sienten y lo que piensan.*

Usar un mentor En el libro *El violín de Ada* (Hood 2016), la autora nos ayuda a conocer mejor a los personajes al escribir sobre lo que piensan y sienten. La siguiente cita es un buen ejemplo: "¡Cómo había deseado Abuela aprender música! Quizás muy tarde para ella, pensó, ¡pero no para sus nietas! Las anotó sin siquiera preguntarles a ellas… ni a sus padres. El corazón de Ada se alegró. Gracias a su abuela, dejaría sus preocupaciones a un lado y ¡aprendería a tocar un instrumento!".

Consejos
- ¿En qué está pensando tu personaje?
- Cuenta lo que hace el personaje, luego escribe sobre lo que piensa.
- Piensa en cómo reaccionan los personajes: sus pensamientos o sentimientos.
- Al escribir sobre lo que piensa el personaje, me ayudaste a conocerlo por dentro.

¡Me quito el sombrero!
(lectura recomendada):
Writing a Life: Teaching Memoir to Sharpen Insight, Shape Meaning—and Triumph Over Tests (Bomer 2005)

6.22 Apoya tus datos

Estrategia Repasa tu borrador para ver si hay algún dato o hecho que debas aclarar. Subráyalo. Pregúntate cómo podrías explicarlo mejor: "¿Debería usar un ejemplo? ¿Una analogía? ¿Un cuento?". ¡Agrega más oraciones para que el lector comprenda lo que estás tratando de enseñarle!

Ejemplo de enseñanza *Encontré una oración en mi libro que podría explicar mejor: "La luna tiene cráteres". Si mi lector no sabe qué es un cráter, difícilmente comprenderá lo que estoy tratando de enseñarle. Voy a pensar en cómo aclarar este dato. Podría añadir una definición: "Un cráter es una abolladura en forma de cuenco en la superficie de la luna". O podría añadir un cuento: "Hace mucho tiempo, un meteorito voló por el espacio y aterrizó en la superficie de la Luna. Cuando lo hizo, ¡bum!, dejó una gran abolladura".*

Sugerencia para el maestro Esta estrategia puede dividirse en secuencias de cuatro o más lecciones: una para agregar historias, otra para agregar definiciones, otra para dar ejemplos y tal vez una más para usar analogías.

Sugerencia para el maestro Esta estrategia combina muy bien con la estrategia 7.2 "Escribe con autoridad: Vocabulario de dominio específico" del objetivo sobre elección de palabras. Cuando los niños elijan palabras específicas que aprendieron de un experto, ¡es útil que den un paso más y traten de explicar a sus lectores lo que significan!

Consejos
- ¿Hay algún dato que necesite más detalles?
- Subraya la oración. Piensa en qué información te gustaría agregar.
- Agrega oraciones que expliquen el dato.
- ¿Qué parte del dato necesita más detalles?

¿Para quién es?

NIVELES
2–8

GÉNEROS /
TIPOS DE TEXTO
texto informativo/ no ficción, texto de opinión/persuasivo

PROCESOS
hacer un borrador, revisar

{ Apoya tus datos }

Cuando un dato podría necesitar más explicación...
pregúntate qué podría ayudarte.

- **¿Debería usar una definición?**
  Un lagarto es un reptil. Los reptiles son vertebrados de sangre fría; ponen huevos, respiran por los pulmones, tienen la piel escamada y seca.

- **¿Un ejemplo?**
  George Washington fue el padre fundador de Estados Unidos. Fue el primer presidente.

- **¿Una historia?**
  Las mujeres lucharon en la Revolución estadounidense. Deborah Sampson se disfrazó de hombre para poder luchar. Cayó enferma y descubrieron que era una mujer.

¡Me quito el sombrero!
(lectura recomendada):
Nonfiction Craft Lessons: Teaching Information Writing K–8 (Portalupi y Fletcher 2001)

¿Para quién es?

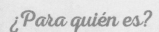

NIVELES

2–8

**GÉNEROS /
TIPOS DE TEXTO**

**texto informativo/
no ficción, texto de
opinión/persuasivo**

PROCESOS

**hacer un borrador,
revisar**

Estrategia Asegúrate de explicar no solo el *qué*, sino también el *cómo* para que tu lector entienda claramente lo que dices. Vuelve a leer tu borrador y busca momentos en los que dejaste un dato sin ninguna información que lo apoye. Piensa en lo que sabes de ese dato. Pregúntate: "¿Cómo?". Luego escribe otra oración asociada a la primera para dar más información sobre este dato.

Usar un mentor Eche un vistazo a algunos textos de no ficción que estén bien escritos, por ejemplo *Atlas básico del agua* (Infiesta y Tola 2006). En el texto, a pesar de nombrar conceptos que todos conocemos, tales como la lluvia, el agua o la nieve, los autores no se limitan a mencionarlos, sino que explican qué son y cómo se producen. Por ejemplo, a mitad del texto, vemos una excelente descripción de la nieve y cómo se forma: "La nieve es la precipitación sólida en forma de agua helada. Se produce cuando las nubes de precipitación se encuentran a temperaturas muy inferiores a los 0 °C, entonces las partículas de condensación se congelan formando pequeños cristales de hielo, que acaban uniéndose entre ellos para formar copos más o menos grandes".

Consejos
- ¿Qué dato crees que podría necesitar más detalles?
- Vuelve a leer el dato. Ahora pregúntate: "¿Cómo?".
- Explicaste "qué es". Ahora explica el "cómo".
- ¿Puedes imaginarlo? Explica el cómo, paso por paso.

> ¿Cuál es el CÓMO?
> 1. Piensa: "Qué dato podría necesitar más detalles?"
> 2. Vuelve a leer el dato. Pregúntate: ¿CÓMO?
> 3. Toma ese CÓMO y:
>   Piénsalo
>   Planifícalo
>   Escríbelo

**¡Me quito el sombrero!
(lectura recomendada):**
Nonfiction Craft Lessons: Teaching Information Writing K–8 (Portalupi y Fletcher 2001)

Estrategia Vuelve a leer lo que escribiste y busca una línea que pueda funcionar como un estribillo que se repita a lo largo del escrito. Lee tu escrito intentando repetir esa línea en diferentes lugares. Cada vez que lo hagas, haz como si la línea fuera una introducción a la que le siguen otras oraciones. Piensa en si la línea que se repite enfatiza el significado de tu escrito.

Usar un mentor *Julius, el rey de la casa* (Henkes 2017) es un buen ejemplo para observar el uso del estribillo: "Besaban su húmeda naricita sonrosada, admiraban sus ojitos negros, acariciaban su suave y fragante pelo blanco. Julius es el rey de la casa —exclamaban los papás de Lilly". Puede explicar a los niños que cada vez que el autor quería repetir estas líneas, tenía que pensar en nuevas razones para volver a mencionarlas en diferentes lugares del libro. Como ejemplo de no narración para estudiantes de los grados superiores de primaria, puede usar el discurso "Yo tengo un sueño" de Martin Luther King.

Consejos
- ¿Funcionaría tu escrito si repitieras esta línea? Inténtalo.
- ¿Dónde repetirías esta línea?
- Cuando repetiste esta línea, ¿qué significado le diste?
- Ahora que la repetiste, ¿qué agregarás después?

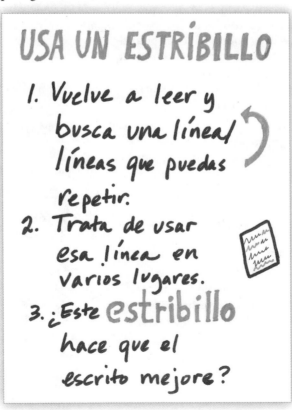

USA UN ESTRIBILLO

1. Vuelve a leer y busca una línea/ líneas que puedas repetir.
2. Trata de usar esa línea en varios lugares.
3. ¿Este estribillo hace que el escrito mejore?

¿Para quién es?

NIVELES
2–8

GÉNEROS / TIPOS DE TEXTO
narración, poesía, texto de opinión/ persuasivo

PROCESOS
hacer un borrador, revisar

¡Me quito el sombrero!
(lectura recomendada):
One to One: The Art of Conferring with Young Writers (Calkins, Hartman y White 2005)

¿Para quién es?

NIVELES
2–8

GÉNEROS / TIPOS DE TEXTO
todos

PROCESO
revisar

¡Me quito el sombrero!
(lectura recomendada):
The Revision Toolbox: Teaching Techniques That Work (Heard 2002)

Estrategia Vuelve a leer tu borrador y busca un verbo que te parezca un poco aburrido. Vuelve a leer y piensa: "¿Qué hizo exactamente el personaje?". Reemplaza el verbo por otro verbo u oración que describa o explique mejor lo que hizo el personaje.

Ejemplo de enseñanza *Volví a leer mi borrador y encontré esta oración que me pareció un poco aburrida: "Fue al escritorio de la maestra". Voy a subrayar el verbo* fue *porque siento que no le estoy dando al lector una imagen clara de lo que realmente ocurrió. ¿Qué es lo que realmente quiero decir con* fue*? A ver cómo queda si escribo la oración así: "Mientras se acercaba hacia el escritorio de la maestra, arrastraba los pies por el suelo como si alguien lo estuviera agarrando de los tobillos". Eso mostraría que el personaje está yendo hacia el escritorio de la maestra a regañadientes. Pero si escribo: "Se levantó de su asiento y se dirigió hacia el escritorio de la maestra dando brincos", estoy mostrando que el personaje está ansioso y emocionado por ir al escritorio de la maestra. Tengo que pensar bien qué quiero decir, ¡porque el verbo* fue *no es muy preciso!*

Usar un mentor En las páginas de *Fábulas mexicanas* (Basurto 2010), encontrará una colección de verbos muy bien elegidos. Tan solo en la primera página aparecen los siguientes: *estaban, se veían, preparado, alcanzar, llegó, aspiró, se acercó, cortó, hizo, olfatearla, cerrando, se imaginó, se rompen, cortar, llenó, se sentó, recargó, corriendo.* Use este texto para conversar con los estudiantes sobre qué otros verbos podría haber elegido el autor en lugar de estos, y cómo estos verbos ayudan al lector a visualizar lo que está ocurriendo en la historia.

Consejos

- Encuentra verbos que te parezcan poco precisos.
- Pregúntate: "¿Cómo ocurrió exactamente?".
- Haz una lluvia de ideas sobre qué otros verbos podrías usar.
- Puedes usar una frase en lugar de una palabra.
- Quizá no solo tengas que cambiar el verbo, sino reescribir toda la oración.

Estrategia Sitúa a tus personajes en un ambiente. Escribe una escena para explorar cómo actúan en ese ambiente. Vuelve a escribir la misma escena en uno o dos ambientes más. Ahora pregúntate: "¿Tiene importancia el ambiente en la historia? ¿Cambia el modo en que actúan los personajes?". Elige el ambiente que mejor se ajuste a tu historia.

Usar un mentor En el libro *Playing Lotería / El juego de la lotería* (Colato Laínez 2005), el ambiente es muy importante; el tono del autor y sus cuidadosas descripciones nos ayudan a imaginar dónde sucede la historia. De igual manera, en *Querido primo* (Tonatiuh 2017), el ambiente es muy importante para seguir la historia. El autor usa un lenguaje preciso y detallado para situar al lector en los diferentes ambientes de sus personajes.

Consejos
- Piensa en un ambiente apropiado donde situar a tus personajes.
- ¿Dónde crees que podría tener lugar la historia?
- Di en voz alta algunos ambientes en los que crees que podría ocurrir la historia.
- Vuelve a leer la escena. ¿Tiene importancia el ambiente?
- ¿Cómo cambia el ambiente el modo en que actúan/interactúan tus personajes?

EL AMBIENTE IMPORTA

1. Sitúa a tus personajes en un **ambiente**.

Se adentró en el oscuro bosque, siempre mirando por encima de su hombro. Con los ojos bien abiertos, preguntándose quién o qué podría estar mirándola...

2. Escribe una **escena**. ¿Cómo actúan los personajes en ese lugar?

3. **Repite** (cambia el ambiente)

En la casa, cerró las puertas y las ventanas y se sentó en su silla favorita. El gato saltó a su regazo y ella le sonrió.

4. **Elige** el ambiente que se ajusta mejor a tu historia.

¿Para quién es?

NIVELES
3–8

GÉNERO /
TIPO DE TEXTO
narración de ficción

PROCESOS
desarrollar, revisar

¡Me quito el sombrero!
(lectura recomendada):
What You Know by Heart: How to Develop Curriculum for Your Writing Workshop
(Ray 2002)

Estrategia Busca una fotografía de una persona (en una revista, en un libro o en Internet) que se parezca al personaje de tu historia. Lleva la foto contigo y mírala mientras piensas en cómo será tu personaje y escribes el borrador de tu historia. Mira la foto una y otra vez para mantener coherente la descripción de tu personaje.

Sugerencia para el maestro Esta estrategia funciona bien cuando los niños están creando narraciones de ficción, ya que esto los ayudará a dar un enfoque real a sus escritos. También puede ser muy útil para escribir memorias o narraciones personales: ¡los estudiantes podrían incluir en sus historias fotografías de personas reales del álbum de casa!

Usar un mentor Hay fantásticas entrevistas con autores en la página web de la editorial Scholastic. Tome un ejemplo de la autora Karen Hesse. La autora habla de las investigaciones que realizó para escribir su novela *Lejos del polvo* (2018). Aunque no habla de mirar fotografías reales, explica que, para crear personajes ficticios, a ella la ayuda elegir personas que existen en la vida real y leer sobre ellas en los periódicos. Pueden leer la transcripción en inglés de la entrevista aquí: https://bit.ly/2MsQ0Nn

Consejos
- Mirando la foto, piensa en cómo describirías a tu personaje. ¿Cómo puedes agregar esto a tu historia?
- Mirando la foto, piensa en cómo habla tu personaje. Agrega diálogos para mostrarlo.
- Mirando la foto, piensa en cómo actúa tu personaje. ¿Dónde lo agregarías?

Estrategia Encuentra un lugar donde mencionaste un concepto, una idea o una persona sin dar muchos detalles. Piensa en qué quieres resaltar sobre eso. Piensa en algo que es totalmente opuesto a lo que quieres resaltar. En una oración, contrasta las dos cosas.

Consejos

- ¿Qué es lo más importante de ese concepto, idea o persona?
- ¿Qué quieres resaltar sobre eso?
- Ahora piensa en algo que sea opuesto.
- ¿Cómo puedes escribir una oración para contrastar las dos?
- Esta oración resalta lo que me dijiste que era lo más importante acerca del concepto, idea o persona.

concepto/ idea/ persona	¿Resaltar?	¿lo opuesto?	oración...
tiempo para jugar	creatividad	hoja de ejercicios	A diferencia de estar sentados en un escritorio rellenando hojas de ejercicios, jugar ayuda a los niños a ser creativos.
casa	acogedora, de piedra, antigua	tienda de Apple	A diferencia de la tienda Apple en el centro comercial que es toda de cristal, mi casa es acogedora y está construida de piedra: desde el exterior hasta la chimenea.

¿Para quién es?

NIVELES

3–8

GÉNEROS / TIPOS DE TEXTO

todos

PROCESOS

desarrollar, hacer un borrador, revisar

¡Me quito el sombrero!

(lectura recomendada):
The Big Book of Details: 46 Moves for Teaching Writers to Elaborate (Linder 2016)

6.29 Sé paciente, ve despacio

¿Para quién es?

NIVELES
3–8

GÉNERO /
TIPO DE TEXTO
narración

PROCESOS
**hacer un borrador,
revisar**

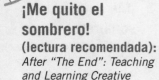

**¡Me quito el
sombrero!**
(lectura recomendada):
*After "The End": Teaching
and Learning Creative
Revision* (Lane 1993)

Estrategia Ten cuidado de no saltar de una idea a otra demasiado rápido.
Ve despacio e intenta repasar detenidamente el recuerdo que tienes en la mente
mientras escribes. Trata de escribir todos los detalles que puedas.

Sugerencia para el maestro Ir más despacio a la hora de escribir puede
ayudar a los escritores a incluir más detalles en sus escritos. Llevar un ritmo de vida
más pausado también puede ayudar: pararse a observar lo que nos rodea, reducir
la velocidad de nuestros movimientos para realmente disfrutar del momento,
pausar la mente para escuchar nuestros pensamientos. Vivir la vida de un modo
más pausado y detenerse de vez en cuando para observar estimulará la escritura
del escritor. Use esta lección junto con la estrategia 5.31 "Ir rápido (o despacio) a
través del tiempo" para ayudar a los escritores a decidir cuándo incluir más detalles, y
cuándo acelerar el ritmo de sus textos.

Usar un mentor Puede usar *El violín de Ada* (Hood 2016) para dar un ejemplo a
los estudiantes. Al inicio del libro, la autora describe de un modo muy detallado lo que
ve la protagonista cada mañana: "Todas las mañanas, de madrugada, Ada escuchaba
los primeros camiones de basura retumbar y rodar por la calle a Cateura. *¡Bip, bip,
bip!* Dando marcha atrás hacia el vertedero, empinaban sus cargas para arriba, para
arriba y *¡CRASH!* La basura caía –mil quinientas toneladas cada día." En vez de hacer
una descripción tan detallada, la autora habría podido escribir simplemente: "Cada
mañana, Ada oía los camiones de basura". Para que los estudiantes usen esta estrategia
en la revisión, pídales que vuelvan a leer sus borradores e identifiquen una oración
sencilla donde la acción se puede detener un poco para agregar más pasos, detalles u
oraciones.

Consejos

- Parece que en esta parte saltas demasiado rápido de un momento a otro.
  Retrocede y haz que
  tu escrito vaya más
  despacio.
- Revive el recuerdo en tu
  mente.
- Trata de incluir todos
  los detalles que puedas.
  ¿Qué más puedes
  agregar?
- Veo que en esta parte
  escribiste despacio
  e incluiste todos los
  detalles que recuerdas.
  ¡Esto ayudará al lector a
  visualizar la escena!

> **¡Demasiado rápido!**
>
> Fuimos al zoo. Visitamos
> un poco y luego
> nos fuimos.
>
> **¡Lento + detallado!**
>
> Fuimos al zoo en nuestra
> primera salida con la clase.
> Pagamos la entrada y a todos
> nos pusieron un sello en la
> mano a modo de boleto. Vi
> una cebra. Luego fuimos a la
> primera exhibición. ¡Vimos a los
> monos! Estaban colgados por
> todas partes.
>
> **Tu turno...**
>
> Me levanté y
> fui a la
> escuela.

Estrategia Escribe rápido y sin parar tratando deliberadamente de incluir información marginal (lo que ocurre al margen) sobre el tema que estás escribiendo. Escribe detalles sobre lo que está ocurriendo y lo que es observable, pero también incluye detalles sobre las conexiones e ideas que te pasen por la mente y que tengan alguna relación con el tema central de tu historia. No te preocupes por nombrar cuál es cuál.

Sugerencia para el maestro Cuando los niños terminen este ejercicio, es probable que lo que hayan escrito sea confuso y esté lleno de detalles poco útiles. No pasa nada. Este ejercicio es para obtener muchos más detalles e información con los cuales trabajar. ¡El siguiente paso será hacer limpieza de lo que acaban de escribir y seleccionar las joyas de su escrito!

Consejos

- Escribe tratando de no parar tu lápiz.
- Estás escribiendo mucho sobre lo que observas. Ahora trata de agregar detalles de lo que está sucediendo al margen del texto.
- Ahora escribe sobre lo que eso te hace pensar.
- Ahora agrega lo que te hace sentir, o las conexiones que puedes hacer con el tema central.

¿Para quién es?

NIVELES
3–8

GÉNEROS / TIPOS DE TEXTO
todos

PROCESOS
generar y reunir, hacer un borrador

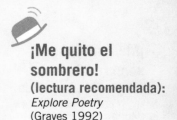

¡Me quito el sombrero!
(lectura recomendada):
Explore Poetry
(Graves 1992)

6.31 Usa la empatía para agregar más detalles

¿Para quién es?

NIVELES
3–8

GÉNERO / TIPO DE TEXTO
narración

PROCESOS
desarrollar, hacer un borrador, revisar

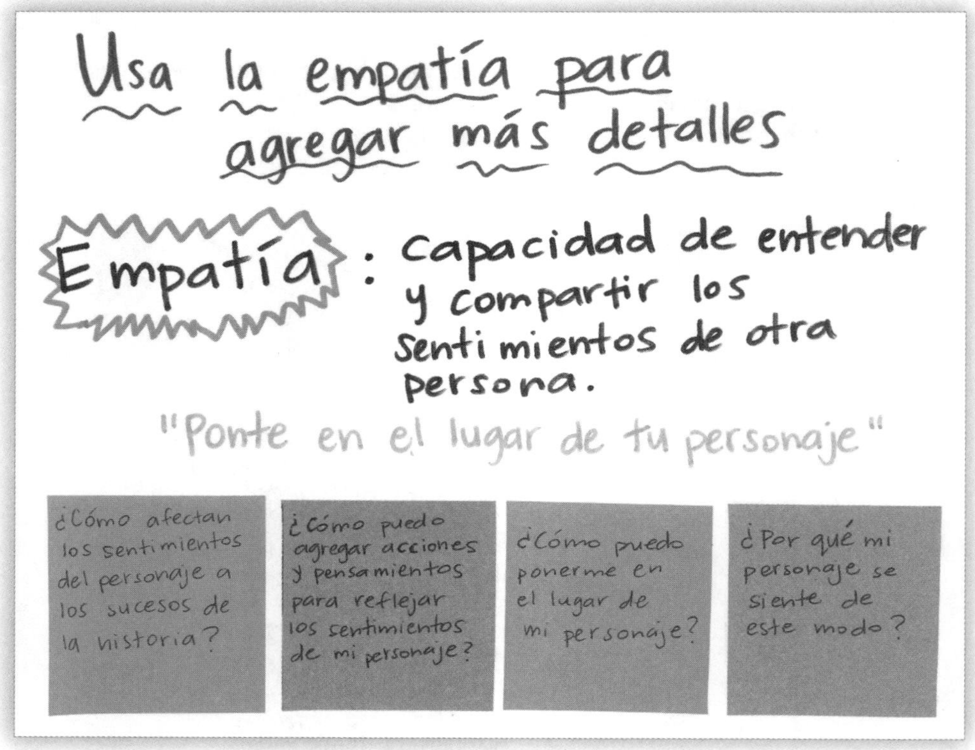

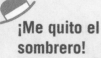

¡Me quito el sombrero! (lectura recomendada): *A Writer Teaches Writing* (Murray 1985)

Estrategia Mientras escribes, trata de "ponerte en la piel" del personaje, ficticio o real, ya sea que se parezca a ti o no. Piensa: "¿Cómo me sentiría yo si estuviera en esta situación? ¿Qué pensaría? ¿Cómo reaccionaría? ¿Qué diría?". Agrega detalles que ayuden al lector a "ponerse en la piel" de tu personaje.

Consejos

- Imagina por lo que está pasando el personaje. Si estuvieras en su lugar, ¿qué pensarías?
- ¿Cómo te sentirías si esto te ocurriera a ti?
- ¿Puedes imaginarlo? Cierra los ojos e imagina que estás en la misma situación.
- ¿Qué puedes agregar para hacer que tu lector sienta lo mismo que siente el personaje?

Estrategia Piensa en alguien o algo que podría estar viendo o estudiando el tema del que estás escribiendo. Ponte una "máscara" para verlo a través de sus ojos. Agrega detalles sobre lo que esa persona vería, notaría, sentiría o comentaría. ¡Trata de escribir tu texto de varios modos para ver cuál se acerca más a lo que estás tratando de explicar!

Usar un mentor Un buen ejemplo es *El silencio del agua* (Saramago 2011); la historia se cuenta a través de la "máscara" o perspectiva del protagonista, en primera persona. También podría explorar alguna parodia de un cuento de hadas como *¡La verdadera historia de los tres cerditos!* (Scieszka 1996) para ver cómo cambian los detalles que se incluyen cuando el cuento es narrado desde la perspectiva de diferentes personajes (por ejemplo, el lobo en lugar de los cerditos o el narrador).

Consejos
- ¿Quién cuenta la historia?
- Ya que estás escribiendo desde esa perspectiva, piensa en los detalles que vas a incluir.
- Desde esa perspectiva, ¿qué ves/sientes/notas?
- Anota cualquier información relevante que el narrador sabría porque estás contando la historia desde ese punto de vista.

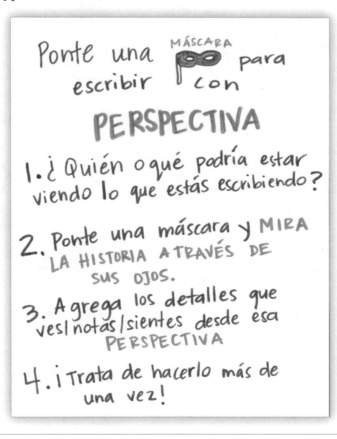

Ponte una MÁSCARA para escribir con

PERSPECTIVA

1. ¿Quién o qué podría estar viendo lo que estás escribiendo?

2. Ponte una máscara y MIRA LA HISTORIA A TRAVÉS DE SUS OJOS.

3. Agrega los detalles que ves/notas/sientes desde esa PERSPECTIVA

4. ¡Trata de hacerlo más de una vez!

¿Para quién es?

NIVELES
4–8

GÉNEROS / TIPOS DE TEXTO
todos

PROCESOS
desarrollar, hacer un borrador, revisar

¡Me quito el sombrero!
(lectura recomendada):
The Revision Toolbox: Teaching Techniques That Work (Heard 2002)

6.33 ¿Cómo habla tu personaje?

¿Para quién es?

NIVELES
4–8

GÉNERO /
TIPO DE TEXTO
narración

PROCESOS
**desarrollar, hacer
un borrador, revisar**

**¡Me quito el
sombrero!**
(lectura recomendada):
*Breathing In, Breathing
Out: Keeping a Writer's
Notebook* (Fletcher 1996)

Estrategia Piensa en tus personajes como si fueran reales. Piensa en los detalles de cómo hablan (voz, cadencia, jerga, dialecto, acento). Planifica o revisa estos detalles en los diálogos para hacer que tu personaje sea único.

Ejemplo de enseñanza *Cada uno de tus personajes debe tener una voz distintiva, tan clara y única que el lector sea capaz de decir quién está hablando en cada momento, sin necesidad de leer los incisos del narrador. Puedes pensar en diferentes características que puede tener la voz de tu personaje. Una es la cadencia. Piensa en si el personaje suele decir frases cortas o largas y repetitivas. Otra característica es la jerga. Piensa en las expresiones que tu personaje podría usar, o palabras y frases que use a menudo en situaciones comunes. También puedes enfocarte en el dialecto o acento de tu personaje e incluir algunas palabras deletreadas fonéticamente para reflejar su forma de hablar.*

Sugerencia para el maestro Tenga en cuenta que esta estrategia podría dividirse en varias lecciones diferentes: una sobre la cadencia, otra sobre la jerga, otra sobre el acento, etc.

Usar un mentor Un buen ejemplo es *Don Facundo Iracundo, el vecino del segundo* (Aliaga 2016). Don Facundo Iracundo es un anciano malhumorado y cada vez que habla lo hace con un tono gruñón y desagradable. Desde el inicio de la historia podemos deducir que no se trata de un personaje simpático cuando dice: "—¡Qué poca vergüenza! —gritaba, con su voz de lata—. ¡A la policía! ¡Voy a llamar a la policía! ¡Y los agentes de seguridad!". El anciano siempre se muestra grosero con los demás, y el tono con que el autor escribe los diálogos cuando Don Facundo habla es coherente a lo largo de la historia: "—¡Ladrón! ¡Suelte ahora mismo a mi Goliat! —le gritó, amenazándolo con el paraguas—. ¡Malhechor! ¡Secuestrador de animales indefensos!".

Consejos

- Piensa en cómo habla el personaje.
- Vuelve a leer el diálogo que escribiste.
- ¿Qué cambios harías en el diálogo para que la voz del personaje sea clara y distintiva?

Estrategia Lee otras narraciones que tengan lugar en el mismo periodo histórico del cual estás escribiendo. Anota el vocabulario y la manera de hablar de los personajes en el texto. Al escribir los diálogos de tu escrito, trata de incorporar la misma forma de hablar y el mismo tipo de vocabulario para que tus personajes sean auténticos.

Usar un mentor Asegúrese de elegir un texto mentor que tenga diálogos que muestren claramente el periodo histórico en que está escrita la narración. Un buen ejemplo es la adaptación para niños del clásico *Don Quijote de la Mancha* (Cervantes Saavedra 2015):

"Nunca fuera caballero, de damas tan bien servido, como fuera Don Quijote cuando de su aldea vino." (14)

"Agradezco al cielo esta ocasión para socorrer a alguien que lo necesita." (16)

"¡Dichosa eres, Dulcinea, pues tienes la dicha de ser amada por un caballero como yo, que ha defendido con valor a ese tierno infante!" (18)

"¿Dónde estás, señora mía, que no te duele mi mal? O no lo sabes, señora, o eres falsa y desleal." (21)

El escritor que estudia estos fragmentos verá que el lenguaje pertenece a otra época. El protagonista usa un vocabulario formal y anticuado. La sintaxis nos muestra el periodo histórico en que se sitúa la novela, así como el ámbito de la narración: el mundo de los caballeros.

Consejos

- ¿En qué periodo histórico se sitúa tu narración?
- Busca algunos ejemplos de otras historias escritas en ese periodo.
- Ahora que has visto algunos ejemplos, ¿qué palabras y expresiones usarían los personajes de ese periodo?
- Ahora trata de agregar ese vocabulario y forma de hablar a tu borrador.

¿Para quién es?

NIVELES
4–8

GÉNEROS / TIPOS DE TEXTO
narración de no ficción, ficción histórica

PROCESOS
desarrollar, revisar

¡Me quito el sombrero!
(lectura recomendada):
Finding the Heart of Nonfiction: Teaching 7 Essential Craft Tools with Mentor Texts (Heard 2013)

Una mañana en México un señora Rosa despierto para hacer una taza de café pero no tiene leche. Cuando su esposo Juan despierto Rosa le preguntó si podía comprar leche en el mercado. Su esposo dijo si pero no fuiste al mercado para comprar leche. Solo estuvo acostado todo el dia en lugar de ir al mercado y trabajar en el campo. Pero más vale tarde que nunca, penso Rosa.

La próxima dia Rosa vi que no hay leche y decidida que ella va ir al mercado pero su esposo tiene que alimentar a los caballos. Otra vez Juan dijo que si pero aun no lo hizo. Luego el próxima día cuando Rosa fue alimentar a los caballos vi que los caballos comio todo el heno porque Juan no los alimento. Rosa fue enojada con Juan porque el no hizo nada por dos dias. Entonces, Rosa le dijo a Juan:
—No dejes para mañana lo que puedas hacer hoy.

6.35 Usa imágenes literarias para que tus datos cobren vida

Estrategia Escribe un dato o hecho sobre el tema del que estás escribiendo. Crea una escena para que el dato cobre vida en tu escrito. Trata de usar imágenes literarias, haz que los hechos actúen (tal vez incluso puedas personificarlos). También puedes usar metáforas. Vuelve a leer tu escrito para asegurarte de que los datos sigan siendo verdaderos.

Ejemplo de enseñanza *He investigado un poco sobre el tema del que estoy escribiendo, el pingüino saltarrocas norteño. Voy a volver a leer los datos que reuní:*

- *Los pingüinos saltarrocas norteños son pequeños y tienen cresta.*
- *Son buenos saltando y escalando acantilados escarpados.*
- *Saltan al agua con los pies por delante, en lugar de la cabeza.*
- *Surfean las olas y chocan contra las rocas al aterrizar.*

Mientras observo una imagen del pingüino y pienso en los datos, puedo hacer que el pingüino cobre vida en el texto comparándolo con una estrella de rock. ¡Sus plumas sobresalen como una cresta mohawk! *Me fijo en sus acciones y pienso en cómo las describiría. Tal vez pueda usar palabras como* intrépido *o* temerario *para describir los saltos y los golpes contra las rocas. También me gustaría dibujar una escena que muestre todas estas acciones. Voy a tratar de juntar todo esto en un texto:*

Mira hacia el acantilado y lo verás. Blanco y negro como la mayoría de los pingüinos, como si estuviera vestido para ir a la ópera. Pero sus ojos rojos brillantes y las plumas negras en punta lo diferencian de los demás pingüinos; me recuerdan al peinado *mohawk* que usan las estrellas de *rock*. Es más audaz, más valiente, quizá hasta más temerario. En este momento, salta con los pies por delante al agua fría y helada. Cuando emerge, encuentra su camino hacia la cima de una gran ola. ¿Está surfeando? Cuando te das cuenta de que sí, ¡bum!, choca contra una roca que hay en la orilla. Rebota, luego se pone de pie para finalmente mostrar el movimiento que le hizo ganarse ese nombre: el pingüino salta de roca en roca y sube por el escarpado acantilado, listo para otra aventura.

Consejos

- Piensa en este dato. ¿Puedes crear una escena con este dato?
- Describe una escena realista.
- Podrías intentar personificar el dato, siempre y cuando no sea demasiado ficticio y no se aleje demasiado del dato real.

Haz que un dato cobre vida

Escribe un dato sobre tu tema. Crea una escena y haz que el dato cobre vida.

1. ¡Visualízalo!

2. ¡Descríbelo!

*¡Imágenes literarias!
*¡Personifícalo!
*¡Sé realista!

*¡Usa imágenes literarias! ¡Haz que el dato actúe, pero mantente fiel a los hechos!

Estrategia Decide qué tipo de texto quieres escribir. Además del género, piensa en cómo sonará y qué tono tendrá tu escrito. Busca uno o dos autores que escriban como tú quieres escribir. Lee sus textos una o dos veces para captar cómo se sienten y cómo suenan. Ahora escribe tu borrador.

Sugerencia para el maestro A menudo pedimos a los estudiantes que lean un texto mentor, nombren lo que hace el autor y luego traten de hacer lo mismo en sus escritos. Pero a veces, captar la cadencia y la calidad del texto es suficiente y, sin necesidad de nombrarlo, los estudiantes serán capaces de escribir del mismo modo. Lea el discurso de Martin Luther King "Yo tengo un sueño" y luego escriba su propio discurso. ¡Verá que no se podrá resistir a incluir un estribillo!

Consejos
- ¿Qué tipo de texto quieres escribir? Sé específico.
- ¿Quién escribe de este modo?
- Nombra a un autor que escriba como tú quieres escribir.
- Nombra un texto que hayas leído que suena como quieres que suene el tuyo.
- Léelo dos veces y luego haz tu propio borrador.

¿Para quién es?

NIVELES
4–8

GÉNEROS / TIPOS DE TEXTO
todos

PROCESOS
hacer un borrador, desarrollar

¡Me quito el sombrero!
(lectura recomendada):
What You Know by Heart: How to Develop Curriculum for Your Writing Workshop (Ray 2002)

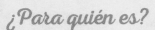

NIVELES

4–8

GÉNEROS / TIPOS DE TEXTO

todos

PROCESO

revisar

¡Me quito el sombrero!

(lectura recomendada):
Explore Poetry
(Graves 1992)

Estrategia Agrega una tira de papel o una nota adhesiva al margen de tu borrador. Lee línea por línea, anotando tus pensamientos y reacciones acerca de los detalles y las palabras que elegiste. Trata de ser crítico, como si no lo hubieras escrito tú. Luego lee lo que escribiste al margen, sé crítico y piensa en qué cambios harías en tu borrador.

Sugerencia para el maestro Es importante que enseñe a sus estudiantes a tener una actitud crítica hacia lo que escribieron. A veces, para poder hacerlo con éxito, los escritores necesitan tomar distancia del texto, guardarlo por un tiempo y volver a él más tarde para verlo con "nuevos ojos".

Consejos

- ¿Qué pensarías de esta parte si no la hubieras escrito tú?
- Di una cosa que crees que funciona bien en esta parte; luego di otra que podría mejorarse.
- ¿Qué piensas sobre esta parte?
- Presta atención a las palabras que elegiste.
- ¿Qué más necesita esta parte?

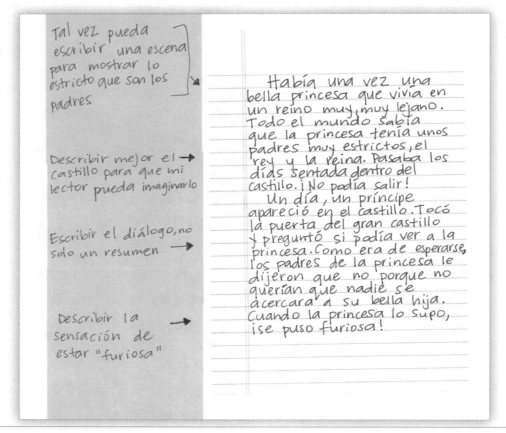

Estrategia Busca una oración en un texto que admires por su fuerza, cadencia o ritmo. Busca una oración en tu propio escrito que te gustaría repasar. Marca el ritmo de la oración mentora o identifica el tipo de palabras que usa y cómo las usa. Trata de reescribir tu oración con tus propias ideas y palabras, pero con el ritmo y la sintaxis de la oración mentora que tanto te gusta.

Ejemplo de enseñanza *Encontré unas oraciones en el libro que leímos en voz alta,* Gracias a Winn-Dixie *(DiCamillo 2011), que tienen tanta fuerza que desearía poder escribir de ese modo. Voy a leerlas tratando de identificar el ritmo y las partes.*

> Y entonces vi al perro, que doblaba la esquina a toda carrera. Era un perro enorme. Y muy feo. Tenía aspecto de estar pasándoselo en grande, le colgaba un palmo de lengua fuera de la boca y meneaba el rabo con rapidez. Se paró deslizándose y me ofreció una buena sonrisa. (8)

La primera oración menciona un personaje (el perro) y una acción. Las siguientes dos frases describen el aspecto del perro. La siguiente describe la escena; qué gestos hace el perro y cómo se comporta. En la última oración vemos al perro interactuar por primera vez con el personaje principal. Me encantan estas oraciones porque Kate DiCamillo escribe más y más detalles que me ayudan a imaginar la escena. Ahora voy a leer mi frase: "Julián miró a los demás nadadores y supo que nunca ganaría la carrera". Si reescribo mi oración para que se parezca a las de Kate, podría quedar así: "Y entonces Julián miró a los demás nadadores. Una expresión de preocupación se le dibujó en el rostro. Se le veía aterrado. Probablemente sabía que nunca ganaría la carrera, así que se quedó parado, quieto, moviendo las manos con nerviosismo. Mientras tanto, los demás nadadores comenzaron a tirarse a la piscina, decididos a ganar la carrera". Ahora el texto tiene una cadencia diferente, pero también proporciona más detalles que ayudan al lector a imaginar la escena.

Consejos

- ¿Qué te gusta de esta oración?
- Nombra las partes de la oración.
- Aprovecha el ritmo de esta oración.
- Trata de reescribir tu oración para que tenga el mismo ritmo.

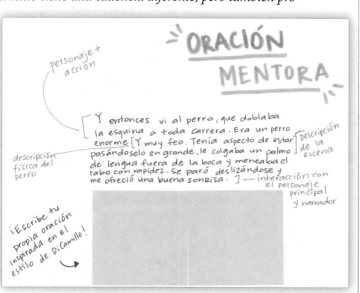

¿Para quién es?

NIVELES
4–8

GÉNEROS /
TIPOS DE TEXTO
todos

PROCESO
revisar

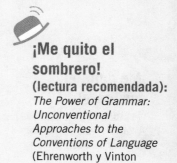

¡Me quito el sombrero!
(lectura recomendada):
The Power of Grammar: Unconventional Approaches to the Conventions of Language (Ehrenworth y Vinton 2005)

¿Para quién es?

NIVELES
4–8

GÉNEROS /
TIPOS DE TEXTO
todos

PROCESOS
**desarrollar, hacer
un borrador, revisar**

Estrategia Di en voz alta lo que quieres explicar. Presta atención tanto a lo que dices como a la voz que usas para decirlo. Mientras escuchas, piensa en cómo podrías traducir el sonido de tus palabras para convertirlas en escritura. Cuando te sientas cómodo o cómoda con el sonido de tu voz, vuelve a la página y trata de captar ese mismo sonido por escrito.

Sugerencia para el maestro Esta estrategia puede ayudar a los estudiantes a escribir más detalles (por lo general, a los niños les es más fácil hablar que escribir, y hablar puede ayudarlos a practicar lo que escribirán más tarde). También puede ayudar a los estudiantes a saber cómo quieren que suenen sus escritos, lo que influirá en la calidad de los detalles que escriban.

Consejos
- ¿Qué quieres escribir? Dilo en voz alta.
- Habla primero, luego escríbelo.
- Escucha cómo suena tu voz mientras hablas.
- Si quieres, dilo una vez más antes de escribirlo.
- Lo que escribiste realmente capta el sonido de tu voz.

Capta tu VOZ

✿ Di en voz alta lo que quieres explicar.

✿ Presta atención tanto a lo que dices como a la voz que usas para decirlo.

✿ Escucha cómo suena lo que vas a escribir.

✿ Cuando te sientas bien con el sonido de tu voz, vuelve a la página y trata de captar ese mismo sonido por escrito.

¡Me quito el sombrero!
(lectura recomendada):
A Writer Teaches Writing
(Murray 1985)

6.40 Usa gestos para mostrar los rasgos de personalidad del personaje

Estrategia Busca una escena en tu historia en la que quieras dar pistas al lector sobre cómo es o cómo se siente tu personaje. Visualiza los gestos y las acciones del personaje que podrían mostrar ese rasgo de personalidad o sentimiento. Incluye gestos, movimientos y expresiones faciales a lo largo de la escena.

Usar un mentor En su novela *Eco* (2017), Pam Muñoz Ryan es muy detallada con lo que sienten los personajes y cómo lo demuestran a través de sus movimientos, gestos y expresiones faciales. La autora escribe con tanto detalle que nos permite conocer a los personajes a través de sus reacciones a lo largo del libro.

> "El pelo de su padre ondeaba al viento como una aureola entrecana, y le daba un aire salvaje que iba bien con su personalidad. Levantó la mano para corresponder la despedida y le sonrió a su hijo, pero no era su acostumbrada sonrisa jovial. Lucía preocupada y desanimada. ¿Tenía lágrimas en los ojos?" (36)

Consejos

- Imagina a tu personaje. ¿Qué estaría haciendo en este momento?
- Escribiste lo que dijo el personaje. Describe qué expresión facial mostraría en ese momento.
- ¿Puedes agregar un gesto que acompañe el diálogo?
- Repasa lo que escribiste hasta ahora y piensa en dónde podrías agregar una pista para indicar los movimientos y expresiones faciales de tu personaje.

Si quiero mostrar que mi personaje es...	Gestos, movimientos, expresiones faciales...
tramposo	- mira hacia los lados rápidamente - se esconde bajo su sombrero - lento, cuidadoso
generoso, desinteresado	- se acerca a escuchar y muestra que se interesa - sonríe, asiente cuando otra persona habla - tiene una expresión de preocupación en sus ojos

¿Para quién es?

NIVELES
4–8

GÉNERO / TIPO DE TEXTO
narración

PROCESOS
desarrollar, hacer un borrador, revisar

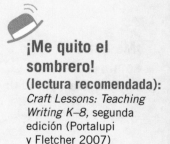

¡Me quito el sombrero!
(lectura recomendada): *Craft Lessons: Teaching Writing K–8*, segunda edición (Portalupi y Fletcher 2007)

¿Para quién es?

NIVELES
4–8

GÉNEROS /
TIPOS DE TEXTO
**texto informativo/
no ficción, texto de
opinión/persuasivo**

PROCESOS
**desarrollar, hacer
un borrador, revisar**

Estrategia Piensa en lo que estás tratando de enseñarle o decirle al lector. Pregúntate: "¿Puedo explicar esto mediante una pequeña historia?". Escribe un resumen que incluya solo la información que apoya lo que quieres decir, eliminando los detalles de la historia que no son importantes.

Sugerencia para el maestro Vea la lección 5.12 "Resume la trama desde un ángulo más profundo" en *El libro de estrategias de lectura* (Serravallo 2019) para ayudar a los estudiantes que necesitan más apoyo para entender que no deben contar toda la historia, sino enfocar la información hacia cierto "ángulo" que apoye un punto o una idea en particular. Algunos niños tendrán que escribir una historia o escena más larga y luego repasarla para cortar todo a excepción de los detalles que realmente apoyen ese hecho o punto.

Usar un mentor Para un ejemplo de texto informativo, vea *Vidas que inspiran: Mujeres que cambiaron el mundo* (2017) de Ariela Kreimer. Aquí, de una manera sencilla y rápida, el narrador cuenta las historias de vida y anécdotas de las diferentes mujeres que aparecen en el libro para que el lector se haga una idea clara de quiénes fueron, qué hicieron y por qué fueron únicas.

Consejos

- Encuentra una idea que creas que necesitas desarrollar más.
- ¿Qué historia se te ocurre que pueda agregar más detalles a esta idea?
- Piensa qué información podrías incluir en tu historia.
- ¡Creo que esta historia funcionará! Ahora asegúrate de escribir la información que apoyará tu idea.

Agrega una ANÉCDOTA*
para enseñar y dar evidencia

Idea: Demasiadas tareas pueden interferir con el tiempo que pasamos en familia.

Anécdota: La otra noche, tuve tarea para cada materia. En lugar de cenar con mi familia, me llevé el plato a la habitación y cené mientras trabajaba. Podía oír a mi familia riendo y hablando sobre su día. Nunca recuperaré ese tiempo perdido.

* Una historia rápida y corta, como un resumen.

¡Me quito el sombrero!
(lectura recomendada):
Breathing Life into Essays
(Calkins y Gillette 2006)

Estrategia Busca un lugar en tu escrito donde quieras dar un ejemplo, explicar o agregar un poco de humor. Haz una lista de tres cosas en una misma oración que desarrollen, repitan u ordenen tu ejemplo, o que le den un giro distinto.

Sugerencia para el maestro Cuando esté familiarizado con la regla de tres, probablemente la encontrará en todas partes. Considere estos ejemplos populares:

- "Vida, libertad y búsqueda de felicidad" (Declaración de la Independencia de Estados Unidos)
- "El gobierno del pueblo, por el pueblo y para el pueblo" (Discurso de Gettysburg)
- "Amigos, romanos, compatriotas" (Julio César)
- "Sangre, sudor y lágrimas" (una frase popular atribuida a Winston Churchill durante un discurso en 1940, pero que se ha usado mucho desde entonces, incluso como el nombre de una popular banda de *rock*)
- "Limpia, fija y da esplendor" (lema de la Real Academia Española)
- "Era de complexión recia, seco de carnes, enjuto de rostro" (Miguel de Cervantes)

Consejos

- Ya tienes un ejemplo. Anota dos más.
- Con cada idea en la lista, ¿puedes desarrollar o dar más información?
- ¿Qué tres cosas puedes mencionar que tengan relación entre sí?
- Puedes terminar con un giro. Prepara al lector con dos ideas que sean similares y agrega una tercera que lo sorprenda.

> 3 { REGLA DE TRES } 3
>
> Las hermanas pueden ser ___ , ___ y ___ .
>
> Cuando estoy en la escuela, pienso en ___ , quiero ___ y me pregunto ___ .
>
> ¡Ya basta! ¡Debes parar de ___ , ___ y ___ !
>
> 3   3

¿Para quién es?

NIVELES
4–8

GÉNEROS /
TIPOS DE TEXTO
todos

PROCESOS
desarrollar, hacer un borrador, revisar

¡Me quito el sombrero!
(lectura recomendada):
In the Middle, Third Edition: A Lifetime of Learning About Writing, Reading, and Adolescents (Atwell 2014)

¿Para quién es?

NIVELES
4–8

GÉNEROS /
TIPOS DE TEXTO
**narración personal,
memorias**

PROCESOS
**desarrollar, hacer
un borrador, revisar**

**¡Me quito el
sombrero!**
(lectura recomendada):
*Writing a Life: Teaching
Memoir to Sharpen Insight,
Shape Meaning—and
Triumph Over Tests*
(Bomer 2005)

Estrategia Piensa en algo verdadero que estás tratando de explicar en la historia personal que elegiste escribir. Piensa en los detalles que exagerarás y los que omitirás para hacer que la verdad brille. Inventa algunos "hechos" que te ayuden a hacer que tu historia suene más creíble, aunque no hayan ocurrido en realidad.

Ejemplo de enseñanza *Estoy escribiendo sobre esa historia que recuerdo de cuando era pequeña. Creo que la recuerdo, pero puede que confunda algunos detalles del relato que cuenta mi familia sobre ese día. Según la historia, un día me acerqué al tractor de mi padre y lo toqué con la mano derecha mientras mi papá estaba distraído. Me quemé terriblemente y tuve que dormir con la mano dentro de una taza de hielo durante una semana. Esa es la esencia de la historia, pero sé que cuando la cuente, tendré que incluir otras cosas, como el ambiente o los diálogos entre mi padre y yo. Y eso no lo recuerdo con exactitud. Por ejemplo, cuando escriba sobre el día en que ocurrió, lo describiré como un día cálido de primavera porque me parece un buen modo de comenzar una historia. Probablemente incluiré diálogos como mi padre gritando: "¡Jennifer! ¿Pero qué hiciste?". Aunque tal vez no es exactamente lo que dijo, tiene sentido en mi historia. Tal vez exagere los detalles de cómo se veía la quemadura, o cómo se sentía el hielo para hacer que esa parte suene más dramática, aunque la verdad es que no recuerdo nada de lo que sentí.*

Consejos

- ¿Qué quieres que el lector sepa sobre esto (personaje, ambiente, momento)?
- Si pudieras exagerar detalles, ¿cuáles serían?
- Eso es lo que ocurrió en verdad. ¿Qué detalles te ayudan a dejarlo más claro?
- Aunque no haya ocurrido exactamente así, ¿qué podría ayudarte a aclarar el propósito de la historia?

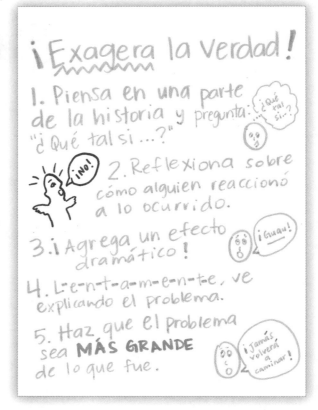

6.44 Usa simbolismos

Estrategia Piensa en una idea o un tema abstracto que aparezca en tu historia. Selecciona un símbolo que pueda representar esa idea, como un objeto real, un animal o un ambiente. Vuelve a leer tu borrador pensando en cómo usarás ese símbolo a lo largo de tu escrito refiriéndote a su significado simbólico.

Sugerencia para el maestro Puede reunir una colección de textos que usen un símbolo similar, o textos que usen varios símbolos. Por ejemplo, en el libro *Malala, la niña que quería ir a la escuela* (Carranca 2015), el personaje principal simboliza el derecho de las niñas a la educación. *La vida útil de Pillo Polilla* (Mansour Manzur 2000) es una fábula y también está llena de simbolismos que representan momentos importantes en la vida de las personas. Por ejemplo, el momento en que el protagonista se cuestiona cuál es su rol en el mundo y abandona la biblioteca para comenzar una riesgosa aventura simboliza la necesidad de encontrar cuál es el sentido de nuestra vida. Otro buen ejemplo es *Cocorí* (Gutiérrez 1947), donde todos los animales que aparecen en la historia simbolizan algo. Por ejemplo, Doña Modorra, una tortuga vieja, simboliza la sabiduría; el mono Tití simboliza la picardía; y Doña Talamanca, la serpiente, simboliza el conocimiento, la muerte y la vida. Puede hablar sobre el significado simbólico de cada animal para ayudar a los niños a considerar si deben incluir animales en sus escritos.

Consejos
- ¿Qué idea abstracta es central para tu historia?
- ¿Qué objeto podría representar esa idea?
- Piensa en las cualidades que tiene el objeto/animal/ambiente. ¿Cuál se conecta mejor con tu escrito?
- Busca un lugar donde puedas agregar algún detalle sobre este símbolo.

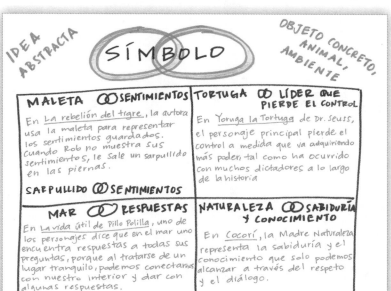

¿Para quién es?

NIVELES
5–8

GÉNERO /
TIPO DE TEXTO
narración

PROCESOS
hacer un borrador, revisar

¡Me quito el sombrero!
(lectura recomendada):
Writing Fiction: A Guide to Narrative Craft, Ninth Edition (Burroway y Stuckey-French 2014)

6.45 Da pistas sobre el pasado del personaje (escena retrospectiva)

Estrategia Piensa en la historia que estás escribiendo. Pregúntate: "¿Hay algo del pasado del personaje que quiero que mi lector sepa?". Escribe una escena o un momento interior en que el personaje esté recordando algo de su pasado. Piensa en qué parte de tu historia tendría sentido incluirlo.

Sugerencia para el maestro Puede que los escritores necesiten ayuda para pasar de lo que está ocurriendo en la escena presente a la escena retrospectiva y de la escena retrospectiva de vuelta al presente. Consulte la estrategia 5.16 "Transición entre segmentos" para ver más ejemplos.

Usar un mentor Es probable que en muchas de las novelas que esté leyendo en voz alta con lectores de la escuela primaria e intermedia, en algún momento de la historia aparezcan personajes que recuerden algo de su pasado, una escena retrospectiva. Algunos ejemplos son *Yo, Naomi León* (Muñoz Ryan 2005); *La rebelión del tigre* (Di Camillo 2017) y *Gracias a Winn-Dixie* (Di Camillo 2011); o *Sarah, sencilla y alta* (MacLachlan 2011). Ayude a los niños a identificar estas escenas y a pensar en qué nos dicen acerca de los personajes y por qué el autor decidió incluirlas.

Consejos
- ¿Qué información de tu personaje crees que el lector debería conocer?
- ¿Cuándo y dónde tendría más sentido incluirla?
- Practiquemos en voz alta cómo podría sonar esta escena retrospectiva.
- ¿Cómo vas a advertir al lector que esta es una escena retrospectiva?

¡Me quito el sombrero!
(lectura recomendada):
After "The End": Teaching and Learning Creative Revision (Lane 1993)

No puedo creer que aburrida estoy en mi clase de historia. Es el primer día de clase despues de las vacaciones de verano. El maestro sigue hablando sobre todos los proyectos y las expectativas del año. Lo unico que puedo hacer para escaparme es pensar en nuestra primer noche en Destin.

Mi familia y yo nos preguntábamos qué hacer esa noche. Estabamos todos reunidos en un solo condominio. El condominio estaba muy lleno. Todos nosotros encajando en un condominio con mostradores de mármol en la cocina, suaves sofás blancos en la sala de estar, y vistas de la playa detrás de nosotros. Apiñados como los tanques de peces en las tiendas de mascotas. Los adultos hablando y los niños corriendo, jugando juegos de mesa o bailando. Pero, por supuesto, ¿qué podría haber sido mejor que un paseo nocturno por la playa? Mientras caminábamos hacia la playa nos dimos cuenta de que en todo el cielo negro no había ni una estrella a la vista. El cielo estaba tan oscuro que parecía como si te hundieron en un agujero negro. Dejamos nuestros zapatos en las escaleras que conducían a la playa, que era una superfice plana llena de arena blanca como las nubes en el cielo. La arena se sentía suave en nuestros pies como si estuviéramos caminando sobre las nubes. No sabemos que este noche va ser muy divertido.

Mi primo vio algo moviéndose en la arena. Cuando lo volvió a ver, lo recogió

y nos mostró un cangrejo. El cangrejo era blanco como el nieve que cae del cielo en un día de invierno y tenía ojos azules como el océano frente a nosotros. Después de que nos acostumbramos al cangrejo de la palma de mi primo, el resto de nosotros empezamos a notar cangrejos en todas partes y fue entonces cuando comenzó la diversión. Cuando un miembro de la familia gritó: "¡Encontré uno!" Corrimos para ver el cangrejo. Cada vez que vimos un cangrejo estábamos fascinados.

En Florida nosotros pueden buscar cangrejos, correr, sacar fotos en la playa, y bailar de la música que oíamos a lo lejos. Ahora estoy en clase y ya no puedo hacer esas cosas.

Elección de palabras

⊙ ¿Por qué es importante este objetivo?

Elegir cuidadosamente las palabras no es algo exclusivo de los amantes de los glosarios y los diccionarios de sinónimos y antónimos. Las palabras que elegimos tienen el poder de comunicar el tono, aclarar (o no) el significado y dar voz al texto. Si no seleccionamos cuidadosamente las palabras, la escritura se puede volver imprecisa y sosa, o como dice William Zinsser: "Si los clavos son débiles, tu casa se derrumbará. Si tus verbos son frágiles y tu sintaxis es débil, tus oraciones se caerán a pedazos" (2001, 19).

Algunos escritores no necesitan hacer un esfuerzo deliberado al elegir las palabras. Su escritura surge con una voz clara y específica. Para otros, las estrategias de este capítulo, como los ejercicios para practicar la revisión o considerar cuidadosamente las palabras que usarán al escribir, los ayudarán a mejorar sus escritos o darles más estilo. Al fin y al cabo, cuando pensamos en una novela que se nos quedó grabada en la mente o un discurso que nos inspiró, lo más probable es que no recordemos todo el texto, sino unas cuantas líneas o palabras que se emplearon de manera sorprendente. Enfocarse en la elección de palabras como objetivo ayudará a que los escritos de los estudiantes también sean memorables.

Muchas de las estrategias de este objetivo se basan en la comprensión que tienen los estudiantes de la gramática y de cómo funciona el lenguaje. En particular, son estrategias para usar verbos más sorprendentes, sustantivos más precisos, o para eliminar adverbios y adjetivos innecesarios. Entender los elementos gramaticales no es un requisito para usar estas estrategias, pero dar una idea a los niños de cómo se estructuran las oraciones y la "función" que tiene cada palabra en una oración los ayudará a tomar mejores decisiones a la hora de revisar sus palabras. Encontrará apoyo para desarrollar los conocimientos de gramática en el Objetivo 9.

Debo hacer una aclaración sobre las estrategias de este capítulo. Cuando los niños empiecen a revisar las palabras basándose en cómo suenan en español, cuando jueguen con las palabras o cambien algunas palabras por otras que creen que son "mejores", anímelos a que se pregunten: "¿Qué estoy intentando decir?", para fundamentar sus revisiones. Al igual que los niños que empiezan a poner signos de exclamación (¡en todos lados!) una vez que aprenden a usarlos, es muy probable que al presentarles estas estrategias, los estudiantes con menos experiencia empiecen a llenar sus escritos de palabras que imitan sonidos, hipérboles o verbos complicados, cuando a veces es mejor usar un lenguaje claro y sencillo. Al momento de hacer estos cambios, anime a sus estudiantes a considerar los efectos de tales cambios en su escrito: ¿Ayudan a sentar el tono o el sentimiento? ¿Ayudan al lector a sentir que está ahí? ¿Crean tensión? ¿Aclaran algo? ¿Hacen reír al lector?

◎ ¿Cómo sé si este objetivo es adecuado para mi estudiante?

Los estudiantes que están preparados para pensar en la elección de palabras en sus escritos son aquellos que escriben de manera organizada y detallada, pero que podrían mejorar la manera de comunicar el significado si son más específicos o precisos, si varían las palabras que usan o consideran las implicaciones del tono o la voz.

Esta estudiante aprendió una estrategia para reconsiderar su elección de palabras y ¡decidió agregar más detalles a casi todos los sustantivos! Con el tiempo, aprenderá otras estrategias para que su escritura sea más precisa y también para moderarse. Cuando todos los verbos son "sorprendentes" y todos los sustantivos son "precisos", la escritura se puede volver abarrotada, tediosa y poco natural. Esta estudiante sería la candidata perfecta para este objetivo.

Ayuda alguien

Era una tarde hermosa. Yo estaba jugando con mis hermanas. *Ruby, Crystal, y Amber* Escuche los gritos *JADE* de mi mamá. Estaba gritando mi nombre. Corri con prisa. La vi y le dije -te ayudo?- Dijo -Si!- Le ayude empacar las cosas *Ropa, Jugetes, ect.* porque nos íbamos a mover de hogar. Después de empacar me di cuenta que le daba dolor a mi mamá. Le traje sus pastillas y ella se sintió mejor. Me di cuenta que era buen ciudadana *Alguien que nazio en on paiz* porque en vez de jugar le ayude a mi mamá cuando ella más me necesitaba.

Estrategias para considerar la elección de palabras

Estrategia		Grados y niveles	Géneros/ Tipos de texto	Procesos
7.1	Onomatopeya: Efectos de sonido	K–8	Todos	Hacer un borrador, revisar
7.2	Escribe con autoridad: Vocabulario de dominio específico	1–8	Texto informativo/no ficción, texto de opinión/persuasivo	Desarrollar, hacer un borrador, revisar
7.3	Sustantivos precisos	1–8	Todos	Revisar
7.4	Personifica los objetos para que cobren vida	1–8	Todos	Desarrollar, hacer un borrador, revisar
7.5	Verbos que se ajustan al significado	2–8	Todos	Revisar
7.6	Matices de significado	2–8	Todos	Hacer un borrador, revisar
7.7	Alfacaja	2–8	Texto informativo/no ficción	Desarrollar, hacer un borrador, revisar
7.8	Sonidos sorprendentes: Aliteración, consonancia y asonancia	3–8	Todos	Desarrollar, hacer un borrador, revisar
7.9	Ritmo	3–8	Todos	Desarrollar, hacer un borrador, revisar
7.10	Lee en voz alta para encontrar "fallas"	3–8	Todos	Hacer un borrador, revisar
7.11	Palabras apropiadas según tu audiencia	3–8	Todos	Desarrollar, hacer un borrador, revisar
7.12	Busca las joyas del idioma en tu cuaderno	3–8	Todos	Generar y reunir, revisar
7.13	Inventa una palabra	3–8	Todos	Desarrollar, hacer un borrador, revisar
7.14	Deja solo las palabras esenciales	3–8	Todos	Revisar
7.15	La hora de la rima	3–8	Todos	Desarrollar, hacer un borrador, revisar
7.16	Títulos, encabezados y subencabezados ingeniosos	3–8	Texto informativo/no ficción	Revisar
7.17	Hipérboles	3–8	Todos	Desarrollar, hacer un borrador, revisar

Estrategia	Grados y niveles	Géneros/ Tipos de texto	Procesos
7.18 Varía las palabras para evitar la repetición	3–8	Todos	Hacer un borrador, revisar
7.19 Cuida tu tono	4–8	Todos	Hacer un borrador, revisar
7.20 Elige tus pronombres	4–8	Todos	Hacer un borrador, revisar
7.21 Corto → Largo → Corto	4–8	Todos	Revisar
7.22 Repasa palabra por palabra	4–8	Todos	Revisar
7.23 No es ni "bonito" ni "muy" "bueno"	4–8	Todos	Revisar
7.24 Decide si debes dejar el adverbio	4–8	Todos	Revisar
7.25 Usa un lenguaje más preciso (eliminando adjetivos y adverbios)	4–8	Todos	Revisar
7.26 Vuelve a escribir esa oración (una y otra vez)	4–8	Todos	Revisar
7.27 Verbos que sorprenden	4–8	Todos	Revisar
7.28 Sustantivos que sorprenden	4–8	Todos	Revisar
7.29 Elige los nombres de tus personajes y lugares	4–8	Ficción	Desarrollar, hacer un borrador, revisar
7.30 Específico, claro, concreto: Haz que tus palabras evoquen imágenes	5–8	Todos	Revisar
7.31 Omite las palabras innecesarias	6–8	Todos	Revisar

7.1 Onomatopeya: Efectos de sonido

¿Para quién es?

NIVELES
K–8

GÉNEROS /
TIPOS DE TEXTO
todos

PROCESOS
**hacer un borrador,
revisar**

Estrategia Imagina que estás dentro de tu cuento (o libro o poema). Presta atención a lo que oyes. Agrega palabras que imiten sonidos para que el lector oiga lo mismo que oyes en tu imaginación.

Usar un mentor El divertido cuento *Clic Clac Muu. Vacas escritoras* (Cronin 2001) utiliza onomatopeyas que animan al lector a unirse a la lectura. El lector anticipa el estribillo "Clic, clac, muu. Clic, clac, muu. Cliquety, clac, muu" y, al final, se sorprende cuando en lugar de las vacas, ¡son los patos los que contestan! Otros libros que usan onomatopeyas son *Tito Puente. Mambo King / Rey del Mambo*, de Monica Brown (2013), y *Pío, pío, muu*, de David Milgrim (2016).

Consejos

- ¿Qué sonidos oyes?
- ¿Cómo escribirías ese sonido con una palabra?
- Escribe la palabra que imita el sonido para que el lector también lo pueda oír.
- Piensa si aquí te ayudaría agregar una palabra que imita un sonido.

PALABRAS QUE IMITAN SONIDOS

1. Piensa en el sonido.
2. Imita el sonido.
3. ¿Cómo lo escribirías?

shhhh...

Estrategia Cuando investigues tu tema, haz una lista de palabras que usan otros autores para hablar del tema con autoridad. Al escribir, usa las palabras de dominio específico para que tú también suenes con autoridad.

Sugerencia para el maestro El lenguaje de esta estrategia se puede modificar fácilmente para que sea una lección sobre revisión. Para tal fin, pida a los estudiantes que vuelvan a sus borradores y subrayen las palabras que no son específicas del tema. Después, pueden consultar sus fuentes primarias (si hicieron una investigación) y buscar otras palabras que podrían usar en su lugar. Un buen recurso es el glosario de los libros y textos informativos. También puede enseñar a sus estudiantes a preguntarse: "¿Qué palabra usaría un experto aquí?" y reemplazar el lenguaje general con un lenguaje más preciso.

Consejos
- ¿Qué palabra usaría un experto aquí?
- Repasa algunas de las palabras que encontraste cuando leíste sobre el tema.
- Piensa en qué estás enseñando aquí. ¿Qué palabra(s) usaría un experto?
- ¿Cómo llamaría eso un experto?
- Usa las palabras de un experto.

Si escribes sobre ___, puedes sonar como un/a ___ usando ___, ___ y ___.

Si escribes sobre el <u>tiempo</u>, sonarías como un <u>meteorólogo</u> usando:	Si escribes sobre <u>dinosaurios</u>, sonarías como un <u>paleontólogo</u> usando:	Si escribes sobre la <u>Revolución</u>, sonarías como un <u>historiador</u> usando:
* predicción	* petrificado	* independencia
* pronóstico	* fósiles	* aliados
* temperatura	* excavación	* patriotas

¿Para quién es?

NIVELES
1–8

GÉNEROS /
TIPOS DE TEXTO
texto informativo/ no ficción, texto de opinión/persuasivo

PROCESOS
desarrollar, hacer un borrador, revisar

¡Me quito el sombrero!
(lectura recomendada): *Finding the Heart of Nonfiction: Teaching 7 Essential Craft Tools with Mentor Texts* (Heard 2013)

7.3 Sustantivos precisos

¿Para quién es?

NIVELES
1–8

GÉNEROS /
TIPOS DE TEXTO
todos

PROCESO
revisar

Estrategia Vuelve a leer tu borrador y subraya los sustantivos. Piensa en cada sustantivo y pregúntate: "¿Podría usar una palabra más específica?". Sustituye los sustantivos que no son específicos por palabras más concretas y precisas.

Usar un mentor Al hacer la adaptación del conocido libro de Juan Ramón Jiménez, *Platero y yo*, Rosa Navarro conservó en su libro ilustrado los sustantivos precisos del autor para transportar al lector a un pueblo de campesinos en España, donde vivía el famoso burrito. Utilizó palabras como *prado, higuera, breva, naranjas, mandarinas, zarzamoras, membrillo, patio de los plátanos, golondrinas* y *ramas de las lilas* para describir el ambiente del lugar.

Consejos

- ¿Podrías ser más específico aquí?
- Usa una palabra concreta.
- Esta palabra indica con precisión lo que quieres transmitir. ¡Esa revisión ayudará a tus lectores!
- Piensa en otras palabras que podrías usar en lugar de esa.
- Subraya los sustantivos.
- Este sustantivo es muy amplio/vago. ¿Qué quieres decir realmente?

¡Sé preciso!

En lugar de...	Puedes escribir...
perro	dálmata Yorkie San Bernardo
bebida	agua jugo de naranja leche
antojo	manzana palomitas de maíz galletas de chocolate

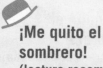

¡Me quito el sombrero!
(lectura recomendada):
Finding the Heart of Nonfiction: Teaching 7 Essential Craft Tools with Mentor Texts (Heard 2013)

Estrategia Piensa en algunos de los hechos relacionados con tu tema. Usa lenguaje (tanto verbos como adjetivos) a menudo asociados con personas u otros seres vivos para describir un objeto. Haz que los objetos cobren vida.

Sugerencia para el maestro Aunque los ejemplos en esta página son de escritura de no ficción, esta estrategia se puede adaptar fácilmente a cualquier género. Imagine, por ejemplo, un estudiante que está escribiendo una narración personal y quiere personificar los árboles en una escena: "Las hojas de los árboles me saludaron y me dijeron que era hora de volver a casa a resguardarme antes de que llegara la tormenta". Las palabras como *saludar* y *dijeron* son atributos humanos y, en esta oración, ayudan a que un objeto (el árbol) parezca un personaje.

Usar un mentor En el libro *Los lobos* (Marsh 2015), la autora menciona los aullidos de los lobos y dice que "hablan" entre ellos. En el libro de Virginia Lee Burton, *Mike Mulligan y su máquina maravillosa* (1997), la excavadora de vapor tiene nombre (Mary Ann); el narrador habla con la máquina y se refiere a ella como si fuera una persona.

Consejos

- ¿Qué acción se asocia con ese objeto?
- ¿Qué otro verbo similar al que usaste se suele usar para referirse a una persona?
- ¿Te recuerda a algo que hace una persona?
- Piensa en las palabras que usarías si una persona hiciera eso.

¿Para quién es?

NIVELES
1–8

GÉNEROS / TIPOS DE TEXTO
todos

PROCESOS
desarrollar, hacer un borrador, revisar

PERSONIFICACIÓN

El tren **entró** en el túnel.

Las <u>luces iluminaron</u> el camino.

Se **abrieron** las <u>puertas</u>.

<u>Salieron</u> los pasajeros.

Estaba listo para <u>seguir</u>.

El metro se arrastró por el túnel.

Los ojos le brillaban y mostraban el camino.

Suspiró y se detuvo. Abrió la boca.

Los pasajeros escaparon. Estaba listo para las siguientes víctimas.

Estrategia Busca todos los verbos de acción en tu escrito. Enfócate en los que creas que no son lo suficientemente claros, precisos o exactos. Haz una lista con distintas opciones para reemplazar ese verbo (¡usa un diccionario de sinónimos y antónimos si te hace falta!). Elige el verbo que describa mejor lo que quieres decir.

Sugerencia para el maestro Para que esta estrategia funcione, los niños deben entender qué es un verbo de acción y así poder identificarlos. Muchos maestros incorporan algo de enseñanza gramatical a otros componentes de un programa de lectoescritura equilibrado, como el estudio de palabras, la lectura en voz alta y/o la lectura compartida. También puede ofrecer minilecciones directas a toda la clase o a grupos pequeños para ayudar a aquellos estudiantes que no entienden los elementos gramaticales.

Usar un mentor Las novelas narradas en verso, como *El único e incomparable Iván* (Applegate 2013), ofrecen muy buenas oportunidades para mostrar a los estudiantes el poder de los verbos. Considere este fragmento: "Los humanos hablan demasiado. Parlotean como chimpancés, y congestionan el mundo con su ruido, aunque no tengan nada que decir" (17). ¿Qué imágenes vienen a la mente al leer eso? ¿Qué quiere la autora que pensemos? Los verbos *parlotear* y *congestionar* nos ayudan a visualizar y hacer inferencias.

Consejos

- Busca todos los verbos en tu escrito. ¿Hay alguno que debas revisar?
- ¿Qué estás intentando decir en esta oración?
- Vamos a hacer una lista de otros verbos que significan algo parecido.
- De todos los verbos que tienes para elegir, ¿cuál crees que es el más exacto?
- Elige el verbo que refleje mejor lo que quieres decir.
- Ese verbo que elegiste es mucho más preciso. Me ayuda a imaginar lo que estás diciendo.

Pizza, Pizza, Pizza, Pizza

- Pizza, pizza, pizza-, decía cuando era un bebé. Esta frase es una gran parte de mi infancia, es lo que mi familia recuerda de mí. "Mija, ¿recuerdas que siempre decías [gritabas] pizza, pizza, pizza, pizza cuando tenías hambre? No es nada de lo que me avergüence, es parte de quien soy.

Desde que era pequeña siempre me ha encantado la pizza. Si veía [precenciaba] una caja de Gatti's, Pizza Hut, o alguien me preguntaba qué quería cenar - Hey Aly, ¿qué te gustaría cenar? - En ese entonces podía comer pizza todos los días, todo el tiempo y no cansarme de ella sintiéndome feliz y alegre por dentro, comiendo [devorando] algo así como un helado de helado, consiguiendo recoger todos los ingredientes que quieras para conseguir [obtener] ese sabor perfecto que se derrite en tu boca. Este sentimiento todavía me acompaña ahora.

Cada vez que mi familia y yo salimos a comer [saborear] pizza es una competencia. ¿Quién comerá más trozos? ¿Será mi papá, mi mamá, mi hermano o yo? Cuando terminamos, los cuatro nos sentamos en una mesa o cabina y finalmente se hace la pregunta. - ¿Cuántos pedazos de pizza comieron [les cupieron] hoy? - y averiguamos quién gana. Puedo comer pizza caliente o fría para el desayuno o la cena. No importa si es una corteza delgada o gruesa, ya sea esta carne roja grasienta, pepperoni, o carne de hamburguesa en forma de nube, o esa buena combinación de piña y tocino canadiense.

La pizza es mi cura para mi tristeza, locura y estrés. No se puede comprar felicidad, pero se puede comprar pizza y eso es lo mismo. -Pizza, pizza, pizza, pizza, - es la cita que toda mi familia me recuerda, una historia que se ha mantenido [quedado] en mi memoria todos estos años, mi todo.

Estrategia Identifica una palabra en tu borrador que no parezca la más indicada o que sea muy vaga. Haz una lista de sinónimos y pregúntate: "¿Cuál de estas palabras sería la más correcta para explicar lo que estoy intentando decir en esta oración?".

Sugerencia para el maestro Conozco a varios maestros que usan las muestras de colores de las tiendas de pintura para comunicar la idea de que los sinónimos tienen distintos matices de intensidad. Un matiz más claro significa "un poquito" y un matiz más oscuro significa "mucho". Por ejemplo, la palabra *triste* podría corresponder a un matiz morado claro, mientras que las palabras *abatido* y *desolado* podrían corresponder a matices más oscuros de morado. Estas variaciones en la elección de palabras afectan el tono del autor y pueden provocar cambios sutiles, pero importantes, en el significado. Aunque algunos niños ya tienen recursos como un vocabulario rico de sinónimos, a muchos les resulta útil tener acceso a un diccionario de sinónimos y antónimos, ya sea en papel o por Internet, o una lista de palabras de vocabulario en el muro de palabras del salón. La lectura en voz alta y los momentos de lectura compartida ofrecen buenas oportunidades para incorporar la enseñanza de palabras nuevas en la rutina del salón de clases.

Usar un mentor *La palabra exacta. Roget y su Tesauro* de Jen Bryant (2016) es una biografía de Peter Mark Roget que ayudará al lector a apreciar la importancia de elegir cuidadosamente las palabras y de una herramienta muy útil: el tesauro o diccionario de sinónimos y antónimos.

Consejos

• Escribiste _____. ¿Es eso lo que realmente querías decir?
• Escribiste _____. Mira la tabla de matices de significado para ver si podrías usar una palabra más precisa.
• Considera otras opciones para esa palabra.
• Encontraste tres opciones más para esa palabra.
• Estoy de acuerdo, ¡esa palabra es mucho más precisa!

Matices de significado - Sentimientos

Triste Infeliz	Nervioso Preocupado	Feliz Contento
Melancólico Afligido	Asustadizo	Alegre Jovial
Desolado Deprimido Desesperado	Abrumado Perturbado Ansioso	Dichoso Eufórico Extático

¿Para quién es?

NIVELES
2–8

GÉNEROS / TIPOS DE TEXTO
todos

PROCESOS
hacer un borrador, revisar

¡Me quito el sombrero!
(lectura recomendada):
Word Wise and Content Rich, Grades 7–12: Five Essential Steps to Teaching Academic Vocabulary
(Fisher y Frey 2008)

¿Para quién es?

NIVELES
2–8

GÉNERO / TIPO DE TEXTO
texto informativo/ no ficción

PROCESOS
desarrollar, hacer un borrador, revisar

Estrategia Mientras piensas en tu tema o lees para aprender sobre tu tema, añade palabras a una "alfacaja" (mira el ejemplo en la parte inferior de esta página). Al hacer el borrador, repasa las palabras que escribiste en la alfacaja para recordar los datos o hechos que conoces sobre el tema. Para demostrar que conoces el tema, usa palabras específicas, como lo haría un experto.

Sugerencia para el maestro Esta estrategia se puede dividir en una serie de estrategias que puede usar durante las distintas fases del proceso de escritura: una estrategia para recopilar o anotar palabras conocidas durante las actividades previas a la escritura (desarrollar ideas); otra para refrescar la memoria y escribir oraciones mientras hacen el borrador; y una tercera para pensar en qué más pueden añadir durante la revisión del borrador, tratando de usar palabras precisas que usaría un experto.

Consejos

- ¿Qué palabras conoces que están relacionadas con este tema?
- Añade palabras de tu tema a la alfacaja.
- Repasa las palabras que escribiste. ¿Cuál usarías en una oración?
- Piensa en un hecho o un dato que vaya con esa palabra.
- Revisa y piensa si la palabra que usaste la usaría un experto.

Tema de la alfacaja: Ballet

A Arabesca	B Barra Ballet Baryshnikov	C Coreografía	D Développé
E	F French Fondu Primera Posición	G	H
I	J Jeté	K	L
M	N/Ñ	O	P Plié point Pas Pirouette
Q	R Relevé ruso	S Segunda posición	T Tutú
U	V	W	X, Y, Z Zapatilla

¡Me quito el sombrero!
(lectura recomendada):
Revisit, Reflect, Retell: Time-Tested Strategies for Teaching Reading Comprehension
(Hoyt 1999)

Estrategia Busca una palabra que tenga un sonido que te gustaría repetir para resaltar el significado, o enfatiza el sonido de una palabra que conecta con el tono o sentimiento de tu escrito. Haz una lluvia de ideas para encontrar otras palabras que tengan ese mismo sonido y reflejen el significado de lo que intentas escribir. Revisa las palabras para confirmar que repiten el mismo sonido.

Sugerencia para el maestro La *aliteración* es la repetición de uno o varios sonidos en el mismo verso o en la misma oración que busca efectos expresivos. La *asonancia* es la repetición de los sonidos de las vocales. La *consonancia* es la repetición de los sonidos de las consonantes. Dependiendo de la experiencia de sus escritores, conviene enseñar las tres por separado con distintas estrategias.

Usar un mentor Los trabalenguas no solo son divertidos y ayudan a mejorar la dicción, sino que a menudo permiten enseñar la aliteración. Estos son dos buenos ejemplos: "Tres tristes tigres tragaban trigo en un trigal. En un trigal tragaban trigo tres tristes tigres". "Como poco coco como, poco coco compro". Busque con sus estudiantes otros trabalenguas populares con aliteración. También hay muchos poemas que usan la aliteración, como este fragmento de un poema de Rubén Darío: "Con el ala aleve del leve abanico".

Consejos

- Intenta escribir algo usando la aliteración. Usa palabras que empiecen por la misma letra o el mismo sonido en esta línea/oración.
- ¿Qué sonido quieres repetir?
- Para esta parte, piensa en otras palabras que tengan los mismos sonidos y se ajusten al significado.

1. BUSCA una palabra con un sonido que quieras repetir. Piensa en el <u>significado</u> y el <u>tono</u>.

* serpiente
* ssss...

2. PIENSA en otras palabras que tengan el mismo sonido.

- sube - silba
- silencio - sabana
- sigilosa - serena
- soledad - solitaria

3. REVISA para incluir los sonidos que se repiten.

La solitaria serpiente silba sigilosa.

¿Para quién es?

NIVELES
3–8

GÉNEROS / TIPOS DE TEXTO
todos

PROCESOS
desarrollar, hacer un borrador, revisar

¡Me quito el sombrero!
(lectura recomendada):
Explore Poetry
(Graves 1992)

7.9 Ritmo

¿Para quién es?

NIVELES
3–8

GÉNEROS /
TIPOS DE TEXTO
todos

PROCESOS
**desarrollar, hacer
un borrador, revisar**

**¡Me quito el
sombrero!
(lectura recomendada):**
*Seeing the Blue Between:
Advice and Inspiration
for Young Poets*
(Janeczko 2006)

Estrategia Da palmadas o da golpecitos con los pies para marcar el ritmo que quieres usar en tu escrito. Vuelve a dar palmadas o golpes con los pies para seguir el ritmo de cada sílaba o palabra. Cambia las palabras o el orden de las palabras para conseguir el ritmo que quieres.

Sugerencia para el maestro Esta estrategia se puede combinar con otras para ayudar a los estudiantes a conseguir un ritmo para su escrito: "Elige una oración mentora" (estrategia 6.38) del objetivo anterior y "¿Oraciones largas o cortas?" del objetivo sobre gramática (estrategia 9.32).

Usar un mentor En el libro en rima de José Luis Orozco, *Rin, Rin, Rin, Do, Re, Mi* (2005), todos los versos repiten las últimas palabras del título "Do, Re, Mi", pero en cada página cambian las primeras palabras: "Rin, Rin, Rin, Do, Re, Mi", "A, E, I, Do, Re, Mi", "La, Le, Li, Do, Re, Mi". Esto hace que el texto tenga ritmo. En su libro *El soñador* (2010), Pam Muñoz Ryan usa un texto poético y combina oraciones cortas con algunos sonidos, como en este ejemplo: "Los pasos se oían cada vez más cerca. Tum. Tum. Tum. Tum". Hay discursos famosos que consiguen tener ritmo al repetir oraciones o alternar oraciones cortas y largas, como el famoso discurso de Martin Luther King, Jr. de 1963, "Tengo un sueño".

Consejos

- Da palmadas para marcar el ritmo.
- Di las palabras a la vez que das palmadas.
- ¿Qué palabras podrías usar que van con ese ritmo?
- Intenta usar otras palabras que tengan el mismo significado.

Ponle ritmo

1. Marca el <u>ritmo</u> con palmadas.

2. Di las palabras al dar las palmadas.

3. Usa palabras que <u>vayan</u> <u>con</u> <u>el ritmo</u>.

4. ¡Prueba <u>palabras</u> <u>nuevas!</u>

Estrategia Lee tu escrito en voz alta y escúchate al leer. Mientras escuchas, piensa: "¿Esto suena como mi voz natural?". Cada vez que te encuentres con una "falla", encierra la palabra o la oración en un círculo. Regresa y elige otras palabras que se ajusten más a tu propia voz.

Sugerencia para el maestro Usar palabras que "suenen naturales" es parte de escribir con voz propia. Como explica Ralph Fletcher en *Live Writing: Breathing Life into Your Words*: "Cuando pienso en la voz al escribir, solo me refiero al sentido de la personalidad del autor que se transmite a través de sus palabras en el papel. Escribir con voz propia suena honesto y auténtico" (1999, 33).

Consejos

- Léelo en voz alta. Escucha.
- Esta parte suena a ti. Pero en esta última parte noté una "falla". Léela otra vez a ver si tú también la puedes oír.
- Encontraste una parte que no sonaba bien. Piensa en otras palabras que podrías usar en su lugar.
- Intenta usar otras palabras.
- Ahora que pensaste en otras palabras, vuelve a leer tu escrito para decidir cuál quieres usar.

¿Para quién es?

NIVELES
3–8

GÉNEROS / TIPOS DE TEXTO
todos

PROCESOS
hacer un borrador, revisar

¡Me quito el sombrero!
(lectura recomendada):
In Pictures and in Words: Teaching the Qualities of Good Writing Through Illustration Study (Ray 2010)

7.11 Palabras apropiadas según tu audiencia

¿Para quién es?

NIVELES
3–8

GÉNEROS / TIPOS DE TEXTO
todos

PROCESOS
desarrollar, hacer un borrador, revisar

Estrategia Piensa en la audiencia que quieres que lea tu escrito. Piensa en qué palabras o frases ayudarían a que entiendan lo que quieres decir. Considera con qué palabras y frases se sentirían conectados. Vuelve a leer tu escrito y decide qué palabras cortar, dejar o cambiar.

Sugerencia para el maestro Esta estrategia tiene varias aplicaciones prácticas. Aquí tiene algunos ejemplos:

- Imagine que un estudiante está escribiendo un texto informativo para un niño más pequeño o para una persona que sabe poco sobre el tema. El escritor debe elegir cuidadosamente las palabras para que su audiencia las entienda o decidir si debe incluir definiciones de las palabras que el lector quizá no conozca.
- Los escritores que hablan otro idioma podrían incluir frases o palabras en ese otro idioma para conectarse con su audiencia "selecta".
- Cuando un estudiante de quinto grado está escribiendo una solicitud de ingreso en la escuela intermedia puede elegir palabras que suenen académicas y sofisticadas.
- Ayudar a los estudiantes a expresar lo que quieren decir y pensar a quién se lo quieren decir es un primer paso importante para practicar esta estrategia.

Consejos

- ¿Quién esperas que lea tu escrito?
- Piensa en qué tipo de lenguaje sería apropiado para tu audiencia.
- ¿Qué tipo de lenguaje esperaría tu audiencia al leer un texto sobre _____?
- Vuelve a repasar tu borrador y a pensar en las palabras que elegiste.

¿Quién es tu audiencia?

1. ¿Quién va a leer tu escrito?

2. ¿Qué tipo de lenguaje necesitan?

3. Intenta usar esas palabras y frases.

4. Vuelve a leer y decide qué cortar, dejar, cambiar.

¡Me quito el sombrero!
(lectura recomendada):
The Skin That We Speak: Thoughts on Language and Culture in the Classroom (Delpit 2002)

Estrategia Repasa tu cuaderno. Busca las palabras o frases que has recopilado. Piensa en el texto que estás escribiendo ahora. Pregúntate: "¿Cuáles podría usar? ¿Dónde podrían encajar?".

Ejemplo de enseñanza *Han aprendido la importancia de vivir como escritores, recopilando datos y retazos de aquí y allá que podrían serles útiles más adelante. Algunos de ustedes conocieron a personas que les dieron consejos muy sabios, o leyeron una descripción que les pareció muy original. Otros conocieron un lugar que los impresionó por su belleza y se tomaron el tiempo de describirlo en sus cuadernos de manera original o creativa. A veces recopilaron palabras o frases sin saber muy bien cuándo o para qué las usarían. ¡Eso es de lo que trata la clase de hoy! Cuando escriban un poema, un cuento o un discurso y necesiten una metáfora, repasen esas "joyas" que han ido recopilando en busca de palabras que puedan mejorar sus escritos. Y, en el futuro, recuerden la importancia de prestar atención al lenguaje y recopilar las palabras que les gusten en los libros que leen, las que oyen en una conversación en el metro o en un programa de la tele, las distintas maneras de expresar pensamientos o sentimientos, aunque en ese momento no sepan qué van a hacer con ellas.*

Consejos

- Vamos a mirar lo que has recopilado. ¿Cómo podrías usar lo que tienes?
- Noté que anotaste muchos _____. ¡Creo que podrías usar algunos en tu escrito!
- Piensa en dónde podría encajar bien eso.
- ¿Cómo podrías incorporar ese detalle en tu escrito?

7.13 Inventa una palabra

¿Para quién es?

NIVELES

3–8

GÉNEROS /
TIPOS DE TEXTO

todos

PROCESOS

**desarrollar, hacer
un borrador, revisar**

Estrategia Si no encuentras la palabra precisa que necesitas, ¡inventa una! Combina dos palabras o partes de varias palabras para comunicar lo que quieres decir (¡pero para lo que todavía no existe ninguna palabra!).

Usar un mentor

En el libro *Fríndel* (Clements 2009), el protagonista llama "fríndel" al bolígrafo.

Diccionadario (Jaramillo 2019) está lleno de palabras inventadas para que los lectores jueguen con ellas, como *cabeja*, una abeja cabezona; *Pulgaria*, el país de las pulgas; o *Ecuacdor*, el país de los patos.

La escritora Ana Galán combina diversas palabras para crear divertidos títulos en su serie Animales sentimentales (2018), como *Mimoceronte,* que trata de un rinoceronte mimoso; *Roncofante,* sobre un elefante que ronca; y *Llorangután,* que habla de un orangután que no para de llorar.

Consejos

- ¿Qué estás intentando decir?
- ¿Qué palabras significan casi lo que quieres decir, pero no del todo?
- ¿Puedes combinar partes de esas palabras para crear una nueva?
- Juega con el lenguaje a ver adónde te lleva.
- Si cambiaras una parte de esta palabra, ¿cuál cambiarías?
- Veo que usaste el principio de la palabra ____ y el final de la palabra _____ para crear esta palabra: ____. Aunque es una palabra inventada, creo que significa _____. ¿Es eso lo que quieres decir?

¿NO ENCUENTRAS UNA PALABRA? ¡INVENTA UNA!

1. ¿Qué estás intentando decir?

2. ¿Qué palabras dicen algo parecido?

3. Combina partes de palabras.

4. Inténtalo, vuelve a leer, revisa (¡y trata de nuevo!)

¡Me quito el sombrero!
(lectura recomendada):
Wondrous Words: Writers and Writing in the Elementary Classroom
(Ray 1999)

Estrategia Repasa un texto que tenga oraciones completas. Elimina todas las palabras menos las esenciales (como algunos sustantivos y verbos) para ayudar a tu lector a crear una imagen mental. Si los verbos y los sustantivos que dejaste no son claros, intenta cambiarlos por otros más precisos o sorprendentes.

Sugerencia para el maestro Este ejercicio es muy útil para ayudar a los niños a convertir la prosa en poesía. También los ayuda a considerar su elección de palabras y asegurarse de que las palabras que eligieron comuniquen claramente las ideas y creen imágenes mentales.

Usar un mentor *Viva Frida* de Yuyi Morales (2014) es un libro que usa lenguaje poético para hablar sobre la famosa artista mexicana Frida Kahlo. Con muy pocas palabras, la autora consigue transmitir un mensaje profundo:

Yo soy…

Yo busco.

Veo. Juego. Sé.

Comparta con los niños este u otro ejemplo similar, y comenten lo claras e impactantes que deben ser las palabras cuando se usan muy pocas.

Consejos
- ¿Cuáles parecen ser las palabras más importantes?
- Busca los sustantivos y los adjetivos. Elimina el resto de las palabras para ver qué te queda.
- Mira las palabras. ¿Te gustaría cambiar alguna?
- Esa palabra es muy precisa. ¡Me la imagino muy bien!

¿Para quién es?

NIVELES

3–8

GÉNEROS / TIPOS DE TEXTO

todos

PROCESO

revisar

¡Me quito el sombrero!
(lectura recomendada):
The Writing Thief: Using Mentor Texts to Teach the Craft of Writing
(Culham 2014)

> Los mayas pensaban que estaban en la segunda fase del mundo. También decían que todo el mundo iba a empezar de nuevo y que todo sería destrozado por agua. Pensaron que tenían que hacer sacrificios al dios de la guerra para darle suerte en la guerra. También les espero mas sacrificios a los dios que son importantes para ellas. Tomaron los corazones de la personas con un cuchillo y sacan la sangre de la personas. Derraman la sangre sobre las escaleras y sacaban los demas partes y queman las partes en un templo de un dios

> El mundo empieza de nuevo destrosado por agua
> Sacrificios para suerte en la guerra
> corazon y sangre sobre escaleras
> templo de un dios

¿Para quién es?

NIVELES
3–8

GÉNEROS /
TIPOS DE TEXTO
todos

PROCESOS
desarrollar, hacer un borrador, revisar

Estrategia Decide qué parte de tu escrito quieres que rime: ¿el final de todas las líneas u oraciones, o solo de algunas? Haz una lista de palabras que rimen y que puedas incorporar a las oraciones o las líneas de tus versos. Es posible que tengas que cambiar el orden de alguna o de varias palabras en la oración para que la nueva palabra que rima se ajuste bien. Si no puedes lograr que las palabras que riman vayan bien con las palabras que ya has escrito, es posible que tengas que cambiar algunas sílabas o cambiar el orden original de las palabras en tu escrito.

Ejemplo de enseñanza *Estoy escribiendo un poema sobre un barco y quiero que rime. Esto es lo que tengo hasta ahora: El bote se desliza por el río/ sacudido por el viento frío./ Navega despacio y sin prisa/dejándose llevar por el viento."* *Las dos primeras líneas riman bien, pero las dos últimas no: "prisa" no rima con "viento". Si hago una lista de palabras que rimen con "prisa", quizá pueda encontrar una que me sirva. Vamos a ver: risa, sonrisa, avisa, brisa…. ¡brisa! Rima perfectamente con "prisa" y es un sinónimo de "viento", así que tiene sentido. Voy a leer el poema, a ver cómo quedó: El bote se desliza por el río/sacudido por el viento frío./ Navega despacio y sin prisa/dejándose llevar por la brisa.*

Sugerencia para el maestro El sitio web rimas.es es un diccionario de rimas en español que puede ayudar a los estudiantes a usar y crear palabras y frases que rimen.

Usar un mentor La escritora chilena Gabriela Mistral escribió muchos poemas sencillos e interesantes para niños. Son ejemplos ideales para estudiar las rimas y la literatura latinoamericana.

LA HORA DE LA RIMA

El bote se desliza por el río,
sacudido por el viento frío.
Navega despacio y sin (prisa)
dejándose llevar por el viento.

risa
sonrisa
avisa
brisa

El bote se desliza por el río,
sacudido por el viento frío.
Navega despacio y sin prisa,
dejándose llevar por la (brisa)

Estrategia Lee con atención el título de tu escrito o el de una sección. Pregúntate: "¿Este título es un simple rótulo o tiene algo que atrae la atención del lector?". Si quieres darle vida al lenguaje, usa palabras que sorprendan o hagan reír al lector, o que sean divertidas al leerlas en voz alta.

Sugerencia para el maestro Vea "Encabezados, subencabezados y sub-subencabezados" (estrategia 5.33 del objetivo sobre organización y estructura) para aconsejar a los escritores sobre cómo organizar la información en secciones. Luego vuelva a esta estrategia para pulir el lenguaje utilizado. Consulte también "Escribe un título" (estrategia 4.4 del objetivo sobre enfoque y significado) para explicar a los niños que al revisar el lenguaje de sus títulos, el enfoque de sus escritos también cambia.

Usar un mentor La autora Julia Álvarez usa subtítulos con mucha chispa en su libro *Había una vez una quinceañera: De niña a mujer en EE. UU.* (2008). Por ejemplo:

sorpresa: "Quinceañeras de celuloide" (suena como un acertijo, pero trata de quinceañeras que optan por tener una sesión de fotos en lugar de una fiesta) (137)

intriga: "La quinceañera huracán" (cuando el huracán Rita casi arruina la fiesta de quince años de Ashley) (151)

humor: "El que inventó esto fue muy inteligente" (las fiestas de quince años son buenas para la economía, pues emplean a mucha gente) (157)

Consejos

- ¿De qué trata esta sección? ¿Qué otro título podrías ponerle?
- Piensa en las técnicas literarias que ya conoces, como la aliteración, la rima, etc. ¿Qué otro título se te ocurre?
- El título no tiene que ser un simple rótulo que diga literalmente el tema de la sección.
- ¡Elegiste palabras sorprendentes y graciosas para los títulos! Le dan personalidad a tu escrito.

¿Para quién es?

NIVELES
3–8

GÉNERO / TIPO DE TEXTO
texto informativo/ no ficción

PROCESO
revisar

¡Me quito el sombrero!
(lectura recomendada):
Nonfiction Craft Lessons: Teaching Information Writing K–8 (Portalupi y Fletcher 2001)

Manuscrito del estudiante:

El Sistema digestivo

La digestión es la descomposición de los alimentos en pequeñas moléculas, q son absorbidas por el cuerpo. El Sistema diestivo tienen muchas partes principales:
- boca
- esofago
- estomago
- intestino delgado
- intestino grueso

El proceso de descomponer los alimentario e sustancias que pueden ser utilizadas por el cuerpo.

La parte del canal alimetario que conecta la garganta con el estomago; la garganta en humanos y otros vertebrados es un tubo muscular revestido con membrana mucosa.

Tabla de planificación:

Títulos

DE	A
seguridad en la cocina	¡Lo puedo hacer solo o necesito ayuda?
Métodos Culinarios	Asar a la parrilla y hornear.
Cocinando en la T.V.	¡MasterChef Latino!
Recetas de cocina	¡En camino a la sabrosura!

7.17 Hipérboles

¿Para quién es?

NIVELES
3–8

GÉNEROS /
TIPOS DE TEXTO
todos

PROCESOS
**desarrollar, hacer
un borrador, revisar**

Estrategia Busca una parte de tu escrito que quieras enfatizar o dramatizar, o un lugar donde quieras añadir un toque de humor. Piensa en las palabras que cambiarías para exagerar esa parte deliberadamente.

Sugerencia para el maestro Comparta con sus estudiantes ejemplos de hipérboles que se usan con frecuencia en español y anímelos a inventar nuevas expresiones. Estos son algunos ejemplos: Una persona que está frustrada por tener que repetir algo varias veces podría decir: "Te lo he dicho mil veces". Alguien que tiene mucha hambre podría decir: "Me muero de hambre". Cuando un sitio está muy lleno, alguien podría decir: "No le cabe ni una aguja". Cuando tenemos mucho trabajo, podríamos decir: "Tengo una montaña de trabajo".

Usar un mentor Inspirado en las fábulas infantiles tradicionales, un cuento de Sandra Cisneros, incluido en su libro *La casa en Mango Street* (2008), se titula "Había una viejita que tenía tantos niños que no sabía qué hacer". El cuento trata de una familia numerosa con muchos niños traviesos, pero ¿de verdad debemos entender literalmente el título? Este ejemplo le puede servir para comentar con los estudiantes cuál es la función de la hipérbole y el efecto que esta puede tener en los lectores.

Consejos
- ¿Qué parte quieres enfatizar?
- ¿Cómo puedes exagerar eso?
- A lo mejor podrías usar palabras como *más, mejor* o *peor*.
- Vuelve a leerlo. ¿Crees que tu lector sabrá que no debe entender literalmente lo que escribiste?
- ¿Qué efecto crees que tendría una hipérbole en tu escrito?

Hipérbole (Figurado)	Literal
¡Esta mochila pesa una tonelada!	Es pesado
¡Me muero de hambre! Me comería una vaca.	Tengo hambre; podría comer mucho.
Tardé mil años en ponerme estos zapatos.	Tardé en ponerme estos zapatos.
¡Casi me muero de la risa!	Era divertido y me reí mucho.
Lo intenté mil veces y no lo logré.	Lo intenté varias veces.

¡Me quito el sombrero!
(lectura recomendada):
*Pyrotechnics on the Page:
Playful Craft That Sparks
Writing* (Fletcher 2010)

7.18 Varía las palabras para evitar la repetición

Estrategia Si ves que en tu borrador usas la misma palabra una y otra vez, encierra esa palabra en un círculo. Haz una lista de sinónimos. Decide dónde usarás cada uno de los sinónimos para que tu escrito sea más variado y armonioso.

Sugerencia para el maestro Coloque en el centro de escritura de su salón de clases un par de diccionarios de sinónimos y antónimos y/o tabletas con acceso al sitio www.sinonimos.es para que los estudiantes puedan buscar los sinónimos que necesitan para esta estrategia.

Consejos

- Encierra en un círculo las palabras que se repiten.
- ¿Qué sinónimos conoces de esa palabra?
- El sinónimo puede ser una palabra o una frase.
- Si no se te ocurre otra palabra, ¿puedes pensar en una frase que signifique lo mismo?

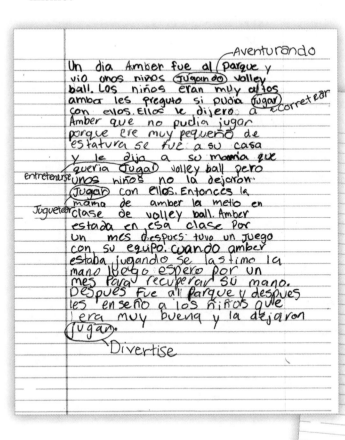

7.19 Cuida tu tono

¿Para quién es?

NIVELES
4–8

GÉNEROS /
TIPOS DE TEXTO
todos

PROCESOS
**hacer un borrador,
revisar**

Estrategia Piensa en tu tema y en el sentimiento que quieres transmitir. Lee una parte de tu borrador y subraya las palabras que crees que ayudan a dar el tono que buscas. Encierra en un círculo las palabras que crees que cambian el tono o que se salen del mismo. Revisa esas palabras si es necesario.

Sugerencia para el maestro El tono se transmite mediante la elección de palabras y también con la cadencia, que está relacionada con la longitud de las oraciones y los detalles que el escritor decide incluir.

Usar un mentor Elija varios textos del mismo autor que tengan distintos tonos. Por ejemplo, en estos dos discursos de César Chávez, la elección de palabras ayuda a dar un tono diferente. Considere el discurso que dio en el Commonwealth Club of California en San Francisco en 1984, en el que comunica un tono de esperanza con palabras como *no se pueden deshacer, conciencia, orgullo* y *prosperan*.

> Independientemente de lo que depara el futuro al sindicato, independientemente de lo que depara el futuro a los campesinos, nuestros logros no se pueden deshacer. "La Causa" —nuestra causa— no será experimentada dos veces. ¡La conciencia y el orgullo que se elevó por nuestro sindicato están vivos y prosperan dentro de millones de jóvenes hispanos que nunca van a trabajar en un campo!

Compare estas palabras con el discurso que dio en 1975, en Delano, California, en el que muestra un tono de urgencia y decepción.

> La misma falta de humanidad exhibida en Selma, en Birmingham, en muchos de los campos de batalla del Dr. King, se muestra cada día en los viñedos de California. El sistema de trabajo agrícola hoy en vigor es un sistema de esclavitud económica.

Consejos

- ¿Qué tono quieres transmitir?
- ¿Cómo quieres que tu lector se sienta después de leer tu escrito?
- Encierra en un círculo las palabras que no te ayudan a transmitir ese tono.
- Subraya las palabras que se conectan con tu tono.
- Intenta escribir esa oración con otras palabras que reflejen tu tono.

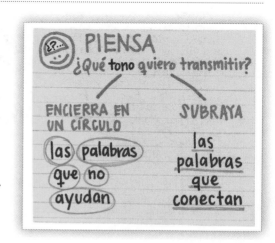

¡Me quito el sombrero!

(lectura recomendada):
*In Pictures and in Words:
Teaching the Qualities
of Good Writing Through
Illustration Study*
(Ray 2010)

Estrategia Lee una parte de tu borrador y subraya los pronombres o los verbos que indican en qué persona están escritos (por ejemplo, primera persona singular o plural, segunda persona, etc.). Cambia los pronombres o los verbos para que reflejen otro punto de vista. Considera el efecto que estos cambios tienen en tu tono y en la voz del escrito. Decide qué versión prefieres usar en todo tu borrador.

Sugerencia para el maestro Escribir textos informativos o persuasivos desde distintos puntos de vista puede afectar la relación entre el escritor y el lector, e incluso el tono del texto. Por ejemplo, la primera persona (*yo, nosotros*) se suele reservar para escribir autobiografías. Si se usa la primera persona en la escritura formal, el tono de autoridad puede disminuir y el texto se vuelve más informal (considere, por ejemplo, el efecto de empezar con un "Yo creo" o "Yo pienso" en lugar de limitarse a presentar un hecho o dato). La primera persona también puede acercar al escritor a su audiencia ("Seguro que todos estamos de acuerdo con que…"). Cuando se usa la segunda persona (*tú, ustedes*), se crea una distancia entre el escritor y su audiencia y el tono es más autoritario ("Cuando consideren _____, asegúrense de pensar en _____"), aunque también puede ser más amistoso ("Si quieres comer las mejores empanadas del mundo, prueba las de _____"). Consulte también la estrategia 5.21, "Dirígete al lector" en el objetivo sobre organización y estructura para ver cómo revisar las introducciones considerando la elección de pronombres.

Consejos

- ¿Desde qué punto de vista escribiste tu texto?
- ¿Qué efecto crees que tiene ese punto de vista?
- Si tuvieras que cambiar el punto de vista, ¿cómo lo harías?
- Ahora que hiciste ese cambio, piensa en el efecto que tendría en ti como lector.
- Considera qué punto de vista sería el más apropiado para reflejar tu intención.

1.	Este animal tiene garras afiladas. Tiene mucho pelo. Este animal es vicioso, tiene patas grandes. Es un león.
2.	Estás caminando por la sabana. Ves dos ojos que te miran. ¡Boom! Ves una gran pata en el aire. ¡El león se abalanza sobre ti!

¿Para quién es?

NIVELES
4–8

**GÉNEROS /
TIPOS DE TEXTO**
todos

PROCESO
revisar

Estrategia Elige un poema que hayas escrito. Vuelve a escribirlo en prosa, con oraciones completas y descriptivas. Lee el texto en prosa para descubrir el poema que se esconde adentro. Elige las mejores descripciones y las palabras que ayudan a comunicar las imágenes y los mensajes en los que quieres enfocarte.

Sugerencia para el maestro La idea de esta estrategia es obligar a los estudiantes a usar menos palabras al convertir un texto largo (un ensayo, un informe o un cuento) en un poema. Para hacerlo, deben decidir qué palabras son las más importantes para comunicar sus ideas. Después, cuando los estudiantes revisen su trabajo largo y lo conviertan de nuevo en un poema, mantendrán los elementos esenciales. Es posible que, al obligarlos a usar pocas palabras, cambien el enfoque o tengan que volver a definir el significado, para lo que tendrán que pensar de nuevo en la elección de palabras. La estrategia 4.10, que ayuda a los estudiantes con su enfoque, es similar a esta.

Usar un mentor Las novelas escritas en verso son un buen ejemplo para mostrar a los estudiantes cómo se cambia de la narración a la poesía. Vea, por ejemplo, *Quiere a ese perro* (Creech 2004), *El único e incomparable Iván* (Applegate 2013) o *El soñador* (Muñoz Ryan 2010).

Consejos

- Busca en tu texto en prosa las palabras más importantes.
- Revisa tu texto en prosa y subraya las líneas que quieres dejar cuando lo conviertas de nuevo en un poema.
- ¿Qué palabras y oraciones de esta prosa encajarían mejor con tu significado?
- Elige una línea de tu poema y conviértela en un párrafo en prosa.
- Escribe solo una línea del párrafo que has elegido.

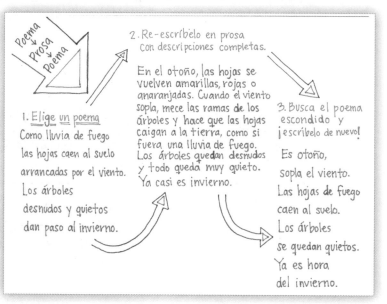

¡Me quito el sombrero!
(lectura recomendada):
Explore Poetry
(Graves 1992)

7.22 Repasa palabra por palabra

Estrategia Lee tu escrito en voz alta. Repasa palabra por palabra y pregúntate: "¿Es esta la palabra correcta para lo que quiero decir? ¿Necesito esta palabra? ¿Iría mejor otra palabra aquí?". Haz los cambios necesarios.

Sugerencia para el maestro Esta estrategia funciona mejor con poesía, ya que puede ser tedioso leer textos más largos palabra por palabra. Si los estudiantes quieren intentar esta estrategia con textos informativos, persuasivos o narrativos, pueden elegir un fragmento, como una escena o un diálogo entre dos personajes o el párrafo de introducción.

Usar un mentor En una famosa frase, Mark Twain afirma: "La diferencia entre la palabra correcta y la palabra casi correcta es como la que existe entre un relámpago y una luciérnaga". También puede compartir con sus estudiantes la conocida cita de Voltaire sobre la importancia de elegir y colocar bien las palabras: "Una palabra mal colocada estropea el más bello pensamiento". O el consejo de William Zinsser en su libro *On Writing Well* (2001): "Revisa cada palabra que pones en el papel. Encontrarás un número sorprendente de palabras que no tienen ningún sentido" (13).

Consejos

- Lee una oración en voz alta, palabra por palabra. ¿Hay alguna que no te suene bien?
- ¿Qué palabras no dicen exactamente lo que quieres decir?
- Piensa en otra palabra que sonaría mejor aquí.
- ¿Qué palabras te suenan bien?

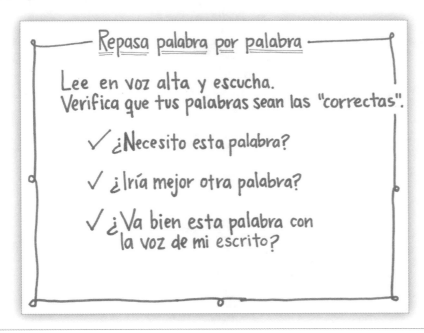

Repasa palabra por palabra

Lee en voz alta y escucha.
Verifica que tus palabras sean las "correctas".

✓ ¿Necesito esta palabra?

✓ ¿Iría mejor otra palabra?

✓ ¿Va bien esta palabra con la voz de mi escrito?

¿Para quién es?

NIVELES
4–8

GÉNEROS / TIPOS DE TEXTO
todos

PROCESO
revisar

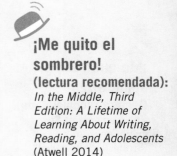

¡Me quito el sombrero!
(lectura recomendada):
In the Middle, Third Edition: A Lifetime of Learning About Writing, Reading, and Adolescents (Atwell 2014)

¿Para quién es?

NIVELES
4–8

GÉNEROS / TIPOS DE TEXTO
todos

PROCESO
revisar

Estrategia Busca palabras en tu borrador que no son específicas, como *lindo/a* o *bonito/a*, *bueno/a* o palabras que modifican, como *muy*. Piensa en otras palabras que digan exactamente lo que quieres decir. Tacha las palabras poco específicas y sustitúyelas por otras más precisas y claras.

Sugerencia para el maestro Anime a sus estudiantes a poner en el tablero de anuncios de su salón de clases ejemplos de cómo cambiaron una palabra vaga por una más precisa.

Consejos
- ¿Ves las palabras *muy, bueno/a* o *lindo/bonito*? Vamos a subrayarlas.
- Vuelve a leer esa oración. ¿Podrías reemplazar esa palabra con otra más precisa?
- Escribiste _____. ¿Qué otra palabra podrías usar en lugar de _____?
- ¡La palabra _____ es más clara que _____! Ahora sí puedo visualizar lo que quieres decir.

En lugar de...	Usa una palabra más clara
Una casa **bonita.**	¿Qué quieres decir exactamente sobre la casa? ¿Era *elegante, cómoda, sencilla, de madera*?
Era **muy** lista.	Cambia las palabras *muy lista* por una palabra más precisa, como *inteligente, brillante, genial, ingeniosa*.
Era una niña **buena**.	Elimina la palabra *buena* y usa una palabra precisa, como *amable, considerada, generosa, compasiva, servicial*.

¡Me quito el sombrero!
(lectura recomendada):
The Elements of Style,
cuarta edición
(Strunk y White 1999)

Estrategia Repasa tu borrador y resalta los adverbios (palabras que describen los verbos). Analiza cada uno y decide qué debes hacer: eliminar el adverbio, eliminar el adverbio y cambiar el verbo, o dejar tu escrito como está. Los adverbios que merecen la pena dejar son los que:

• Ofrecen información necesaria.
• Ayudan al lector a visualizar algo que no podría imaginar sin ese adverbio.

Sugerencia para el maestro Esta estrategia se puede complementar con la lección 7.25, "Usa un lenguaje más preciso (eliminando adjetivos y adverbios)". Los escritores suelen eliminar adverbios durante la revisión de su borrador para evitar su uso excesivo. Si el sustantivo y el verbo que se han usado son precisos, es posible que el adverbio sea innecesario. Esta estrategia combinada con la siguiente ayudará a los escritores a decidir qué dejar y qué cortar.

Consejos
• Para empezar, vamos a buscar los adverbios.
• ¿Es esa palabra un adverbio? Lo es si describe un verbo.
• Lee la oración sin el adverbio. Ahora léela con el adverbio. ¿Crees que es esencial?
• Explica por qué quieres dejarlo.
• ¿Por qué dejarlo cambia lo que visualizas?

¿Para quién es?

NIVELES
4–8

GÉNEROS /
TIPOS DE TEXTO
todos

PROCESO
revisar

🎩 **¡Me quito el sombrero!**
(lectura recomendada):
Stein on Writing: A Master Editor of Some of the Most Successful Writers of Our Century Shares His Craft Techniques and Strategies (Stein 1995)

Estrategia Repasa tu borrador para tratar de simplificarlo eliminando algunas palabras. Resalta todos los adjetivos y adverbios. Vuelve a leer el borrador y pregúntate:

- ¿Qué adjetivos podría eliminar si uso un sustantivo más preciso?
- ¿Qué adverbios podría eliminar si uso un verbo más preciso?

Ejemplo de enseñanza *Muchas veces, los adjetivos y los adverbios hacen que nuestro escrito quede con más palabras de la cuenta, lo cual disminuye el ritmo de lectura y puede llegar a aburrir al lector. Si crees que tu escrito debería ser más descriptivo, intenta cambiar los sustantivos y los verbos en lugar de añadir más palabras. Aquí tienes dos ejemplos. En el primero, los adverbios son redundantes y se pueden cortar. El segundo es un ejemplo de cómo cambiar un verbo por otro más preciso para eliminar el adverbio.*

- *En lugar de "Francamente, ella se preocupaba realmente por él"* → *"Ella se preocupaba por él".*
- *En lugar de "Le habló suavemente al oído".* → *"Le susurró al oído".*

Usar un mentor

"Creo que de adverbios está plagado el infierno, y estoy dispuesto a vocearlo desde los tejados. Dicho de otro modo: son como el diente de león. Uno en el césped tiene gracia, queda bonito, pero, como no lo arranques, al día siguiente encontrarás cinco, al otro cincuenta... y a partir de ahí, amigos míos, tendrán el césped 'completamente', 'avasalladoramente', cubierto de diente de león. Entonces los verán como lo que son, malas hierbas, pero entonces, ¡ay!, entonces será demasiado tarde" (*Mientras escribo*, King 2013, 125).

"La mayoría de los escritores siembran adjetivos casi inconscientemente en el suelo de su prosa para hacerlo más exuberante y bonito, y las oraciones se vuelven más y más largas a medida que se llenan de olmos majestuosos y gatitos juguetones y detectives curtidos y lagunas adormecidas". (*On Writing Well*, Zinsser 2001, 70-71).

Consejos

- Primero, identifica los tipos de palabras que tienes en esta oración.
- ¿Dónde hay un adjetivo? Intenta volver a escribir esta oración sin ese adjetivo. Cambia el sustantivo que elegiste.
- ¿Dónde está el verbo, la palabra de acción, en esta oración? La palabra que va después es el adverbio, que describe al verbo. Si quitaras el adverbio, ¿cómo afectaría al verbo?

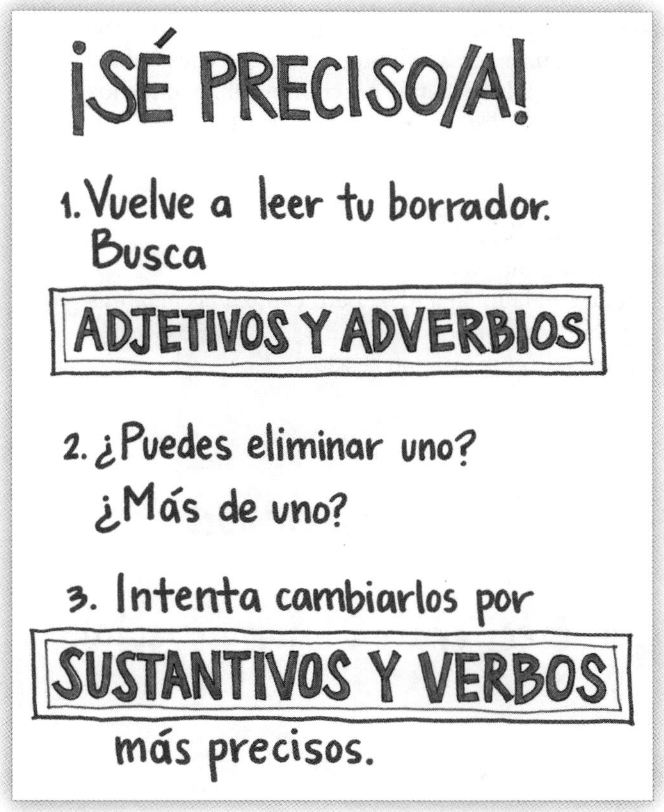

¡SÉ PRECISO/A!

1. Vuelve a leer tu borrador. Busca

ADJETIVOS Y ADVERBIOS

2. ¿Puedes eliminar uno? ¿Más de uno?

3. Intenta cambiarlos por

SUSTANTIVOS Y VERBOS

más precisos.

¿Para quién es?

NIVELES
4–8

GÉNEROS / TIPOS DE TEXTO
todos

PROCESO
revisar

Estrategia Busca una oración que parece ser importante en tu escrito, pero que no suena del todo bien. Intenta usar otras palabras para expresar la misma idea. Intenta cambiar el orden de las palabras en la oración. Analiza todos los "borradores" que tienes de esa oración. Pregúntate: "¿Cuál suena mejor?".

Consejos
- Intenta cambiar el orden de las palabras.
- Dilo otra vez, pero cambiando alguna palabra.
- No uses una idea nueva; sigue con la misma idea, pero cambia las palabras o el orden de las palabras para describirla.
- Intenta decirlo en voz alta antes de escribirlo en el papel.

> ## Vuelve a escribir una oración...
>
> La casa en la que crecí era un lugar especial.
>
> ↓
>
> Mi casa guarda muchos recuerdos.
>
> ↓
>
> A veces siento que mi casa contribuyó con mi crianza. Más que una casa, fue como una madre.
>
> Pregúntate: "¿Cuál expresa mejor lo que quiero decir?"

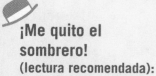

¡Me quito el sombrero!
(lectura recomendada):
What You Know by Heart: How to Develop Curriculum for Your Writing Workshop (Ray 2002)

Estrategia Repasa tu borrador y subraya los verbos. Identifica las partes que son muy importantes. Piensa: "¿Con qué puedo comparar esto? ¿Qué verbos podría usar que muestren esa comparación?". Haz una lista de verbos que ayudarían a que la comparación sea clara.

Sugerencia para el maestro Cuando un escritor usa verbos poderosos, puede prescindir de adverbios innecesarios sin sacrificar la descripción. Esta estrategia es la continuación de "Verbos que se ajustan al significado" (estrategia 7.5), en la que se pide a los niños que identifiquen los verbos y que sean más *precisos*. Con esta estrategia buscamos un uso inesperado del lenguaje para comunicar algo de forma metafórica o figurativa.

Usar un mentor

El soñador de Pam Muñoz Ryan (2010): "…el volcán dragón que *hacía estremecer* el piso con su poderoso hipo de magma" (15). "Las palabras dentro del cajón *se agitaron*" (22) (cursiva añadida).

La nariz de los Guadarrama de Enrique Escalona (2017): "Hay un momento en que la nariz de los Guadarrama *emprende* el vuelo y *comienza a crecer* como la hierba…" (12) (cursiva añadida).

Consejos

- Busca los verbos.
- Si en algún lugar usaste un adverbio, considera si podrías usar otro verbo para eliminar el adverbio.
- Piensa de forma figurativa. ¿*Cómo* es esto? ¿Con qué verbo podrías describirlo?
- ¿Con qué podrías comparar ese tema? ¿Qué palabras se usan normalmente para hablar de ese otro tema? Intenta usarlas aquí.

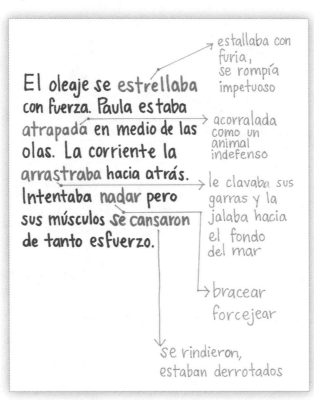

El oleaje se estrellaba con fuerza. Paula estaba atrapada en medio de las olas. La corriente la arrastraba hacia atrás. Intentaba nadar pero sus músculos se cansaron de tanto esfuerzo.

estallaba con furia, se rompía impetuoso

acorralada como un animal indefenso

le clavaba sus garras y la jalaba hacia el fondo del mar

bracear forcejear

se rindieron, estaban derrotados

¿Para quién es?

NIVELES
4–8

GÉNEROS / TIPOS DE TEXTO
todos

PROCESO
revisar

¡Me quito el sombrero!
(lectura recomendada):
Finding the Heart of Nonfiction: Teaching 7 Essential Craft Tools with Mentor Texts (Heard 2013)

7.28 Sustantivos que sorprenden

¿Para quién es?

NIVELES
4–8

GÉNEROS /
TIPOS DE TEXTO
todos

PROCESO
revisar

Estrategia Repasa cuidadosamente todos los sustantivos de tu escrito. Pregúntate si podrías utilizar otras palabras que sean más efectivas para expresar lo que quieres decir. Haz una lista de opciones. Mira la lista y considera si algunos de esos nuevos sustantivos expresarían el mismo significado, pero de una manera sorprendente.

Sugerencia para el maestro Esta estrategia podría ser un primer paso para ayudar a los estudiantes a usar juegos de palabras. Sin embargo, no todos los sustantivos sorprendentes sirven para hacer juegos de palabras, ni todos los juegos de palabras se hacen con palabras con varios sentidos.

Usar un mentor *Piedra y Palo* (Ferry 2013) es un cuento divertido sobre la amabilidad y la amistad, relatado mediante frases de muy pocas palabras. Lo que hace que este libro sea particularmente ingenioso es que muchos sustantivos (¡y otros tipos de palabras!) tienen doble sentido. Por ejemplo, al principio del cuento, la autora establece que Palo y Piedra están solos, cada uno por su lado, y ambos necesitan un amigo. Luego viene una página con las palabras "A cero" y un dibujo de Piedra solo. Piedra tiene forma de cero y se siente como si fuera nada.

Consejos
- Para empezar, busca los sustantivos.
- ¿Qué otros sustantivos podrían tener más de un significado?
- Mira la lista de sustantivos que hiciste. ¿Cuál quedaría mejor?
- ¡Lo intentaste! Ese sustantivo sorprende porque significa más de una cosa.

¡Me quito el sombrero!
(lectura recomendada):
Pyrotechnics on the Page: Playful Craft That Sparks Writing (Fletcher 2010)

> ## ¡SORPRESA!
> ### (MÁS SUSTANTIVOS)
>
> 1. Vuelve a leer tu escrito y busca los <u>sustantivos</u>.
>
> 2. Pregúntate: "¿Funcionaría aquí otra <u>palabra</u>?"
>
> 3. Haz una <u>lista</u> de opciones.
>
> 4. Mira tu lista. ¿Alguno de estos <u>nuevos</u> <u>sustantivos</u> tiene el mismo significado?

Estrategia Piensa en tus personajes y los lugares donde ocurre tu cuento. Piensa en el tipo de personas que son y qué nombres les habrían puesto sus padres. Para los lugares, piensa en el ambiente o sentimiento que quieres reflejar y elige un nombre que transmita eso.

Sugerencia para el maestro M. Colleen Cruz (coautora de los libros "Units of Study" sobre textos de ficción y autora de la novela *Border Crossing* [2003]) sugiere tener un par de libros de nombres de bebés en el centro de escritura que les sirvan de referencia a los estudiantes cuando busquen nombres para sus personajes. Dice que para decidir el nombre de un personaje, conviene pensar en cómo podrían ser los padres de ese personaje y qué nombre le habrían puesto. Para los nombres de lugares, es útil tener un atlas en el centro de escritura.

Usar un mentor En su libro *Esperanza renace* (2012), Pam Muñoz Ryan llamó a la protagonista Esperanza. A lo largo de la historia, la protagonista se enfrenta a muchos problemas, pero consigue superarlos con esperanza. En el libro de Jennifer Cervantes, *Un sol de tortilla* (2019), el primer capítulo explica la importancia de los nombres de las calles: "Habíamos vivido antes en muchos otros lugares de San Diego, entre las calles 4, 10, Mulberry y Elm. Nuestra última casa estaba en la calle Paraíso. El nombre prometía. Ahora vivíamos en el número 1423 de la calle M. 'M' porque a lo *mejor* será nuestro hogar definitivo".

En *La vida útil de Pillo Polilla* (2017) de Vivian Mansour Manzur, los nombres de todos los amigos animales de Pillo Polilla empiezan por la letra P: Pipo, Pablo, Perla, Petra, Pita, Policarpo, Pancracio. Sin embargo, los nombres de las personas que conoce a lo largo de la historia empiezan por otras letras.

Consejos

- ¿Qué ambiente quieres crear? ¿Qué nombre le puedes poner a la ciudad donde ocurre el cuento?
- Piensa en los padres de tu personaje. ¿Qué nombre le habrían puesto?
- Haz una lista de nombres que vayan bien con la personalidad del personaje.
- Subraya los nombres (de personas o lugares). Considera cuidadosamente si son los más adecuados.

> ### El nombre lo dice todo
>
> Busca <u>nombres</u> de personas y lugares...
>
> Piensa:
> - ¿Qué <u>tipo</u> de persona/ lugar es?
> - Si es una persona: ¿Cómo son sus padres? ¿Qué nombre le habrían puesto?
> - Si es un lugar, piensa en el ambiente.

¿Para quién es?

NIVELES
4–8

GÉNERO / TIPO DE TEXTO
ficción

PROCESOS
desarrollar, hacer un borrador, revisar

¡Me quito el sombrero!
(lectura recomendada):
Experiment with Fiction (Graves 1989)

Estrategia Vuelve a leer tu borrador y busca un lugar donde hayas usado lenguaje impreciso, generalizado o abstracto. Pregúntate: "¿Qué estoy intentando decir aquí? ¿Qué imagen quiero evocar en la mente del lector?". Intenta reescribir esa oración con un lenguaje más específico y concreto.

Usar un mentor Intente reescribir un poema que use un lenguaje muy específico para ayudar al lector a crear una imagen mental. Lea primero la versión menos específica y pida a los estudiantes que hagan un dibujo de lo que ven en su mente. Después, lea la segunda versión y pídales que hagan otro dibujo. Miren ambas versiones y comenten las diferencias entre el lenguaje poco específico y el más específico, así como el efecto que tienen en los dibujos que hicieron.

Consejos

- ¿Por qué crees que esta palabra es imprecisa?
- ¿Qué querías decir realmente cuando escribiste _____?
- Di: "Lo que realmente quiero decir es _____".
- Estoy de acuerdo, esa parte es un poco general e imprecisa. Piensa en ideas más específicas o concretas para ayudar a tu lector a imaginar lo que estás describiendo.
- Intenta cambiar las palabras en esta parte para que el lector lo visualice mejor.
- Dilo de otra manera para que tu lector lo pueda visualizar.

Estrategia Busca en tu borrador partes donde hayas usado muchas palabras para decir algo que se podría decir con pocas palabras. (Repasa la tabla de abajo para ver algunos casos típicos). Tacha las palabras que no sean necesarias.

Sugerencia para el maestro Muchos estudiantes entienden mejor esta estrategia después de hacerla varias veces y mediante la práctica compartida. Ayude a los estudiantes a identificar sus casos típicos. Por ejemplo, yo sé que tiendo a usar muchas frases parentéticas. Si me pidieran que repasara uno de mis escritos para identificar las partes donde hice eso, lo revisaría de manera crítica e intentaría eliminar los paréntesis y escribir oraciones más directas. Una buena amiga mía tiende a usar muchas expresiones dubitativas, "Si no hay ningún problema, me gustaría…" y "Hay veces en que me gustaría…" y sabe que debe volver a su escrito, encontrar los lugares donde hizo eso y escribir sus ideas de una manera más directa.

Consejos

- ¿Ves alguna frase que puedas reemplazar con una sola palabra?
- Encontré una frase. Déjame subrayarla. Piensa en cómo podrías decirla con menos palabras.
- ¿Ves esta parte? Intenta usar menos palabras.
- ¡Sí! Eso se puede decir con menos palabras.
- Mira la tabla para ver si usas algunas de esas frases.

En lugar de…	Usa…
Él era una persona que	Él
La razón por la que eso	Porque
A pesar del hecho de que	Aunque/A pesar de
Quien es un/a____ Ejemplo: Su hermana, quien es una doctora de…	(elimina la frase) Ejemplo: Su hermana, una doctora de…
Que es un/una___ Ejemplo: El Metropolitano, que es un museo de…	(elimina la frase) Ejemplo: El Metropolitano, un museo de…

¿Para quién es?

NIVELES
6–8

GÉNEROS /
TIPOS DE TEXTO
todos

PROCESO
revisar

¡Me quito el sombrero!
(lectura recomendada):
The Elements of Style,
cuarta edición (Strunk
y White 1999)

Normas

Ortografía y formación de letras

◎ ¿Por qué es importante este objetivo?

Les enseñamos a los estudiantes a considerar el propósito y el público al escribir, puesto que algún día alguien leerá su escrito. Es importante aprender a deletrear las palabras así como escribir de manera convencional para que los demás puedan comprender lo que hemos escrito y para que lo que queremos decir le quede claro a nuestros lectores.

Cuando un niño entra a la escuela por primera vez, es natural que use ortografía inventada y que escriba cada palabra lo mejor que pueda basándose en los sonidos que escucha. Estos primeros intentos de los escritores emergentes son una magnífica oportunidad de practicar la correspondencia letra-sonido y de plasmar sus pensamientos e ideas en el papel (Routman 2005; Graves 1983; Calkins 1994; Snowball y Bolton 1999). Aplaudir los intentos por escribir palabras, aunque sea con ortografía inventada, no es decirle al niño que "la ortografía no importa", sino más bien, "¡eres un escritor!". Aun cuando la ortografía no sea correcta, debemos tener en cuenta que los jóvenes escritores aún están aprendiendo las reglas del español, muchas de las cuales pueden ser confusas.

A medida que los escritores principiantes lean más, reconozcan más palabras impresas y desarrollen una mayor conciencia de las normas ortográficas, se darán cuenta de que algunas de las palabras que escriben no se ven bien. Esta conciencia los hará sentirse motivados a mejorar su ortografía y a escribir con más precisión en el primer intento, así como a corregir la ortografía al editar su escrito. Cuando lleguen a este punto, comenzarán a depender no solo del oído —escribir las palabras según como las escuchan—, sino de las reglas de ortografía y de cómo recuerdan haber visto las palabras impresas en un texto (Graves 1983). A medida que los estudiantes suban de grado escolar, aprenderán más reglas y patrones de ortografía y memorizarán las excepciones. La lectura diaria y la interacción con el lenguaje los familiarizará con un vocabulario más amplio, lo que a su vez hará que aumente la cantidad de palabras que pueden escribir de manera convencional. Esto les dará más confianza para aplicar y generalizar las reglas de ortografía (deletrear por analogía), y les ayudará a afinar su sentido para detectar si una palabra que han escrito "no se ve bien".

◎ ¿Cómo sé si este objetivo es adecuado para mi estudiante?

Es importante partir de la premisa de que los niños se esfuerzan todo lo que pueden en escribir las palabras correctamente a cualquier edad y en cualquier etapa. Los errores de ortografía muy pocas veces significan que los niños estén siendo descuidados, sino más bien que están aprendiendo y escribiendo lo mejor posible a medida que aprenden. Considere todo lo que un escritor necesita tener en cuenta mientras compone cualquier tipo de escrito: enfoque, estructura, transmitir su propia voz, asegurarse de que la puntuación sea correcta y varios elementos más. A menudo, los textos de los jóvenes escritores están llenos de palabras inventadas o aproximadas, puesto que aún no dominan la ortografía. (Algo que incluso les pasa a muchos adultos. Afortunadamente, ¡existe el corrector ortográfico!)

Para determinar la comprensión ortográfica de sus estudiantes, le recomiendo hacerles una evaluación de ortografía, tal como la que ofrece *Palabras a su paso* (Helman et al. 2013). Al determinar la etapa del dominio de la ortografía de un niño, usted podrá adaptar su programa de estudio de palabras para apoyar al estudiante en los aspectos específicos que necesita practicar, como diptongos, dígrafos y acentos escritos, por mencionar algunos. Las estrategias de este objetivo no son un sustituto de un programa concienzudo de estudio de palabras, que debe ser parte de todo programa de escritura. En cambio, las estrategias de este objetivo ofrecen a los estudiantes algunos consejos para plasmar las palabras en el papel (lo mejor que puedan), identificar errores de ortografía en su propio trabajo, corregir sus propios errores, usar recursos para escribir las palabras correctamente y aprender algunas reglas básicas de ortografía.

Aunque el inventario de ortografía de un estudiante (o simplemente el percibir los tipos y la frecuencia de errores que comete) podría ser un indicador de si es un candidato adecuado para recibir apoyo en esta área, tenga cuidado de no presentarle estrategias de ortografía demasiado complejas antes de tiempo. Tenga en cuenta la etapa de desarrollo en la que se encuentra el niño como escritor, y enséñele algo que sea un "empujoncito" hacia delante, pero sin coartar su creatividad ni su habilidad de escribir fluidamente. Por ejemplo, enseñar a los estudiantes a enfocarse en la ortografía cuando apenas comienzan a escribir palabras en una página puede hacer que se cohíban y reduzcan drásticamente su volumen de escritura por temor a equivocarse, o puede hacer que "vayan a lo seguro" y solo escriban aquellas palabras de cuya ortografía tienen certeza. Además, no queremos que los estudiantes pasen todo el tiempo buscando palabras que corregir en lugar de enfocarse en el sentido. Como en otros objetivos, he rotulado las estrategias según los niveles de grado, pero, como siempre, es mucho mejor evaluar si el estudiante está listo para la estrategia en lugar de guiarse solamente por el nivel de grado. Solo porque un niño esté en kindergarten no significa que esté listo para cada estrategia identificada con el rótulo K. Asimismo, a lo largo del año escolar, es probable que el estudiante se beneficie de distintas estrategias.

Estrategias para ortografía y formación de letras

Estrategia		Grados y niveles	Géneros/ Tipos de texto	Procesos
8.1	¿Es una palabra larga o corta?	Emergente–K	Todos	Hacer un borrador, editar
8.2	Habla como una tortuga	Emergente–1	Todos	Hacer un borrador, editar
8.3	Consulta la tabla del alfabeto	K–1	K–1	Hacer un borrador, revisar, editar
8.4	Escribe, lee, escribe y vuelve a leer	K–1	Todos	Hacer un borrador
8.5	¿Letra grande o chica?	K–2	Todos	Editar
8.6	¡La caligrafía cuenta!	K–2	Todos	Editar
8.7	Busca la palabra en el muro y ¡escríbela!	K–2	Todos	Hacer un borrador, editar
8.8	Escríbela lo mejor que puedas… desde el principio	K–3	Todos	Generar y reunir, desarrollar, hacer un borrador, editar
8.9	Usa tus recursos al escribir	K–8	Todos	Generar y reunir, desarrollar, hacer un borrador, editar
8.10	Sílaba por sílaba	1–3	Todos	Generar y reunir, desarrollar, hacer un borrador, editar
8.11	Tu barbilla baja	1–3	Todos	Generar y reunir, desarrollar, hacer un borrador, editar
8.12	Visualiza la palabra y escríbela	1–8	Todos	Generar y reunir, desarrollar, hacer un borrador, editar
8.13	Usa palabras que conoces para deletrear las que no conoces	1–8	Todos	Generar y reunir, desarrollar, hacer un borrador, editar
8.14	Palabras con diptongos	1–8	Todos	Hacer un borrador, editar
8.15	¡Pon el acento en la última sílaba! (palabras agudas)	2–8	Todos	Hacer un borrador, editar
8.16	¡Pon el acento en la penúltima sílaba! (palabras llanas o graves)	2–8	Todos	Hacer un borrador, editar
8.17	¡Más acentos por aprender! (esdrújulas y sobreesdrújulas)	2–8	Todos	Hacer un borrador, editar
8.18	Atención a los homófonos	2–8	Todos	Hacer un borrador, editar
8.19	Dos letras, ¡un solo sonido! (dígrafos)	2–8	Todos	Hacer un borrador, editar
8.20	¡No te comas la *h*!	2–8	Todos	Hacer un borrador, editar
8.21	Suena como *i*, pero se escribe con *y*	2–8	Todos	Hacer un borrador, editar
8.22	¡Sal de dudas! (palabras con *b/v, c/s/z, y/ll*)	2–8	Todos	Editar
8.23	Escríbelo en plural (*–s* o *–es*)	2–8	Todos	Generar y reunir, desarrollar, hacer un borrador, editar
8.24	Lee tu escrito de atrás para adelante (¡y pesca tus errores!)	2–8	Todos	Editar
8.25	Enciérrala en un círculo… y revísala después	2–8	Todos	Generar y reunir, desarrollar, hacer un borrador, editar
8.26	Recurre al corrector ortográfico	3–8	Todos	Editar

¿Para quién es?

NIVELES
emergente–K

GÉNEROS /
TIPOS DE TEXTO
todos

PROCESOS
**hacer un borrador,
editar**

Estrategia Di la palabra. ¿Es una palabra larga o corta? Si es larga, escribe varias letras, aunque no sepas exactamente cuáles poner. Si es corta, no uses muchas letras.

Ejemplo de enseñanza *Estoy escribiendo un libro sobre las cosas que hacemos en el salón de computadoras. ¿Me ayudas a decidir si la palabra que voy a escribir es larga o corta? Esta es una foto de nuestra clase en el salón de computadoras. Quiero ponerle un rótulo a la computadora para que todos la reconozcan. Vamos a decir juntos la palabra* computadora *y decidir si es una palabra larga porque oímos muchos sonidos, o si es una palabra corta porque oímos pocos sonidos. Di la palabra conmigo:* computadora. *Suena como una palabra larga, ¿verdad? Ahora quiero escribir la palabra* silla *para mostrar dónde nos sentamos cuando trabajamos en una computadora. Di la palabra conmigo:* silla. *Suena como una palabra corta, ¿verdad? También quiero ponerle un rótulo a la mesa donde está la computadora. Di la palabra conmigo:* mesa. *Sí, ¡esa es otra palabra corta!*

Sugerencia para el maestro El objetivo de esta estrategia no es que los estudiantes usen las letras correctas, sino que comiencen a aprender a representar con letras los sonidos que escuchan y a desarrollar la conciencia sobre la correlación entre la cantidad de sonidos que escuchan y la cantidad de sonidos representados en las letras que escriben.

Consejos
- Di la palabra.
- ¿Oyes pocos sonidos o muchos sonidos?
- Piensa en si la palabra es larga o corta.
- Escribe letras para mostrar qué tan larga es la palabra.

Estrategia Si no sabes cómo escribir una palabra, puedes decirla len-ta-men-te, ¡como la diría una tortuga! Escucha cada sonido mientras lo dices. Escribe los sonidos que oyes. Cuando ya tengas la palabra escrita en el papel, vuelve a repetirla como una tortuga, esta vez deslizando tu dedo por debajo de las letras que escribiste. Si sientes que te faltó algún sonido, ¡corrígelo!

Sugerencia para el maestro Una versión más sofisticada de esta estrategia podría ser decir primero la palabra para escuchar los sonidos y luego comprobar visualmente si la palabra se ve bien. Esto puede ser útil para los estudiantes que ya saben leer y que probablemente han visto la palabra en un texto. Para los niños que ya saben que las palabras se componen de sílabas, puede sugerirles que digan lentamente la palabra por sílabas y que traten de escribir una sílaba a la vez.

Consejos

- Di la palabra lentamente.
- Trata de escuchar cada sonido.
- ¿Qué oyes? Escribe la letra que hace ese sonido.
- Desliza tu dedo por debajo de la palabra que escribiste mientras la dices lentamente. ¿Te faltaron algunos sonidos?

Los escritores escuchan... len-ta-men-te los sonidos

Paso 1: Di la palabra. pato

Paso 2: Habla como una tortuga. p→a→t→o

Paso 3: Escribe una letra por cada sonido.
p = p
a = a
t = t
o = o
pato

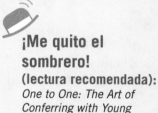

¡Me quito el sombrero!
(lectura recomendada): *One to One: The Art of Conferring with Young Writers* (Calkins, Hartman y White 2005)

¿Para quién es?

NIVELES

K–1

GÉNEROS / TIPOS DE TEXTO

todos

PROCESOS

hacer un borrador, revisar, editar

¡Me quito el sombrero!
(lectura recomendada):
One to One: The Art of Conferring with Young Writers (Calkins, Hartman y White 2005)

Estrategia Di la palabra que quieres escribir. Escucha el primer sonido. Si sabes qué letra hace ese sonido, escríbela. Si no, mira la tabla del alfabeto. Di la palabra otra vez y escucha el sonido que sigue. Repite los pasos hasta que hayas escrito todos los sonidos que escuchaste.

Ejemplo de enseñanza *Vamos a intentar esto con la palabra* mono *en nuestro cuento sobre la visita de la clase al zoológico. Primero, voy a decir la palabra lentamente. Dila conmigo:* m-o-n-o. *El primer sonido que oí es* /m/. *¿Qué letra hace ese sonido? ¿No estás seguro? Veamos nuestra tabla del alfabeto. Estoy buscando un dibujo de una palabra que comience con* /m/, *como en* mono. *¿Es un* elefante? *No. ¿Es una* jirafa? *No. ¿Es una* mariposa? *¡Sí! Ambas palabras,* mono *y* mariposa, *comienzan con la letra* m. *Así que voy a escribir una* m *en mi página. Ahora voy a volver a decir la palabra y te voy a preguntar qué sonido escuchas después, para así agregarlo a mi palabra. ¿Me ayudas?*

Sugerencia para el maestro Una advertencia: Para los niños muy pequeños, es importante que haya un equilibrio entre la escritura de las palabras y la creación de significado en la página, lo que a menudo se consigue a través de ilustraciones (vea las estrategias del Objetivo 1, "Componer con imágenes"). Procure valorar cualquier intento de sus jóvenes escritores, pues esto les hará adquirir confianza. En algunos casos, usted tendrá que esperar antes de presentarle al niño la tabla del alfabeto o bajar sus expectativas de que escriba palabras hasta tener la certeza de que el niño ya haya adquirido una buena noción de la correspondencia letra-sonido mediante la correspondiente evaluación.

Consejos

- Di la palabra lentamente.
- ¿Qué sonido escuchas?
- ¿Qué letras hacen ese sonido?
- Mira la tabla del alfabeto.
- Busca en la tabla un dibujo de algo que tenga ese mismo sonido.

Estrategia Escribe la primera palabra de tu oración. Lee lo que tienes hasta el momento. Escribe la siguiente palabra. Vuelve al comienzo de la oración y lee las dos palabras. Sigue haciendo lo mismo hasta que escribas la oración completa.

Sugerencia para el maestro A pesar de ser lento, este es un proceso útil para los jóvenes escritores que gastan mucha energía escuchando los sonidos de las palabras y tratando de plasmar en el papel las letras que representan esos sonidos. Al volver a leer lo que han escrito después de cada palabra nueva, podrán captar el significado de lo que quieren escribir. No se preocupe si la oración cambia ligeramente a medida que el estudiante avanza. Es posible que haya olvidado lo que quería escribir exactamente o que vaya haciendo cambios al volver a leer y escribir. Este es un buen proceso para demostrar durante las lecciones de escritura interactiva o de escritura compartida.

Sugerencia para el maestro A medida que los niños pasan de escribir una sola palabra a oraciones de varias palabras, deberán dejar un espacio entre palabra y palabra. En el siguiente objetivo (estrategias 9.1 "Traza una línea por cada palabra que quieres escribir" y 9.2 "Marca el espacio con el dedo"), encontrará ideas para ayudar a los estudiantes a aprender a dejar espacios entre las palabras.

Consejos

- ¡Ya escribiste tu palabra! Ahora vuelve a leerla.
- Regresaste al comienzo para leer lo que escribiste hasta ahora.
- ¿Cuál es la palabra que sigue?
- Regresa y vuelve a leer para recordar cuál es la siguiente palabra que quieres escribir.

¿Para quién es?

NIVELES
K–1

GÉNEROS / TIPOS DE TEXTO
todos

PROCESO
hacer un borrador

¡Me quito el sombrero!
(lectura recomendada):
One to One: The Art of Conferring with Young Writers (Calkins, Hartman y White 2005)

Estrategia Repasa cada palabra: de principio a fin. Asegúrate de que la primera letra de la oración esté en mayúscula, así como el nombre de una persona o lugar. Asegúrate de que las demás letras estén en minúscula.

Sugerencia para el maestro Esta estrategia se puede dividir en una serie de estrategias para ayudar a los estudiantes a editar los distintos casos en los que se usa mayúscula. Por ejemplo, podría pedirles que busquen en su borrador el punto final de una oración y que luego revisen la primera letra de la siguiente palabra para asegurarse de que esté en mayúscula.

Sugerencia para el maestro Es conveniente que cada estudiante tenga una tabla del alfabeto o unas tiras con letras mayúsculas y minúsculas pegadas en su mesa para que las pueda consultar. Usar las mismas pistas visuales que usa en su programa de fonética/estudio de palabras y/o en su programa de caligrafía facilitará la transferencia.

Consejos

- ¿Esta letra debe ser mayúscula o minúscula?
- Este es el comienzo de una oración. ¿Qué tipo de letra debes usar?
- Aquí escribiste una letra mayúscula. ¿Debe ir ahí?
- ¿Esta letra es mayúscula o minúscula?
- ¿Este es el nombre de un lugar?
- Asegúrate de que el resto de la palabra esté en minúscula.

8.6 ¡La caligrafía cuenta!

Estrategia Vuelve a leer tu borrador. Fíjate muy bien en cómo escribiste tus letras. Si ves una letra que es difícil de leer, detente y corrígela. Puedes borrarla y volverla a escribir, tacharla y escribir encima o agregar una pestaña encima de tu escrito.

Ejemplo de enseñanza *Te esforzaste mucho por escribir lo que quieres compartir con tus amigos y tu familia. Ahora, ¡es importante que todos puedan leerlo bien! No quieres que tus lectores necesiten una varita mágica para entender lo que quisiste decir, ¿verdad? Por eso debes escribir las letras de modo que cualquier lector las reconozca. ¡Así podrán leer y disfrutar de tus cuentos!*

Sugerencia para el maestro Aunque haya indicado que esta estrategia es apropiada para niños de kindergarten, no debe interponerse con el desarrollo de su habilidad para escribir palabras en el papel. Esta estrategia es apropiada una vez que el niño sea capaz de escribir claramente las letras y tenga la energía para repasar y corregir algunas. Si el niño apenas está aprendiendo a escribir letras, la tarea de repasar lo que ha escrito y rehacer todas las letras hará que el niño piense: "¡Esto cuesta mucho trabajo! Si tengo que corregir todas las letras, mejor escribiré menos para tener menos que corregir". Además, si se enfoca demasiado en la formación de las letras, el niño podría perder el hilo de lo que está tratando de escribir. Por lo tanto, esta estrategia será indicada para algunos escritores de kindergarten, pero no para otros.

Consejos

- ¿Ves algo que crees que podría ser difícil de leer para tu lector?
- No sé muy bien cuál es esta palabra. ¿Qué quisiste escribir?
- ¡Encontraste una palabra por tu cuenta! Ahora veamos la tabla del alfabeto para recordar cómo debes escribir esas letras para que otros puedan leerlas.
- ¡Corregiste tus palabras! ¡Ahora tus lectores podrán disfrutar de tu cuento!

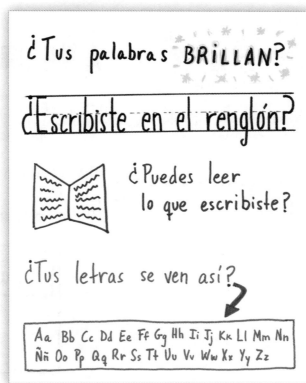

¿Para quién es?

NIVELES
K–2

GÉNEROS / TIPOS DE TEXTO
todos

PROCESO
editar

¡Me quito el sombrero!
(lectura recomendada): *Launch a Primary Writing Workshop: Getting Started with Units of Study for Primary Writing, Grades K–2* (Calkins 2010)

¿Para quién es?

NIVELES
K–2

GÉNEROS / TIPOS DE TEXTO
todos

PROCESOS
hacer un borrador, editar

Estrategia Di la palabra que quieres escribir. Piensa: "¿He visto esta palabra en el muro de palabras?". Si la has visto, búscala en el muro de palabras y luego escríbela. Mientras la escribes, di las letras en voz alta, tratando de memorizar la palabra.

Sugerencia para el maestro Los muros de palabras son un recurso muy útil, siempre y cuando se usen correctamente. Si usted escribe en el muro cincuenta palabras o más antes de que los estudiantes lleguen al salón de clases, es muy probable que nunca consulten las palabras. En cambio, si los estudiantes participan en agregar cada semana unas pocas palabras cuidadosamente elegidas durante una lección de lectura compartida, de lectura interactiva o de escritura compartida, su muro se usará con más frecuencia. En general, no recomiendo incluir más de veinticinco palabras en el muro a la vez. Esto significa que a medida que los estudiantes aprenden las palabras, estas se van archivando en un Rolodex o en bolsillos adheridos a la base del tablero de anuncios debajo de cada letra. Recomiendo alfabetizar el muro de palabras y enseñar a los niños a buscar primero la letra y luego la palabra para que puedan encontrarla y usarla rápidamente. Encuentre momentos durante el día para animar a los niños a consultar el muro de palabras. Por ejemplo, durante una lección de escritura compartida, usted podría decir: "¡Un momento! Creo que hemos visto cómo se escribe esa palabra. ¡Búsquenla en el muro de palabras y díganme cómo se deletrea!".

Consejos

- ¡Mira el muro de palabras!
- ¡Sabías que la palabra _____ está en el muro de palabras! ¿En qué parte puedes buscarla?
- Piensa en dónde puede estar esa palabra.
- Ya la encontraste. Ahora, ¡escríbela!
- Di las letras de la palabra. ¡Trata de recordarlas la próxima vez!

Estrategia Cuando hagas un borrador o escribas en tu cuaderno, trata de escribir las palabras lo mejor que puedas para que después no tengas que corregir tanto a la hora de editar. Haz una pausa y piensa: "¿Sé cómo se escribe esta palabra?". Si lo sabes, ¡escríbela! Si no estás seguro, escríbela lo mejor que puedas.

Sugerencia para el maestro Hay una línea muy fina entre interferir con la habilidad y la fluidez del niño para escribir al hacer demasiado énfasis en la ortografía correcta y convencional, y enviarle el mensaje de que "la ortografía no importa". Esta lección es un intento para decirle al niño: "Sí, la ortografía importa. Pon atención y escribe esa palabra lo mejor que puedas. Pero si no lo sabes, sigue adelante". La decisión de enseñar esta estrategia se debe tomar teniendo en cuenta el desarrollo del niño. Es muy probable que esté esforzándose por escribir las palabras lo mejor que puede. Pero si el niño está escribiendo demasiado confiado y de prisa, sin prestar atención a los errores (quizá cometa algunos repetidamente, como *oy* en lugar de *hoy*), entonces le iría bien hacer una pausa y pensar en la palabra antes de escribirla.

Consejos

- ¡Tú conoces esa palabra!
- ¿No estás seguro? Escríbela lo mejor que puedas y sigue adelante.
- Veo que estás escuchando los sonidos y escribiendo esa palabra lo mejor que puedes.
- Sabes que esa palabra no está bien escrita, ¿verdad? Enciérrala en un círculo y luego podrás volver a tratar de escribirla bien.

¿Para quién es?

NIVELES
K–3

GÉNEROS / TIPOS DE TEXTO
todos

PROCESOS
generar y reunir, desarrollar, hacer un borrador, editar

¡Me quito el sombrero!
(lectura recomendada):
Spelling K–8: Planning and Teaching (Snowball y Bolton 1999)

¿Para quién es?

NIVELES
K–8

**GÉNEROS /
TIPOS DE TEXTO**
todos

PROCESOS
**generar y reunir,
desarrollar, hacer un
borrador, editar**

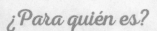

**¡Me quito el
sombrero!**
(lectura recomendada):
*Writing for Readers:
Teaching Skills and
Strategies* (Calkins y Louis
2003)

Estrategia Cuando vayas a escribir una palabra (o corregir la ortografía de una palabra), haz una pausa y piensa: "¿He visto esta palabra en alguna otra parte?". Consulta el muro de palabras, un libro o algún otro sitio donde creas que aparece esa palabra.

Sugerencia para el maestro Los muros de palabras de uso frecuente suelen ser una herramienta muy útil para los maestros de los grados K–2. A partir del tercer grado de primaria y hasta la escuela intermedia, es más conveniente ofrecer a los estudiantes un diccionario o un muro de palabras personalizado con palabras mal escritas (*hay/ay; boto/voto; hecho/echo*) y breves definiciones para facilitar su identificación. Esta estrategia también anima a los niños a usar los recursos impresos que hay en el salón de clases, como carteles didácticos, textos de lectura compartida y más. Muchos maestros piden a sus estudiantes que lleven cuadernos de estudio de palabras para clasificar y escribir palabras relacionadas con las características que están estudiando o los animan a consultar manuales de ortografía. Para los grados superiores de primaria y de intermedia también sería conveniente tener un centro de escritura donde los estudiantes puedan consultar diccionarios comunes y de sinónimos y antónimos. Sin embargo, tenga cuidado de cómo se usan todos estos recursos. Algunos estudiantes se preocupan tanto por la ortografía que no se arriesgan a escribir las palabras sin consultarlas y dedican mucho tiempo a buscar palabras y muy poco tiempo a generar ideas. También es posible que algunos estudiantes escriban solo las palabras que aparecen en el muro de palabras, lo que les impedirá transmitir su propia voz o sus ideas al escribir. Por lo tanto, al enseñar esta estrategia, sugiera *cuándo* y *con qué frecuencia* usarla y transmita el mensaje de que estos recursos se deben consultar rápidamente, sin interrumpir el flujo de la escritura.

Consejos
- ¿Crees que puedes encontrar esa palabra en el salón?
- ¿Dónde recuerdas haber visto esa palabra?
- ¡Esa palabra la vimos en el cuento que leímos ayer! ¡Trata de buscarla!
- Creo que esa palabra está en el muro de palabras.
- ¿Podrías encontrar esa palabra en _____ (*nombre un recurso, tal como muro de palabras, diccionario o cuento*)?

PARA y PIENSA...

"¿He visto esta palabra en otro lugar?"

1. En el muro de palabras.

2. En el cuaderno de estudio de palabras.

3. En un libro que leí.

4. En un diccionario.

PIENSA...

"¡Voy a mirar en el salón!"

Estrategia Di la palabra que quieres escribir. Da una palmada por cada sílaba. Escucha la primera sílaba. Piensa en qué letras forman esa sílaba. Vuelve a decir la palabra, sílaba por sílaba. Escribe las letras de la siguiente sílaba. Continúa hasta que hayas escrito toda la palabra.

Sugerencia para el maestro La enseñanza de la lectoescritura por sílabas ha sido un modelo de uso tradicional en español. Muchos maestros y padres de familia en los países hispanohablantes siguen usando la conocida retahíla de "mi mamá me mima" o "mi mamá me ama" para mostrar al niño que comienza a leer y escribir cómo se forman palabras a través de la combinación de vocales y consonantes. También puede compartir con sus estudiantes este video sobre la separación de sílabas dando palmadas: https://bit.ly/2KbyZZe.

Consejos

- Di la palabra, sílaba por sílaba.
- Da una palmada por cada sílaba.
- ¿Qué letras forman esa primera sílaba?
- Escribe esa sílaba de la palabra.
- ¿Cuál es la siguiente sílaba que escuchas?

¿Para quién es?

NIVELES

1–3

GÉNEROS / TIPOS DE TEXTO

todos

PROCESOS

generar y reunir, desarrollar, hacer un borrador, editar

¡Me quito el sombrero!
(lectura recomendada):
Spelling K–8: Planning and Teaching (Snowball y Bolton 1999)

8.11 Tu barbilla baja

¿Para quién es?

NIVELES
1–3

GÉNEROS /
TIPOS DE TEXTO
todos

PROCESOS
**generar y reunir,
desarrollar, hacer un
borrador, editar**

Estrategia Ponte una mano debajo de la barbilla, con la palma hacia abajo. Di la palabra que estás tratando de deletrear. Cada vez que tu mandíbula baje, es una nueva sílaba. Vuelve a decir la primera sílaba. Escríbela, asegurándote de que esa sílaba tenga al menos una vocal. Vuelve a decir la palabra. Escucha y escribe la siguiente sílaba.

Sugerencia para el maestro Esta estrategia no es apropiada para ciertas palabras con hiatos, es decir, palabras que tienen dos vocales seguidas y se pronuncian por separado (por ejemplo, *maíz, caída, continúo*), puesto que no se siente con precisión cómo baja la barbilla con cada sílaba.

Consejos

- Ponte la mano debajo de la barbilla. Di la palabra.
- Di la palabra lentamente, notando cómo baja tu barbilla.
- Repite la palabra. Di la primera sílaba. Ahora escríbela.
- Recuerda: debe haber una vocal en cada sílaba.

Para contar el número de sílabas en una palabra, ponte la mano debajo de la barbilla y di la palabra NORMALMENTE.

MONITO

Siente el número de veces que tu barbilla "golpea" tu mano.

Cuenta el número de "golpes" con los dedos.

mo   ni   to   = 3 sílabas

Estrategia Cuando estés tratando de deletrear una palabra, visualiza dónde la has visto antes y cómo la has visto escrita. Si cierras los ojos, quizá puedas visualizarla mejor. Después, en el margen de tu página o en un papel aparte, escribe cómo crees que se deletrea. Haz dos o tres intentos. Mira las palabras que escribiste y pregúntate: "¿Cuál de estas palabras se ve bien?".

Consejos

- Mira qué partes de la palabra se ven bien.
- Escribe la palabra como la has visto antes.
- ¿Qué partes se ven bien? ¿Qué parte se ve rara?
- ¿Crees que le faltan algunas letras?
- ¿Qué parte de esa palabra es difícil para ti?
- La parte que estás tratando de deletrear también está en la palabra _____. ¿Eso te ayuda?

¿Para quién es?

NIVELES
1–8

GÉNEROS /
TIPOS DE TEXTO
todos

PROCESOS
generar y reunir, desarrollar, hacer un borrador, editar

¡Me quito el sombrero!
(lectura recomendada):
Conversations: Strategies for Teaching, Learning, and Evaluating (Routman 2000)

NIVELES

1–8

GÉNEROS /
TIPOS DE TEXTO
todos

PROCESOS

**generar y reunir,
desarrollar, hacer un
borrador, editar**

**¡Me quito el
sombrero!**
(lectura recomendada):
*Instrumento de
observación de los logros
de la lecto-escritura
inicial* (Escamilla et al.
1996)

Estrategia Di la palabra que estás tratando de deletrear. Escucha los sonidos. Piensa: "¿Qué palabra sé escribir que suene como esta?". Trata de deletrear la palabra usando el mismo patrón de escritura que la palabra que conoces.

Sugerencia para el maestro Así como enseñamos a los niños a leer por analogía, podemos enseñarles a escribir por analogía. Durante la escritura compartida, usted puede expresar su pensamiento en voz alta: "Sé como se escribe *pato*, así que *gato* se debe escribir con una *g* al comienzo en lugar de la *p: ga-to*". Para niveles más altos, esta misma estrategia se puede usar dando ejemplos de palabras con dígrafos: "Sé cómo se escribe *chile*, que comienza con el sonido *ch*. Escucho ese mismo sonido en la mitad de la palabra *cachete*. Esto me servirá para deletrear bien la palabra: *ca-che-te*". Esta estrategia resultará más provechosa si los estudiantes participan en un programa de estudio de palabras tal como *Palabras a su paso* (Helman et al. 2013)

Consejos

- ¿Qué palabra conoces que suene como esta palabra?
- ¿Se te ocurre una palabra que rime con esta?
- Tú sabes cómo se escribe _____. Entones piensa como podrías escribir _____.
- ¡La palabra _____ está en el muro de palabras!
- La palabra que estás tratando de escribir es muy parecida a esta otra.
- Tú conoces otra palabra que comienza igual que esta. ¡Usa esa palabra para tratar de deletrearla!

8.14 Palabras con diptongos

Estrategia Practica la escritura de palabras con diptongos. Primero, di la palabra en voz alta muy despacio y escucha con atención las dos vocales que van juntas. Después, escribe la palabra y vuelve a leerla. Pregúntate: "¿Usé las dos vocales juntas que escuché en la palabra?". Si no es así, vuelve a intentarlo hasta que las vocales que escribas coincidan con lo que escuchas.

Ejemplo de enseñanza *Hay palabras que tienen dos vocales juntas que se leen de corrido. Esas palabras se llaman diptongos. Al escribir una de esas palabras, debes asegurarte de escribir ambas vocales. Por ejemplo, quiero escribir la palabra* fiesta. *Vamos a decirla despacito:* fiesta. *¿Cuáles son las dos vocales que van juntas en esa palabra? Creo que las dos vocales que van juntas son estas:* ie. *Voy a escribir la palabra con esas dos vocales y luego voy a leerla para comprobar que son las dos vocales correctas* (escriba la palabra y luego léala). *Sí, ¡la palabra* fiesta *tiene las vocales* ie *que van juntas!*

Sugerencia para el maestro Durante una sesión de lectura compartida, elija un texto que tenga varias palabras con diptongos. Al volverlo a leer, explore e indentifique los diptongos junto con los niños. Luego, pídales que se reúnan en parejas y busquen diptongos en libros que hayan leído recientemente. También podría invitar a toda la clase a hacer una lluvia de ideas de nombres propios que tengan diptongos. ¡Hay muchos!

Consejos

- Di la palabra muy despacio. ¿Qué vocales escuchas?
- ¿Qué vocales juntas crees que tiene esa palabra?
- Escribe la palabra. Ahora léela. ¿Crees que está bien?
- Esas no son las vocales que van juntas. Vuelve a decir la palabra.
- ¡Escribiste bien la palabra!

8.15 ¡Pon el acento en la última sílaba! (palabras agudas)

¿Para quién es?

NIVELES
2–8

GÉNEROS/
TIPOS DE TEXTO
todos

PROCESOS
hacer un borrador, editar

Estrategia Di la palabra que vas a escribir en voz alta, sílaba por sílaba. ¿Sientes que pronuncias la última sílaba con más fuerza? ¡Entonces es una palabra aguda! Si esa palabra termina en vocal, *n* o *s*, ponle acento, o tilde, en la última sílaba. Recuerda que el acento es una rayita inclinada que siempre va sobre una vocal.

Sugerencia para el maestro Uno de los errores de ortografía más comunes entre los niños es omitir los acentos escritos. Es importante hacerles ver que los acentos escritos no solo le indican al lector cómo se debe leer una palabra, sino que también le indican el sentido que tiene esa palabra en la oración. Por ejemplo, el acento escrito en el verbo *caminó* lo distingue del sustantivo *camino*.

Usar un mentor Hay muchos libros dedicados a las reglas de la acentuación en español. Uno muy apropiado para los niños que comienzan a asimilar y practicar estas reglas es *Aprendo a colocar los acentos ortográficos* (De Vicenti 2014).

Consejos
- Di la palabra. ¿Qué sílaba pronunciaste con más fuerza?
- ¡Esa es una palabra aguda!
- ¿Esa palabra termina con una vocal, *n* o *s*? ¡Pon el acento en la última sílaba!
- ¿Dónde debes poner el acento?
- Escribiste el acento en otra sílaba. Inténtalo de nuevo.
- Lee la palabra que escribiste. ¡Pusiste el acento en la sílaba correcta!

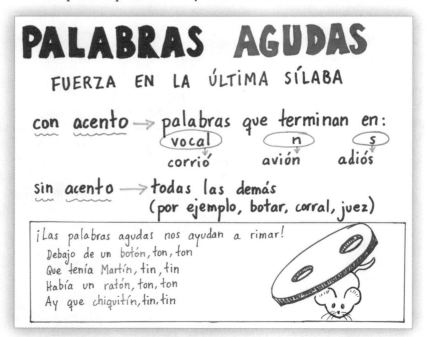

Fragmento de una rima infantil tradicional

¡Me quito el sombrero!
(lectura recomendada):
Aprendo a colocar los acentos ortográficos (De Vicenti 2014)

Estrategia Di la palabra completa. Luego, repítela, pero esta vez por sílabas. ¿Sientes que pronuncias la penúltima sílaba con más fuerza? Entonces es una palabra llana o grave. ¡Pero no te apresures a ponerle acento! Si la palabra termina en *n*, *s* o vocal, no lleva acento escrito.

Ejemplo de enseñanza *Ya sabes cuándo ponerle acento a las palabras agudas. Ahora vamos a ver cuándo ponerle acento a las palabras llanas o graves. Las palabras llanas son las que se pronuncian con más fuerza en la penúltima sílaba, es decir, en la sílaba antes de la última. Pero solo llevan acento si no terminan en vocal, n o s. Por ejemplo, sé que* joven *es una palabra llana porque pronuncio con más fuerza la penúltima sílaba: JO-ven. Pero no lleva acento porque termina en* n. *En cambio, la palabra* árbol, *que también es una palabra llana: ÁR-bol, sí lleva acento escrito porque termina en* l. *Si no estás seguro, encierra la palabra en un círculo y habla con tu pareja de escritura.*

Consejos
- Di la palabra, sílaba por sílaba.
- ¿En qué sílaba hizo más fuerza tu voz?
- Hiciste más fuerza en la penúltima sílaba. ¡Es una palabra llana!
- ¿Crees que lleva acento?
- ¿Con qué letra termina esa palabra?
- Sí, le pusiste el acento en la sílaba correcta.

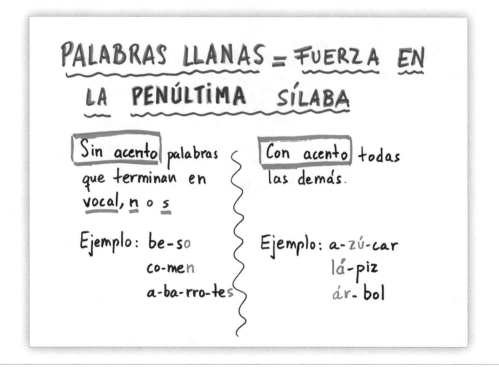

PALABRAS LLANAS = FUERZA EN LA PENÚLTIMA SÍLABA

Sin acento palabras que terminan en vocal, n o s

Con acento todas las demás.

Ejemplo: be-so
co-men
a-ba-rro-tes

Ejemplo: a-zú-car
lá-piz
ár-bol

¿Para quién es?

NIVELES
2–8

GÉNEROS /
TIPOS DE TEXTO
todos

PROCESOS
hacer un borrador, editar

¡Me quito el sombrero!
(lectura recomendada):
Aprendo a colocar los acentos ortográficos (De Vicenti 2014)

8.17 ¡Más acentos por aprender!
(esdrújulas y sobreesdrújulas)

¿Para quién es?

NIVELES
2–8

GÉNEROS / TIPOS DE TEXTO
todos

PROCESOS
hacer un borrador, editar

Estrategia Cuando escribes palabras largas de varias sílabas, es muy importante que pienses en los acentos que debes incluir. Si al pronunciar una palabra sientes que haces más fuerza en la antepenúltima sílaba, esa es una palabra esdrújula. ¿Y cómo sabes cuál es la antepenúltima sílaba? Es la tercera sílaba de derecha a izquierda. ¡Mira la tabla y lo verás con claridad! La buena noticia es que todas las palabras esdrújulas llevan acento, así que ¡no hay excepciones!

Sugerencia para el maestro Aunque el título de esta lección incluye palabras sobreesdrújulas, no es necesario presentar este tipo de acentuación a los niños de segundo grado, ya que se trata de palabras complejas que seguramente no tendrán que escribir por ahora. A partir del tercer grado, se puede adaptar la estrategia para incluir palabras sobreesdrújulas y cómo identificarlas (las que llevan el acento en la sílaba anterior a la antepenúltima, es decir, la cuarta empezando de derecha a izquierda y siempre se acentúan). Dé ejemplos como *rápidamente, fácilmente, llévatelo*.

Sugerencia para el maestro Ahora que los estudiantes conocen las tres maneras de colocar acentos escritos, puede animar a las parejas de escritura a que trabajen juntos para corregirse los acentos entre sí. La acentuación es algo que deberán tener en cuenta para lograr una ortografía correcta Este es un video sencillo y claro que puede ser útil para ese propósito: https://bit.ly/1RryCsl

Consejos
- Di la palabra. ¿Tiene tres sílabas o más?
- ¿Qué sílaba pronuncias con más fuerza?
- Esa es una palabra esdrújula. ¿Dónde debes poner el acento?
- Repasa tu palabra. Pusiste el acento en la sílaba que no pronuncias con más fuerza.
- Lee la palabra. ¿Te suena bien?

¡Me quito el sombrero!
(lectura recomendada):
Aprendo a colocar los acentos ortográficos
(De Vicenti 2014)

Estrategia Es fácil confundir los homófonos (mira la tabla de abajo). Si tienes dudas sobre el homófono que debes usar en una oración, piensa en la definición de esa palabra y luego en la oración donde irá. Pregúntate: "Si uso esta palabra, ¿la oración tendrá sentido?". Si no es así, ¡cambia la palabra!

Ejemplo de enseñanza *La palabra homo significa igual y fono significa sonido. En español hay algunas palabras que suenan igual, pero que se escriben diferente y tienen distintos significados. A veces cuesta decidir cuál es la palabra correcta. La mejor estrategia es pensar en el significado de cada una de las palabras y repasar tu escrito para verificar que hayas elegido la palabra con la ortografía y el significado correctos.*

Sugerencia para el maestro Dependiendo de la edad y de la experiencia de los escritores, así como del grado de confusión que tengan con estas palabras, tal vez prefiera enseñar esta estrategia en cuatro lecciones separadas, estudiando aparte cada par de homófonos.

Usar un mentor Existen muchos carteles y videos de homófonos para niños en Internet, como el "Rap de los homófonos" (https://bit.ly/2X3BPDp). Es recomendable que antes de practicar esta estrategia, muestre a los estudiantes algunos de estos ejemplos adicionales. Puede ser durante la lectura compartida o cuando les lea algún libro con varios homófonos.

Consejos
- Las palabras _____ y _____ suenan igual, pero se escriben distinto y tienen distintos significados.
- Esta palabra significa _____, y esta otra significa _____. ¿Cuál de las dos va bien con tu oración?
- ¿Tiene sentido tu oración? Si es así, ¡elegiste la palabra correcta!

HOMÓFONOS

Palabras que suenan igual pero que tienen distinto significado.

hola: saludo
ola: onda del mar

hasta: indica el final de algo
asta: palo para poner una bandera

votar: elegir algo o a una persona
botar: tirar algo a la basura

tubo: objeto cilíndrico y hueco
tuvo: pasado del verbo tener

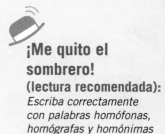

¡Me quito el sombrero!
(lectura recomendada):
Escriba correctamente con palabras homófonas, homógrafas y homónimas (Cortés 2007)

NIVELES
2–8

**GÉNEROS /
TIPOS DE TEXTO**
todos

PROCESOS
**hacer un borrador,
editar**

**¡Me quito el
sombrero!**
(lectura recomendada):
Ortografía escolar española
(Real Academia Española
2013)

Estrategia Hay palabras que tienen dos letras seguidas que forman un solo sonido. Al escribir una de esas palabras, piensa en el sonido que forman esas dos letras juntas. Si tienes dudas, ¡consulta la tabla de los dígrafos!

Sugerencia para el maestro Los dígrafos están presentes en muchas de las palabras de uso frecuente que aparecen en los textos a partir de segundo grado. Sin embargo, a la hora de escribirlas, suelen representar un desafío para los jóvenes escritores. Recomiendo crear un muro de palabras con los dígrafos más comunes y sus respectivos ejemplos que les sirva de consulta a los estudiantes durante la hora de escritura.

Ejemplo de enseñanza *Al escribir, tenemos que pensar en cómo sonarán nuestras palabras cuando el lector las lea. Hay palabras que tienen dígrafos, es decir, dos letras que suenan como una sola. Veamos un ejemplo en la tabla (señale la palabra "queso" y dígala en voz alta). ¿Ves estas dos letras juntas: "que"? Esas dos letras forman el sonido /k/. Veamos ejemplos de otros dígrafos en la tabla (señale otras palabras, haciendo notar que el dígrafo puede aparecer al prinicipio, en medio o al final de la palabra.)*

Consejos
- Di la palabra.
- ¿Oyes el sonido de alguno de estos dígrafos? *(Muestre los dígrafos de la tabla).*
- ¿Cuáles son las dos letras que forman ese sonido?
- ¿Qué dígrafo vas a usar para escribir la palabra _____?
- Ese no es el dígrafo correcto. Repite la palabra y escucha bien.
- Elegiste el dígrafo correcto. Ahora sigue escribiendo el resto de la palabra.

Palabras con dígrafos

qu	queso parque aquí
ch	coche chocolate chile
gu	águila hoguera
rr	carro carrera horrible
ll	caballo allí lluvia

8.20 ¡No te comas la *h*!

Estrategia Hay muchas palabras que comienzan con *h*. Aunque es una letra muda, es decir, que no suena cuando la lees, ¡ten cuidado de no comértela al escribir! La mejor forma de saber qué palabras llevan *h* es leer, leer y leer. Poco a poco irás aprendiendo qué palabras se escriben con *h*. Con la práctica, ¡lo harás sin pensarlo!

Sugerencia para el maestro Las palabras que se escriben con *h* suelen ser un gran reto para los jóvenes escritores (¡y para los no tan jóvenes!). Por ser una letra muda, ¡muchos la omiten! Puesto que las reglas ortográficas del uso de la *h* son tan complejas, no recomiendo agobiar a los niños con esto. Un gran modo de que los estudiantes de primer y segundo grado se familiaricen con las palabras que se escriben con *h* es crear muros de palabras de uso frecuente (por ejemplo, *hola, hijo, hoja, hoy, hay*), y recurrir al tradicional método de pedirles que las escriban varias veces. Para los niveles más altos, puede hacer muros de palabras con palabras más complejas, incluyendo las que tienen *h* intermedia (por ejemplo, *ahora, ahijado, búho, almohada*).

Consejos

- Mira lo que has escrito. ¿Crees que te comiste una *h* en alguna palabra?
- Fíjate en el muro de palabras a ver si encuentras esa palabra. ¿Lleva *h*?
- ¿Has visto esta palabra en otra parte? ¿La viste así o llevaba *h*?
- A esta palabra le hace falta la *h*. Agrégala.
- ¡Te diste cuenta de que esa palabra se escribe con *h*!

NIVELES
2–8

GÉNEROS / TIPOS DE TEXTO
todos

PROCESOS
hacer un borrador, editar

¡Me quito el sombrero!
(lectura recomendada):
Ortografía escolar española
(Real Academia Española 2013)

¿Para quién es?

NIVELES
2–8

GÉNEROS /
TIPOS DE TEXTO
todos

PROCESOS
**hacer un borrador,
editar**

Estrategia Algunas palabras terminan con la letra y griega o *ye*, aunque al leerlas suenan como /*i*/. ¡No te confundas por el sonido! Mira la tabla y trata de aprender de memoria cuáles son algunas de las palabras que terminan con ye o y griega. ¡Así podrás escribirlas correctamente!

Ejemplo de enseñanza *En español, hay algunas palabras que suenan de un modo, pero se escriben de otro. Eso es lo que pasa con las palabras que terminan con la letra y griega o* ye *(escriba y muestre la letra* y *mientras habla). Por ejemplo, repite esta palabra:* rey. *¿Qué sonido escuchas al final? Sí, el final suena como* /i/. *Pero esa palabra termina con la letra* ye *(señale la letra* y*). A medida que lees y escribes, irás aprendiendo qué palabras terminan con la letra* ye.

Consejos
- Repasa el final de esa palabra.
- ¿Crees que termina con la letra *i* o con la letra *y*?
- Mira la tabla para ver si la escribiste bien.
- Sí, esa palabra al final suena como /*i*/, pero se escribe con *ye*.
- ¡La escribiste bien!

¡Me quito el sombrero!
(lectura recomendada):
Ortografía escolar española
(Real Academia Española 2013)

8.22 ¡Sal de dudas! (palabras con *b/v, c/s/z, y/ll*)

Estrategia Cuando escribes una palabra con un sonido de *b* o *v* pero no sabes cuál letra usar, encierra esa palabra en un círculo. Luego, pregúntale a tu pareja de escritura o usa un diccionario durante la hora de trabajo conjunto. ¡Así saldrás de dudas y podrás escribir la palabra correctamente!

Sugerencia para el maestro Es posible que decida enseñar una combinación de letras a la vez. Repita la estrategia anterior para palabras con *c/s/z* y con *y/ll*, cuya ortografía también suele causar confusión. Esta es una estrategia ideal para la escritura compartida, en la cual se puede incorporar el uso del muro de palabras o el trabajo del estudio de palabras.

Ejemplo de enseñanza *Hay palabras que al pronunciarlas tienen el sonido de una letra, pero se escriben con otra distinta. Te voy a compartir algunos ejemplos que tengo apuntados en esta tabla. Al decir la palabra* vela, *oigo el sonido /b/ al comienzo, pero se escribe con* v. *La palabra* cero *tiene el sonido suave de la /s/ al comienzo, pero se escribe con* c. *La palabra* llora *tiene el mismo sonido de* yo, *pero se escribe con* ll *y no con* y. *La palabra* zapato *tiene el sonido /s/ al comienzo, pero se escribe con* z. *(Al citar cada ejemplo, señálelo en la tabla de abajo).* Así pasa con muchas otras palabras. Si al escribir una palabra no estás seguro de cómo se escribe, usa un diccionario para salir de dudas. Primero búscala con la letra que crees que se escribe. Si la encuentras, fantástico. Si no, búscala con la otra letra.*

Consejos

- ¿Con qué letra crees que se escribe esa palabra?
- Búscala en el diccionario con esa letra.
- ¿No la encontraste? Búscala con la otra letra.
- Ya encontraste la palabra. Ahora sabes cómo se escribe.

¿Para quién es?

NIVELES
2–8

GÉNEROS /
TIPOS DE TEXTO
todos

PROCESOS

editar

¡Me quito el sombrero!
(lectura recomendada):
Ortografía escolar española
(Real Academia Española
2013)

8.23 Escríbelo en plural (–s o –es)

¿Para quién es?

NIVELES
2–8

GÉNEROS /
TIPOS DE TEXTO
todos

PROCESOS
**generar y reunir,
desarrollar, hacer un
borrador, editar**

Estrategia Lee o di la palabra en voz alta. Fíjate en el final de la palabra. Piensa: "Para formar el plural de esa palabra, ¿necesito agregar –s o –es?".

Ejemplo de enseñanza *A la mayoría de los sustantivos solo tenemos que añadirles una -s para formar el plural, pero hay otros sustantivos que cambian. Por ejemplo, el plural de* mesa *es* mesas, *pero el plural de* canción *es* canciones. *Consulta las tablas o carteles de tu salón de clases para saber cuándo debes agregar –s y cuándo debes agregar–es para formar el plural de los sustantivos que vas a usar en tu oración.*

Sugerencia para el maestro Para los escritores con más experiencia, esta estrategia se puede ampliar enfocándose en la formación del plural de los adjetivos que acompañan a los sustantivos. Recomiendo crear una tabla como la de abajo, que sirva de consulta a los estudiantes mientras escriben o editan sus borradores.

Consejos

- ¿Cómo vas a formar el plural de esa palabra?
- ¿En qué letra termina la palabra?
- ¡Fíjate en la tabla del salón!
- Esa palabra en singular termina en ___. ¿Cómo se forma el plural?
- Sí, le agregaste (–s/–es) para formar el plural.

Cómo se forma el plural de los sustantivos

Palabras terminadas en *a, e, i, o, u* **singular + s**	Palabras terminadas en *l, n, r, y* **singular + es**	Palabras terminadas en *z* **singular (sin z) + ces**
Ejemplos:	**Ejemplos:**	**Ejemplos:**
cama/camas; café/cafés; taxi/taxis; libro/libros; tribu/tribus	árbol/árboles; color/colores; pan/panes; rey/reyes	lápiz/lápices; luz/luces; pez/peces; voz/voces

¡Me quito el sombrero!
(lectura recomendada):
Ortografía escolar española
(Real Academia Española 2013)

Estrategia Al leer lo que has escrito, muchas veces tu cerebro "autocorrige" cualquier error de ortografía que hayas cometido para que no lo notes. Para "pescar" tus errores, trata de leer lo que has escrito de atrás para adelante, desde la última palabra a la primera. Señala cada palabra por debajo mientras la lees en voz alta. A medida que lees, piensa: "¿Se ve bien?".

Sugerencia para el maestro ¡Esta estrategia no funciona con homófonos! Recomiende a los niños leer cualquier homófono en el contexto de la oración completa y verificar el significado de la palabra según la oración donde aparece (consulte la estrategia 8.18. "Atención a los homófonos").

Consejos
- Comienza por el final.
- Lee palabra por palabra, señalando cada una mientras la lees.
- ¿Se ve bien esa palabra?
- ¡Pescaste un error de ortografía! ¿Te fue útil leer de atrás para adelante?
- Esa palabra es un homófono. Tienes que leerla en el contexto de la oración para ver si elegiste la palabra correcta.

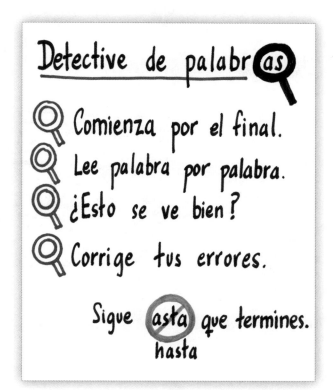

¿Para quién es?

NIVELES

2–8

GÉNEROS /
TIPOS DE TEXTO

todos

PROCESOS

**generar y reunir,
desarrollar, hacer un
borrador, editar**

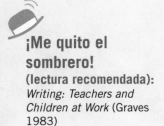

**¡Me quito el
sombrero!**

(lectura recomendada):
*Writing: Teachers and
Children at Work* (Graves
1983)

Estrategia Si estás escribiendo algo y no estás seguro de la ortografía de una palabra, escríbela lo mejor que puedas y enciérrala en un círculo para revisarla después. Haz lo mismo con cualquier palabra de la que dudes si lleva acento escrito o no. En una hoja de papel aparte, haz una lista de las palabras encerradas en círculos. Pide ayuda a tu pareja de escritura o a tu maestra para deletrear esas palabras, o búscalas en una fuente confiable. Vuelve a tu borrador y haz los cambios necesarios.

Sugerencia para el maestro El primer paso para ayudar a los niños a tener buena ortografía es ayudarlos a advertir o "pescar" sus errores. La estrategia de ir encerrando palabras a medida que escriben es apropiada para los niños que son perfeccionistas y se bloquean cuando no saben cómo se escribe cierta palabra. En otros casos, es mejor permitir a los niños que terminen su borrador para que puedan dedicar toda su energía cognoscitiva a plasmar sus ideas, y luego pedirles que busquen y encierren en un círculo las palabras de las que dudan. Dependiendo de cuánto tiempo tarde el niño en identificar sus errores, usted podrá decidir qué método debe usar para corregir esas palabras. Si veo que un niño ha tenido que esforzarse mucho en la etapa de identificación, le proporciono las palabras correctas en su lista de errores y le pido que las incorpore a su borrador. (Si un niño ha cometido demasiados errores en un borrador, el proceso de repasar la ortografía se vuelve tedioso, así que tenga cuidado con la cantidad de palabras que le pide que revise). El ver las palabras que el niño ha escrito incorrectamente en una hoja aparte también me ayuda a advertir patrones que me guíen para futuras lecciones de estudio de palabras.

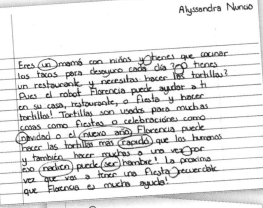

Consejos

- Si crees que no has escrito bien esa palabra, enciérrala en un círculo y sigue con tu escrito.
- Vamos a repasar tu borrador. ¿Qué palabras no se ven bien? Enciérralas en un círculo.
- Ya identificaste las palabras que quieres corregir. ¿Qué estrategia vas a usar para saber cómo se escriben esas palabras?
- Eso es, enciérrala en un círculo y sigue escribiendo. Después podrás revisarla.

Estrategia Identifica en tu página las palabras que no se ven bien. Escribe las palabras en un documento de computadora. Busca el botón del corrector ortográfico (*spell-check*). Ve aceptando las opciones de la computadora que te parezcan acertadas. Haz los cambios en tu página.

Sugerencia para el maestro Recomiendo tener un centro de escritura con una computadora portátil, algunos diccionarios y otros materiales de consulta para los jóvenes escritores.

Consejos
- Encierra en un círculo las palabras que crees que no están bien escritas.
- ¿Qué palabras no se ven bien?
- Escribe las palabras en un documento Word. Si aparecen subrayadas, ¡es porque están mal escritas!
- Mira qué opciones te da la computadora. ¿Alguna se ve bien?

Recurre al corrector

1. Vuelve a leer tu escrito. Identifica las palabras que no se ven bien.

2. Escribe esas palabras en un documento en la computadora.

3. Selecciona **TOOLS ➡ SPELL CHECK.**

4. Mira las opciones. Elige la más acertada.

Normas

Gramática y puntuación

◎ ¿Por qué es importante este objetivo?

Piense en cómo le enseñaron a usted gramática. Yo recuerdo estar frente al pizarrón, haciendo diagramas de las oraciones y sus componentes bajo la mirada atenta de la Sra. Marvullo, mi maestra de quinto grado. A diario copiaba en mi cuaderno todos los ejercicios de gramática. Tenía que memorizar un sinfín de páginas sobre "las reglas" o normas gramaticales.

Sin embargo, si le pregunta a cualquier escritor, le dirá que al escribir se toma ciertas libertades tanto con la gramática como con la puntuación para crear el efecto deseado en sus textos. Los escritores saben perfectamente la diferencia entre oraciones completas y fragmentos, pero a veces deciden escribir de una manera que se podría considerar "errónea" para crear un cierto efecto. También saben formar oraciones completas y editar un fragmento mal construido, pero a veces, según el tono, eso es precisamente lo que quieren reflejar en sus textos. Usan guiones y otras veces comas, y a veces comienzan oraciones con la preposición *pero* y hasta con la conjunción *y*.

Para complicar las cosas aún más, el lenguaje no es algo estático. Constantemente entran al léxico nuevas palabras. También reinventamos el uso de las palabras y de la puntuación.

Si usted decide utilizar algunas de las estrategias de este objetivo como parte de su labor de enseñanza individual, en grupos pequeños y/o clases enteras de estudiantes, *enseñará* a sus estudiantes a tomar decisiones sobre gramática y puntuación como autores, en lugar de *asignarles* una tarea para que la hagan correctamente. Con estas estrategias, les *explicará* cómo los autores usan el lenguaje y las opciones que eligen y no se limitará simplemente a *darles la receta*. Como Angelillo (2002) nos recuerda: "Los escritores usan los signos de puntuación para guiar a los lectores a leer sus textos. Ese sistema de pequeños símbolos que conocemos como puntuación tiene distintas capas de significado, matices y complejidad. Sirve para dar sentido al lector del material escrito; permite controlar el ritmo y el volumen de las palabras. Es una herramienta de escritura muy valiosa, si se usa con sabiduría" (8).

La gramática y la puntuación pueden ser temas polémicos en la enseñanza. Cuando enseñamos las pautas del uso académico del lenguaje, debemos ser sensibles al uso que se le da al lenguaje en el hogar de cada estudiante y debemos tener en cuenta que el lenguaje que se usa en casa no siempre será el mismo que el de la escuela (Delpit 2002; Francois y Zonana 2009). También hay que tener en cuenta que la gramática española puede variar dependiendo del lugar, el grupo social y la situación. (Potowski y Schin, 2018)

Las lecciones de este objetivo ofrecen buenas oportunidades para utilizar la indagación como método de enseñanza: por ejemplo, puede pedir a los estudiantes que busquen todos los signos de punto y coma en uno de sus libros favoritos, y puede guiarlos a desarrollar pautas de cómo los usan ciertos autores.

◎ ¿Cómo sé si este objetivo es adecuado para mi estudiante?

Todos los estudiantes se beneficiarán de prestar atención a la gramática y puntuación de sus escritos. Editar sus propios escritos debe ser parte del proceso de todo escritor, y es posible que usted mismo tenga metas de edición para su clase a lo largo del año escolar. Como dice Stephen King: "Escribir es de humanos, editar es divino" (2000, 13).

Sin embargo, no crea que este objetivo consiste únicamente en editar para "corregir" errores. Las estrategias de este objetivo invitan a jugar con el lenguaje y considerar su arte, cadencia y tono (Ehrenworth y Vinton 2005).

Por lo tanto, tal vez quiera usar este objetivo con estudiantes que requieren ayuda para hacer sus escritos más comprensibles, sus oraciones más claras y su tono más preciso, según el tipo de audiencia o lector. Por otro lado, puede utilizar estas estrategias con estudiantes que están listos para desafiar las normas y convenciones, y que quieran jugar con el lenguaje para descubrir el impacto que tiene en sus escritos y en sus lectores.

Estrategias para reforzar las normas de gramática y puntuación

Estrategia		Grados y niveles	Géneros/ Tipos de texto	Procesos
9.1	Traza una línea por cada palabra que quieres escribir	K–1	Todos	Planificar
9.2	Marca el espacio con el dedo	K–1	Todos	Hacer un borrador
9.3	Lee con el dedo	K–2	Todos	Revisar, editar
9.4	Vuelve a leer y repasa tu lista de comprobación	K–8	Todos	Editar
9.5	¿Suena como un libro?	1–8	Todos	Revisar
9.6	Los puntos suspensivos	1–8	Todos	Hacer un borrador, revisar
9.7	¿Dejo la "y" o la quito?	2–5	Narración, texto de opinión/persuasivo, texto informativo/no ficción	Editar
9.8	¿De quién o de qué se trata? ¡Oración completa!	2–8	Narración, texto de opinión/persuasivo, texto informativo/no ficción	Editar
9.9	¿Singular o plural?	2–8	Todos	Hacer un borrador, revisar, editar
9.10	Los dos puntos	2–8	Todos	Hacer un borrador, editar
9.11	Puntuación para los diálogos	3–8	Narración	Hacer un borrador, editar
9.12	Haz una pausa después del punto	3–8	Narración, texto de opinión/persuasivo, texto informativo/no ficción	Editar
9.13	Escucha para saber dónde va la coma	3–8	Todos	Revisar, editar
9.14	Usa comas y agrupa palabras según su significado	3–8	Todos	Revisar, editar
9.15	¡Dilo con sentimiento!	3–8	Todos	Revisar, editar
9.16	¿De quién es?	3–8	Todos	Revisar, editar
9.17	¿Lleva acento?	3–8	Todos	Revisar, editar
9.18	Términos para iniciar párrafos	4–8	Narración, texto de opinión/persuasivo, texto informativo/no ficción	Hacer un borrador, editar

Estrategia	Grados y niveles	Géneros/ Tipos de texto	Procesos
9.19 Lee tu borrador en voz alta y *escúchate*	4–8	Todos	Editar
9.20 Asegúrate de que el número del sujeto y el número del verbo coincidan	4–8	Narración, texto de opinión/persuasivo, texto informativo/no ficción	Revisar, editar
9.21 ¿Cuándo debo empezar un párrafo nuevo?	4–8	Narración, texto de opinión/persuasivo, texto informativo/no ficción	Editar
9.22 ¿En el presente o en el pasado?	4–8	Narración	Revisar, editar
9.23 ¿Cómo se conjuga ese verbo?	4–8	Todos	Revisar, editar
9.24 Elimina la repetición combinando oraciones	4–8	narración, texto de opinión/persuasivo, texto informativo/no ficción	Revisar
9.25 Revisa las oraciones corridas	4–8	Narración, texto de opinión/persuasivo, texto informativo/no ficción	Revisar, editar
9.26 Crea oraciones compuestas coordinadas	4–8	Narración, texto de opinión/persuasivo, texto informativo/no ficción	Revisar, editar
9.27 Crea oraciones compuestas subordinadas	4–8	narración, texto de opinión/persuasivo, texto informativo/no ficción	Revisar, editar
9.28 Usos del guion largo (o raya)	4–8	Todos	Revisar, editar
9.29 Juega con las pausas	4–8	Narración, texto de opinión/persuasivo, texto informativo/no ficción	Revisar
9.30 Las expresiones parentéticas	5–8	Todos	Generar y reunir ideas, hacer un borrador, editar
9.31 Revisa tus verbos para describir el momento	5–8	Narración	Revisar, editar
9.32 ¿Oraciones largas o cortas?	5–8	Narración, texto de opinión/persuasivo, texto informativo/no ficción	Revisar, editar
9.33 El punto y coma	5–8	Todos	Revisar, editar
9.34 Resalta lo positivo y ajusta las oraciones	6–8	Narración, texto de opinión/persuasivo, texto informativo/no ficción	Revisar, editar
9.35 Reformula para aclarar	6–8	Todos	Revisar, editar
9.36 ¡Usa el condicional!	6–8	Todos	Generar ideas, hacer un borrador, editar

Traza una línea por cada palabra que quieres escribir

¿Para quién es?

NIVELES
K–1

GÉNEROS / TIPOS DE TEXTO
todos

PROCESO
planificar

Estrategia Di en voz alta la oración que quieres escribir. Cuenta las palabras que hay en la oración. Traza una línea en tu hoja por cada palabra que piensas escribir. Regresa a la primera línea y empieza a escribir la oración palabra por palabra, cada una sobre su línea. Recuerda que debes volver a leer lo que escribiste a medida que avances.

Sugerencia para el maestro Esta estrategia se presta muy bien para modelarla durante periodos de escritura interactiva y compartida. También se puede usar en conjunto con las estrategias "Escribe, lee, escribe y vuelve a leer" (8.4) y "Lee con el dedo" (9.3). Ayudará a los estudiantes a reforzar el concepto de palabra y a usar la correspondencia de uno a uno al dejar espacios entre las palabras. Es importante alejar a los estudiantes poco a poco de esta estrategia una vez que demuestren que entienden que deben dejar espacios entre las palabras.

Sugerencia para el maestro Es posible que el niño cambie la oración que quería escribir (¡o incluso se olvide de ella!) una vez que termine de decirla en voz alta, cuente las palabras, trace las líneas o empiece a escribir la primera palabra. Esto es muy normal y, de hecho, es de esperarse. Para ayudarlo a recomponer la oración, anímelo a pensar: "Y ahora, ¿sobre qué quiero a escribir?".

Consejos
- Di la oración en voz alta.
- ¿Cuántas palabras oyes? Vamos a contarlas.
- Traza ese mismo número de líneas en tu hoja. Recuerda que debes dejar un espacio entre las palabras.
- Empieza a escribir las palabras. ¿Qué palabra quieres escribir en la primera línea?
- Dijiste la oración, contaste las palabras, trazaste líneas para escribir tus palabras y dejaste espacios entre las palabras.

¡Me quito el sombrero!
(lectura recomendada):
One to One: The Art of Conferring with Young Writers (Calkins, Hartman y White 2005)

Estrategia Di en voz alta lo que quieres escribir. Escribe la palabra lo mejor que puedas. Pon un dedo sobre el papel para dejar un espacio antes de la próxima palabra. Di la próxima palabra. Escríbela lo mejor que puedas. Pon un dedo para marcar el espacio. ¡Continúa así!

Sugerencia para el maestro Anime a los niños a usar su creatividad para implementar esta estrategia y usar distintos objetos para marcar los espacios entre las palabras. Por ejemplo, pueden usar un palito con un muñequito pegado en un extremo, ponerse una calcomanía en la uña del dedo índice como recordatorio o poner un cubito o una calcomanía en la hoja después de cada palabra. Usar el dedo es lo más fácil, ya que el escritor ¡lo lleva siempre consigo!

Consejos
- Terminaste de escribir la palabra, muy bien. Ahora, ¿qué vas a hacer?
- Pon el dedo ahí, antes de escribir la próxima palabra.
- No te olvides de dejar un espacio.
- ¿Qué vas a hacer para dejar un espacio?
- Usa el dedo.

> Pongo espacios entre mis palabras.
>
> Yo ▌ sé ▌ leer.

¿Para quién es?

NIVELES
K–1

GÉNEROS /
TIPOS DE TEXTO
todos

PROCESO
hacer un borrador

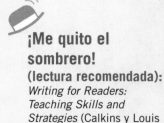

¡Me quito el sombrero!
(lectura recomendada):
Writing for Readers: Teaching Skills and Strategies (Calkins y Louis 2003)

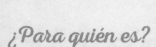

9.3 Lee con el dedo

¿Para quién es?

NIVELES

K–2

GÉNEROS / TIPOS DE TEXTO

todos

PROCESOS

revisar, editar

Estrategia Pon el dedo debajo de cada palabra que has escrito. Escúchate para comprobar que suena bien. Al leer, fíjate si te faltó alguna palabra o si agregaste palabras que no necesitabas. Regresa y haz los cambios necesarios para que lo que escribiste tenga sentido y suene bien.

Sugerencia para el maestro Esta estrategia es un buen complemento a las estrategias de lectura que ayudan a los estudiantes de los niveles A, B y C con la correspondencia uno a uno.

Sugerencia para el maestro Si nota que los estudiantes se saltan palabras y luego deben intercalarlas, sugiero que les enseñe a marcar con un signo de intercalación o asterisco el lugar donde debería estar la palabra, y luego escribir la palabra con un asterisco al margen. También pueden usar cintas correctoras para revisar o añadir texto. Vea la estrategia 6.8, "Agrega pestañas o signos de intercalación", que ofrece más ayuda para enseñar a los estudiantes a usar estas herramientas.

Consejos
- Leíste ____. Dice ____. ¿Qué falta?
- ¿Lo escribiste tal y como me lo leíste?
- Repasa tu escrito para ver si añadiste palabras que no son necesarias.
- Repasa tu escrito para ver si faltan palabras que son necesarias.
- ¿Se corresponden?

Lee con el dedo

Luego por la escalera. ¡Uy!

Luego subí por la escalera. ¡Sííí!

9.4 Vuelve a leer y repasa tu lista de comprobación

Estrategia Lee el primer punto de tu lista de comprobación para editar. Lee tu borrador y haz los cambios necesarios teniendo en cuenta ese primer punto. Luego lee el segundo punto de tu lista de comprobación; lee y edita tu borrador otra vez. Ahora lee el último punto de tu lista de comprobación; lee y edita tu borrador.

Sugerencia para el maestro Diré unas cuantas palabras sobre las listas de comprobación. Solo porque algo esté en la lista no quiere decir que el niño pueda hacerlo o debamos esperar que lo haga. Las mejores listas de comprobación son solo recordatorios de cosas ya enseñadas *y aprendidas*. Eso significa que el maestro no solo lo ha mencionado en una lección y ha modelado cómo editar según esa norma en particular, sino que también los estudiantes han demostrado que al menos pueden *aproximarse a la idea* de editar un texto. O sea, que lo pueden hacer a veces (notando tres de cinco errores en su escrito) o que lo hacen de una manera confusa (exagerando la "regla", como por ejemplo añadir muchos más puntos de los necesarios, dividiendo largas oraciones compuestas en oraciones simples).

Consejos

- ¿Qué vas a tratar de hacer en este primer borrador?
- Mira tu lista de comprobación. ¿Qué vas a buscar primero mientras lees?
- Ya buscaste ___ y ___ cuando leíste. ¿En qué vas a pensar mientras lees esto?
- Busca ___ mientras lees.
- Edita teniendo en cuenta ___ de tu lista de comprobación.
- Prestaste mucha atención a ___ de tu lista de comprobación. ¡Veo que notaste un par de cosas que debes editar!

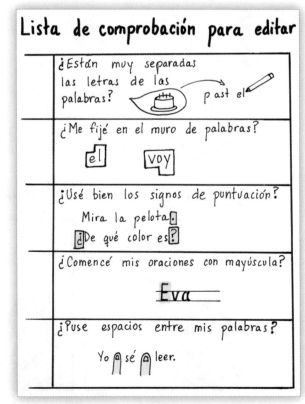

¿Para quién es?

NIVELES
K–8

GÉNEROS / TIPOS DE TEXTO
todos

PROCESO
editar

¡Me quito el sombrero!
(lectura recomendada):
Units of Study in Opinion, Narrative and Informational Writing
(Calkins y colegas 2013)

¿Para quién es?

NIVELES
1–8

GÉNEROS /
TIPOS DE TEXTO
todos

PROCESO
revisar

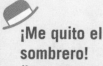

¡Me quito el sombrero!
(lectura recomendada):
"La diversidad lingüística del español en el mundo contemporáneo: propuestas de actividades didácticas" (Monhaler y Miranda 2017)

Estrategia Cuando vuelvas a leer tu borrador, presta atención a palabras, frases o expresiones que escuchas a diario pero que pocas veces lees en los libros. En la mayoría de los casos, quieres que lo que escribas suene como un libro publicado (aunque a veces tengas razones para decidir lo contrario).

Sugerencia para el maestro Es importante que respetemos la forma coloquial del lenguaje que los estudiantes usan a diario. Si les decimos que algo "no suena bien" o que escribieron algo "mal" o de forma "equivocada", podrían pensar que estamos sugiriendo que la manera de hablar de su familia o comunidad es incorrecta (Delpit 2006). Para evitar esto, puede comentar que el lenguaje que se usa en los libros no siempre es el que usan y escuchan a diario. Como escritores, tienen la opción de decidir qué lenguaje van a usar.

Usar un mentor El libro *Última parada de la calle Market*, de Matt de la Peña (2016), ha ganado múltiples premios. El autor utiliza un lenguaje coloquial para reflejar el diálogo entre Jackson y su abuela, los dos protagonistas del libro. Por ejemplo, ella lo llama "hijo" aunque es su abuela, algo común en algunos países hispanos. Sin embargo, el lenguaje del narrador es más formal.

Consejos

- Pensemos en cómo sonaría eso si lo viéramos en un libro.
- ¿Suena como el lenguaje de un libro?
- Trata de escribirlo de otra forma. Piensa en el lenguaje que usan los libros para describir una conversación entre amigos.
- ¿Puedes explicar por qué lo escribiste de esa manera?

9.6 Los puntos suspensivos

Estrategia Si quieres que tu lector haga una pausa para indicar suspenso, alargar una idea o periodo de tiempo o mostrar que alguien se ha quedado en silencio, puedes usar puntos suspensivos. Los puntos supensivos son tres puntos seguidos.

Sugerencia para el maestro Al igual que con los signos de exclamación, cuando enseñe los puntos suspensivos a los estudiantes, empezarán a usarlos en exceso. ¡Queda advertido!

Usar un mentor

Tengo un monstruo en el bolsillo (Montes 1996): "Esa noche estaba tan cansada que me quedé dormida con el libro abierto justo en la página más emocionante... A la mañana siguiente no me despertó mi papá, como siempre". Aquí los puntos suspensivos indican que ha pasado el tiempo, de la noche a la mañana siguiente.

El valiente Teo (Erhard 2012): "Entró valientemente en una misteriosa tienda… y se compró una horrible máscara". Aquí los puntos suspensivos indican suspenso sobre lo que va a hacer el protagonista en la tienda.

¿Seguiremos siendo amigos? (Danzinger 2016): "Y no me gusta lo que veo… ni lo que siento". Aquí los puntos suspensivos indican una breve pausa en los pensamientos de la protagonista.

Consejos

- ¿En qué parte quieres añadir suspenso?
- Describe el tipo de pausa que quieres hacer aquí.
- ¿Qué signo de puntuación te ayudaría a reflejar lo que quieres decir?
- Si quieres alargar el tiempo aquí, puedes usar puntos suspensivos.

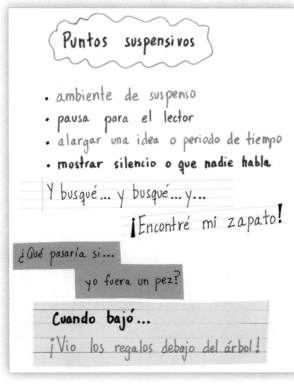

¿Para quién es?

NIVELES

2–5

GÉNEROS / TIPOS DE TEXTO

narración, texto de opinión/persuasivo, texto informativo/ no ficción

PROCESO

editar

Estrategia Busca una oración donde hayas usado la palabra "y" varias veces. Vuelve a leer la oración y pregúntate: "¿Cuáles de estas ideas o detalles (lo que va antes y después de la "y") deben conectarse?". Deja la "y" donde haya una relación, de lo contrario, quítala y pon un punto en su lugar.

Sugerencia para el maestro ¿Ha notado que cuando los niños son más pequeños aprenden rápidamente a colocar los signos de puntuación en una oración completa pero, a medida que crecen, de pronto sus oraciones se vuelven más largas y sin la puntuación adecuada? A medida que avanzan, los niños pasan de escribir varias oraciones simples (Fui al parque. Me subí al columpio. Tomé helado.) a alcanzar un "umbral sintáctico" y a intentar escribir oraciones más complejas antes de aprender a puntuarlas correctamente (Strong 1999). Esta estrategia se puede usar con otras de este capítulo sobre cómo combinar oraciones (9.24), revisar las oraciones corridas (9.25) y crear oraciones compuestas coordinadas y subordinadas (9.26, 9.27).

Consejos
- Busca la palabra "y".
- Es cierto, escribiste cuatro veces la palabra "y" en esa oración. Veamos, ¿cuáles quieres dejar?
- ¿Hay relación entre la información que está antes y después de la "y"?
- Sí, aquí puedes quitar la "y" y poner un punto.

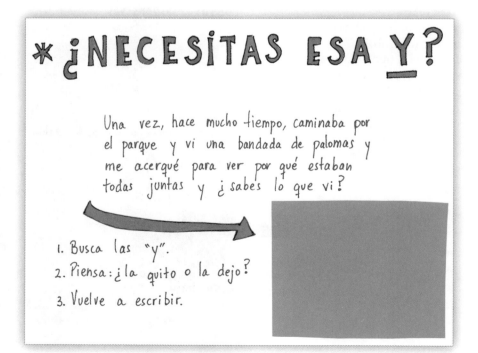

¡Me quito el sombrero!
(lectura recomendada): "Conjunciones copulativas" (Enciclopedia de Ejemplos 2019g)

9.8 ¿De quién o de qué se trata? ¡Oración completa!

Estrategia Lee la oración que escribiste. Pregúntate: "¿De quién o de qué se trata?". Si tu respuesta tiene sentido, entonces es una oración completa, con sujeto y verbo. De lo contrario, cámbiala para que tenga sentido. Escríbela, vuelve a leerla y asegúrate de que tu oración tenga sentido.

Sugerencia para el maestro Esta lección ayudará a los estudiantes a escribir oraciones enunciativas simples. En este capítulo hay otras lecciones que los guiarán a combinar oraciones (9.24) y a escribir oraciones compuestas coordinadas (9.26) y subordinadas (9.27).

Consejos

- Di: "¿De quién o de qué se trata?". Luego lee tu oración.
- ¿Tiene sentido tu oración cuando respondes "¿de quién o de qué se trata"?
- Si no, vuelve a escribirla para que tenga sentido.
- Vuelve a leer tu oración después de reescribirla.
- ¿Qué debes preguntar?

¿Para quién es?

NIVELES

2–8

GÉNEROS / TIPOS DE TEXTO

narración, texto de opinión/persuasivo, texto informativo/ no ficción

PROCESO

editar

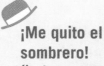

¡Me quito el sombrero!
(lectura recomendada):
"Oraciones con sujeto, verbo y predicado" (Enciclopedia de Ejemplos 2019g)

Estrategia Busca todos los nombres, o sustantivos, en tu borrador y subráyalos. Repasa cada uno y piensa: ¿Está en singular (uno) o en plural (más de uno)?". Después encierra en un círculo los verbos y adjetivos que van con ese sustantivo. ¿Están en plural o en singular? Haz los cambios necesarios para que todo concuerde.

Sugerencia para el maestro Esta estrategia se puede dividir para los escritores más jóvenes, de tal modo que primero se enfoquen en los sustantivos de su escrito, y, en otra lección, decidan si los verbos y adjetivos concuerdan con esos sustantivos.

Sugerencia para el maestro Es posible que algunos de sus estudiantes no pronuncien la "s" en el lenguaje hablado y, por lo tanto, la omitan al escribir. Como maestros, debemos enseñar a los estudiantes a escribir según los estándares establecidos, pero sin insinuar que su manera de hablar es incorrecta.

Consejos

- Señala un sustantivo en tu escrito. ¿Está en plural o en singular?
- Ahora encierra en un círculo los verbos y adjetivos que van con ese sustantivo.
- Este sustantivo está en plural. ¿Cómo debe ir el adjetivo? ¿Y el verbo?
- ¿Qué cambio puedes hacer aquí para que todo concuerde?
- ¡Ahora todo concuerda!

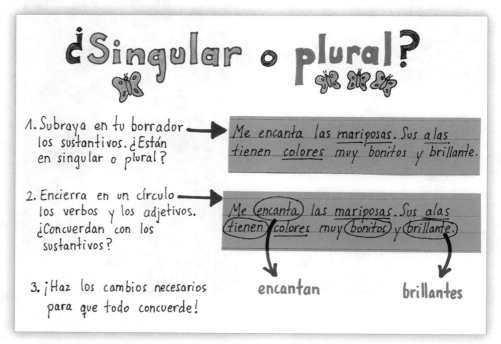

Estrategia Cuando quieras sorprender a tu lector y revelar información nueva, escribe la primera parte de tu oración, añade dos puntos, uno encima de otro, y después escribe la información o la sorpresa. También puedes usar los dos puntos para enumerar o hacer una lista.

Usar un mentor Los siguientes son ejemplos de cómo tres autoras usan los dos puntos para hacer una pregunta al lector, indicar qué piensa un personaje y aclarar algo sobre un personaje.

"Promesa a las estrellas" (Mistral 1945): "Ojitos de las estrellas, / prendidos en el sereno / cielo, decid: desde arriba, ¿me veis bueno?"

La rebelión del tigre (DiCamillo 2016): "Rob levantó la sábana y, mientras esta ondeaba entre ambos, un recuerdo apareció ante él: su padre, parado en el patio, sosteniendo su arma hacia el cielo y apuntando a un pájaro".

Stelaluna (Cannon 2002/1994): "Excepto una: a Stelaluna todavía le gustaba dormir colgada de las patas".

Consejos
- ¿Qué sorpresa tienes para tu lector?
- ¿Escuchas el ritmo mientras lees tu escrito en voz alta?
- ¿Cuál es el propósito de hacer la pausa con los dos puntos?

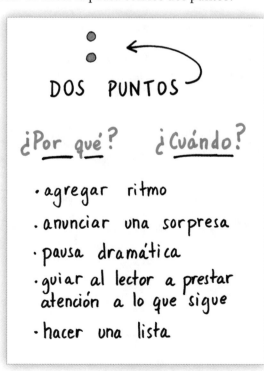

¿Para quién es?

NIVELES
2–8

GÉNEROS /
TIPOS DE TEXTO
todos

PROCESOS
hacer un borrador, editar

¡Me quito el sombrero!
(lectura recomendada):
Perdón imposible. Guía para una puntuación más rica y consciente (Millán 2015)

Puntuación para los diálogos

¿Para quién es?

NIVELES

3–8

GÉNERO /
TIPO DE TEXTO

narración

PROCESOS

**hacer un borrador,
editar**

Estrategia Cuando escribas un diálogo, empieza un nuevo párrafo cada vez que hable un personaje diferente. Coloca una raya o guion largo para indicar que alguien va a hablar. Escribe lo que dice el personaje y luego coloca otra raya para indicar quién lo dijo.

Ejemplo de enseñanza *Si al escribir un diálogo queremos indicar qué personaje está hablando, primero colocamos una raya y escribimos lo que dice. Después dejamos un espacio y añadimos otra raya para explicar quién lo dijo, seguido de un punto. Por ejemplo:* —Hoy hace muy buen día —dijo Pepe. *Si el personaje continúa hablando, cerramos el comentario de quién lo dijo con otra raya, añadimos un punto, dejamos un espacio y continuamos escribiendo lo que dijo:* —Hoy hace muy buen día —dijo Pepe—. Vamos al parque. *Ahora vamos a ver cómo se usan las rayas cuando habla alguien más. (Copie la tabla de abajo en el pizarrón y continúe la explicación).*

Sugerencia para el maestro Para los estudiantes que no conozcan bien las reglas de puntuación de los diálogos en español, es recomendable hacer esta estrategia durante varios días. Comente que algunos autores eligen el estilo del inglés para indicar diálogos, es decir usan comillas en lugar de rayas. Sin embargo, en español, el uso de rayas o guiones de diálogos es más usual.

Consejos

- ¿Qué dice el personaje? Empieza con una raya de diálogo para indicar lo que dice.
- Si el personaje sigue hablando, escribe quién lo dice entre dos rayas.
- ¿Es un nuevo personaje? Entonces empieza un nuevo párrafo con una raya para indicar lo que dice.

Cada personaje hace un comentario	Cada personaje hace más de un comentario
—Hoy hace muy buen día ▬dijo Pepe.	—Hoy hace muy buen día ▬dijo Pepe▬. Vamos al parque.
—¿Qué podemos hacer? ▬preguntó Eva.	—¡Qué buena idea! ▬dijo Eva▬. Me gusta ir al parque.

▬ → Indica que alguien va a hablar.
▬ → Indica quién lo dice.

¡Me quito el sombrero!
(lectura recomendada):
Los signos de puntuación: Para aprender el uso de la puntuación de textos en español (Rando 2010)

Estrategia Lee tu escrito y fíjate en dónde haces pausas. Cada vez que hagas una pausa, pon un punto. Luego vuelve a leer cada oración hasta el punto. Asegúrate de que cada oración tenga un sujeto ("de quién o de qué trata la oración") y un predicado ("qué es o qué hace el sujeto").

Sugerencia para el maestro De entrada, admito que no es tan fácil como parece. Esta estrategia enseña a los niños a puntuar oraciones enunciativas simples. Sin embargo, sabemos que algunos autores usan intencionalmente oraciones corridas o fragmentos de oraciones para crear cierto efecto. También sabemos que hay oraciones compuestas, coordinadas y subordinadas y de otros tipos. A medida que los niños crecen, leen oraciones de todo tipo y, al hacerlo, intentan imitarlas y usarlas en sus escritos. Un niño que *antes sabía poner puntos* al final de las oraciones de pronto deja de hacerlo, como si lo hubiera olvidado. Como maestro, es muy frustrante, pero es una señal de que el niño se está desarrollando como escritor y está preparado para aprender a escribir oraciones más complicadas con la puntuación correcta. Esta lección sería útil para muchos escritores, por ejemplo, antes de una lección sobre el uso de expresiones parentéticas (estrategia 9.30) o sobre cómo combinar oraciones (estrategia 9.24).

Consejos

- Pusiste un punto aquí. Fíjate si hay un sujeto y un predicado.
- ¿Qué parte indica de quién o de qué trata la oración?
- ¿Qué parte indica qué es o qué hace el sujeto?
- ¿Esta es una oración completa?
- Comprueba que tu oración esté completa. Te oiré mientras piensas en voz alta.

PAUSA. PUNTO.

1. Vuelve a leer tu texto en voz baja.
2. Presta atención a las pausas.
3. Pon un punto en cada pausa.
4. Vuelve a leer esa nueva oración. Asegúrate de que tiene:

SUJETO (quién/qué)
PREDICADO (qué es o hace)

¿Para quién es?

NIVELES
3–8

GÉNEROS /
TIPOS DE TEXTO
narración, texto de opinión/persuasivo, texto informativo/ no ficción

PROCESO
editar

¡Me quito el sombrero!
(lectura recomendada):
Perdón imposible. Guía para una puntuación más rica y consciente (Millán 2015)

¿Para quién es?

NIVELES
3–8

GÉNEROS / TIPOS DE TEXTO
todos

PROCESOS
revisar, editar

Estrategia Lee una oración en voz alta y presta atención a tu entonación, o sea, a cómo bajas y subes la voz. Justo en medio, entre la bajada y la subida de voz, es donde puede ir una coma. Colócala ahí si te ayuda a separar una oración larga en dos partes y te aclara el significado. Por último, lee la oración otra vez asegurándote de que has separado las palabras de manera que la oración tenga sentido.

Usar un mentor En Internet encontrará guías y ayudas visuales para enseñar a los niños los signos de puntuación del español. Estos dos videos enseñan los usos de la coma de una manera simple y accesible para niños: Happy Learning Español: https://bit.ly/2IOZMuC y Aula 365: https://bit.ly/2WcW5BP.

Consejos
- Escucha con atención tu entonación.
- ¿Bajaste el tono de voz? ¿Lo subiste?
- ¿Dónde crees que debes poner la coma?
- Si escuchaste una "bajada y subida" de tono en tu voz, ahí es donde debes poner la coma.
- De acuerdo, pon ahí la coma. Ahora lee la oración de nuevo. ¿Tiene sentido?
- Agrupaste estas palabras antes de la coma. ¿Tiene sentido?

¡Me quito el sombrero!
(lectura recomendada):
¡Me como esa coma!
(Millán 2007)

> Óyeme bajar
> Óyeme subir:
>
> - Vuelve a leer tu escrito en voz alta.
> - Presta atención a cuando bajas y subes la voz.
> - Pon una coma en la pausa del medio.
> - Lee tu escrito otra vez. ¿Tienen sentido los grupos de palabras separados por la coma?

Estrategia Lee tu escrito y busca una oración larga que creas que deba tener puntuación para separar la información. Vuelve a leerla. Decide qué palabras deben ir juntas en un grupo. Usa una coma para separar ese grupo del resto de la oración.

Ejemplo de enseñanza *Encontré esta oración larga en mi escrito. Estoy segura de que necesita comas. Veamos si podemos añadir comas para separar las palabras en grupos, según el significado. "Cuando levanté la vista vi a mi abuelo que estaba parado justo a mi lado con herramientas en las manos como las que usamos para arreglar la cerca". Creo que al final, "como las que usamos para arreglar la cerca", es un grupo de palabras que tienen sentido juntas porque dan más información sobre las herramientas. Así que voy a poner una coma después de la palabra "manos". El grupo de palabras al principio de la oración, "cuando levanté la vista", indica al lector cuándo ocurre la acción. Creo que debo poner una coma después de esa parte, para separarla del resto. Ahora voy a leer la oración con las dos nuevas comas. Dime si te suena bien.*

Sugerencia para el maestro Esta estrategia es útil para evitar enseñar todas las reglas del uso de la coma. Cuando los niños usan la coma para agrupar las palabras según su significado, se concentran más en el significado (Benjamin y Golub 2015).

Usar un mentor Si pide a los estudiantes que hagan una indagación de distintos ejemplos donde se usa la coma, regresarán con múltiples y variados ejemplos. Tal vez sea mejor si usted selecciona algunas oraciones de textos que contengan comas que separan las palabras en grupos según su significado.

Consejos

- Esta me parece una oración larga. ¿Qué tipo de puntuación podrías usar para separar la información para el lector?
- ¿Qué palabras crees que deben ir en un grupo separado?
- ¿Tienen sentido las palabras en ese grupo?
- Estoy de acuerdo. Tiene sentido poner una coma ahí.
- Separa ese grupo de palabras del resto con una coma.

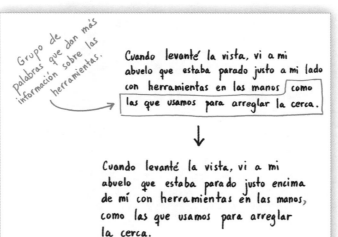

¿Para quién es?

NIVELES
3–8

GÉNEROS / TIPOS DE TEXTO
todos

PROCESOS
revisar, editar

¡Me quito el sombrero!
(lectura recomendada):
Perdón imposible. Guía para una puntuación más rica y consciente (Millán 2015)

¿Para quién es?

NIVELES
3–8

**GÉNEROS /
TIPOS DE TEXTO**
todos

PROCESOS
revisar, editar

Estrategia Piensa en el sentimiento (tono) que quieres transmitir en tu borrador. Considera qué tipo de puntuación te puede ayudar a dar ritmo a tus palabras de manera que puedas transmitir lo que quieres decir. Revisa y edita tus oraciones para que reflejen el sentimiento.

Usar un mentor En los libros de la divertida serie del elefante Geraldo y Cerdita, como *¡Hoy volaré!* (2015), de Mo Willems, el autor consigue reflejar los sentimientos de los personajes con pocas palabras y diferentes tipos de puntuación.

Consejos
- ¿Qué sentimiento quieres transmitir con esta oración?
- ¿Qué signo de puntuación crees que debe ir aquí?
- ¿Por qué elegiste un/a ___ para terminar esta oración?
- Vamos a hacerlo de dos maneras, a ver cuál refleja mejor lo que quieres decir.
- ¿Qué otro signo de puntuación podría ir aquí?
- ¿Qué ritmo o tono te ayudaría a expresar ese sentimiento?

Puntuación / Estructura de la oración	Efecto	Ejemplos *
Signos de exclamación (¡!)	• Entusiasmo, sorpresa, alegría	¡Es un secreto! ¡Qué maravilla!
Puntos suspensivos (…)	• Aumenta la tensión y/o el suspenso	Estoy esperando algo… Es un verano alegre… Hasta que tía Lola decide pintar la casa de morado.
Oraciones cortas	• Mueve el tiempo rápido • Resume	Llovió. Nuevamente eran felices.

*Ejemplos de *De cómo tía Lola vino de visita a quedarse* (Álvarez 2011).

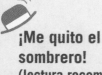

¡Me quito el sombrero!
(lectura recomendada):
Perdón imposible. Guía para una puntuación más rica y consciente
(Millán 2015)

Estrategia Lee tu borrador y busca algún lugar donde hables de algo que le pertenece a alguien. Por ejemplo: "La casa de Luis. La escuela de Ana y Carlos". Piensa si podrías usar un pronombre posesivo (como *su, mi, nuestro* o *tu*), para indicar de quién es sin repetir el nombre de la persona.

Ejemplo de enseñanza *Los pronombres posesivos, como* mi, tu, su, nuestro, *nos indican a quién pertenecen las cosas. Muchas veces podemos usar un pronombre posesivo en lugar del nombre de una persona para evitar repetir el nombre y así lograr que nuestro escrito suene mejor y sea más agradable de leer. Veamos un ejemplo: "Ana tiene un perro. El perro de Ana es grande y juguetón". Voy a reemplazar el nombre de Ana por un pronombre posesivo en la segunda oración: "Ana tiene un perro. Su perro es grande y juguetón". ¿Ves cómo evito repetir el nombre de Ana para que mi escrito suene mejor?*

Consejos
- ¿A quién le pertenece eso? ¿Qué pronombre vas a usar para indicar de quién es?
- Sí, eso es de ___. ¿Cómo puedes decir de quién es sin repetir el nombre?
- Aquí veo que repites el nombre de una persona. ¿Qué pronombre posesivo podrías usar para no repetirlo?
- ¡Reemplazaste el nombre por el pronombre posesivo correcto!

¿De quién es?

SUJETO	Pronombre POSESIVO
<u>Yo</u> tengo una mochila.	<u>Mi</u> mochila.
<u>Tú</u> tienes un perro.	<u>Tu</u> perro.
<u>Él</u> tiene una pelota.	<u>Su</u> pelota.
<u>Ella</u> tiene tres amigas.	<u>Sus</u> amigas.
<u>Nosotros</u> tenemos un auto.	<u>Nuestro</u> auto.
<u>Ustedes</u> tienen una casa.	<u>Su</u> casa.

¿Para quién es?

NIVELES
3–8

GÉNEROS / TIPOS DE TEXTO
todos

PROCESOS
revisar, editar

¡Me quito el sombrero!
(lectura recomendada):
"Pronombres"
(Enciclopedia de Ejemplos 2019g)

¿Para quién es?

NIVELES
3–8

GÉNEROS / TIPOS DE TEXTO
todos

PROCESO
revisar, editar

Estrategia Si vas a escribir una palabra que sabes que a veces lleva acento y otras veces no, piensa en su significado. Lee en voz alta la oración donde aparece esa palabra y decide según el contexto si debes ponerle acento o no.

Lenguaje de enseñanza *Voy a leer dos palabras que se escriben igual, pero una lleva acento, o tilde, y la otra no:* papa/papá. *¿Ves cómo el acento hace que cambie completamente el significado de la palabra? Lo mismo pasa con palabras de una sola sílaba que se escriben igual pero que cambian de significado al llevar acento. Por ejemplo: el sustantivo* té, *con acento, significa bebida, pero el pronombre* te *("te invito") no lleva acento. (Inicie un muro de palabras con este tipo de palabras y agregue nuevos ejemplos con el tiempo.)*

Consejos

- Mira esta palabra de tu escrito. ¿Conoces otra palabra que se escriba igual pero con acento?
- Lee la oración. Según el contexto, ¿crees que debes ponerle acento a esta palabra?
- ¿Qué significa esa palabra con acento? ¿Qué significa sin acento?
- Sí, esa palabra debe llevar acento.
- Le quitaste el acento a la palabra. Ahora sí tiene sentido.

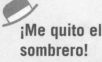

¡Me quito el sombrero!
(lectura recomendada):
Wikilengua del español
"Monosílabos ortográficos",
Fundéu BBVA

> # ¿LLEVA ACENTO?
>
> **El**: <u>El</u> regalo me gusta mucho.
> **Él**: <u>Él</u> me regaló una pelota.
>
> **Tu**: <u>Tu</u> libro de inglés es interesante.
> **Tú**: <u>Tú</u> estudias inglés.
>
> **Esta**: <u>Esta</u> clase es divertida.
> **Está**: Ruby <u>está</u> durmiendo.
>
> ¡<u>Esta</u> quesadilla <u>está</u> muy rica!

Estrategia Fíjate en el comienzo de cada párrafo nuevo. Asegúrate de que quede claro sobre qué trata ese párrafo. Intenta empezarlo con una oración que presente el tema del párrafo, que establezca la dirección del mismo o que explique la transición del párrafo anterior al nuevo.

Usar un mentor Es interesante dejar que los estudiantes analicen las oraciones iniciales de los párrafos en libros del género que estén estudiando en clase o por su cuenta, y pedirles después que desarrollen una serie de "reglas" sobre cuándo deben comenzar párrafos nuevos y cómo deben empezarlos.

Consejos
- Lee solo la primera oración. ¿Queda claro sobre qué tratará este párrafo?
- ¿Crees que necesitas una transición de este párrafo a este otro? ¿Cuál usarías?
- Repasa el principio de este párrafo.
- ¿Cómo podrías hacer que este párrafo sea más claro?

¿Cómo vas a comenzar tu **PÁRRAFO?**

Transición (tiempo)	Presenta el tema / el tema secundario	Conecta (idea a idea)
Ese día, más tarde... Por la mañana... Lo que pasó después espantaría a cualquiera...	Lo primero que hay que entender es... Por ejemplo... Otro tipo de...	Como resultado... También es importante... A pesar de ___,... Además...

¿Para quién es?

NIVELES
4–8

GÉNEROS / TIPOS DE TEXTO
narración, texto de opinión/persuasivo, texto informativo/ no ficción

PROCESOS
hacer un borrador, editar

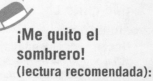

¡Me quito el sombrero!
(lectura recomendada):
The Elements of Style, Fourth Edition (Strunk y White 1999)

¿Para quién es?

NIVELES
4–8

GÉNEROS / TIPOS DE TEXTO
todos

PROCESO
editar

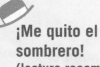

¡Me quito el sombrero!
(lectura recomendada):
What You Know by Heart: How to Develop Curriculum for Your Writing Workshop (Ray 2002)

Estrategia Lee tu borrador en voz alta. Presta atención a cómo suena. ¿Haces pausas en los lugares correctos? ¿Las oraciones son del largo que quieres? Haz cambios en la puntuación y vuelve a leer tu borrador en voz alta. Asegúrate de que suene tal y como quieres que suene.

Sugerencia para el maestro Esta estrategia puede adaptarse a la gramática y a la puntuación. Leer nuestros propios escritos en voz alta es crucial para comprobar si tienen el tono y el ritmo que deseamos comunicar. Es normal que al leer nuestros propios escritos para identificar dónde debemos hacer correcciones lo hagamos a un ritmo diferente del que usamos para leer los textos de otros autores en busca de información o de entretenimiento, como un cuento. Sería buena idea modelar el ritmo y el razonamiento en voz alta de esta estrategia.

Usar un mentor *El pueblo seguirá* (Ortiz 2017) ofrece a los estudiantes una gran variedad de estructuras de oraciones que se deben leer en voz alta para poder apreciarlas de verdad. El libro, escrito con el ritmo de las narraciones orales, cuenta la historia de los diferentes pueblos indígenas norteamericanos a través de su relación con la tierra y la naturaleza.

> Hace mucho, mucho tiempo, las cosas empezaron a existir.
> Las estrellas, las rocas, las plantas, los ríos, los animales;
> las montañas, el sol, la luna, los pájaros;
> todo lo que existe.
> Y así, nació el Pueblo.

Consejos
- Lee tu escrito en voz alta.
- Escúchate mientras lees.
- ¿Cómo te sonó? ¿Qué cambiarías?
- ¿Qué cosas no te sonaron bien? ¿Por qué? ¿Qué cambios puedes hacer?
- Según la manera en que lo leíste, ¿qué tipo de puntuación necesitas aquí?
- Lo leíste así (*lea en voz alta al estudiante*) pero según la puntuación que usaste, tendría que sonar así (*vuelva a leer en voz alta reflejando la puntuación y el largo de oración*). ¿Qué cambios podrías hacer?

Estrategia Busca en tu escrito lugares en los que el sujeto y el verbo de la oración no coinciden. Identifica si el sujeto es singular o plural. Haz los cambios necesarios para que el número del verbo coincida con el número del sujeto.

Consejos

- Busca el sujeto de la oración. Ahora busca el verbo.
- ¿Está el sujeto en singular o plural? ¿Está el verbo en singular o plural?
- ¿Concuerdan en número el sujeto y el verbo? ¿Concuerdan el sujeto y el adjetivo?
- Tapa las palabras entre el sujeto y el verbo. Lee lo que queda.
- ¿Te suena bien?

Tipos de sujetos	Verbo: ¿singular o plural?	Ejemplos
Cada uno Cualquiera Nadie Alguien Ninguno	singular	Cada uno piensa que … Cualquiera puede… Nadie sabe… Alguien llegó… Ninguno fue…
Todos Muchos	plural	Todos piensan… Muchos saben…
Sujeto compuesto por dos sustantivos en singular, unidos por la conjunción *y*	plural	El niño y la niña son hermanos.
Sujeto en singular unido a otros sustantivos por las palabras: *o, con, junto con, además de, así como*	singular	El niño o la niña fue al parque. El niño, junto con la niña, fue al parque. Además del niño, la niña también fue al parque.
Sujeto en singular unido a otros sustantivos por las palabras: *tanto como*	plural	Tanto el niño como la niña fueron al parque.

¿Para quién es?

NIVELES
4–8

GÉNEROS / TIPOS DE TEXTO
narración, texto de opinión/persuasivo, texto informativo/ no ficción

PROCESOS
hacer un borrador, editar

¡Me quito el sombrero!
(lectura recomendada):
Concordancia. *Diccionario panhispánico de dudas.* Real Academia española

¿Para quién es?

NIVELES
4–8

GÉNEROS /
TIPOS DE TEXTO
narración, texto de opinión/persuasivo, texto informativo/ no ficción

PROCESOS
editar

Estrategia Cuando escribes, a menudo debes separar los bloques de texto muy largos en partes que se llaman párrafos. Busca en tu borrador un bloque de texto largo. Piensa dónde tendría sentido separarlo para darle al lector un descanso. Separa ese bloque de texto en párrafos y piensa cómo vas a hacer la transición de un párrafo a otro.

Sugerencia para el maestro Enseñe esta estrategia junto con la estrategia 9.18, "Términos para iniciar párrafos", para asegurarse de que la transición de un párrafo a otro fluya de manera natural.

Consejos

- ¿Qué bloque de texto crees que debes separar en párrafos?
- Busca dónde vas a terminar un párrafo y empezar otro. ¿Qué piensas hacer?
- Tiene sentido separar el texto aquí, de acuerdo. Esto es un tema secundario.
- ¡Sí! Identificaste dónde empezaba a hablar un nuevo personaje. Ese es un nuevo párrafo.

¿Cuándo debo empezar un
PÁRRAFO nuevo?

¶ Aparece un personaje nuevo.

¶ Ocurre un suceso nuevo.

¶ Cambia el ambiente.

¶ Habla un personaje nuevo.

¶ Transcurre el tiempo (o retrocede).

¶ Se mueve la "cámara".

Estrategia Piensa si la historia que escribiste sucede en el presente o en el pasado. Después, lee tu escrito y subraya todos los verbos. Si tu historia sucede en el presente, ¿están todos los verbos en presente? Si tu historia sucedió en el pasado, ¿están todos los verbos en pasado? Haz los cambios necesarios para que todos los verbos estén de la misma forma.

Sugerencia para el maestro Haga notar a los estudiantes que, al unificar los tiempos verbales en sus escritos, los diálogos pueden ser una excepción. Aunque la historia se narre en tiempo pasado, el diálogo puede aparecer en presente. Muestre el siguiente ejemplo: Cuando llegué a casa, mi abuela me saludó desde la cocina: —¿Cómo estás, mija? ¿Quieres algo de comer? También puede ocurrir lo contrario: aunque la historia se narre en presente, el diálogo puede estar en pasado. Por ejemplo: Osito está jugando en el patio. Su papá sale y le pregunta: —¿Ya hiciste la tarea?

Usar un mentor Para ayudar a los estudiantes a revisar sus escritos y utilizar el verbo correcto, conviene tener a mano algún libro o recurso que muestre las conjugaciones de los verbos en español, como "Reverso Conjugación" (https://bit.ly/2KXjsN0).

Consejos

- ¿Cuándo sucede tu historia, en el presente o en el pasado?
- Subrayaste todos los verbos. Ahora repásalos.
- Veo que algunos de tus verbos están en presente y otros en pasado.
- ¿Hay algún verbo que debas cambiar?
- Tu historia sucedió en el pasado, pero ese verbo está en presente.
- Este es un diálogo. ¡Aquí puedes usar verbos en presente o en pasado!
- ¡Ahora tu escrito tiene coherencia! Tus tiempos verbales coinciden.

¿Para quién es?

NIVELES
4–8

GÉNERO /
TIPO DE TEXTO
narración

PROCESOS
revisar, editar

¡Me quito el sombrero!
(lectura recomendada):
"Verbos regulares en español" (Enciclopedia de Ejemplos 2019g)

¿Para quién es?

NIVELES
4–8

GÉNEROS /
TIPOS DE TEXTO
todos

PROCESOS
revisar, editar

Estrategia Si tienes dudas de cómo se conjuga un verbo, es posible que se trate de un verbo irregular. Repasa los verbos de tu escrito junto con tu pareja de escritura. ¿Creen que hay algunos que no están bien conjugados? Consulten libros favoritos de la clase y tablas del salón para hacer los cambios necesarios.

Sugerencia para el maestro Recomiendo tener en el salón una tabla de verbos irregulares que sirva de consulta a los estudiantes. También podría sugerirles algunos libros donde el autor utilice verbos irregulares. Una buena opción es *Alma y cómo obtuvo su nombre* (Martínez-Neal 2016), donde un padre usa diversos verbos irregulares (como *era, había, iba* y *fue*) para contarle a su hija cómo obtuvo su nombre.

Consejos

- Repasa tu escrito con tu pareja de escritura. Subrayen los verbos.
- ¿Tienen dudas de cómo se conjuga alguno de esos verbos?
- Consulten algunos libros y tablas del salón.

VERBOS IRREGULARES

Presente	Persona	Verbo "ser"	Verbo "estar"	Verbo "ir"
	yo	soy	estoy	voy
	tú	eres	estás	vas
	él/ella/usted	es	está	va
	nosotros	somos	estamos	vamos
	ellos/ellas/ustedes	son	están	van
Pretérito	Persona	Verbo "ser"	Verbo "estar"	Verbo "ir"
	yo	fui	estuve	fui
	tú	fuiste	estuviste	fuiste
	él/ella/usted	fue	estuvo	fue
	nosotros	fuimos	estuvimos	fuimos
	ellos/ellas/ustedes	fueron	estuvieron	fueron

¡Me quito el sombrero!
(lectura recomendada):
"Verbos irregulares en español" (Enciclopedia de Ejemplos 2019g)

Estrategia Lee tu borrador en busca de palabras que se repiten una y otra vez en distintas oraciones. Subraya las partes de cada oración que no se repiten. Esas partes son las que vas a mantener y combinar en una sola oración. Vuelve a leer esa nueva oración a ver si tiene sentido. Añade comas si es necesario.

Sugerencia para el maestro Recomiendo que recordemos esta sabia cita traducida del original en inglés de Jeff Anderson y Deborah Dean (2014, 5):

> Aunque a primera vista parezca ser un ejercicio en el que se crean oraciones largas a partir de oraciones cortas, combinar oraciones en realidad consiste en crear relaciones entre varias ideas y plantearlas de maneras claras e interesantes. Combinar oraciones brinda opciones a los jóvenes escritores… No se trata de decir que las oraciones largas son mejores que las cortas, ni tampoco hacer más complicadas las oraciones. Más bien consiste en jugar con las ideas y darles forma de manera que se conviertan en patrones sintácticos efectivos que tengan sentido con cada tipo de escritura individual.

Consejos

- ¿Notas que hay muchas palabras que se repiten?
- Busca las palabras que se repiten.
- ¿Cómo podrías combinar esas oraciones?
- Considera cómo está relacionada la información de esas oraciones.
- Ahora que combinaste varias oraciones en una, ¿qué tipo de puntuación necesita la nueva oración?

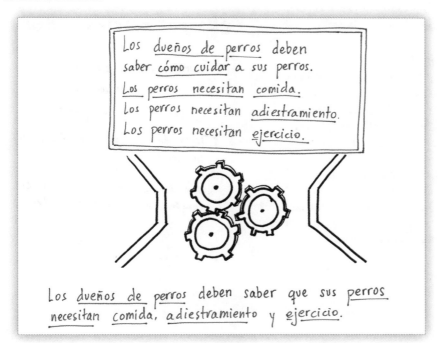

¿Para quién es?

NIVELES
4–8

GÉNEROS / TIPOS DE TEXTO
narración, texto de opinión/persuasivo, texto informativo/no ficción

PROCESO
revisar

¡Me quito el sombrero!
(lectura recomendada):
Revision Decisions: Talking Through Sentences and Beyond (Anderson y Dean 2014)

¿Para quién es?

NIVELES
4–8

GÉNEROS /
TIPOS DE TEXTO
**narración, texto de
opinión/persuasivo,
texto informativo/
no ficción**

PROCESOS
revisar, editar

**¡Me quito el
sombrero!**
(lectura recomendada):
"Conjunciones"
(Enciclopedia de Ejemplos
2019g)

Estrategia Busca en tu escrito una oración corrida (una oración larga que tenga más de un sujeto y de un predicado). Trata de separar esa oración corrida en varias oraciones. Luego léelas en voz alta. Trata de unir las nuevas oraciones con una conjunción. Lee la nueva oración. Decide qué versión refleja mejor lo que quieres decir.

Ejemplo de enseñanza *En una oración corrida hay dos o más cláusulas (grupos de palabras) independientes, o sea, oraciones completas que aparecen juntas sin tener la puntuación ni conjunciones adecuadas que las unan. Por ejemplo:* La noche está oscura y es tarde y los niños no han regresado. *En este ejemplo el sujeto es* La noche *y el predicado, o de lo que trata el sujeto es* está oscura . *En la misma oración hay otro predicado:* es tarde. *Además hay otro sujeto:* los niños *y un tercer predicado:* y no han regresado. *Debería intentar esta oración larga en tres oraciones más cortas. Las voy a separar así:* La noche está oscura. Es tarde. Los niños no han regresado. *Con esas tres oraciones más cortas he creado un poco de drama y tensión, y eso me gusta. Ahora las voy a volver a combinar, pero voy a añadir puntuación y palabras para conectarlas, llamadas conjunciones. Por ejemplo:* Es tarde y la noche está oscura, y me pregunto cuándo van a regresar los niños. *Creo que me gusta más la idea en las tres oraciones cortas.*

Usar un mentor Muestre a los estudiantes ejemplos de autores que usan oraciones corridas para crear un efecto en su escritura. Por ejemplo, en *Joey Pigza se tragó la llave*, de Jack Gantos (2004), el autor usa oraciones corridas cuando Joey pierde el control para reflejar el estado de ánimo del protagonista. Por otro lado, David McKee, el autor de *Elmer* (2013), usa oraciones corridas para crear un impacto.

Consejos
- ¡Sí! Hallaste una oración con dos sujetos y dos predicados.
- Busca e identifica las cláusulas independientes (oraciones completas con un sujeto y un verbo).
- ¿Las vas a unir con una conjunción?
- ¿Quieres dividirlo en varias oraciones o prefieres mantener las cláusulas unidas?

¿Es una oración corrida?

1. Identifica una oración corrida.
   - con más de un sujeto
   - con más de un predicado

2. Trata de separarla en dos o más oraciones.

3. Une esas dos o más oraciones con conjunciones. Prueba con estas:
   y
   porque
   e
   aunque
   o
   o sea
   pero
   ni
   que

Estrategia Busca en tu escrito dos oraciones completas que traten sobre el mismo tema. Piensa en la relación que hay entre ellas. Elige un conector e intenta combinar tus dos oraciones en una sola. ¿Qué te gusta más: la oración combinada o las dos oraciones separadas?

Sugerencia para el maestro Según el nivel de sus estudiantes, explique que una oración compuesta coordinada está formada por dos o más cláusulas principales (oraciones completas) unidas por conjunciones como *y, o, pero*.

Ejemplo de enseñanza *En mi borrador veo oraciones que están relacionadas y creo que debería combinarlas en una sola. Escribí: "Un perro es una buena mascota. Un perro nos hace compañía". ¿Qué relación hay entre las dos oraciones? Ambas dicen algo positivo sobre tener un perro como mascota. Por eso pienso que están relacionadas. Trataré de usar la palabra "y" para combinar esas oraciones: "Un perro es una buena mascota y nos hace compañía". En esta otra parte escribí: "Me encantaría tener un perro. Mi mamá no me deja tener un perro". ¿Qué relación hay entre estas dos oraciones? La segunda oración aporta más información a la primera. Voy a combinarlas con la palabra* pero: *"Me encantaría tener un perro, pero mi mamá no me deja". La nueva oración me parece más clara y completa.*

Consejos
- ¿Cuál es la relación entre estas dos oraciones?
- ¿Qué dos oraciones podrían unirse?
- ¿Qué palabra conectora usarías?
- De acuerdo, prueba con esa palabra a ver si tiene sentido al unir las dos oraciones.

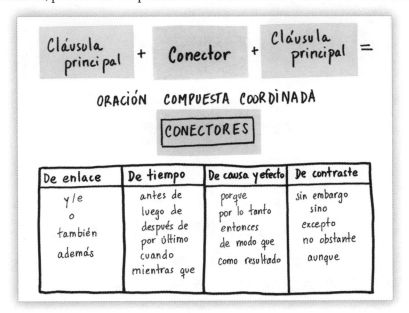

¿Para quién es?

NIVELES
4–8

GÉNEROS / TIPOS DE TEXTO
narración, texto de opinión/persuasivo, texto informativo/ no ficción

PROCESOS
revisar, editar

¡Me quito el sombrero!
(lectura recomendada):
"Oraciones coordinadas" (Enciclopedia de Ejemplos 2019g)

¿Para quién es?

NIVELES
4–8

GÉNEROS / TIPOS DE TEXTO
narración, texto de opinión/persuasivo, texto informativo/ no ficción

PROCESOS
revisar, editar

Estrategia Si quieres añadir información a una oración, puedes agregar una cláusula (grupo de palabras) dependiente antes o después de la cláusula independiente (oración completa) usando palabras como *aunque, como, porque, si,* etc. La cláusula dependiente no es una oración completa por sí sola, sino que necesita de la oración independiente para tener sentido. Vuelve a leer tu borrador y asegúrate de que la oración completa tenga sentido.

Usar un mentor

Stuart Little (White 1992): "**Pero la verdad era que** el sumidero lo había cubierto de cieno, y necesitó darse un baño y rociarse con un poco del agua de violetas de su madre antes de volver a sentirse a gusto".

El maravilloso mago de Oz (Baum 1900): "El Espantapájaros y el Leñador se pararon en un rincón y estuvieron quietos y silenciosos toda la noche, **aunque, claro está, no durmieron en absoluto**". (115-116)

Consejos
- ¿Qué información adicional quieres agregar a esta oración?
- ¿Cuál de estas palabras vendría bien ahí: *aunque, como, porque, si*?
- Vuelve a leer todo y asegúrate de que tenga sentido.
- ¿Vas a colocar esa cláusula antes o después de la cláusula principal?
- Sí, esa cláusula que agregaste da más información y tiene sentido.

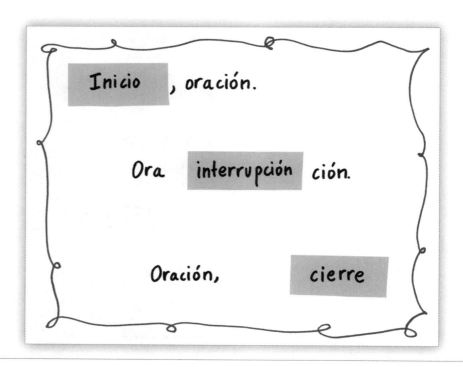

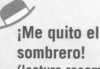

¡Me quito el sombrero!
(lectura recomendada):
"Oraciones subordinadas" (Enciclopedia de Ejemplos 2019g)

Estrategia Al escribir, fíjate en qué parte te gustaría marcar una pausa para indicarle al lector que le vas a dar información importante o adicional. ¿Crees que agregar una coma sería suficiente? ¿Quieres crear una pausa más larga? Puedes añadir dos guiones largos y crear un aparte en la oración.

Ejemplo de enseñanza *Ya saben que podemos usar rayas o guiones largos en los diálogos (vea 9.11), pero también se pueden usar con otros fines. Veamos:*

Ejemplo 1: Wonder: La lección de August *(Palacio 2019): "Cuando como parezco una tortuga —si es que alguna vez habéis visto a una tortuga comer— o una criatura prehistórica del pantano".*

Ejemplo 2: Tengo un monstruo en el bolsillo *(Montes 1996): "Yo no había sido —ya les dije que yo soy buena— pero me sentía un poquito responsable porque, aunque yo no había sido, estaba contenta".*

(Pregunte a los estudiantes qué piensan sobre el uso de los guiones largos en las citas, y luego guíelos a ver el patrón de uso). *Lo que veo es que cada autor usa los guiones para darnos un comentario adicional, o sea, para hacer un inciso con más información. Podemos decir que el uso de los guiones es parecido al uso de los paréntesis.*

Consejos

- ¿Ves un lugar donde quisieras añadir una pausa más larga?
- ¿Crees que debes poner guiones? ¿Cómo lo sabes?
- Sí, esa información también podría ir entre paréntesis. Puedes usar guiones ahí. ¿Te parece?
- ¿Qué parte de esta oración parece dar información adicional?

> Esto es –muy, muy– importante
>
> 1. Vuelve a leer tu texto.
>
> 2. Piensa: ¿dónde preparo al lector para algo importante?
>
> 3. Si una coma no basta ▬
>
> ¡AGREGA GUIONES! *
>
> ▬ ▬
>
> *2 para cada oración.

¿Para quién es?

NIVELES
4–8

GÉNEROS / TIPOS DE TEXTO
todos

PROCESOS
revisar, editar

¡Me quito el sombrero!
(lectura recomendada):
Perdón imposible. Guía para una puntuación más rica y consciente (Millán 2015)

9.29 Juega con las pausas

¿Para quién es?

NIVELES
4–8

**GÉNEROS /
TIPOS DE TEXTO**
**narración, texto de
opinión/persuasivo,
texto informativo/
no ficción**

PROCESO
revisar

Estrategia Busca una oración que, al leerla, sientas que debes hacer una pausa más larga y dramática que otras. Haz varias pruebas. Cambia la estructura de la oración agregándole cuatro tipos de puntuación en el medio para crear esa pausa impactante: añade dos puntos, rayas o guiones largos, comas y puntos suspensivos. Es posible que tengas que cambiar el orden de las palabras y hasta las mismas palabras para que la oración funcione con cada nueva puntuación. Considera cómo afecta cada signo de puntuación la manera en que lees la oración. Copia la versión final en tu borrador.

Ejemplo de enseñanza *En mi borrador hallé una oración con la que me gustaría jugar un poco. La voy a leer: "La próxima vez que me inviten a subir a una montaña rusa voy a contestar que no me interesa". La oración expresa lo que quiero decir, pero me pregunto si puedo obtener otro efecto si juego un poco con la puntuación. ¿Tal vez la puedo hacer más dramática si agrego una pausa? Voy a probar a poner puntos suspensivos: "La próxima vez que me inviten a subir a una montaña rusa… voy a contestar ¡no, gracias!".*

Ahora voy a probar a poner dos puntos: "Esto es lo que voy a contestar la próxima vez que me inviten a subir a una montaña rusa: ¡no, gracias!". Esta última versión me gusta porque enfatiza el final. Hay un poco de suspenso por saber… ¿qué voy a decir? Creo que esa es la versión que usaré.

Consejos

- Tu cuento es dramático. ¿Hay una parte donde quieras crear una pausa dramática con un signo de puntuación?
- ¿Dónde quieres poner una pausa?
- Vuelve a escribir la oración agregando un signo de puntuación en el medio.
- ¿Qué signo de puntuación usarías: dos puntos, guiones, comas o puntos suspensivos?
- ¿Cómo cambió el significado al cambiar la puntuación?

JUEGA con las PAUSAS

① BUSCA una oración que necesite pausas.

② JUEGA y agrega o cambia los signos de puntuación en el medio de la oración (, : —…).

③ ELIGE un signo de puntuación según el efecto que tenga en lo que quieres decir con tu oración.

**¡Me quito el
sombrero!**
(lectura recomendada):
*Perdón imposible. Guía
para una puntuación más
rica y consciente* (Millán
2015)

Estrategia Fíjate en las oraciones de tu borrador. Busca una que tenga un inciso que dé un poco más de información al lector. Para indicarlo, puedes poner comas al inicio y final de ese inciso. Luego vuelve a leer ese inciso, bajando levemente la voz después de la coma y luego subiéndola otra vez. Pregúntate: "¿Suena bien?".

Sugerencia para el maestro Explique a los estudiantes que esos tipos de incisos se llaman expresiones parentéticas. Añada que además de comas, se pueden separar y señalar con guiones largos o paréntesis (como en la muestra que aparece abajo).

Usar un mentor (oraciones parentéticas en negrita)

Tengo un monstruo en el bolsillo (Montes 1996): "Martín es nuevo. Empezó este año. Antes vivía en Tuxpan **(pero no es nayarita, es veracruzano).** Tampoco vivió siempre en Tuxpan **(antes vivía en Hermosillo)**".

"Y con esta breve escena **—tan parecida a otras que una no estaba segura de si era de hoy, de ayer o de mañana—** se terminaron las consecuencias del primer chillido que salió de mi bolsillo".

Wonder: La lección de August (Palacio 2019): "Las más importantes me las hicieron antes de cumplir los cuatro años, **así que de estas no me acuerdo,** pero desde entonces me han operado dos o tres veces al año **(unas más largas que otras)**".

Consejos

- Subraya la información que te parece un inciso.
- ¿Qué parte da más información?
- ¿Qué parte de la oración podrías encerrar entre paréntesis o apartar con comas o rayas?
- Bien, identificaste la parte que es una expresión parentética. ¿Dónde van los paréntesis?
- Fíjate si suena bien. Vuélvelo a leer con los paréntesis.

¿*Para quién es?*

NIVELES
5–8

GÉNEROS /
TIPOS DE TEXTO
todos

PROCESOS
generar y reunir ideas, hacer un borrador, editar

> ## Mi Cuarto
> No puedes describir mi cuarto en una sola palabra o un nombre. Es como un museo (o casi casi).
>
> Yo tengo dos grandes flores en la ventana. Mi ropa esta organizada por colores. Mis zapatos están bien alineados y limpios.
>
> Mi mamá dice —Me gusta cuando tu cuarto esta limpio.
>
> Ahora es tiempo de organizar mis videojuegos (en orden alfabético) antes de salir a jugar.

¡Me quito el sombrero!
(lectura recomendada):
Perdón imposible. Guía para una puntuación más rica y consciente (Millán 2015)

Estrategia Repasa los verbos en pasado que usaste en tu narración. Pregúntate: "¿Quiero mostrar algo que estaba pasando o que se repetía en el pasado? ¿O quiero mostrar algo que pasó de repente, en un momento determinado?". Decide si hay algún lugar en el que debas cambiar el tiempo verbal para describir mejor la acción de los personajes.

Ejemplo de enseñanza *Cuando escribimos una narración en pasado, podemos usar distintos tiempos verbales para expresar con más precisión las acciones de los personajes. Por ejemplo, si quiero explicar lo que **estaba pasando**, puedo decir: "Carlos leía un libro". Y si quiero decir que algo **pasó** en un momento determinado, mientras Carlos leía, puedo decir: "Marta entró en la habitación". Ahora voy a combinar estos dos ejemplos en una misma oración: "Carlos leía un libro cuando Marta entró en la habitación". El verbo "leía" describe lo que **estaba pasando**. El verbo "entró" describe algo que **pasó en un momento determinado**.*

Consejos
- Subraya los verbos en tu escrito. ¿Describen bien el momento en que ocurren las cosas?
- Sí, el verbo _____ describe lo que estaba pasando. Usaste el tiempo verbal correcto.
- Aquí usaste el verbo _____. ¿Crees que puedes cambiarlo para describir mejor la acción?

Pretérito imperfecto Qué estaba pasando o se repetía	**Pretérito perfecto simple** Qué pasó
Carlos **leía** un libro.	Carlos **leyó** un libro.
Mi mamá **cocinaba** platos muy ricos.	Mi mamá **cocinó** platos ricos.
Los niños **jugaban** en la playa.	Los niños **jugaron** en la playa.
Yo **miraba** el cielo.	Yo **miré** el cielo.

Estrategia Lee tu escrito en voz alta y presta atención al ritmo y la cadencia con que lees. Recuerda que en cada punto debes hacer una pausa. Pregúntate: "¿Corresponde el ritmo al que leo con el tono/sentimiento/emoción que quiero expresar?". Considera combinar oraciones para formar oraciones largas o separar otras muy largas en oraciones más cortas y así obtener el ritmo que deseas.

Usar un mentor Si abre cualquier libro ilustrado, cuento corto, novela o discurso que haya sido bien escrito, se encontrará con oraciones que varían en longitud con el fin de darle cierto efecto, ritmo o cadencia al texto. Para analizar con sus estudiantes el uso de oraciones cortas y su efecto, puede buscar ejemplos en *El hacha*, de Gary Paulsen (1995), o *El viejo y el mar*, de Hemingway (2017). En el micro-cuento, "La mosca que soñaba que era un águila", Augusto Monterroso (2000) usa oraciones largas e ingeniosas para relatar el sueño de una mosca de volar sobre los Andes como un águila.

Consejos

- ¿Qué piensas del ritmo al que lees?
- ¿Qué notas sobre el estilo y el ritmo del texto?
- Estoy oyendo muchas oraciones largas. ¿Cómo afecta eso al ambiente de lo que lees?
- Estoy oyendo muchas oraciones cortas. ¿Y tú?
- Ten en mente el ritmo al que lees.

Oraciones cortas	Oraciones largas
• Enganchan al lector desde el principio del texto.	• Enganchan al lector desde el principio del texto.
• Tienen impacto.	• Dan el efecto de un monólogo interior.
• Enfatizan un punto.	• Captan un punto de vista, por ejemplo, el de un personaje obsesivo cuya mente vaga sin rumbo.
• Mueven la acción rápidamente.	• Comunican una cadencia más lenta.
• Se usan en medio de un diálogo.	
• En narración, captan la idea de que los pensamientos son abruptos o están desconectados.	

¿Para quién es?

NIVELES
5–8

GÉNEROS /
TIPOS DE TEXTO
narración, texto de opinión/persuasivo, texto informativo/no ficción

PROCESOS
revisar, editar

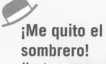

**¡Me quito el sombrero!
(lectura recomendada):**
Ejercicios ortográficos: teoría y práctica de la ortografía (Mateos Muñoz 2009)

¿Para quién es?

NIVELES
5–8

GÉNEROS /
TIPOS DE TEXTO
todos

PROCESOS
revisar, editar

Estrategia Busca dos oraciones que estén estrechamente relacionadas. Piensa en cuál sería el signo de puntuación más adecuado para unirlas: ¿un punto y coma? ¿un punto y aparte? Prueba unirlas con un punto y coma.

Ejemplo de enseñanza *El punto y coma es un signo de puntuación que se puede usar en vez de un punto, aunque no siempre. Para saber cuándo usarlo, debes preguntarte si las oraciones están relacionadas. Si lo están, usa un punto y coma. Eso las une con más significado. Veamos este ejemplo:*

Somos parientes. En realidad, somos hermanas.

Puedo volver a escribir esas dos oraciones como una sola, con un punto y coma, así:

Somos parientes; en realidad, somos hermanas.

En el segundo ejemplo se realza el significado al unir las dos oraciones con un punto y coma.

Usar un mentor

El deseo de Ruby (Bridges 2006): "Ah, ya es mala suerte haber nacido niña; pero peor es nacer en esta casa donde sólo cuentan los niños".

El pizarrón encantado (Carballido 2005): "Vivían allí la tía Cleopatra y el tío, con sus tres hijos; también una tía muy anciana, doña Pompilia; no se dejaba ver mucho y nada más tejía y tocaba discos, encerrada en su cuarto; le gustaba la ópera y siempre se oían las voces de muchísimas personas cantando en derredor de ella".

Consejos
- ¿Se relacionan estas dos oraciones?
- Sí, en vez de un punto puedes poner un punto y coma.
- Vuelve a leer la oración con el punto y coma. ¿Te parece que es la puntuación apropiada?
- Es tu decisión. ¿Usarás un punto o un punto y coma?
- Sí, creo que esas oraciones están relacionadas.

oración **;** oración **.**

↑
punto y coma

* Úsala en vez de un punto cuando dos oraciones/cláusulas independientes están relacionadas estrechamente.

¡Me quito el sombrero!
(lectura recomendada):
"Oraciones con punto y coma" (Enciclopedia de Ejemplos 2019g)

Estrategia Busca en tu borrador la palabra *no* o alguna otra palabra negativa. Lee la oración donde las encuentres. Pregúntate: "¿Puedo cambiar esta oración de manera que exprese lo que *es* en vez de lo que *no es*?". Vuelve a escribir la oración de manera positiva para ver si el sentido es más claro, directo y se ajusta más a lo que quieres decir.

Usar un mentor Comparta con los estudiantes esta cita de la escritora Elena Poniatowska: "Nunca estoy contenta con lo que escribo... siempre escribo y reescribo lo que hago".

Consejos
- Busca la palabra *no* o alguna otra palabra negativa.
- Ahora, intenta volver a escribir esas oraciones sin usar palabras negativas.
- Conviértela en una oración positiva.
- Observa el cambio. ¿Notas que la oración es más clara al ajustarla?
- Al cambiar las palabras negativas por otras positivas, has dicho exactamente lo que querías decir.

Sé **CLARO** Sé **POSITIVO**

1. Busca la palabra "no" y otras palabras negativas.
2. Haz cambios y di lo que sí es.

en vez de...

No actuaba como un buen amigo.

Ella no estaba despierta.

prueba...

¡más claro!
¡más descriptivo!

Actuaba de manera burlona y criticaba a sus amigos.

Ella se quedó en la cama, abandonada al sueño.

¿Para quién es?

NIVELES
6–8

GÉNEROS / TIPOS DE TEXTO
narración, texto de opinión/persuasivo, texto informativo/ no ficción

PROCESOS
revisar, editar

¡Me quito el sombrero!
(lectura recomendada):
The Elements of Style, Fourth Edition (Strunk y White 1999)

¿Para quién es?

NIVELES
6–8

GÉNEROS /
TIPOS DE TEXTO
todos

PROCESOS
revisar, editar

Estrategia Vuelve a leer una oración que te suene mal o sea confusa. Pregúntate: "¿Están juntas las palabras relacionadas? ¿Están separadas las palabras que no se relacionan?". Trata de reformular la oración cambiando el orden de sus partes. ¿Te suena mejor y está más clara ahora?

Consejos
- ¿Qué palabras están relacionadas en esta oración?
- ¿Cuáles debes mantener juntas?
- Haz varias pruebas para reformular la oración.
- Probaste tres formas. Veamos cuál es la más clara.

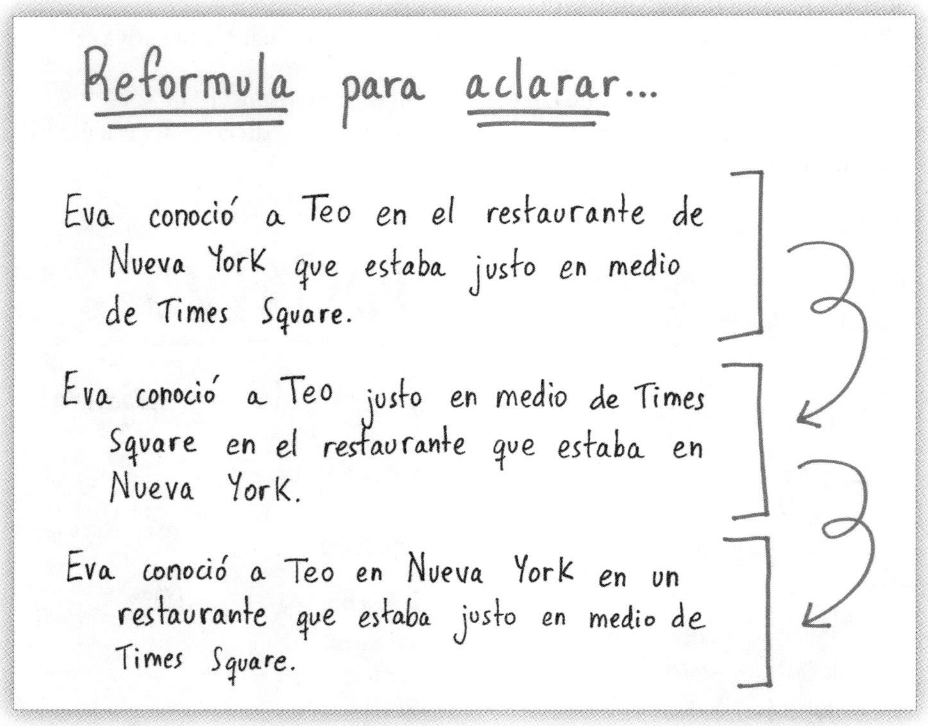

Reformula para aclarar...

Eva conoció a Teo en el restaurante de Nueva York que estaba justo en medio de Times Square.

Eva conoció a Teo justo en medio de Times Square en el restaurante que estaba en Nueva York.

Eva conoció a Teo en Nueva York en un restaurante que estaba justo en medio de Times Square.

Estrategia Vuelve a leer tu escrito. Fíjate si en algún lugar puedes usar el tiempo verbal condicional (p. ej. *haría, iría, pasaría*) para darle fuerza a alguna de tus ideas, para expresar mejor lo que desea un personaje, o para invitar al lector a hacerse una pregunta.

Ejemplo de enseñanza *El condicional nos ayuda a imaginarnos situaciones que "podrían" pasar pero que todavía no han pasado. También nos ayuda a ofrecer distintos escenarios para que nuestros lectores piensen y se involucren más en nuestros escritos. Por ejemplo, si estoy escribiendo una narración, el condicional me podría servir para expresar más claramente lo que siente el personaje: "Pedro pensó que ese día nunca **acabaría**". Si estoy escribiendo un texto persuasivo, puedo usar el condicional para hacerle una pregunta al lector y dejarlo pensando, por ejemplo: "¿Qué **pasaría** si el agua dulce de la Tierra se agotara?".*

Consejos

• Repasa tu narración y fíjate si hay lugares donde podrías usar el condicional para expresar algo que tu personaje desea.
• ¿Cómo quedaría esta oración si usaras el condicional?
• ¿En qué parte de tu texto persuasivo podrías agregar una pregunta en condicional?
• Me parece que aquí podrías cambiar el verbo en presente a condicional.
• Sí, este verbo en condicional ayudará a que tus lectores piensen en tu mensaje.

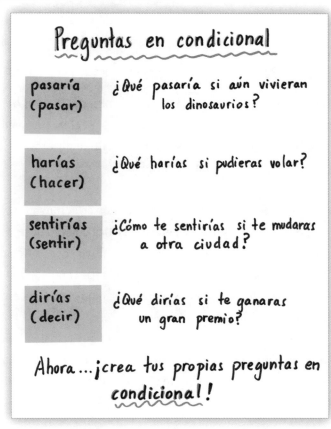

Preguntas en condicional

pasaría (pasar)	¿Qué pasaría si aún vivieran los dinosaurios?
harías (hacer)	¿Qué harías si pudieras volar?
sentirías (sentir)	¿Cómo te sentirías si te mudaras a otra ciudad?
dirías (decir)	¿Qué dirías si te ganaras un gran premio?

Ahora... ¡crea tus propias preguntas en condicional!

¿Para quién es?

NIVELES
6–8

GÉNEROS / TIPOS DE TEXTO
todos

PROCESOS
generar ideas, hacer un borrador, editar

Objetivo
10

Colaborar con parejas y clubes de escritura

◎ ¿Por qué es importante este objetivo?

Escribir puede parecer una actividad solitaria. El escritor está solo con sus pensamientos, plasmando sus ideas en la página, trabajando en las partes difíciles, resolviendo problemas, revisando su texto una y otra vez. Es una prueba constante de resistencia, voluntad y tenacidad.

Pero no tiene que ser así.

Las parejas y los clubes de escritura ofrecen muchas ventajas: motivación y responsabilidad, retroalimentación crítica cuando hace falta, oportunidades para "desbloquearse" cuando la escritura no fluye, ideas adicionales para los temas, práctica para enseñar o para contar cuentos como ensayo oral, un lector crítico cuando más lo necesitamos o un experto que ayude a compensar nuestros puntos débiles (Cruz 2004).

Nos esforzamos por formar escritores que trabajen independientemente, que puedan fijarse fechas y cumplirlas, que generen sus propias ideas y lean sus textos para hacer revisiones; pero lo cierto es que hasta los escritores más profesionales e independientes, cuyas obras ya han sido publicadas, ocasionalmente necesitan apoyo externo durante todo el proceso de escritura. Este libro sería una fracción de lo que es si yo no hubiera tenido la oportunidad de comentar mis ideas, resolver las dudas y recibir retroalimentación valiosa de mis editoras Zoë y Katie. Además, pertenezco a un grupo de escritores que trabajan en libros profesionales para maestros, y he compartido con ellos fragmentos, ideas, problemas y preguntas para que me apoyen, me ofrezcan sus comentarios y me animen.

Establecer parejas y clubes de escritura en el salón de clases da mejores resultados cuando se hace con regularidad, flexibilidad y a lo largo de todo el proceso. En muchos salones de clases que he visitado, las parejas de escritura se dedicaban sobre todo a editar el trabajo del otro, pero ese uso es limitado y potencialmente problemático. Nancie Atwell (2014) observó en su clase de la escuela intermedia que las parejas de escritura tendían a *añadir* errores y faltas de ortografía al editar los textos de los demás y por eso decidió pedirles que se limitaran a ayudar con el enfoque, el estilo y el contenido, dejando los componentes gramaticales y ortográficos a cargo de la maestra. Las estrategias de este objetivo apoyan a los estudiantes en todos los aspectos del proceso de escritura, desde generar ideas y ponerlas a prueba antes de comenzar a escribir, hasta revisar sus borradores para ver qué deben cambiar.

◎ ¿Cómo sé si este objetivo es adecuado para mi estudiante?

Espero que pueda ofrecer a sus estudiantes la oportunidad de reunirse en parejas o en grupos pequeños (clubes) en diferentes etapas del proceso de escritura. Si lo hace, es probable que sus estudiantes necesiten apoyo. Las estrategias de este objetivo se pueden ofrecer como lecciones dirigidas a toda la clase para dar inicio a la colaboración entre parejas, o se pueden usar para enseñar a una pareja o un grupo de escritura que ya ha empezado a trabajar conjuntamente.

Estrategias para colaborar con parejas y clubes de escritura

Estrategia		Grados y niveles	Géneros/Tipos de texto	Procesos
10.1	Escucha los sonidos de las palabras con tu pareja de escritura	K–1	Todos	Editar
10.2	Colaborar en parejas para hacer que el texto sea más claro	K–2	Todos	Revisar, editar
10.3	Cuenta un cuento con dibujos rápidos	K–3	Narración	Ensayar, desarrollar
10.4	Comenta la idea y después escribe	K–8	Todos	Ensayar, generar y reunir, desarrollar, hacer un borrador
10.5	Haz promesas (que puedas cumplir)	K–8	Todos	Todos
10.6	Tu pareja te pregunta (para hacerte pensar)	1–8	Todos	Revisar
10.7	Dime: ¿Tiene sentido?	1–8	Todos	Revisar
10.8	Rincón para parejas de escritura	2–8	Todos	Todos
10.9	Se busca/Se ofrece ayuda	2–8	Todos	Todos
10.10	EPP (Elogiar, Preguntar, Pulir)	2–8	Todos	Desarrollar, hacer un borrador, revisar, editar
10.11	Dime: ¿Encaja con mi intención?	3–8	Todos	Revisar
10.12	Interrumpe a tu pareja de escritura	3–8	Narración	Ensayar, desarrollar
10.13	Busca detalles de ficción con tu pareja de escritura	3–8	Narración	Desarrollar, hacer un borrador, revisar
10.14	Crea un club	4–8	Todos	Todos
10.15	Cuenta un cuento para decidir el punto de vista y la perspectiva	4–8	Narración	Desarrollar, revisar
10.16	Dime: ¿Cómo te afecta?	4–8	Todos	Revisar
10.17	Codifica el texto	4–8	Todos	Revisar
10.18	Respuesta por escrito	4–8	Todos	Desarrollar, hacer un borrador, revisar, editar
10.19	Cambios y opciones	5–8	Todos	Revisar

Lo cierto es que hasta los escritores más profesionales e independientes, cuyas obras ya han sido publicadas, ocasionalmente necesitan apoyo externo durante todo el proceso de escritura.

—Jennifer Serravallo

¿Para quién es?

NIVELES

K–1

GÉNEROS / TIPOS DE TEXTO

todos

PROCESO

editar

Estrategia Junto con tu pareja de escritura, busquen en tu escrito palabras que crean que están mal escritas. Enciérrenlas en un círculo. Digan juntos cada palabra, en voz alta y lentamente. Escuchen todos los sonidos y escriban las letras que representan esos sonidos.

Sugerencia para el maestro Cuando los niños practican en parejas, suelen internalizar los consejos o las instrucciones que le dan a su pareja de escritura. Después, cuando vuelven a sus asientos para la escritura independiente, son capaces de guiarse a sí mismos al practicar esa misma estrategia.

Consejos
- Busca con tu pareja las palabras que habría que arreglar.
- ¡Encontraron muchas palabras! Ahora intenten arreglarlas entre los dos.
- Dile a tu pareja los sonidos que oyes.
- Pregúntale a tu pareja: "¿Oímos todos los sonidos?".
- Pongan ambos el dedo debajo de la palabra mientras la leen lentamente.

Parejas de escritura

1- Lean juntos.

2- Encierren en un círculo las palabras incorrectas.

Caminamos por un tunel muy largo. (Abla)
muchos (Peses) mi (ermano) Esteban
le tenía miedo a los (tivurones)

3- Díganlas juntos.

4- Escríbanlas.

Estrategia Pide a tu pareja de escritura que lea en voz alta lo que escribiste, moviendo el dedo por debajo de cada palabra mientras lee. Escucha a tu pareja y piensa si lo que lee es realmente lo que querías decir y fíjate si se atasca o parece confundido. Entre los dos, arreglen el texto para que sea más claro.

Sugerencia para el maestro Puede hacer una lista de comprobación para que las parejas se enfoquen en las convenciones que han aprendido. También puede hacer esta estrategia sin una lista y pedirles que busquen lo que no les suene bien. Pueden centrarse en las mayúsculas y minúsculas, la ortografía o incluso la caligrafía. El objetivo final es que el escrito sea legible para otras personas.

Consejos

- Pregunta: "¿Qué suena diferente de lo que querías decir?".
- Dile a tu pareja si hay algo que querías decir de otra forma y no como sonó cuando lo leyó.
- ¿Hay algo que leyó tu pareja que no te sonó como lo que querías decir?
- ¡Ah! Tu pareja no pudo leer esa parte. ¿Qué querías decir ahí?
- ¡Acabas de ayudar a tu pareja! La ayudaste a encontrar un error.
- Ahora, hagan los cambios entre los dos.

¿Para quién es?

NIVELES
K–2

GÉNEROS / TIPOS DE TEXTO
todos

PROCESOS
revisar, editar

¡Me quito el sombrero!
(lectura recomendada):
Writing for Readers: Teaching Skill and Strategies (Calkins y Louis 2003)

¿Para quién es?

NIVELES
K–3

GÉNERO /
TIPO DE TEXTO
narración

PROCESOS
ensayar, desarrollar

Estrategia Piensa en un cuento basado en una experiencia compartida. Trabaja con tu pareja o grupo de escritura para hacer dibujos rápidos en tiras de papel o notas adhesivas. Señala el primer dibujo y cuenta lo que está pasando. Intenta decir varias oraciones sobre ese dibujo. Señala el siguiente dibujo y continúa con el cuento. Cuando lo hayas contado todo, regresa e intenta contarlo de nuevo con más detalles.

Sugerencia para el maestro Dedicar tiempo a que los jóvenes escritores cuenten cuentos en el salón de clases es una buena manera de apoyarlos. Contar un cuento basado en una experiencia compartida (un simulacro de incendios, la visita de un autor, buscar los lentes de la maestra) a toda la clase es un buen primer paso. Una vez que los niños se sientan cómodos contando y recontando cuentos (añadiendo cada vez más información y detalles para que los que escuchan se lo imaginen mejor), puede hacer la transición y pedirles que hagan lo mismo con su pareja o club de escritura. Contar cuentos ayuda a desarrollar las destrezas del lenguaje oral y las destrezas de escuchar. Si a esto le añade el escribir el cuento que han contado (durante la escritura compartida o interactiva con toda la clase o en grupos pequeños o durante la escritura independiente), eso ayudará a que elaboren más su escritura.

Consejos
- Señala el dibujo.
- Cuenta lo que está pasando.
- Dijiste lo que veías con una sola oración. Fíjate bien en el dibujo y trata de decir más de una oración.
- Mira la tabla para ver qué tipo de detalles podrías añadir.
- Regresa y vuelve a contar el cuento, esta vez con más detalles.
- Cada vez que volviste a contar el cuento, fuiste más específico. Ahora lo puedo visualizar.

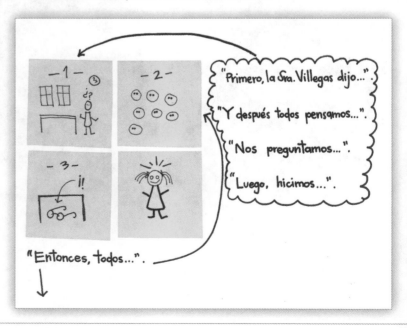

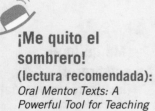

Estrategia Dile a tu pareja la idea que tienes para tu proyecto de escritura. Dediquen un rato a conversar sobre esa idea. Piensen en cómo podrías plantear la idea y qué detalles deberías incluir. Haz preguntas a tu pareja sobre tu idea. Después, cuando te sientes a escribir, piensa en la conversación que tuvieron.

Sugerencia para el maestro Las conversaciones son una herramienta de ensayo muy útil para escritores de cualquier edad, no solo para los más jóvenes. Muchos escritores adultos tienen conversaciones antes de escribir, incluso yo. Con frecuencia, dicto varios talleres para aclarar mis ideas, pensar en el lenguaje que quiero usar o jugar con anécdotas antes de empezar a escribir un blog o el capítulo de un libro.

Consejos
- ¿Qué preguntas tienes sobre ese tema?
- Hazle preguntas a tu pareja sobre el tema.
- ¿Qué es importante sobre ese tema?
- ¿Podrías añadir algunas de las ideas que te dio tu pareja sobre el tema?

¿Para quién es?

NIVELES
K–8

GÉNEROS / TIPOS DE TEXTO
todos

PROCESOS
ensayar, generar y reunir, desarrollar, hacer un borrador

¡Me quito el sombrero!
(lectura recomendada):
What You Know by Heart: How to Develop Curriculum for Your Writing Workshop
(Ray 2002)

10.5 Haz promesas (que puedas cumplir)

¿Para quién es?

NIVELES
K–8

GÉNEROS / TIPOS DE TEXTO
todos

PROCESOS
todos

Estrategia Comenta con tu pareja tus objetivos (para la sesión de escritura, para la semana o para el trabajo de escritura que tienes que hacer en casa, etc.). Hablen sobre cómo podrías lograrlo. Escribe el objetivo y haz una promesa… Al poco tiempo, comenta tu progreso con tu pareja.

Sugerencia para el maestro Reflexione sobre los objetivos que se ha fijado en su propia vida. Ahora piense si ha logrado alcanzarlos y, si antes de intentarlos, los comentó con alguien. Cuando yo comparto mis objetivos con mi pareja, amigo, colega o editora, es más probable que los logre. El sentido de responsabilidad, el poder celebrarlo con otros y el apoyo que me ofrecen si algo no sale como lo había planeado, tienen un valor incalculable.

Usar un mentor Como dice Stephen King en *Mientras escribo* (2016, 47): "Escribir es una labor solitaria, y conviene tener a alguien que crea en ti. Tampoco es necesario que hagan discursos. Basta, normalmente, con que crean".

Consejos

- Dile a tu pareja de escritura qué quieres conseguir específicamente.
- Ahora que lo has dicho, es momento de hacer un plan y pensar en cómo lo vas a lograr.
- ¿Cómo lo van a celebrar juntos cuando lo logres?
- ¿Puedes ayudar a tu pareja de escritura a solucionar esos posibles obstáculos?

1. Comenta tus objetivos con tu pareja de escritura.

2. Hagan un plan para lograrlos.

3. Planeen una celebración. ¡¡FIESTA!!

4. Sigan en contacto. ¿Cómo te va?

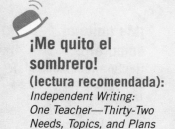

¡Me quito el sombrero!
(lectura recomendada):
Independent Writing: One Teacher—Thirty-Two Needs, Topics, and Plans (Cruz 2004)

Estrategia Lee tu escrito en voz alta a tu pareja de escritura (o pídele que lo lea en silencio). Pídele que te haga preguntas para poner a prueba lo que escribiste. ¡Acepta el reto! Intenta contestar abierta y honestamente. Toma nota cuando se te ocurran nuevas ideas para revisar tu escrito.

Ejemplo de enseñanza *A veces, cuando terminas de escribir un texto, es difícil regresar y hacer cambios. Al fin y al cabo, lo escribiste tú y dijiste lo que querías decir. Tu pareja de escritura te puede ayudar a pensar y analizar con criterio lo que escribiste. A veces, lo que más ayuda no es decir lo que tienes que hacer o cambiar, sino que te hagan preguntas para que tú, el escritor, decidas qué debes cambiar.*

Sugerencia para el maestro Esta estrategia se puede modificar dependiendo del nivel de sus estudiantes. Los ejemplos de preguntas en la imagen de abajo son más indicados a partir del tercer grado, pero las preguntas se podrían simplificar para que los escritores más jóvenes se beneficien de esta estrategia.

Consejos

- ¿Qué podrías preguntarle a tu pareja de escritura?
- ¿Sobre qué sientes curiosidad?
- Piensa en los cambios que harías. ¿Podrías convertir un posible cambio en una pregunta?

¿Para quién es?

NIVELES
1–8

GÉNEROS / TIPOS DE TEXTO
todos

PROCESO
revisar

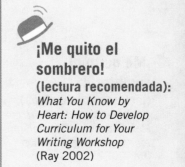

¡Me quito el sombrero!
(lectura recomendada):
What You Know by Heart: How to Develop Curriculum for Your Writing Workshop (Ray 2002)

¿Para quién es?

NIVELES
1–8

**GÉNEROS /
TIPOS DE TEXTO**
todos

PROCESO
revisar

Estrategia Lee tu escrito en voz alta a tu pareja de escritura. Pídele que te cuente lo que oyó. Escucha atentamente para ver si lo que dice es lo que tú querías transmitir. Haz cambios para que tu escrito sea más claro.

Sugerencia para el maestro Para que esta estrategia funcione, un miembro de la pareja debe tener buenas destrezas para escuchar, comprender y volver a contar. Esta estrategia ayuda a ambos niños, ya que uno recibe ayuda con su escritura y el otro recibe ayuda con su destreza de volver a contar.

Consejos

- Escucha atentamente mientras tu pareja lee. Piensa: "¿Cómo voy a contar lo que estoy oyendo?".
- Di los sucesos/ideas/pensamientos importantes que escribió tu pareja.
- Después de oír a tu pareja volver a contar lo que escribiste, ¿qué cambio crees que debes hacerle a tu escrito?
- ¿Qué dijo tu pareja que no transmite lo que querías decir?

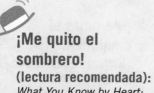

¡Me quito el sombrero!
(lectura recomendada):
What You Know by Heart: How to Develop Curriculum for Your Writing Workshop (Ray 2002)

Estrategia Si crees que necesitas el apoyo de otro escritor, primero piensa o anota qué tipo de ayuda necesitas. Después, llama con un gesto a tu pareja y vayan al rincón para parejas de escritura. Cuando estén ahí, trabajen rápidamente, con un propósito firme, para no perder ni un minuto del tiempo de escritura.

Ejemplo de enseñanza *A veces, cuando estoy escribiendo, no consigo añadir ni una sola palabra más a no ser que hable con otro escritor. A veces siento dudas sobre lo que estoy escribiendo y necesito que me animen. Otras veces, estoy a punto de tomar una decisión importante sobre la estructura y no quiero meterme de lleno y tener que cambiar todo más adelante sin haber hablado antes con alguien. De vez en cuando, me siento bloqueada y necesito que alguien me ayude. Y otras veces, necesito comentar mis ideas antes de escribirlas. A mí me pasa eso, así que a lo mejor a ti te pasa lo mismo. Me gustaría que, en esos momentos, hables con tu pareja para que te ayude a salir del embrollo. Para eso voy a crear un lugar en el salón de clases llamado "Rincón para parejas de escritura", donde puedes ir con tu pareja durante la sesión de escritura para tomar nuevo impulso.*

Sugerencia para el maestro Conviene poner expectativas claras de lo que se puede y lo que no se puede hacer en el lugar designado para las parejas de escritura: es un lugar para reunirse brevemente e intercambiar ideas sobre lo que están escribiendo y no para distraerse, perder el tiempo o dejar de escribir. Puede preparar una hoja de registro donde cada pareja anote sus nombres, la fecha y lo que hicieron (si están en los grados superiores de la escuela primaria o en la escuela intermedia y pueden escribir rápidamente), o fijar un límite de tiempo para estar ahí. También debe asegurarse de que el estudiante que necesita ayuda no distraiga a su pareja que está muy concentrado, con lo que podría afectar su escritura. Yo suelo ofrecer a los niños la opción de decir "Dame un minuto" con un gesto de la mano o rechazar cortésmente la invitación a trabajar con su pareja ese día.

Consejos

- ¿Cómo vas a usar el tiempo con tu pareja?
- Me parece que es el momento de pedir ideas a tu pareja.
- Ve con tu pareja al rincón para parejas de escritura para ver si eso te ayuda.

¡Me quito el sombrero!
(lectura recomendada):
Quick Guide to Reaching Struggling Writers, K–5
(Cruz 2008)

NIVELES
2–8

GÉNEROS / TIPOS DE TEXTO
todos

PROCESOS
todos

Estrategia Piensa en las fortalezas que tienes como escritor. Coloca una nota ofreciendo tu ayuda en la sección "Se ofrece ayuda" del tablero de anuncios. Piensa en qué tipo de ayuda necesitas de los demás. Coloca una nota pidiendo apoyo en la sección "Se busca ayuda". A la hora de trabajar en parejas, reúnete con otros compañeros que te puedan ayudar o a los que tú puedas ayudar.

Sugerencia para el maestro El tiempo designado para colaborar en parejas no significa que los estudiantes deban reunirse siempre con la misma pareja o grupo de escritura formalmente asignado. De tanto en tanto conviene dejar que se reúnan estudiantes con distintos niveles y habilidades. Sin embargo, si esto no se hace de una manera estructurada, el estudiante más avanzado podría acabar haciendo todo el trabajo. Es mejor hacer ver a los niños que todos tienen algo que ofrecer a su comunidad de escritores, que todos tienen necesidades y que otras personas del grupo les podrían ayudar. Esto no solo conseguirá mejorar la escritura de los niños, sino que ayudará a estrechar los lazos entre los estudiantes de su salón de clases.

Consejos
- ¿Cómo podrías ayudar a tus compañeros de clase?
- Mira en el tablero las secciones de "Se busca/Se ofrece ayuda". ¿Quién te podría apoyar con ese objetivo?
- ¿Qué ayuda puedes ofrecer a tus compañeros?
- Piensa en algo que sabes que haces muy bien.

¡Me quito el sombrero!
(lectura recomendada):
Independent Writing:
One Teacher—Thirty-Two
Needs, Topics, and Plans
(Cruz 2004)

Estrategia Lee el texto del escritor y piensa en cómo vas a dar comentarios en tres áreas. Piensa en qué vas a *elogiar*, qué vas a *preguntar* y qué crees que el escritor debería *pulir*.

Ejemplo de enseñanza *Piensa en esta estrategia como una manera de iniciar una conversación con tu pareja de escritura. Intenta leer el escrito desde un ángulo analítico e inquisitivo. Cuando des tus comentarios, trata de explicar por qué elogiaste ciertos aspectos del texto, hiciste preguntas sobre otros y diste sugerencias para pulir algo en particular. Intenta ser específico. En lugar de decir algo como "Esta parte me gusta mucho", da una razón específica; por ejemplo: "Empezaste el cuento con una descripción que me ayudó a imaginar la escena y entender el tono". Habla con el escritor para ayudarlo a considerar las revisiones o ediciones que debería hacer en su escrito.*

Consejos
- Comenta qué parte te gustó del escrito y por qué.
- ¿Qué preguntas tienes después de leer el escrito?
- Haz una pregunta.
- Comenta algo que el escritor deba pulir.

¿Para quién es?

NIVELES
2–8

GÉNEROS / TIPOS DE TEXTO
todos

PROCESOS
desarrollar, hacer un borrador, revisar, editar

EPP (Elogiar, Preguntar, Pulir)

Elogiar (E) – ¿Qué te gustó del escrito? ¿Qué funciona bien?

Preguntar (P) – ¿Qué preguntas tienes? ¿Qué no quedó claro?

Pulir (P) – ¿Qué consejos me das para "pulir" el escrito?

¡Me quito el sombrero!
(lectura recomendada):
"The PQP Method of Responding to Writing" (Lyons 1981)

¿Para quién es?

NIVELES
3–8

**GÉNEROS /
TIPOS DE TEXTO**
todos

PROCESO
revisar

Estrategia Explica a tu pareja de escritura qué es lo que te parece más importante de tu escrito (el tema, la idea principal, un sentimiento, el enfoque). Lee tu borrador, haciendo pausas frecuentes. Pídele a tu pareja que piense: "¿Crees que los detalles que acabo de leer encajan con mi enfoque? ¿Hay algo que debería cambiar, eliminar o añadir para ser más claro?".

Sugerencia para el maestro Esta estrategia ayuda a los niños a elegir con cuidado los detalles y las palabras de tal modo que coincidan con su enfoque/significado. A los escritores jóvenes (¡y a veces a los adultos!) se les dificulta volver a leer su propio texto con mente crítica y les resulta muy útil tener otro par de ojos y oídos.

Consejos
- Explica a tu pareja de escritura cuál es tu enfoque.
- Piensa en los detalles que se relacionan con el enfoque.
- ¿Crees que la última parte no está muy clara? ¿Podrías intentar explicársela a tu pareja?
- ¿Cómo te sonó eso? ¿Estaba bien enfocado?
- Explica por qué crees que la parte que leíste encaja con el enfoque que comentó tu pareja.
- Di: "Ahora que leíste eso, me parece que tu enfoque es…"

> **"¿Encaja con mi intención?"**
> 1. Explica a tu pareja de escritura lo más importante de tu escrito:
> *TEMA *IDEA PRINCIPAL
> *SENTIMIENTO *ENFOQUE
> 2. Relee tu borrador. Haz pausas frecuentes. Pregunta:
> **"¿LOS DETALLES QUE LEÍ ENCAJAN CON MI ENFOQUE? ¿QUÉ DEBERÍA CAMBIAR? ¿AÑADIR? ¿ELIMINAR?"**

¡Me quito el sombrero!
(lectura recomendada):
Explore Poetry
(Graves 1992)

Estrategia Escucha a tu pareja de escritura mientras cuenta su cuento. Cuando pienses que no ha incluido alguna información importante, interrúmpelo cortésmente para pedirle más información. Tu pareja volverá a contar esa parte del cuento, pero esta vez incluirá la información que le pediste.

Sugerencia para el maestro Es posible que los estudiantes necesiten algún apoyo visual para contar su cuento, como un guion gráfico con dibujos rápidos que representen cada parte. Vea un ejemplo en la estrategia 10.3, "Cuenta un cuento con dibujos rápidos". Mientras observa a la pareja de estudiantes, intente dirigir o aconsejar al que escucha, no al que cuenta su cuento. Use los consejos de abajo para guiarlo en cómo debe apoyar a su pareja.

Consejos

- Interrumpe a tu pareja de escritura. ¿Qué tipos de detalles te gustaría oír?
- Hazle preguntas para pedir más información.
- Tu pareja acaba de contar una parte que tiene mucha acción. ¿Qué otros detalles podrías pedirle?
- *(De manera no verbal, haga un gesto con la mano o asienta con la cabeza para animar al que escucha a intervenir o hacer preguntas).*

10.13 Busca detalles de ficción con tu pareja de escritura

¿Para quién es?

NIVELES
3–8

GÉNERO / TIPO DE TEXTO
narración

PROCESOS
desarrollar, hacer un borrador, revisar

Estrategia Piensa en un argumento para tu texto de ficción. Anota rápidamente una o dos oraciones en las que resumas ese argumento. Después, haz una lista de unos doce detalles específicos sobre el ambiente, los personajes, la trama u otro aspecto de tu cuento. Ahora, reúnete con tu pareja de escritura y pídele que te haga preguntas para ayudarte a pensar en más detalles específicos y añadirlos a los que tienes.

Consejos
- Pregunta a tu pareja: "¿Por qué tu personaje _____?"
- Pide a tu pareja que te hable más sobre _____.
- ¿Qué dudas tienes? Haz una pregunta.
- No te preocupes si todavía no lo pensaste; tu pareja de escritura te puede ayudar a imaginarlo.
- Quédate con _____ y haz más preguntas.

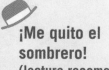

Profundiza y busca más detalles de ficción

* Escribe un argumento para tu texto de ficción.

Personaje /Ambiente/ Detalles de la trama

Pide a tu pareja de escritura que te haga preguntas para pensar en más detalles específicos...

¡Me quito el sombrero!
(lectura recomendada):
After "The End": Teaching and Learning Creative Revision (Lane 1993)

10.14 Crea un club

Estrategia Reúne a un grupo de escritores que den buenos consejos y sepan apoyar a los demás. Decidan cuáles serán las reglas del club y con qué frecuencia se van a reunir. Piensen en qué tipo de ayuda necesitarán de su maestro para que el club sea productivo.

Sugerencia para el maestro Algunos estudiantes trabajan mejor con una pareja de escritura todo el año, mientras que a otros les gusta ser parte de un club. Hay clubes de escritores en los que se complementan diversas destrezas (mientras que un estudiante es bueno en ayudar a sus compañeros a generar ideas, otro es un buen editor y otro es un excelente "entrenador" que anima, motiva y orienta a sus compañeros para que no pierdan el rumbo). Otros clubes se pueden formar bajo un interés común (por ejemplo, algunos estudiantes podrían estar interesados en aprender a escribir novelas gráficas y deciden usar textos mentores y seguir un plan de estudio por su cuenta).

Consejos

- Les sugiero que piensen en algunas reglas para el club.
- ¿Qué van a hacer cuando se reúnan?
- ¿Qué van a estudiar juntos? ¿Cómo lo van a estudiar?
- ¿Cómo les puedo ayudar a que el tiempo sea productivo?
- Veo que tienen una serie de objetivos claros para trabajar durante este tiempo.
- Piensen en su experiencia, sus puntos fuertes y lo que pueden ofrecerle al club.

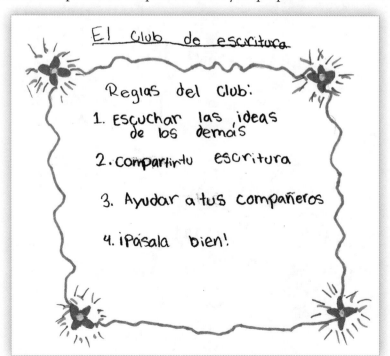

¿Para quién es?

NIVELES
4–8

GÉNEROS / TIPOS DE TEXTO
todos

PROCESOS
todos

¡Me quito el sombrero!
(lectura recomendada):
Independent Writing: One Teacher—Thirty-Two Needs, Topics, and Plans (Cruz 2004)

¿Para quién es?

NIVELES
4–8

**GÉNERO /
TIPO DE TEXTO**
narración

PROCESOS
desarrollar, revisar

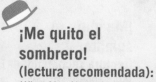

¡Me quito el sombrero!
(lectura recomendada):
What You Know by Heart: How to Develop Curriculum for Your Writing Workshop (Ray 2002)

Estrategia Trabaja con tu pareja de escritura. Cuéntale tu cuento en voz alta y pídele que lo escuche. Después, vuelve a contar el cuento desde otra perspectiva (desde el punto de vista de otro personaje o contado por el narrador si la versión original era en primera persona). Pregúntale a tu pareja cómo cambió el significado, el sentimiento o el tono del cuento en las dos (o más) versiones.

Consejos

- Piensa en la perspectiva de tu cuento.
- ¿Qué otra perspectiva podrías intentar?
- Piensa en la voz que usarías para contar el cuento desde esa perspectiva.
- Si usas esa perspectiva, ¿qué detalles deberías incluir? ¿Qué deberías eliminar?
- Pregunta a tu pareja: "¿En qué se diferencian las dos versiones?".
- Pregunta a tu pareja: "¿Qué versión te gusta más? ¿Por qué?".

Estrategia Sin hacer una introducción, lee tu escrito a tu pareja de escritura o a los miembros de tu club. Cuando termines, pregúntales cómo los afectó lo que escribiste. Hablen sobre los sentimientos que evocó el texto o lo que aprendieron al oírlo. Piensa si los comentarios de tu pareja o de tu grupo de escritura coinciden con tu intención al escribir ese texto.

Sugerencia para el maestro Para un escritor, es muy útil recibir retroalimentación sobre el mensaje, el sentimiento o la emoción que evocó su escrito antes de lanzarlo al mundo. Esta estrategia no consiste en que los oyentes simplemente digan "¡Qué buen texto!", sino en animar a las parejas y los miembros del club a comentar lo que el escrito evocó en ellos para que el escritor tenga en cuenta esta retroalimentación, piense en si coincide con su significado y haga las revisiones necesarias.

Consejos
- Dile al escritor cómo te hizo sentir su texto.
- Dile al escritor cuál piensas que es el mensaje de su escrito.
- Dile al escritor cuál crees que es el propósito de su escrito según lo que oíste.
- (*Al escritor*) ¿Qué piensas cambiar o dejar?
- (*Al escritor*) ¿Te ayudó ese comentario? Explica por qué.

¿Para quién es?

NIVELES
4–8

GÉNEROS /
TIPOS DE TEXTO
todos

PROCESO
revisar

¡Me quito el sombrero!
(lectura recomendada):
Explore Poetry
(Graves 1992)

¿Para quién es?

NIVELES
4–8

GÉNEROS /
TIPOS DE TEXTO
todos

PROCESO
revisar

Estrategia Lee el borrador de tu pareja de escritura. Codifica el texto con símbolos para indicar en qué partes reaccionaste como lector (mira la imagen de abajo como referencia). Después de leer de 5 a 10 minutos, reúnete con tu pareja para comentar tus reacciones. El escritor del texto deberá considerar entonces si sus intenciones coinciden con la reacción del lector.

Ejemplo de enseñanza *Escribimos para que otros nos lean, por lo tanto, nos debe importar la reacción del lector. Cuando queremos publicar un texto, es fundamental escuchar la opinión de algunos lectores para ver si estamos reflejando claramente el significado o si quedaron cabos sueltos que debemos atar. No hace falta cambiar todo ante los comentarios que haya hecho un solo lector. Usa las reacciones y las respuestas de esa persona como fuente de información y, si es necesario, ¡consigue más información de otras fuentes! Podrías pedir comentarios de dos personas y acudir a una tercera persona para que te aconseje qué cambiar. También podrías escuchar la opinión de una persona y acudir a una segunda persona con preguntas más específicas o pedir recomendaciones de materiales para leer.*

Consejos

- Anota símbolos en el margen que indiquen lo que piensas.
- No leas demasiado sin detenerte a considerar tu reacción. Lee unas cuantas líneas y haz una pausa.
- Lee por partes, para no saltarte nada.
- Mira la imagen de abajo para sacar ideas sobre símbolos y respuestas.

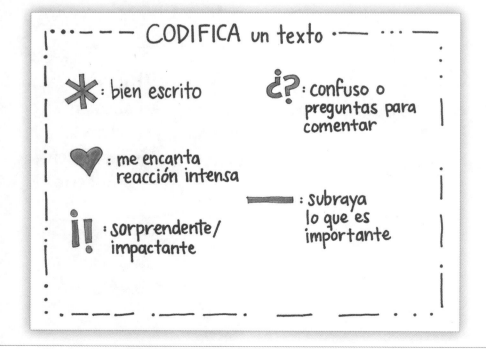

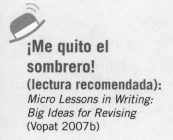
¡Me quito el sombrero!
(lectura recomendada):
Micro Lessons in Writing: Big Ideas for Revising (Vopat 2007b)

Estrategia Lee el texto de tu pareja y escribe tus reflexiones en un papel como punto de partida para iniciar una conversación. Puedes anotar una lista de puntos o preguntas para comentar, o puedes escribir pensamientos completos para ayudar al escritor a reflexionar. Comparte tus comentarios.

Consejos

- Ahora que leíste el escrito de tu pareja, escribe tus reflexiones en un papel.
- Tus reflexiones podrían ser preguntas o comentarios.
- Sé considerado a la hora de decir algo. ¿Cómo te gustaría que te lo dijeran si tú fueras el escritor?
- Anota algunas sugerencias.
- ¡Puedes usar lo que escribiste como temas para empezar una conversación!

¿Para quién es?

NIVELES
4–8

GÉNEROS /
TIPOS DE TEXTO
todos

PROCESOS
desarrollar, hacer un borrador, revisar, editar

¡Me quito el sombrero!
(lectura recomendada):
Micro Lessons in Writing: Big Ideas for Revising
(Vopat 2007b)

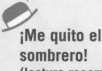

¡Me quito el sombrero!
(lectura recomendada):
In the Middle, Third Edition: A Lifetime of Learning About Writing, Reading, and Adolescents
(Atwell 2014)

Estrategia Reúne todos los borradores que tengas y escribe notas sobre el tipo de comentarios que necesites o las preguntas que tengas. Dale tiempo a tu pareja o club de escritura para que miren todas las páginas y hagan una lista de preguntas y comentarios sobre los *cambios* que hiciste y las *opciones* que te llevaron a hacer esos cambios. Reúnanse para comentar y reflexionar sobre tu proceso y las posibles revisiones que deberías hacer.

Sugerencia para el maestro Conviene dividir esta lección en dos (o más) sesiones. Primero, enseñe a los escritores a reflexionar sobre las distintas versiones de su trabajo. Por ejemplo, podrían resaltar una parte (como el principio) donde hicieron varios cambios y comentar por qué los hicieron. Después deben prepararse para escuchar los comentarios de su club o de su pareja de escritura y tener una lista de preguntas para cada versión: "¿Te gusta más X o Y? ¿Por qué? ¿Qué te dice como lector?". Si los escritores se presentan con cinco hojas escritas de tres maneras diferentes, sin enfoque ni dirección, no aprovecharán el tiempo y el trabajo será desorganizado.

Usar un mentor

Entrevistador: ¿Cuántas revisiones suele hacer?

Hemingway: Depende. Cuando escribí *Adiós a las armas*, cambié el final 39 veces hasta que me sentí satisfecho.

Entrevistador: ¿Tuvo algún problema técnico con esa parte? ¿Cuál era el problema?

Hemingway: Dar con las palabras precisas.
(Hemingway 1958)

Consejos

- Explica a los miembros de tu club por qué hiciste los cambios que hiciste.
- ¿Tienes alguna pregunta para los miembros de tu club sobre las distintas versiones que escribiste?
- ¿Cómo te pueden ayudar? Piensa en qué tipo de comentarios te ayudarían.
- Muestra cómo te preparaste para mostrar a tu compañero las distintas versiones.

CAMBIOS (Y OPCIONES)

1. Comparte varias versiones de tu trabajo con tu pareja o club de escritura.

2. Dales tiempo para analizar tus cambios y opciones. Deja que piensen en preguntas y comentarios.

3. Reúnanse. Reflexionen juntos. Revisen juntos.

Cuando los estudiantes
saben que su trabajo
será publicado, pueden
visualizar su audiencia
y el final del proceso de
escritura.

—*Jennifer Serravallo*

Apéndice: Publicar y celebrar la escritura

Clave de símbolos

Costo

$ no cuesta nada o casi nada

$ $ cuesta poco; puede pedir una pequeña donación a los padres

$ $ $ requiere una cantidad considerable de materiales

Tiempo de planificación

◇ es tan fácil de planear que puede decidir hacerlo por la mañana y llevarlo a cabo una hora más tarde

◇◇ requiere una planifi-cación mínima, como enviar un mensaje a la casa para invitar a los padres

◇◇◇ requiere más planificación, como ir a una tienda u organizar una excursión

Tiempo escolar

▦ rápido, más corto que una sesión normal de escritura

▦▦ tan largo como una sesión normal de escritura

▦▦▦ medio día o más

Aunque es posible que algunos escritores de su clase quieran presentar sus trabajos para que los publiquen en un blog o los impriman en una revista para niños, para la mayoría de los estudiantes, *publicar* significará añadir una cubierta y colorear las ilustraciones del texto, escribir una nota sobre el autor y compartir su trabajo con sus familiares y/o amigos. Para muchos escritores, la publicación de su trabajo es una motivación para hacerlo lo mejor posible. Cuando los estudiantes saben que su trabajo será publicado, esto los ayuda a visualizar a su audiencia y el final del proceso de escritura. Por lo tanto, conviene planear varios momentos a lo largo del año para celebrar las "publicaciones" de los estudiantes.

A continuación, presento distintas maneras de celebrar los escritos de los estudiantes en su salón de clases. Puede usar algunas de estas ideas al terminar una unidad de escritura con toda la clase o para resaltar los logros de aquellos escritores que, después de haber realizado sus proyectos individuales, estén listos para publicar sus escritos en medio de una unidad regular. Algunas ideas no cuestan dinero; otras requieren recaudar fondos o una donación generosa ($: menos costoso y $$$: más costoso). Algunas apenas necesitan preparación, mientras que otras requieren una planificación cuidadosa (◇: menos planificación y ◇◇◇: más planificación). Algunas se pueden hacer en unos minutos, mientras que otras toman un periodo prolongado de tiempo escolar (▦: una celebración corta y ▦▦▦: una celebración más larga). Algunas celebraciones implican invitar a otras personas al salón de clases, mientras que el objetivo de otras celebraciones es lanzar a sus autores al mundo. Usted podrá elegir distintos tipos de celebraciones a lo largo del año según sus propósitos.

$ $ $

◇◇◇

▦▦▦

Día del autor

Cada tantos meses, convierta su salón de clases en una librería donde los autores vengan a firmar sus libros y lean fragmentos de sus obras. Anime a los estudiantes a hacer materiales de mercadeo (correos electrónicos, carteles, postales) para invitar a sus familiares y otros miembros de la comunidad escolar. En cada día del autor se puede destacar a un par de autores de la clase. Los estudiantes pueden turnarse y apuntarse en una hoja cuando sientan que están listos para compartir sus escritos (Vopat 2007c).

Acerca del autor

Trabaje con los estudiantes que van a publicar sus textos para que escriban páginas sobre el autor animando a los futuros lectores a elegir su libro y leer más. Estudien juntos ejemplos de este tipo de páginas en los libros favoritos de la clase. Para los escritores más jóvenes, ofrezca plantillas con una caja donde puedan agregar una foto o un dibujo, y renglones para escribir datos sobre el autor. Puede pedir a algún padre o madre que tome buenas fotos que vaya a la escuela a tomar las "fotos oficiales" de los autores para que los estudiantes las usen en estas páginas. Los estudiantes deben vestirse para la ocasión. O si no, puede pedir a los padres que donen fotos escolares de tamaño pequeño para este propósito.

La silla del autor

Considere crear un lugar especial y prestigioso para que los autores se sienten ahí mientras comparten su trabajo. Puede ser una silla de director, un taburete o una silla vieja de una tienda de segunda mano que los estudiantes ayuden a pintar y decorar. Los estudiantes que estén listos para compartir su trabajo publicado pueden apuntarse para tomar turnos en la silla del autor.

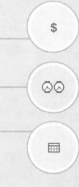

Teatro de lectores

Ayude a los lectores a adaptar y convertir una parte de sus textos en un guion de una obra de teatro. Algunos estudiantes querrán ser los narradores, otros querrán ser los personajes y otros querrán dirigir la obra u ofrecer ayuda con los efectos de sonido. Esto funciona mejor cuando solo hay un pequeño elenco de "actores" y unos pocos accesorios. Es importante que la actividad no se convierta en un proyecto de tres semanas y que no le quite tiempo al escritor para empezar su próximo proyecto.

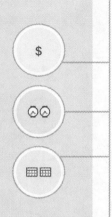

Paseo por la galería

Convierta su salón de clases en una galería para exponer el escrito de cada estudiante en la pared o encima de los escritorios. Los visitantes recorrerán la galería, leerán los trabajos y escribirán elogios y comentarios en tarjetas o notas adhesivas. Enseñar a los estudiantes a ofrecer elogios de manera específica (por ejemplo, "¡Usaste verbos geniales que me ayudaron a visualizar el texto!" en lugar de "¡Está bien escrito!") los ayuda a leer como escritores y apreciar el trabajo de los demás. Además, estos elogios le darán a usted una idea de las técnicas que sus estudiantes reconocen y mencionan. También puede entregar a los invitados (padres, administradores) una "hoja de referencia" para explicarles en qué unidad han estado trabajando los estudiantes y qué aspectos deberían observar y elogiar. Los estudiantes pueden exhibir sus escritos tal y como están o pueden crear una pequeña placa con el título, una descripción breve de su trabajo y algunos hechos interesantes sobre su creación. Convierta esta actividad en un evento para recaudar fondos y ofrezca copias del trabajo de los estudiantes al precio que se indique en la placa. El champán es opcional.

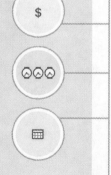

Equipos de ilustradores y autores

Comente con los niños que con frecuencia las editoriales son las que eligen el ilustrador para el texto de un autor. De hecho, en muchos casos, los autores nunca llegan a conocer ni a hablar con el ilustrador que hace la cubierta o las ilustraciones interiores de sus libros. Revuelva los trabajos de manera que a cada estudiante le toque el escrito de otro autor. Pida al "ilustrador" que lea el texto atentamente y piense en una imagen que podría capturar su esencia. Después anímelo a hacer una cubierta para el texto de su compañero. Reúnanse en grupos para celebrar la escritura, develar las ilustraciones de las cubiertas y comentar qué parte del escrito los inspiró a hacer el diseño (Vopat 2007c).

Oraciones poderosas

Pida a los estudiantes que vuelvan a leer su trabajo y busquen ejemplos cortos de lenguaje poderoso. Reparta a los estudiantes tiras de oraciones para que escriban sus oraciones más poderosas y las decoren como quieran. Llene el salón con las tiras y úselas como textos mentores en las próximas unidades. (Nota: Esta sugerencia es ideal para una clase que ha dedicado mucho tiempo a lecciones como la elección de palabras, la elaboración o los capítulos de gramática).

Sinfonía de voces

Pida a los estudiantes que se sienten en un círculo con sus textos publicados al alcance de la mano. Pídales que busquen una oración o dos, incluso una sola palabra, que les parezca muy expresiva. Puede ser una oración que muestre una técnica específica o un ejemplo de lenguaje cuidadosamente considerado. La única regla para compartir lo que eligieron es que solo lo pueden hacer cuando haya un momento de silencio y nadie más esté hablando. Sin llamar a nadie en particular, pida a los estudiantes que compartan la oración o la palabra que eligieron. El resultado es una sinfonía de diferentes voces que se unen para llenar los momentos de silencio.

"Audiolibro" o pódcast con códigos QR

Pida a los estudiantes que se graben leyendo sus trabajos para crear un pódcast. Convierta las grabaciones de audio en códigos QR. Cuando tengan invitados, pídales que usen sus teléfonos celulares y unos auriculares para recorrer el salón, escanear los códigos QR y escuchar así al autor leyendo el escrito que tienen delante. ¡Envíe a casa los códigos QR para que los estudiantes tengan su propia minibiblioteca de audiolibros en casa!

Crear una carpeta de trabajos

Celebre un año de escritura pidiendo a los estudiantes que seleccionen y organicen sus escritos para crear una carpeta. Anímelos a mirar sus textos y reflexionar sobre cuál les resultó más difícil, de cuál están más orgullosos y cuál podría ser el inicio de algo más grande. Pueden escribir breves reflexiones, adjuntarlas a sus trabajos y entregar la carpeta a su futuro maestro o llevarla a casa para compartirla con sus familias (C. Anderson 2005).

Slam de poesía/Café literario

Ayude a sus estudiantes a identificar el tono más apropiado para sus escritos. Para la poesía libre, hábleles del movimiento "beatnik" y convierta el salón en un café literario. Reparta boinas, sirva bebidas calientes, deje que los estudiantes lean frente a un micrófono y, en lugar de aplaudir, chasqueen los dedos para felicitar a los escritores.

Compartir la escritura con el mundo

Considere el género en que escribieron los estudiantes y piense cuál sería la audiencia más apropiada para ese género. Por ejemplo, si es una carta, ¡asegúrese de que llegue a manos de la persona a la que está dirigida! Enseñe a los estudiantes cómo se escribe la dirección en el sobre y dónde se pone la estampilla, y después hagan una excursión todos juntos al buzón de correos más cercano a la escuela (Taylor 2008).

Hacer felices a otros con la escritura

Visiten una residencia de ancianos o un hospital y pida a los estudiantes que compartan sus escritos con el mundo. Los residentes y los pacientes disfrutarán de los cuentos, poemas y otros tipos de escritura, y los estudiantes tendrán la oportunidad de compartir sus escritos con una audiencia más allá de los confines de su escuela.

¡Un brindis!

Ofrezca jugo de manzana y galletas para crear un ambiente de celebración. En lugar de pedir a los estudiantes que lean lo que escribieron, anímelos a pronunciar un breve discurso (un brindis) sobre su escrito. Pueden dar las gracias a la escritura por todo lo que les enseñó o reprocharla por los momentos difíciles que les causó. Después de los discursos, deje que los estudiantes recorran el salón y lean los trabajos sobre las mesas (Cruz 2003).

Crear un libro de la clase

Entre todos, creen un libro de la clase. Los libros se pueden encuadernar o simplemente fotocopiar y engrapar. Cuando todos tengan un ejemplar, dé tiempo a los estudiantes para que lean los escritos de sus compañeros y después se sienten en un círculo para hacer preguntas o elogiar a otros escritores.

Parejas de lectura de distintos grados

En muchas escuelas, los estudiantes de grados superiores tienen parejas de lectura más jóvenes con las que se reúnen a lo largo del año escolar. Estas reuniones entre compañeros de diferentes grados también pueden ser excelentes oportunidades para celebrar las publicaciones. Una vez que los estudiantes lean sus escritos, pueden responder a preguntas sobre su proceso de escritura, sus decisiones o lo que más aprendieron. Cuando diferentes grados trabajan en el mismo género, los más jóvenes podrán ver lo que serán capaces de hacer en los siguientes años, mientras que los estudiantes mayores pueden reflexionar sobre cómo escribían cuando eran más pequeños y apreciar lo que han aprendido desde entonces.

Carta (o tuit) al autor

Celebre el trabajo hecho rindiendo honor a los autores mentores que estudiaron durante el proceso de escritura. Escriba una carta al autor y comente cómo se inspiró en su libro e incluya una copia del trabajo de sus estudiantes. Para un toque del siglo XXI, puede tomar una foto del trabajo de un estudiante y enviarla al autor en un tuit con una nota de agradecimiento. ¡Muchos contestarán su mensaje!

Collares de "Pregúntame"

Pida a los estudiantes que hagan un collar o un distintivo y anímelos a ponérselo fuera de la clase para anunciar su último éxito a sus familiares y al resto del mundo. En estos accesorios, pueden poner el género ("¡Pregúntame cómo escribir un poema!") o comentar un trabajo específico ("Pregúntame sobre el cuento de 'Mi primera montaña rusa'") (Zimmerman 2013).

Páginas web, wikis y blogs

Cree una página web de la clase que permita publicar y ver el trabajo de los estudiantes una vez que se comparta el enlace URL. Active la función que permite dejar comentarios para que los lectores puedan compartir lo que piensan sobre los trabajos de los estudiantes.

Celebrar el viaje

Ayude a que otros puedan ver cuánto trabajo fue necesario para completar los escritos, explicando el proceso. Para mostrar el "viaje" que realizaron para crear sus textos, los estudiantes pueden seleccionar y comentar el trabajo de sus cuadernos y/o borradores anteriores junto con el escrito terminado. Pueden pedir a los lectores que comenten su trabajo respondiendo a preguntas como "¿Qué notaste que cambió más?" o "¿Qué revisión crees que tuvo mayor impacto?".

Celebración con tizas de colores

Pida a los estudiantes que salgan del edificio para celebrar y anímelos a decorar las aceras grises y el aburrido asfalto negro con palabras escritas con tizas de colores. Los estudiantes pueden escribir las mejores oraciones de sus cuentos, hechos divertidos tomados de textos informativos, llamadas a la acción basadas en textos persuasivos o poemas completos. Es una excelente manera de compartir la alegría de la escritura con los transeúntes, otros estudiantes y las personas que visiten la escuela, hasta que la lluvia lo borre (Ayers y Overman 2013).

Compartir en grupos pequeños

Ponga una silla del autor en cada una de las cuatro esquinas del salón. Divida la clase en cuatro grupos, uno para cada esquina. Los niños de cada grupo se turnan para sentarse en la silla del autor y compartir sus escritos con el resto del grupo. Esta celebración se puede hacer solo con los niños de su clase o puede invitar a otros estudiantes de la escuela o las familias.

Skype

Conéctese con estudiantes de diversas partes del mundo e invítelos a su salón de clases para celebrar la escritura. Establezca una conexión virtual con alguno de los autores mentores que inspiraron su clase, con otra clase que haya trabajado en un proyecto de escritura parecido o con un funcionario electo que debería escuchar sus textos persuasivos (Ayers y Overman 2013).

Intercambio rápido

Coloque las sillas en dos círculos concéntricos. Pida a los estudiantes que se sienten cada uno en una silla, mirando de frente a un compañero. Los compañeros tendrán dos minutos para compartir su parte favorita o las mejores oraciones de su escrito. Cuando suene la campana, el círculo exterior rota en sentido de las agujas del reloj, de manera que cada estudiante se sienta delante de un nuevo compañero para compartir otra vez. Una vez que el círculo haya dado toda la vuelta, los estudiantes pueden escribir elogios, comentar sus partes favoritas o apreciar los esfuerzos que hicieron los demás para crear sus escritos.

Fiesta en pijamas

Invite a los estudiantes a ir en pijama a la escuela y pídales que traigan una linterna y un saco de dormir, y transforme así su salón de clases en una fiesta en pijamas. Apague las luces y deje que los estudiantes lean sus escritos a la luz de las linternas.

Publicación de lujo

Use una empresa como Student Treasures (www.studenttreasures.com) o Scribblitt (http://scribblitt.com) para publicar los libros de sus estudiantes en tapa dura, como los libros que hay en su salón de clases y en la biblioteca de la escuela (Ray y Cleveland 2004).

Ceremonia del corte de la cinta de la biblioteca

Cree una sección en la biblioteca de su ciudad, de la escuela o de su salón de clases donde mostrar los libros publicados de sus estudiantes. Una vez que haya organizado los libros de sus estudiantes, invite a las familias y a los miembros de la comunidad a la ceremonia del corte de la cinta. Después, los autores pueden leer fragmentos de las nuevas adiciones.

Fogata

Haga una fogata con papeles de colores, papel de seda y linternas colocadas boca abajo. Invite a los estudiantes a sentarse alrededor de la "fogata" (¡quizá con malvaviscos!) y disfrutar de la hora del cuento (Ayers y Overman 2013).

$ $

Palomitas y película

Grabe un video de sus estudiantes leyendo sus escritos completos o una parte de ellos. Haga un solo video, por ejemplo con iMovie, con todos los videoclips. Organice una proyección para su clase y otros invitados. ¡No pueden faltar las palomitas y los refrescos (Moore 2013a)!

$ $

Publicación sobre camisetas

Imprima la imagen de la cubierta del trabajo del estudiante en la parte delantera de una camiseta y el texto en la parte de atrás. Durante la celebración de las publicaciones, los estudiantes y los invitados pueden recorrer el salón y leer las camisetas. Las camisetas se pueden imprimir de forma permanente o también se pueden usar alfileres para prender los trabajos de forma temporal y menos costosa.

$ $ $

Conectar con el maestro de arte

¡Las posibilidades para conectar el arte y la escritura son infinitas! Haga que una historia cobre vida por medio de una escultura que muestre el ambiente o una escena importante del cuento. Haga carteles o un *collage* de los poemas de los estudiantes o recopile los trabajos de toda la clase en una antología. Intente crear ilustraciones del mismo estilo que el texto mentor que estudiaron. ¡Las posibilidades nunca acaban!

$

Tablero de anuncios

En lugar de limitarse a colgar los escritos de los estudiantes en el pasillo después de las clases, anímelos a participar en la organización del tablero de anuncios. Puede tener una conversación en clase sobre qué es lo que los estudiantes quieren mostrar. Por ejemplo, quizá quieran invitar a otros niños de la escuela a comentar sus trabajos y poner cerca del tablero de anuncios un canasto con bolígrafos y notas adhesivas para que sus amigos escriban lo que piensan sobre los escritos publicados (Ayers y Overman 2013).

Manteles individuales para la mesa

Extienda varias páginas de los escritos de los estudiantes sobre cartulinas. Pida a los estudiantes que decoren el borde y, después, lamínelas. Una vez laminados, los estudiantes pueden usar sus escritos como manteles individuales para la mesa del comedor de su casa y leer el texto una y otra vez por las mañanas, junto con las cajas de cereales y el periódico.

Inspiración del autor mentor

Ponga una página escrita por un estudiante al lado del texto del autor mentor que lo inspiró en su escritura. Los estudiantes pueden invitar a los lectores a apreciar las técnicas que probaron y pedir su opinión sobre si les parece que su escrito está inspirado en el autor mentor (Ayers y Overman 2013).

Taller de escritura para familias

Invite a las familias al salón de clases y deje que los estudiantes hagan de maestros y enseñen a sus padres el proceso de escritura que ellos mismos siguieron. Los estudiantes pueden dar lecciones a grupos pequeños y usar su propia escritura como modelo o texto mentor (Ayers y Overman 2013).

Regalos y recuerdos

¿Qué padre, abuelo o hermana no apreciaría un regalo con la escritura del niño? Cuando los estudiantes terminen sus escritos, anímelos a envolverlos como regalos. Reparta papel de regalo, cintas y moños y deje que los estudiantes envuelvan sus escritos como el regalo que son (Ayers y Overman 2013).

Encuadernar

Invite al salón a un miembro de la comunidad experto en manualidades para que dirija un taller de arte, o busque en línea instrucciones sobre cómo encuadernar libros para darles un aspecto más sofisticado. Una posibilidad son los libros de acordeón, que son fáciles y divertidos de hacer (Bonney 2013).

Bibliografía

Libros de referencia en español

Ada, Alma Flor. 2012. *Me llamo María Isabel.* Nueva York: Atheneum Books for Young Readers.

Aliaga, Roberto. 2016. *Don Facundo Iracundo, el vecino del segundo.* Ciudad de México: Edebé.

Alonso Santamaría, Marisa. "El cocodrilo gigante". En *Cuentos entretenidos para días aburridos.* https://bit.ly/2IsF8Ai. Fecha de último acceso, julio, 2019.

Álvarez, Julia. 2008. *Había una vez una quinceañera. De niña a mujer en EE. UU.* Nueva York: Penguin Group.

_____. 2011. *De cómo tía Lola vino ~~de visita~~ a quedarse.* Nueva York: Yearling, Random House.

Anderson, Judith. 2010. *Milagros de la naturaleza: Había una vez una semilla.* Madrid: Anaya.

Angelou, Maya. 2015. "Si no te gusta algo, cámbialo. Si no puedes cambiarlo, cambia tu actitud". https://bit.ly/31K6jNl. Fecha de último acceso, 19 de junio, 2019.

Applegate, Katherine. 2013. *El único e incomparable Iván.* Ciudad de México: Océano Gran Travesía.

Argueta, Jorge. 2016a. *Arroz con leche. Un poema para cocinar.* Toronto: Groundwood Books.

_____. 2016b. *Guacamole. Un poema para cocinar.* Toronto: Groundwood Books.

Aula 365. "Cómo usar los signos de puntuación". https://bit.ly/2WcW5BP. Fecha de último acceso, 19 de junio, 2019.

Basurto, José Ignacio. 2010. *Fábulas mexicanas.* Ciudad de México: Edebé.

Baum, L. Frank. 2005. *El maravilloso mago de Oz.* Barcelona: Editorial Juventud.

Becker, Bonny. 2011. *La visita de Oso.* Madrid: Editorial Miau/Jaguar.

Berger, Melvin y Gilda Berger. 2003. *¡ZAS! Un libro sobre cocodrilos y caimanes.* Nueva York: Scholastic.

Bernardes, Claudine. 2017. *Carlota no quiere hablar.* Madrid: Sar Alejandría Ediciones.

Berrocal, Beatriz. 2012. *La princesa que quería escribir.* León: Amigos de papel.

Boelts, Maribeth. 2016. *El fútbol me hace feliz.* Nueva York: Penguin Random House.

Bridges, Shirin Yim. 2005. *El deseo de Ruby.* Barcelona: Ediciones Serres.

Brown, Monica. 2013. *Tito Puente. Mambo King / Rey del Mambo.* Nueva York: HarperCollins.

Browne, Eileen. 1996. *La sorpresa de Nandi.* Caracas: Ediciones Ekaré.

Bryant, Jen. 2016. *La palabra exacta. Roget y su Tesauro.* Miami: Santillana USA.

Cáceres Ramírez, Orlando. 2019. "Textos informativos para niños". *AboutEspañol.* https://bit.ly/2AD3R0P. Fecha de último acceso, julio, 2019.

Cannon, Jannell. 1994. *Stelaluna.* Barcelona: Editorial Juventud.

Cano, Carles. 2017. *El secreto del abuelo.* Madrid: Anaya.

Carballido, Emilio. 2005. *El pizarrón encantado.* Madrid: Loqueleo/Alfaguara Infantil.

Carranca, Adriana. 2015. *Malala, la niña que quería ir a la escuela.* Buenos Aires: Vergara & Riba Editoras.

Castillo, Alicia. "El bosque". Biblioteca Digital del ILCE. http://bit.ly/2XCunyb. Fecha de último acceso, julio, 2019.

Cervantes, Jennifer. 2019. *Un sol de tortilla.* Nueva York: Scholastic.

Cervantes Saavedra, Miguel de. 2015. *Don Quijote de la Mancha.* Ciudad de México: Editorial Océano.

Ciruelo Rando, Pilar. 2010. *Los signos de puntuación. Para aprender el uso de la puntuación de textos en español.* Barcelona: Editorial Octaedro.

Cisneros, Sandra. 1996. "Once". En *El arroyo de la Llorona y otros cuentos.* Nueva York: Vintage Español.

_____. 2008. *La casa en Mango Street.* Nueva York: Vintage Books.

Clements, Andrew. 2009. *Fríndel.* León: Everest de Ediciones.

Colato Laínez, René. 2005. *Playing Lotería / El juego de la lotería.* Flagstaff: Luna Rising Books.

_____. 2019. *My Shoes and I: Crossing Three Borders / Mis zapatos y yo: Cruzando tres fronteras.* Houston, TX: Arte Público Press.

Cortázar, Julio. 2019. *Rayuela.* Madrid: Real Academia Española.

Cortés, Ada Sofía. 2007. *Escriba correctamente con palabras homófonas, homógrafas y homónimas.* Bogotá: Panamericana.

Creech, Sharon. 2004. *Quiere a ese perro.* Ciudad de México: Fondo de Cultura Económica.

Cronin, Doreen. 2001. *Clic Clac Muu. Vacas escritoras.* Nueva York: Lectorum Publications.

Chinn, Karen. 2003. *Sam y el dinero de la suerte.* Nueva York: Children's Book Press/Lee and Low Books.

Chiquipedia. s.f. *El pequeño colibrí.* https://bit.ly/2H1q6OG. Fecha de último acceso, julio, 2019.

Dahl, Roald. 1999. *James y el melocotón gigante.* Miami: Santillana USA.

_____. 2006. *Las brujas.* Miami: Santillana USA.

_____. 2016. *Los Cretinos.* Miami: Santillana USA.

_____. 2017a. *Charlie y la fábrica de chocolate.* Miami: Santillana USA.

_____. 2017b. *Matilda.* Miami: Santillana USA.

Danzinger, Paula. 2016. *¿Seguiremos siendo amigos?* Miami: Loqueleo/Santillana USA.

Deedy, Carmen Agra. 2010. *Martina, una cucarachita muy linda: Un cuento cubano.* Atlanta: Peachtree Publishing.

De Vicenti, Graciela S. 2014. *Aprendo a colocar los acentos ortográficos.* Buenos Aires: Imaginador.

DiCamillo, Kate. 2011. *Gracias a Winn-Dixie.* Barcelona: Noguer.

_____. 2017. *La rebelión del tigre.* Ciudad de México: Océano Gran Travesía.

Dietl, Erhard. 2012. *El valiente Teo.* Miami: Loqueleo/Santillana USA.

Enciclopedia de ejemplos. 2019a. "Conjunciones". http://bit.ly/2Re65ZN. Fecha de último acceso, 19 de junio, 2019.

_____. 2019b. "Oraciones con punto y coma". http://bit.ly/31wgHbh. Fecha de último acceso, 19 de junio, 2019.

_____. 2019c. "Oraciones coordinadas". http://bit.ly/31w1p6u. Fecha de último acceso, 19 de junio, 2019.

_____. 2019d. "Oraciones subordinadas". http://bit.ly/31yhNmM. Fecha de último acceso, 19 de junio, 2019.

_____. 2019e. "Pronombres". http://bit.ly/2MMXBdQ. Fecha de último acceso, 19 de junio, 2019.

_____. 2019f. "Verbos en pasado". https://bit.ly/2IS9w4A. Fecha de último acceso, 19 de junio, 2019.

_____. 2019g. "Verbos irregulares en español". http://bit.ly/2XM0HyE. Fecha de último acceso, 19 de junio, 2019.

_____. 2019h. "Conjunciones copulativas". http://bit.ly/2MKI7a9. Fecha de último acceso, 19 de junio, 2019.

_____. 2019i. "Oraciones con sujeto, verbo y predicado". http://bit.ly/31xMZCX. Fecha de último acceso, 19 de junio, 2019.

Escalona, Enrique. 2017. *La nariz de los Guadarrama.* Ciudad de México: Edebé.

Escamilla, Kathy *et al.* (con Clay, Marie M.). 1996. *Instrumento de observación de los logros de la lecto-escritura inicial.* Portsmouth, NH: Heinemann.

Ferry, Beth. 2013. *Piedra y Palo.* Buenos Aires: La Brujita de Papel.

Fox, Mem. 1996. *Guillermo Jorge Manuel José.* Caracas: Ediciones Ekaré.

Fundación Pablo Neruda. s.f. "Breve biografía de Pablo Neruda". Santiago de Chile, Chile. https://bit.ly/2Vqgja7. Fecha de último acceso, mayo, 2019.

Fundéu BBVA. s.f. "Monosílabos ortográficos". *Wikilengua del español.* https://bit.ly/1guzYyi. Fecha de último acceso, 19 de junio, 2019.

Galán, Ana. 2018a. *Llorangután.* Barcelona: Edebé.

_____. 2018b. *Mimoceronte.* Barcelona: Edebé.

_____. 2018c. *Roncofante.* Barcelona: Edebé.

García Lorca, Federico. 1921. "Agua, ¿dónde vas?". https://bit.ly/2Nz73BI. Fecha de último acceso, 5 de julio, 2019.

Golembe, Carla. 2002. *Vamos a hacer tacos.* Nueva York: Lee & Low Books.

Gómez, Laura. 2015. "Las frases célebres de César Chávez". *La voz.* https://bit.ly/2RUY38y. Fecha de último acceso, 5 de julio, 2019.

González, Rigoberto. 2016. *La tarjeta de Antonio.* Nueva York: Children's Book Press/Lee and Low Books.

Green, Jen. 2012. *¿Por qué debo ahorrar agua?* Madrid: Anaya.

Gutiérrez, Guadalupe. s.f. "¿Qué pez vive en lo más profundo del mar?". *Muy Interesante Junior.* https://bit.ly/2S8ghUp. Fecha de último acceso, mayo, 2019.

Gutiérrez, Joaquín. 1947. *Cocorí.* Santiago de Chile: Editorial Rapa Nui.

Gutiérrez, Xulio. 2008. *Bocas. Animales extraordinarios.* Vigo: Faktoría K de Libros.

Happy Learning Español. "Los signos de puntación. La coma. Cómo y cuándo usar la coma". https://bit.ly/2IOZMuC. Fecha de último acceso, 19 de junio, 2019.

Helman, Lori *et al.* 2013. *Palabras a su paso. El estudio de palabras en acción: Guía del maestro.* Londres: Pearson.

Hemingway, Ernest. 2017. *El viejo y el mar.* Ciudad de México: Editorial de Bolsillo/ Penguin Random House.

Henkes, Kevin. 2017. *Julius, el rey de la casa.* Nueva York: Lectorum Publications.

Hesse, Karen. 2018. *Lejos del polvo.* Ciudad de México: Ediciones Castillo.

Hood, Susan. 2016. *El violín de Ada.* Nueva York: Simon & Schuster.

Imágenes Educativas. 2017. "¿Qué son los dígrafos?". http://bit.ly/2GbrcHX. Fecha de último acceso, julio, 2019.

Instituto Cervantes. 2014. *Escribir, crear, contar: Las claves para convertirse en escritor.* Madrid: Espasa.

Jaramillo Agudelo, Darío. 2019. *Diccionadario.* Madrid: Ediciones SM.

Jiménez, Juan Ramón. 1984. "Canción de invierno". En *Juan Ramón Jiménez para niños.* Madrid: Ediciones de la Torre.

_____. 2006. *Platero y yo.* Adaptada por Rosa Navarro. Barcelona: Edebé.

_____. 2014. *Platero y yo.* Madrid: Alianza Editorial.

Johnson, Angela. 1996. *La mañana de la despedida.* Nueva York: Scholastic.

Kalman, Bobbie y Heather Levigne. 2005. *¿Qué son los murciélagos?* Nueva York: Crabtree Publishing.

Kaufman, Ana María. 2005. "Cómo enseñar, corregir y evaluar la ortografía de nuestros alumnos… y no morir en el intento". En *Lectura y Vida. Revista Latinoamericana de Lectura* (26) 3. https://bit.ly/1wanWno. Fecha de último acceso, julio, 2019.

Keats, Ezra Jack. 1964. *Silba por Willie.* Nueva York: Viking, Penguin Group.

Keyblade. 2013. "Rap de los homófonos". https://bit.ly/2X3BPDp. Fecha de último acceso, julio, 2019.

King, Martin Luther. 1963. "Yo tengo un sueño". https://bit.ly/2PASyxS. Fecha de último acceso, mayo, 2019.

King, Stephen. 2013. *Mientras escribo*. Barcelona: Debolsillo.

Kreimer, Ariela. 2017. *Vidas que inspiran: Mujeres que cambiaron el mundo*. Buenos Aires: Lectura Colaborativa.

La Lupa. s.f. *Poesía infantil. Antonio Machado*. https://bit.ly/2wqkKHK. Fecha de último acceso, mayo, 2019.

Lee Burton, Virginia. 1997. *Mike Mulligan y su máquina maravillosa*. Nueva York: HMH Books for Young Readers.

Lee, Andy. 2018. *No abras este libro*. Madrid: Editorial Bruño.

León Calixto, Quetzatl. 2016. *Las gallinas no vuelan*. Ciudad de México: Ediciones SM.

Lillegard, Dee. 1994. *El almuerzo de ranita*. Nueva York: Scholastic.

Lomas Garza, Carmen. 2005. *Family Pictures / Cuadros de familia*. Nueva York: Children's Book Press/Lee and Low Books.

Lucas, Ángeles. 2019. "La batalla contra el abuso de antibióticos en los animales y plantas que comemos". *El País*. https://bit.ly/2UPqetJ. Fecha de último acceso, julio, 2019.

MacLachlan, Patricia. 2008. *Como una alondra*. Madrid: Noguer.

_____. 2011. *Sarah, sencilla y alta*. Madrid: Noguer.

Machado, Antonio. 2015a "La plaza tiene una torre". En *Cancionero Apócrifo*. Sevilla: Alfar Ediciones.

_____. 2015b. "Recuerdo infantil". En *Antonio Machado para niños y jóvenes*. Madrid: Ediciones de la Torre.

Mansour Manzur, Vivian. 2000. *La vida útil de Pillo Polilla*. Ciudad de México: Ediciones Castillo.

Manzano, Sonia. 2004. *¡No se permiten perros!* Nueva York: Scholastic.

Marsh, Laura. 2015. *Los lobos*. Nueva York: Scholastic.

Martí, José. 1891. "Yo soy un hombre sincero". En *Versos sencillos*. https://bit.ly/2Wq09mD. Fecha de último acceso, 10 de julio, 2019.

Martínez-Neal, Juana. 2018. *Alma y cómo obtuvo su nombre*. Nueva York: Candlewick.

Mateos Muñoz, Agustín. 2009. *Ejercicios ortográficos: teoría y práctica de la ortografía*. Ciudad de México: Editorial Esfinge.

Matias Miranda, Análie Francine y Edna Maria Monhaler. 2017. "La diversidad lingüística del español en el mundo contemporáneo: propuestas de actividades didácticas". En *Actas del III Congreso Internacional SICELE. Investigación e innovación en ELE. Evaluación y variedad lingüística del español*. https://bit.ly/2IrnawJ. Fecha de último acceso, 19 de junio, 2019.

McKee, David. 2013. *Elmer*. Barcelona: Beascoa/Random House.

Medina, Meg. 2016. *Mango, Abuela y yo*. Nueva York: Scholastic.

Messner, Kate. 2018. *Arriba en el huerto y abajo en la tierra.* Barcelona: Editorial Corimbo.

Milgrim, David. 2016. *Pío, pío, muu.* Nueva York: Scholastic.

Millán, José Antonio. 2006. "Me como esa coma". http://bit.ly/2Kgy1f7. Fecha de último acceso, 19 de junio, 2019.

_____. 2015. *Perdón imposible. Guía para una puntuación más rica y consciente.* Buenos Aires: RBA Libros.

Mistral, Gabriela. 1945. "Promesa a las estrellas". En Anylu Ayala. 2018. "Los poemas que Gabriela Mistral le escribió a los niños". http://bit.ly/2Rb5XdA. Fecha de último acceso, 19 de junio, 2019.

Moliner, María. 2012. *Verbos conjugados.* Barcelona: Gredos.

Mono Sílabo, El. 2016. "La canción de las reglas de acentuación". https://bit.ly/1RryCsl. Fecha de último acceso, mayo, 2019.

Monterroso, Augusto. 2000. *La oveja negra y demás fábulas.* México: Fondo de Cultura Económica.

Montes, Graciela. 1996. *Tengo un monstruo en el bolsillo.* Ciudad de México: Secretaría de Educación Pública.

Mora, Pat. 2009. *La noche que se cayó la luna.* Toronto: Groundwood Books.

Morales, Yuyi. 2014. *Viva Frida.* Nueva York: Roaring Brook Press.

_____. 2018. *Soñadores.* Nueva York: Neal Porter Books.

Munson, Derek. 2017. *Pastel para enemigos.* Barcelona: Editorial Juventud.

Muñoz Ryan, Pam. 2005. *Yo, Naomi León.* Nueva York: Scholastic.

_____. 2010. *El soñador.* Nueva York: Scholastic.

_____. 2012. *Esperanza renace.* Nueva York: Scholastic.

_____. 2017. *Eco.* Ciudad de México: Editorial Océano.

National Geographic en Español. s.f. "Conoce a los perros que protegen a los elefantes". https://bit.ly/2RGxQtX. Fecha de último acceso, mayo, 2019.

Neruda, Pablo. 2014. "El viento en la isla". En *Pablo Neruda para niños.* Madrid: Susaeta Ediciones.

Orozco, José Luis. 2005. *Rin, Rin, Rin, Do, Re, Mi.* Nueva York: Scholastic.

Ortiz, Simón J. 2017. *El pueblo seguirá.* Nueva York: Children's Book Press/Lee and Low Books.

Padres Hispanos. s.f. "Frida Kahlo, una biografía para niños". https://bit.ly/2ZucxPJ. Fecha de último acceso, 15 de julio, 2019.

Palacio, R. J. 2019. *Wonder: La lección de August.* Nueva York: Vintage Español.

Pallotta, Jerry. 2016. *¿Quién ganará? León vs. tigre.* Nueva York: Scholastic.

Parsley, Elisei. 2017. *Si piensas traer un cocodrilo a la escuela, ¡NO LO HAGAS!* Nueva York: Scholastic.

Patricelli, Leslie. 2018. *No No Yes Yes/No No Sí Sí.* Nueva York: Candlewick.

Paulsen, Gary. 1995. *El hacha.* Barcelona: Noguer y Caralt Editores.

Pavón, Mar. 2011. *La gallina Cocorina*. Madrid: Cuento de Luz.

Peña, Matt de la. 2016. *Última parada de la calle Market*. Barcelona: Corimbo.

Portal Educativo. 2012. "Textos informativos". https://bit.ly/2n7w6NU. Fecha de último acceso, mayo 2019.

Potowsky, Kim y Naomi Shin. 2019. *Gramática española: Variación social*. 1a ed. Nueva York: Routledge.

Ramos, Ana Belén. 2016. *Koko. Una fantasía ecológica*. Ciudad de México: Editorial Océano.

Real Academia Española. 2005a "Plural". En *Diccionario panhispánico de dudas*. https://bit.ly/1n0bSON. Fecha de último acceso, 19 de junio, 2019.

_____. 2005b. "Concordancia". En *Diccionario panhispánico de dudas*. http://bit.ly/32tfGBx. Fecha de último acceso, 12 de julio, 2019.

_____. 2011. *Ortografía de la lengua española*. Madrid: Editorial Espasa.

_____. 2013. *Ortografía escolar de la lengua española*. Madrid: Editorial Espasa.

Reverso conjugación. https://bit.ly/2KXjsN0. Fecha de último acceso, 19 de junio, 2019.

Reynolds, Peter. 2004. *Casi*. Nueva York: Lectorum.

Ribón, Marta. 2013. *Crea tus juguetes*. Alzira, Valencia: Algar Editorial.

_____. 2015. *Crea tus propios títeres*. Alzira, Valencia: Algar Editorial.

_____. 2016. *Crea tus propios móviles*. Alzira, Valencia: Algar Editorial.

Romero Mata, José. 2018. "Escritora mexicana Yuyi Morales busca dignificar al inmigrante en EUA". *Yahoo! Noticias*. https://bit.ly/2KVmcMA. Fecha de último acceso, abril, 2019.

Ronzoni, Diego. 2011. *Manualidades con materiales de la naturaleza*. Madrid: Susaeta Ediciones.

Rosen, Michael. 2017. *Vamos a cazar un oso*. Caracas: Ekaré.

Rylant, Cynthia. 1995. *Vinieron los parientes*. Columbus: Macmillan/McGraw-Hill.

Salas, Carlos. 2013. *Trucos para escribir mejor*. Madrid: Mirada Mágica.

Sánchez, Paloma. 2016. *Si yo fuera un gato*. Barcelona: Editorial Planeta.

Saramago, José. 2011. *El silencio del agua*. Barcelona: Libros del Zorro Rojo.

Scieszka, Jon. 1996. *¡La verdadera historia de los tres cerditos!* Nueva York: Puffin Books.

Serravallo, Jennifer. 2019. *El libro de estrategias de lectura. Guía completa para formar lectores hábiles*. Portsmouth, NH: Heinemann.

Shields, Amy. 2013. *Mi primer gran libro de los ¿por qué?* Washington, DC: National Geographic Kids.

Smith, Lane. 2012. *El jardín del abuelo*. Ciudad de México: Editorial Océano.

Steig, William. 2018. *Irene, la valiente*. Bogotá: Blackie Books.

Tola, José y Eva Infiesta. 2006. *Atlas básico del agua*. Barcelona: Parramón Ediciones.

Tonatiuh, Duncan. 2017. *Querido primo. Una carta a mi primo*. Nueva York: Scholastic.

Valls, Daisy. 2016. *Mi última clase.* Miami: Eriginal Books.

Vega, Lope de. s.f. "Los ratones". https://bit.ly/2JEZk12. Fecha de último acceso, 5 de julio, 2019.

White, E. B. 1992. *Stuart Little.* Madrid: Alfaguara Infantil.

Wikipedia. "Frère Jacques". https://bit.ly/2XLxisx. Fecha de último acceso, mayo, 2019.

Willems, Mo. 2007. *El conejito Knuffle: Un cuento aleccionador.* Nueva York: Hyperion Books for Children.

_____. 2015. *¡Hoy volaré!* Nueva York: Hyperion Books for Children.

Yamada, Koby. 2017. *¿Qué haces con una idea?* Barcelona: BiraBiro Editorial.

Libros de referencia en inglés

Anderson, Carl. 2000. *How's It Going? A Practical Guide to Conferring with Student Writers.* Portsmouth, NH: Heinemann.

_____. 2005. *Assessing Writers.* Portsmouth, NH: Heinemann.

_____. 2008. *Strategic Writing Conferences: Smart Conversations That Move Young Writers Forward.* Portsmouth, NH: Heinemann.

_____. 2009. *Strategic Writing Conferences: Finished Projects.* Portsmouth, NH: Heinemann.

Anderson, Jeff. 2005. *Mechanically Inclined: Building Grammar, Usage, and Style into Writer's Workshop.* Portland, ME: Stenhouse.

Anderson, Jeff y Deborah Dean. 2014. *Revisions Decisions: Talking Through Sentences and Beyond.* Portland, ME: Stenhouse.

Angelillo, Janet. 2002. *A Fresh Approach to Teaching Punctuation: Helping Young Writers Use Conventions with Precision and Purpose.* Nueva York: Scholastic.

Atwell, Nancie. 2014. *In the Middle, Third Edition: A Lifetime of Learning About Writing, Reading, and Adolescents.* Portsmouth, NH: Heinemann.

Ayers, Ruth y Christi Overman. 2013. *Celebrating Writers: From Possibilities Through Publication.* Portland, ME: Stenhouse.

Benjamin, Amy y Barbara Golub. 2015. *Infusing Grammar into the Writer's Workshop: A Guide for K–6 Teachers.* Nueva York: Routledge.

Bomer, Katherine. 2005. *Writing a Life: Teaching Memoir to Sharpen Insight, Shape Meaning—and Triumph Over Tests.* Portsmouth, NH: Heinemann.

_____. 2016. *The Journey Is Everything: Teaching Essays That Students Want to Write for People Who Want to Read Them.* Portsmouth, NH: Heinemann.

Bomer, Randy. 1995. *Time for Meaning: Crafting Literate Lives in Middle & High School.* Portsmouth, NH: Heinemann.

Bomer, Randy y Katherine Bomer. 2001. *For a Better World: Reading and Writing for Social Action.* Don Mills, ON: Pearson Education Canada.

Bonney, Grace. 2013. "Bookbinding 101: Accordion Book". https://bit.ly/1G5s6N3. Fecha de último acceso, 19 de junio, 2019.

Booth, Wayne C., Gregory G. Colomb y Joseph Williams. 2008. *The Craft of Research*. 3a ed. Chicago: University of Chicago Press.

Burroway, Janet y Elizabeth Stuckey-French. 2014. *Writing Fiction: A Guide to Narrative Craft*. 9a ed. Londres: Pearson.

Cali, Kathleen. 2013. "Support and Elaboration". www.learnnc.org/lp/editions/few/685. Fecha de último acceso, 7 de mayo, 2016.

Calkins, Lucy. 1994. *The Art of Teaching Writing*. Portsmouth, NH: Heinemann.

_____. 2010. *Launch a Primary Writing Workshop: Getting Started with Units of Study for Primary Writing, Grades K–2*. Portsmouth, NH: Heinemann.

_____. 2013. *If . . . Then . . . Curriculum: Assessment-Based Instruction*. En *Units of Study in Opinion, Information, and Narrative Writing, Grade 4* por Lucy Calkins *et al.* Portsmouth, NH: Heinemann.

_____. 2014. *Writing Pathways: Performance Assessments and Learning Progressions, Grades K–8*. Portsmouth, NH: Heinemann.

Calkins, Lucy y Pat Bleichman. 2003. *The Craft of Revision*. En *Units of Study for Primary Writing: A Yearlong Curriculum* por Lucy Calkins *et al.* Portsmouth, NH: Heinemann.

Calkins, Lucy *et al.* 2006. *Units of Study for Teaching Writing, Grades 3–5*. Portsmouth, NH: Heinemann.

_____. 2013. *Units of Study in Opinion, Information, and Narrative Writing, Grade 1*. Portsmouth, NH: Heinemann.

Calkins, Lucy y Colleen M. Cruz. 2006. *Writing Fiction: Big Dreams, Tall Ambitions*. En *Units of Study for Teaching Writing, Grades 3–5* por Lucy Calkins *et al.* Portsmouth, NH: Heinemann.

Calkins, Lucy y Cory Gillette. 2006. *Breathing Life Into Essays*. En *Units of Study for Teaching Writing, Grades 3–5* por Lucy Calkins *et al.* Portsmouth, NH: Heinemann.

Calkins, Lucy, Amanda Hartman y Zoë White. 2005. *One to One: The Art of Conferring with Young Writers*. Portsmouth, NH: Heinemann.

Calkins, Lucy y Ted Kesler. 2006. *Raising the Quality of Narrative Writing*. En *Units of Study for Teaching Writing, Grades 3–5* por Lucy Calkins *et al.* Portsmouth, NH: Heinemann.

Calkins, Lucy y Natalie Louis. 2003. *Writing for Readers: Teaching Skills and Strategies*. En *Units of Study for Primary Writing: A Yearlong Curriculum* por Lucy Calkins *et al.* Portsmouth, NH: Heinemann.

Calkins, Lucy y Marjorie Martinelli. 2006. *Launching the Writing Workshop*. En *Units of Study for Teaching Writing, Grades 3–5* por Lucy Calkins *et al.* Portsmouth, NH: Heinemann.

Calkins, Lucy y Stephanie Parsons. 2003. *Poetry: Powerful Thoughts in Tiny Packages*. En *Units of Study for Primary Writing: A Yearlong Curriculum* por Lucy Calkins *et al*. Portsmouth, NH: Heinemann.

Calkins, Lucy y Laurie Pessah. 2003. *Nonfiction Writing: Procedures and Reports*. En *Units of Study for Primary Writing: A Yearlong Curriculum* por Lucy Calkins *et al*. Portsmouth, NH: Heinemann.

Calkins, Lucy, Abby Oxenhorn Smith y Rachel Rothman. 2013. *Small Moments: Writing with Focus, Detail,* and *Dialogue. En Units of Study for Primary Writing: A Yearlong Curriculum* por Lucy Calkins *et al*. Portsmouth, NH: Heinemann.

Clark, Brian. 2012. "10 Steps to Becoming a Better Writer". https://bit.ly/1qaE9zN. Fecha de último acceso, 19 de junio, 2019.

Clark, Roy Peter. 2011. *Help! for Writers: 210 Solutions to the Problems Every Writer Faces*. Nueva York: Little, Brown and Company.

Clay, Marie M. 2000. *Concepts About Print: What Have Children Learned About the Way We Print Language?* Portsmouth, NH: Heinemann.

Collins, Kathleen y Matt Glover. 2015. *I Am Reading: Nurturing Young Children's Meaning Making and Joyful Engagement with Any Book*. Portsmouth, NH: Heinemann.

Cruz, Maria Colleen. 2003. *Border Crossing*. Houston, TX: Arte Público Press.

Cruz, M. Colleen. 2004. *Independent Writing: One Teacher—Thirty-Two Needs, Topics, and Plans*. Portsmouth, NH: Heinemann.

_____. 2008. *A Quick Guide to Reaching Struggling Writers, K–5*. Portsmouth, NH: Heinemann.

Culham, Ruth. 2003. *6+1 Traits of Writing: The Complete Guide, Grades 3 and Up*. Nueva York: Scholastic.

_____. 2005. *6+1 Traits of Writing: The Complete Guide for the Primary Grades*. Nueva York: Scholastic.

_____. 2014. *The Writing Thief: Using Mentor Texts to Teach the Craft of Writing*. Newark, DE: International Reading Association.

_____. Traits Writing Program. Nueva York: Scholastic.

Delpit, Lisa. 2002. *The Skin That We Speak: Thoughts on Language and Culture in the Classroom*. Nueva York: New Press.

_____. 2006. *Other People's Children: Cultural Conflict in the Classroom*. Nueva York: New Press.

Dierking, Connie y Sherra Jones. 2014. *Oral Mentor Texts: A Powerful Tool for Teaching Reading, Writing, Speaking, and Listening*. Portsmouth, NH: Heinemann.

Dorfman, Lynne R. y Rose Cappelli. 2007. *Mentor Texts: Teaching Writing Through Children's Literature, K–6*. Portland, ME: Stenhouse.

_____. 2009. *Nonfiction Mentor Texts: Teaching Informational Writing Through Children's Literature, K–8.* Portland, ME: Stenhouse.

Duke, Nell. 2014. *Inside Information: Developing Powerful Readers and Writers of Information Text Through Project-Based Instruction.* Nueva York: Scholastic.

Ehrenworth, Mary y Vicki Vinton. 2005. *The Power of Grammar: Unconventional Approaches to the Conventions of Language.* Portsmouth, NH: Heinemann.

Fisher, Douglas y Nancy Frey. 2008. *Word Wise and Content Rich, Grades 7–12: Five Essential Steps to Teaching Academic Vocabulary.* Portsmouth, NH: Heinemann.

Fletcher, Ralph. 1993. *What a Writer Needs.* Portsmouth, NH: Heinemann.

_____. 1996. *Breathing In, Breathing Out: Keeping a Writer's Notebook.* Portsmouth, NH: Heinemann.

_____. 1999. *Live Writing: Breathing Life into Your Words.* Nueva York: Avon Books.

_____. 2003. *A Writer's Notebook: Unlocking the Writer Within You.* Ed. reeditada. Nueva York: HarperCollins.

_____. 2010. *Pyrotechnics on the Page: Playful Craft That Sparks Writing.* Portland, ME: Stenhouse.

Fletcher, Ralph y JoAnn Portalupi. Serie *Craft Lessons.* Portland, ME: Stenhouse

_____. 2007. *Craft Lessons: Teaching Writing K–8.* 2a ed. Portland, ME: Stenhouse.

Glover, Matt. 2009. *Engaging Young Writers, Preschool–Grade 1.* Portsmouth, NH: Heinemann.

Graham, Steve, Debra McKeown, Sharlene Kiuhara y Karen R. Harris. 2012. "Meta-Analysis of Writing Instruction for Students in Elementary Grades". *Journal of Educational Psychology* 104 (4): 896.

Graves, Donald H. 1983. *Writing: Teachers and Children at Work.* Portsmouth, NH: Heinemann.

_____. 1989. *Experiment with Fiction.* Portsmouth, NH: Heinemann.

_____. 1992. *Explore Poetry.* Portsmouth, NH: Heinemann.

Hattie, John. 2009. *Visible Learning. A Synthesis of Over 800 Meta-Analyses Relating to Achievement.* Nueva York: Routledge.

Heard, Georgia. 1999. *Awakening the Heart: Exploring Poetry in Elementary and Middle School.* Portsmouth, NH: Heinemann.

_____. 2002. *The Revision Toolbox: Teaching Techniques That Work.* Portsmouth, NH: Heinemann.

_____. 2013. *Finding the Heart of Nonfiction: Teaching 7 Essential Craft Tools with Mentor Texts.* Portsmouth, NH: Heinemann.

_____. 2016. *Heart Maps: Helping Students Create and Craft Authentic Writing.* Portsmouth, NH: Heinemann.

Hemingway, Ernest. 1958. "The Art of Fiction No. 21". *The Paris Review.* Spring, No. 18. Nueva York: The Paris Review.

Hoyt, Linda. 1999. *Revisit, Reflect, Retell: Time-Tested Strategies for Teaching Reading Comprehension.* Portsmouth, NH: Heinemann.

_____. 2012. *Crafting Nonfiction, Intermediate.* Portsmouth, NH: Heinemann.

Janeczko, Paul B. 2006. *Seeing the Blue Between: Advice and Inspiration for Young Poets.* Ed. reeditada. Cambridge, MA: Candlewick Press.

Lamott, Anne. 1994. *Bird by Bird: Some Instructions on Writing and Life.* Nueva York: Pantheon Books.

Lane, Barry. 1993. *After "The End": Teaching and Learning Creative Revision.* Portsmouth, NH: Heinemann.

Lehman, Christopher. 2011. *A Quick Guide to Reviving Disengaged Writers, 5–8.* Portsmouth, NH: Heinemann.

_____. 2012. *Energize Research Reading and Writing: Fresh Strategies to Spark Interest, Develop Independence, and Meet Key Common Core Standards.* Portsmouth, NH: Heinemann.

Linder, Rozlyn. 2016. *Big Book of Details: 46 Moves for Teaching Writers to Elaborate.* Portsmouth, NH: Heinemann.

Lukeman, Noah. 2002. *The Plot Thickens: 8 Ways to Bring Fiction to Life.* Nueva York: St. Martin's Press.

_____. 2007. *A Dash of Style: The Art and Mastery of Punctuation.* Nueva York: W.W. Norton & Company.

Lyons, Bill. 1981. "The PQP Method of Responding to Writing". *The English Journal* 70 (3): 42–43.

Martinelli, Marjorie y Kristine Mraz. 2012. *Smarter Charts, K–2: Optimizing an Instructional Staple to Create Independent Readers and Writers.* Portsmouth, NH: Heinemann.

_____. 2014. *Smarter Charts for Math, Science & Social Studies: Making Learning Visible in the Content Areas,* K–2. Portsmouth, NH: Heinemann.

_____. Digital Campus Course. Portsmouth, NH: Heinemann.

_____. 2016. "Chartchums: Smarter Charts from Majorie Martinelli & Kristine Mraz". https://chartchums.wordpress.com. Fecha de último acceso, 19 de junio, 2019.

Mayer, Kelly. 2007. "Research in Review: Emerging Knowledge About Emergent Writing". *Young Children* 62 (1): 34–40.

McCarrier, Andrea, Gay Su Pinnell e Irene Fountas. 1999. *Interactive Writing: How Language & Literacy Come Together,* K–2. Portsmouth, NH: Heinemann.

Messner, Kate. 2015. NCTE Workshop. 21 de noviembre, Minneapolis, MN.

Moore, Elizabeth. 2013a. "It's That Time of Year: Publishing Parties". https://bit.ly/2XPyPie. Fecha de último acceso, 19 de junio, 2019.

_____. 2013b. "Pump Up the Volume". https://bit.ly/2SxZsCw. Fecha de último acceso, 19 de junio, 2019.

Murray, Don. 1985. *A Writer Teaches Writing*. 2a sub ed. Chicago: Houghton Mifflin Harcourt.

_____. 2009. *The Essential Don Murray: Lessons from America's Greatest Writing Teacher*. Portsmouth, NH: Boynton/Cook Publishers.

Pink, Daniel. 2011. *Drive: The Surprising Truth About What Motivates Us*. Nueva York: Riverhead Books.

Portalupi, JoAnn y Ralph Fletcher. 2001. *Nonfiction Craft Lessons: Teaching Information Writing K–8*. Portland, ME: Stenhouse.

Ray, Katie Wood. 1999. *Wondrous Words: Writers and Writing in the Elementary Classroom*. Urbana, IL: National Council of Teachers of English.

_____. 2002. *What You Know by Heart: How to Develop Curriculum for Your Writing Workshop*. Portsmouth, NH: Heinemann.

_____. 2010. *In Pictures and in Words: Teaching the Qualities of Good Writing Through Illustration Study*. Portsmouth, NH: Heinemann.

Ray, Katie Wood y Matt Glover. 2008. *Already Ready: Nurturing Writers in Preschool and Kindergarten*. Portsmouth, NH: Heinemann.

Ray, Katie Wood y Lisa Cleveland. 2004. *About the Authors*. Portsmouth, NH: Heinemann.

Roberts, Kate y Maggie Beattie Roberts. 2016. *DIY Literacy: Teaching Tools for Differentiation, Rigor, and Independence*. Portsmouth, NH: Heinemann.

Routman, Regie. 2000. *Conversations: Strategies for Teaching, Learning, and Evaluating*. Portsmouth, NH: Heinemann.

_____. 2005. *Writing Essentials: Raising Expectations and Results While Simplifying Teaching*. Portsmouth, NH: Heinemann.

Serravallo, Jennifer. 2010. *Teaching Reading in Small Groups*. Portsmouth, NH: Heinemann.

_____. 2013. *The Literacy Teacher's Playbook, Grades K–2*. Portsmouth, NH: Heinemann.

_____. 2014. *The Literacy Teacher's Playbook, Grades 3–6*. Portsmouth, NH: Heinemann.

_____. 2015. "Try This! Outline, Re-Outline, Re-Outline Again". https://bit.ly/1PZHeoV. Fecha de último acceso, 19 de junio, 2019.

_____. 2019a. *Complete Comprehension: Fiction. Assessing, Evaluating, and Teaching to Support Students' Comprehension of Chapter Books*. Portsmouth, NH: Heinemann.

_____. 2019b. *Complete Comprehension: Nonfiction. Assessing, Evaluating, and Teaching to Support Students' Comprehension of Whole Nonfiction Books*. Portsmouth, NH: Heinemann.

Smith, Frank. 1988. *Insult to Intelligence: The Bureaucratic Invasion of Our Classrooms*. Portsmouth, NH: Heinemann.

Snowball, Diane y Faye Bolton. 1999. *Spelling K–8: Planning and Teaching*. Portland, ME: Stenhouse.

Stein, Sol. 1995. *Stein on Writing: A Master Editor of Some of the Most Successful Writers of Our Century Shares His Craft Techniques and Strategies.* Nueva York: St. Martin's Press.

Strunk, William Jr. y E. B. White. 1999. *The Elements of Style.* 4a ed. Londres: Pearson.

Taylor, Sarah Picard. 2008. *A Quick Guide to Teaching Persuasive Writing, K–2.* Portsmouth, NH: Heinemann.

Thomas, P. L. 2016. "Student Choice, Engagement Keys to Higher Quality Writing". https://bit.ly/2SqrsYF. Fecha de último acceso, 19 de junio, 2019.

Twain, Mark. 1999. *The Wit and Wisdom of Mark Twain: A Book of Quotations.* Mineola, NY: Dover.

Vopat, Jim. 2007a. *Micro Lessons in Writing: Big Ideas for Getting Started.* Portsmouth, NH: Heinemann.

_____. 2007b. *Micro Lessons in Writing: Big Ideas for Ideas for Revising.* Portsmouth, NH: Heinemann.

_____. 2007c. *Micro Lessons in Writing: Big Ideas for Ideas for Editing and Publishing.* Portsmouth, NH: Heinemann.

Wiggins, Grant y Jay McTighe. 2011. *Understanding by Design.* 2a ed. ampliada. Upper Saddle River, NJ: Pearson.

Zimmerman, Alycia. 2013. "Beyond the Publishing Party: Ten Ways to Celebrate Learning". https://bit.ly/2GigzmM. Fecha de último acceso, 19 de junio, 2019.

Zinsser, William. 2001. *On Writing Well: The Classic Guide to Writing Nonfiction.* Edición del 25 aniversario. Nueva York: HarperCollins.